WESTERN
ETHICS
CLASSICS
OF
THE 20TH
CENTURY

20世纪西方伦理学经典

# 伦理学前沿

## 道德与社会

### ［下］

万俊人　主　编

唐文明　副主编

北京师范大学出版集团
BEIJING NORMAL UNIVERSITY PUBLISHING GROUP
北京师范大学出版社

# ［英］鲍曼（Zygmunt Bauman，1925—2017）

## 《后现代伦理学》（1993）（节选）

# 《后现代伦理学》（1993）（节选）

## 导言　现代和后现代透视下的道德

体现破碎存在者莫过于碎片。

——R. M. 里尔克

正如题目所表明的那样，本书是关于后现代伦理而不是关于后现代道德的研究。

如果要对后者（即后现代道德）进行研究的话，应该把目标定在对生活于后现代的人们所面对和努力去解决的道德问题进行一下可能的、全面的盘点。这些问题不但包括过去已经完全疗治好而现在又以新形式出现的旧问题，也包括过去时代的人们不知道或没有引起注意的新问题。两种类型的问题都不少。我们时代的"道德议程"充满了过去时代的伦理学家几乎没有或者根本没有接触到的题目，因为它们没有被清楚地表达为人类经验的一部分。在日常生活的层面上，只提及一下在夫妻关系、性别和家庭交往的现代困境中出现的多元的道德观就足够了，这些观念因为它们习惯上的弱决定性、灵活性、易变性和软弱性而臭名昭著。在多种多样的传统中，一些消失了，另外一些得到复兴和重新发现后，为忠诚性和指导个人行动的权威性而相互竞争着。尽管建立一个令所有人都满意的价值和观念的等级制度是没有希望的，但这种竞争将使人们从必须做出选择的令人烦恼的任务中解脱出来。另外，即在全球化语境的当代生活中，有的学者可能论及闻所未闻的、确确实实的灾难性的危险，这些危险来源于部分和局部目标的相互交叉，它们不能被事先预测，即使行为以其被组织好的方式被安排时，这些危险也进入不了我们的视界。

在我的研究中，这样的问题确实一次又一次地呈现，但是它们仅仅是作为背景出现的，在这种背景下，现代和后现代的伦理思想继续发展着。这些问题被视为明确的后现代道德观形成的经验背景。从这种后现代伦理观的角度进行思考时，这些问题呈现的形式及其被赋予的重要性正是本书的研究对象。

本研究的主旨是后现代视角本身。本书的主要观点是：当现代性到了自我批判、自我毁誉、自我拆除的阶段时（在这个过程中，"后现代性"就意味着掌握和转移），很多以前的伦理学理论（但不是现代的道德关怀）所遵循的路径，开始看上去像一条盲目的小径，同时，对道德现象进行激进、新颖理解的可能性之门被开启了。

对后现代作品和当前关于现代性的作品熟悉的任何读者都会注意到，关于伦理学上的后现代"革命"的解释是有争议的，绝不是只有一种可能性的解释。现在的一些学者经常把对"伦理学之死"、伦理学的美学替代物和伦理学的最终解放等的颂扬与道德的后现代途径联系起来。伦理学本身被诽谤或嘲弄为一种典型的、现在已被打碎的、注定要成为历史垃圾的现代束缚，这种束缚曾经被认为是必需的，而现在被明确地认为是多余的，也可以表达为另外一个错误的观念，即，后现代的人们没有它也能生活得很好。如果有人需要一个对"后现代伦理革命"进行如此解释的例子，他可以在吉里斯·里坡维特斯基最近出版的专著《责任的黄昏》中找到。作为一名卓越的"后现代解放"的吟游诗人，《空虚时代》和《短命帝国》的作者，里坡维特斯基认为，我们已经最终进入了后义务论时代，在这个时代里，我们的行为已经从强制性的"无限责任""戒律"和"绝对义务"中解脱出来。在我们这个时代中，自我牺牲的观念已经非法化了；没有人被激励或者愿意使自己达到道德的最高目标，并去守护这种道德价值观；政治家为乌托邦付出了代价，原来的理想主义者变得务实了。我们最普遍的口号就是："不可越界!"我们的时代是一个彻头彻尾的个人主义的时代,对美好生活的追求仅仅被对宽容的需求所限制(当宽容与自我赞扬的和毫不犹豫的个人主义相结合时,可能仅仅表现为冷漠)。"后义务"的时代仅仅承认一种发育最不完全的、"最低限度的"道德,根据里坡维特斯基的观点,这是一种全新的情形,他劝告我们应去欢迎它的到来,并且对随之而来的自由应感到欣喜。

里坡维特斯基犯了与许多后现代理论家相似的错误,即把研究的主题表述为研究的方法;把应当被解释的东西用来解释其他东西。描述普遍的行为并不意味着要做出道德上的陈述:这两个程序在后现代正如它们在后现代以前一贯有差异的那样是不同的。如果里坡维特斯基的描述是正确的,我们所面对的是一种从道德困扰中解脱出来的社会生活,抽象的"是"不再为"应该"所引导,社会交往已经从义务和责任中脱离出来,那么社会学家的任务就是发现道德规则如何从置于社会自我再生产的斗争的武器库中退役的。如果社会学家恰好属于社会思想中的批判潮流,他们的任务也不仅仅停留在这一点。他们将拒绝接受"存在即合理"的观念,也不会认为人类所做的仅仅是他们认为自己正在做的,或者是他们叙述自己所做过的。

本研究有一个假设就是:后现代道德的意义在于它给有批判意识的社会学家提供了继续对上述问题进行比以前影响更大的调查的机会。道德有阻碍自我检查的离奇的能力,它用幻想的面纱包裹着自我复制的机制,没有道德,那些机制在它们各自的岗位上就不能正常地运行。为了到达能够达到的目标,道德不得不把它的目标设定在它不能达到的目标上。本研究所指的"后现代透视"首先意味着撕破幻想的面具,认识到某些假设是错误的,某些目标是既不能达到又不值得达到的。本研究希望,在这种条件下,在现代伦理哲学和政治实践中消失的道德力量之源能够重新出现,同时它们在过去消失的原因能够被更好地理解,并且作为一种后果,社会生活"道德化"的机会会得到提高。后现代在历史上是以道德黄昏的形式还是以道德复兴的形式降下帷幕,留待后人去看。

我认为,伦理学的后现代方法的新颖之处最重要的并不在于放弃有特性的现代的道德关怀,而在于拒绝从事道德问题研究的传统的现代方法（即用政治实践中的强制性的、标准的规则和在理论上进行绝对性、普遍性、根本性的哲学追问作为对道德挑战的反应）。伦理学上的重要问题，诸如人权、社会正义、和平共处与独立自主之间的平衡、个体行为和集体福利的同步性已经失去了课题的时代性，它们仅仅需要以一种新颖的方式被理解和处理。

　　道德开始被分离成人们思想、感觉和行为的一部分，有了"正确"与"错误"的区别，这基本上是近代（伦理学）的成就。对人的行为现在已有作了严格区分的标准，诸如"有用""真理""美""适当"等，在人类历史上的大部分时期，这些标准并没有被注意或者制定出来。在传统的生活方式中，人们很少站在一定距离外观察事物，因此也很少对事物进行反思，如果在正确相对于错误的天平上进行称量的话，所有的事物在重要性上好像都在同一水平上摇摆。整个生活方式，以及整个生活方式的所有方面，都是有生命力的，好像被一种力量确认着，所有人的意志和幻想都不能对它构成挑战。整个生活都是由神创造的，被神圣的上帝所统治。自由意志，假如确实存在的话，仅仅意味着——正如圣奥古斯丁所坚持和宗教所宣扬的那样，只有从正确之外选择错误的自由——违背上帝的命令：脱离上帝所设定的世界的生活方式，任何明显偏离习俗的行为都被认为是对上帝命令的违背。另外，所谓正确的，并不是一种选择；恰恰相反，它意味着避免选择——遵循习惯的生活方式。然而，随着传统束缚（用社会学的语言来讲就是：对个体行为的严密的、无处不在的、尽管散漫但仍然是社区化的监视和控制）的逐渐放松，随着互有自治权的大多数的形成，并且在这种情形下产生的人口数目的逐渐增长；换句话讲就是，随着人们具备了个体的地位，被赋予的特性还没有给定或者已粗略地给定——因此面临着对个性进行"建构"的需求，并且在"建构"的过程中要做出选择，所有的状况开始发生改变。

　　需要对一些行为进行测定、权衡和评价，这些行为包括人们需要选择的行为和人们已经从其他本来应该被选择但从来没有被选择的行为中选择出来的行为。评价是选择和决策过程中必不可少的部分，进行决策的人们已经感受到了评价的必要性，而靠习惯来引导行为的那一部分人却很少对这种必要性进行反思。然而，一旦开始评估，事实就很明显："有用的"行为并不必然是"善的"，或者"美的"行为并不必定是"真的"。当质问评价的标准时，各种测评标准之间开始出现分歧，并且相互之间在不同方向上离得越来越远。曾经是整体的、不可分割的"正确方法"开始分裂为"经济学上的明智""美学上的令人愉悦""道德上的正确"等（标准）。某种行为从一种意义上讲可能是正确的，而在另一种意义上讲可能是错误的。既然这样，我们不禁要问，一种行为应该用哪一种标准来进行测量？并且如果好几个标准可以适用的话，哪一种标准将是正确的？

在马克斯·韦伯（在把关于现代化经验的讨论提到日程这一问题上，他比其他任何思想家都起了更为重要的作用）那里能够发现对现代性产生两个逻辑上互相矛盾的论述。一方面，我们知道，现代性始于家庭手工业和工商企业的分离——这种分离，在原则上可以避免效率、利益标准（对于商业来讲，它们是正确和恰当的标准）和大家共同关心的、曾经是统一的道德标准（对于满含情义的家庭生活，它们是正确的和恰当的标准）出现相互矛盾的危险，并且把决策者们抛入了一个绝望的两难境地。另一方面，从韦伯那里我们得知，不管愿意不愿意，新教的改革家们正好变成了现代生活的开拓者，因为他们坚持认为："忠诚是最好的方针"；作为一个整体，生活充满了道德意义；不管你做什么，不论在生活的哪一方面，比如道德方面，确实产生了一种道德规范，这种道德规范围绕着整个生活，坚决反对生活的任何方面超出它的领域之外。毫无疑问，在这两种论述之间有一个逻辑上的矛盾。然而，恰恰与逻辑相悖，这种矛盾并不必然意味着这些论述中有一种是错误的。关键点正好在于现代生活并不遵守逻辑学上的"选言判断"。两种论述之间的矛盾如实地反映了现代生活中不相上下的两种强有力的潮流之间真实的冲突。这种"现代的"社会坚持不懈地，然而是徒劳地试图"围绕不可被围绕的事物"，试图用同一性代替多样性，用连贯的、明晰的秩序替代相互矛盾的状态——然而，这种努力不可抑制地产生了很多的分界、多样性和矛盾状态，比它想尽力去除掉的更多。

我们经常听到这种观点：人们是按照个体意愿成长，是自我关心、个体本位的；而随着现代性的出现，人们开始变成无神论者，失去了对"宗教信条"的忠诚。根据这种说法，现代型个体自身首先是世俗化的产物，这种个体可以通过宗教信条的复兴或者通过一种观念得到修复。这种观念，正如强大的宗教在被现代怀疑论攻击和侵蚀之前满足于（对人类）几乎全面的统治一样，尽管是长期的，在要求人的全面发展方面仍将是成功的。现代化的发展使人们不得不处于个体主义者的地位，人们发现他们的生活碎片化了，被分离成许多联系松散的目标和功能，每一部分都可以在不同的语境中，根据不同的语义学得到追求——"包容一切"的观念，不再可能很好地适应这项任务并捕获人们的想象力了，它将世界鼓吹为一个一元的景象。

那就是为什么现代的立法者和现代的思想家以类似的方式感觉到，道德并非人类生活的一种"自然特性"，而是需要构思并注入人类行为的东西；这也是为什么他们试图制定并强加（于人们）一种全面的整体性的道德规范——一种能够教给人们，并能强迫人们遵守的依附性的行为规范；这也是为什么他们热情的努力被证明是徒劳的（尽管他们过去的努力成效越少，他们付出的努力就越多）。他们热情地宣扬，在已经灭绝或者无效的教会的道德监控所留下的空间中，应当填充上一套仔细、巧妙、协调的理性规则；信仰不能做的事理性可以做；通过睁开理性之眼，让激情去休眠的方式，他们能够调节相互之间的关系；一种更"文明的"、平静的、理性的方式可能比当他们处于宗教教条下，失去判断力，或者未驯化的毫无羁绊的感情狂热发泄的时候能够更好地调节（相互之间的关系）。与这种信念相符合，他们不断地努力去创建一套道德规则（一种不再隐藏于上帝命令之后的规则），这种道德规则将要大声地、问心无愧地宣布自己源出于"人的制作"，因而将要被"所有的有理性之人"拥护和遵守。另外，自从"对人的共同生活进行理性的安排"（即构思出一套法律，对社会进行管理）后，这种（对道德规范的）探求就从来没有停止过，因此，正在实践他们的自由意志、做出自己选择的个体们可能能够超出错误的、罪恶的而选择正确的和恰当的。

有人可能会说，尽管在现代生活的状况下，人们的存在主义困境与以前相比有着显著不同，但陈旧的假定（这些陈旧的假定包括：只有在错误的选择中才能体现出自由意志；没有受到限制的自由就接近于肆无忌惮，并且可能成为善的敌人）仍然统治着哲学家的思想，指导着立法者的实践。正是由于这种对现代伦理学思想及其所推荐的实践行为的默认的、实际上是毫无例外的假定，所以当个体是自由(在现代条件下，他们只能是自由的)的时候，才需要避免个体利用自由去做错事。这是不足为奇的。当对"社会的运行"负责的那些人"从上面"观察时，那些"公众福利"、个人自由的守护者一定会为这些观察者担心。这种观察从一开始就是值得怀疑的，因为观察的结果是完全不可预测的，并且一直是不稳定性的来源——实际上，如果要保证秩序和安全的话，混乱的因素必须被阻止。哲学家和统治者的观点只能是"自上而下的见解"(view from the top)——这种观点是那些面临着通过立法确定秩序、阻止混乱任务的人的见解。这种观点认为，为了确保自由的个人做正确之事，不得不实行一些类型的强制措施。他们倔强的、潜在的、可恶的冲动需要通过控制得到阻止——或者从内部，或者从外部；或者由行为者自身，通过训练他们"更好的判断力"，在理性能力的帮助下压制他们的本能——或者使行为者受到经过理性设计的外部强制，这种强制将要保证"做错了会劳而无获"，因此大多数的个体在大部分的时间被阻止做错事。

事实上，这两种方式是密切联系在一起的。如果个体缺乏理性能力，他们将不能对外界的刺激和诱导做出正确的反应，虽然处理奖惩的努力很巧妙，很有独创性，但仍将被荒废掉。发展个体的判断力(训练个体去发现他们自己的兴趣，并且一旦发现就抓住他们的兴趣)和设法达到这个目标(在这种模式中，个体对兴趣的追求，将激励他们遵守立法者希望安置的规则)不得不被看成是相互限制和完善的过程；他们只有联系在一起时才有意义。然而，他们具有潜在的相反的目的。"从上而下"地看，个体的意见从来就不是完全可靠的，这仅仅是因为这个事实：他们是个体，他们的判断来源于不是秩序的守护者和代言人的那个权威。拥有真正的意见自主权的个体，可能憎恨并反抗干涉，仅仅是因为他们就是干涉者。理性个体的自治和理性管理的他治只有相互结合才有效力；但是他们也不能平静地同居共处。不论好坏，他们被锁在了一起，将进行无休止的冲突和斗争，没有真正的持久和平的前景。他们结合体的源源不绝的冲突不断沉积下来。一方面沉积为作为对规则(被认为是压迫)反抗的无政府主义的趋势；另一方面沉积为只能吸引"公共福利"守护者的极权主义景象。

这种先天的情形（先天的：简单地讲，即一种无法克服的矛盾，这种矛盾将导致无法解决的冲突）作为一种自我承认的人为技巧，仍将是现代社会的命运，但是现代性的特征就是不承认这种命运是不可挽回的。现代性的一个典型的、可能是决定性的特征是：先天性被贬低为一种还没有解决但在原则上可以解决的冲突，一种暂时的麻烦，一种通向完美之途的暂时的不完美状态，一种通向理性统治之路的非理性的遗留物，一种不久将得到修复的理性的瞬间堕落，一种对个人利益和共同利益之间的"最佳配置"无知的、还没有完全克服的症候。再努力一下，再发挥一些理性的作用，就能达到和谐——并且再也不会失去了。现代性明白它受到了很深的伤害——尽管如此，这种创伤是可以医治的。因此，它从来没有停止对治愈创伤的灵药的寻找。我们可以说，它早已成为了"现代性"，并且一直是"现代性"，现代性拒绝放弃那种信仰和那些努力。现代性是关于冲突解决的决定。除了承认能经受检验的冲突，并等候解决外，现代性还承认无冲突的状况。

现代伦理思潮与现代立法实践结合，在普遍性和根本性的相似旗帜下找到了根本的解决途径。

在立法者的实践中，普遍性代表他们主权所及的领土范围内一套毫不例外的法律规则。哲学家把"普遍性"定义为伦理命令的一种性质，它强迫每一个人（仅仅因为是人这一事实）认识到"普遍性"是一种权利，因此要把它接受为一种责任。这两种普遍性只是相互的眨眼和招手示意，而并没有真正地结合在一起。即使在国家档案馆、大学图书馆中没有存放、登记、寄放相关合约，它们也确实紧密地、富有成效地共同运作。"立法者"有关同一化的强制性实践（或目的）为哲学家提供了建立他们统一的人性模型的"认识论基础"；同时哲学家在"化归"立法者的文化技巧或管理技巧上的成功，有助于（立法者）将合法创立的国民模型表述为人类命运的具体化和典型。

在立法者的实践中，（法律的）根本性代表了国家的强制力，它给予规则的遵守以明智的期望；直到规则愿意被强制力维持时，它的建立才是有充分根据的，并且在（强制力）富有成效的支持下，（规则的）根基会得到强化。对哲学家来讲，只有当被期待紧随规则的人相信或者能够被说服去相信，不管怎样追求它都是一件正当的事时，这个规则的建立才被认为是基础牢固的。"根深蒂固"的规则是对"我为什么要遵守它"这一问题给出令人信服的回答的诸如此类的规则。铺设这样一个根本性被认为是强制性的，因为面对他律的法律/伦理要求，自律的个体可能询问这样的问题——首先可能问的问题是"我为什么应当是道德的"？无论如何，哲学家和立法者一样，都确实希望他们问这样的问题。因为他们的思维或者行动都同样假设：良好的规则一定是人为创设的规则；自由的个体，在得不到帮助时，将不会必然地去遵从良好的规则；为了行为端正，个体必须首先接受道德行为的规则，而如果不规劝个体，使他们相信按照一定的道德去行动比毫无道德标准地去行动更使人满意，并且，他们被要求接受的规则正好清楚地表明了什么是道德行为，那么就不能使个体接受道德行为的规则。又一次——正如在"普遍性"的例子中一样，从未掺和过的"根基"的两种形态也是相互协作、相互完善的。被很好地证明是正当的规则将能减轻强制机构的任务；而法律制裁的无情压力也会在哲学争论的干涸血脉中注入血液。

总而言之，对"将要坚持的"规则和"牢固的"根本性坚持不懈的、不屈不挠的探求，吸引人们去关注人道主义计划的可行性及其最终取得成功的信念。如果给予足够的时间和善意，就像逻辑学一样一个摆脱不可解决的矛盾仅仅指出纠正解决方案的正确方法的社会最终可以建成。（这种社会的）正确的纲要和最终的论据能够找到，必须找到，并且将要找到。有了这样一种信念，"被烧焦的手指"就不会受到太多的伤害，不存在最后的稻草，昨天希望的破灭将仅仅能够起到激励探索者在今天去付出更大努力的作用。任何依其所述"十分安全可靠"的处方都可能被证明是错误的，因而不被承认、遭到拒绝——但是对真正的、十分安全可靠的处方的探求不会被证明是错误的，不会不被承认，不会被拒绝，如果其中的一种探求确实被证明是错误的、不被承认、遭到拒绝的话，探求者将要在更深远的探求上付出努力。换句话讲，道德思想和现代性的实践被一种信念所激励，这种信念就是相信一种无矛盾的、非先验的伦理学法典（存在）的可能性。这样的法典现在可能还未被发现，但它一定在下一个拐角处等着我们，或者在紧挨着下一个拐角的拐角处等着我们。

对这样一种可能性的怀疑就是后现代——"后"不是在"按时代顺序排列"意义上的"后"（不是仅仅当现代性终结或者逐渐消退时，作为现代性的替代物意义上的"后"；不是当后现代盛行以后致使现代的观点成为不可能的"后"），而是在（以结论或者纯粹预示的形式）暗示意义上的"后"，即在错误的假定之下，长期的、认真的现代性努力已经被误导，并且注定——不久——将要背道而驰。换句话讲就是，现代性自身将要揭示（如果它还没有被揭示的话），并且在合理的怀疑之外揭示它的不可能性、其希望之空虚、其工作之浪费。极牢固的（普遍的、不可动摇的）伦理学法典永远不会被找到，又一次被烧焦了手指后，我们现在知道了在从事这次探险的旅程时我们不知道的东西：一种非先天的、非矛盾的道德，一种普遍的、"客观创建的"伦理学在实践上是不可能的；它在修辞上可能是一种矛盾修饰法，在术语上可能是一个矛盾概念。

对现代野心的后现代批判结果的探索构成了本研究的主题。

我认为，下面几个方面是道德状况的标志，因为一旦从后现代的视角进行思索，它们就会出现在我们面前。

断言（尽管相互矛盾，但仍然以同样的确信力量被陈述过很多次）"人在本质上是善的，因此我们不得不去帮助他们，使他们能根据他们的本性去行动"和"人在本质上是恶的，必须避免使他们依据他们本能的冲动去行动"都是错误的。事实上，人在道德上是善恶并存的：善恶面对面地存在于人"最初场所"（primary scene）的中心。以后所有的社会安排——包括由权力辅助的公共机构和经过理性清晰表达和深思熟虑的规则和责任，在尽力清洗这种善恶并存的原罪时，都把这种（道德上的）善恶并存作为它们的建构材料。以后的努力或者是没有效果的，或者结果是加剧了它们本来要消除的罪恶。在人类结合在一起的原初结构中，一种非善恶共存的道德之存在是不可能的。没有一种逻辑上自洽的伦理学法典能够"适合"道德在本质上善恶共存的状况。合理性也不能无视道德冲动；至多，理性能够平息或者麻醉道德冲动，因此提供的"行善"机会会比本来要有的并不多，可能还要少一些。造成的后果就是：道德行为不能被保证，既不能被更适宜的行为环境保证，也不能被更高尚的行为动机保证。

我们需要学会在没有这些保证时怎样生活，并且意识到没有人给我们提供这些保证——和完美的人类一样，完美的社会是期待不到的前景，而证明相反情况的企图只会导致比人性更残忍、当然更缺少道德的结果。

道德现象在本质上是"非理性的"，因为只有当它们优先于目的考虑和得失计算时，它们才是道德的，所以它们不适合"达到目的方法"之体系。它们也不必用效用、提供给或者要求提供给道德主题的服务来加以解释。它们不是有规则的、可重复的、单一的、可预测的，不会被表述是由规则引导的。主要是因为这个原因，它们不能为任何"伦理学法典"所穷尽。伦理学是根据法律模式来考虑的。正如法律一样，在一些形势下，伦理学要站在它的立场上为"正确"和"不正确"作出规定。它为自身提出了一个得出详尽无遗的、明确的定义的理想（在实践中这种理想实现的可能微乎其微），以便为在正确和不正确之间做出选择提供一个明晰的规则，不留下善恶并存和多种解释存在的"灰色区域"。换句话讲就是，伦理学以一种假设为前提，即在每一种生命境遇中，与无数种错误的选择相对，有一种选择可以并且应该被颁布为正确的，因此在所有境遇下的行为可以是理性的，行为者正如他们本来应该是的那样，也应该是理性的。但是这种假设遗漏了在道义上真正道德的东西。它把道德现象从个人自治的领域转换到靠权力支持的他治领域。它用可习得规则之知识代替由责任组成的道德自我。它把在以前应采取道德立场时曾经是他者和道德的自我良心的责任转给了法典的制定者和守护者。

道德具有无可救药的先验性。几乎没有什么选择（如果有的话，也仅仅是那些相对而言价值不高的和具有较小存在意义的选择）是毫不含糊的"善"。大多数的选择在相互矛盾的冲动面前做出。然而，最重要的是，事实上，每一个道德冲动如果走到极端就会导致不道德之后果（最典型的是，关心他者的冲动，当走到极端时，就会导致他者自治的毁灭，导致统治和压迫）；然而所有道德冲动都不能完成其自身，除非道德实践者认真地设法尽力把这种冲动伸展到极限。道德自我在模糊的环境中运行、感知和实践，充斥着不确定性。因此，不模糊的道德状况仅仅具有道德自我也许不可缺少的限度和刺激的理想化存在形式，而不是伦理学实践的现实目标。道德实践很少带来完全的满意；在事情已经被做和允许被做之前，总是要优先（考虑）指引道德个人的责任。尽管在相反的方向已经进行了许多努力，不确定性注定要永远伴随着道德自我之条件。事实上，我们可以通过道德的不确定性来认识道德自我，而不论是否所有应当被做的已经都被做了。

道德不能被普遍化。这个陈述不同于道德相对主义。道德相对主义经常被表述成并且在表面上看起来和这个命题类似，即任何道德都仅仅是一个局部的（暂时的）习惯；在某一时间和地点被认为是道德的行为在另一个时间和地点将要被反对；因此各种各样的道德实践行为迄今为止对于时间和地点来讲恰好都是相对的，它们被局部变化无常之行为、部落之历史和文化之发明所影响；这个陈述时常与反对在道德之间进行对比的禁令，最重要的是与反对对道德的纯粹偶然的暂时的来源进行探索之禁令联系起来。我将要反对这种在道德上公开的相对主义，这种相对主义最终走向了虚无主义观点。本书中断言的"道德不能被普遍化"的观点带有一种不同的含义：它反对一种道德普遍主义的具体说法，后者在现代仅仅被当作一种经过稀疏伪装的宣言，宣布进行一体化、进行一场填平差异、消除"狂热"的（自治的、任性的、无法控制的）道德判断来源的热切运动的企图。一旦认识到道德信仰和制度鼓励的行为在当下之多样性，以及个体的道德状况在过去一贯之多样性，现代的思想和实践就把它作为一种可恶的事物并尽力想去克服它。但是，它并没有公开地这么做，并不是以把自己首选的伦理学法典强加给坚持不同法典的人、以加强对已被统治的民众控制的名义，而是在暗中以注定要驱逐和取代所有局部曲解的一种全人类伦理学之名义来这样做。这些努力，正如我们现在看到的那样，可能只会采取用他治的、外部强制的伦理规则取代道德自我的自治责任的形式（这意味着道德自我完全的无能化甚至毁灭）。因此它们全部的结果与其说是"道德的普遍化"，不如说是压制道德冲动，引导道德能力通向一个社会设定的目标，这可能包括并且确实包括非道德的目标。

从"理性秩序"的角度来看，道德是并且注定是非理性的。对于任何一个爱好整齐划一，要求纪律严明、共同行动的社会整体来说，顽固的、有反弹力的道德自我的自治是一种耻辱。从社会控制台的角度来看，道德被看成是井然有序中的混乱和无政府状态之起源；被看成是能够设计和实现被称为人类同居生活的"完美"安排之理性（或者其自我制定之发言人与代理）的外部界限。然而，在对任何这样"确实存在的"安排的管理中，道德刺激也是一种不可缺少的方法：它们提供了交际和向个人承诺的原始材料，在其中所有的社会秩序都得到塑造。因此，它们不得不是被驯服、被利用、被开发的，而不仅仅是被抑制或者被宣布为非法。因此在社会管理中处理道德自我时也存在矛盾情形：它需要在没有被给予一个完全的行动自由时被培植；它需要被不断地修剪，保持被希望具备的形态，同时，保证其生长不被阻抑，活力不变得干枯。对道德的社会管理是一个复杂的、精致的运作，它导致的矛盾比它想尽力消除的只能是更多。

考虑到在有关伦理立法上社会努力的不明确影响，我们必须假设，道德责任——在能与他者相处之前首先为他者考虑——是本我第一位的实在，是社会之起点而非社会产品。无论是通过（习得）知识、（进行）评价、（承受）苦难还是（付诸）行动，道德责任都先于所有对他人许下的诺言。因此它没有"根基"——没有原因，没有决定要素。同样的原因，我们不能脱离生活去幻想或者调动它，它不能为自己存在之必要性提供一个令人信服的理由。在缺乏根基时，向道德提出"怎么可能"的问题就是没有意义的。这样一个问题使道德（不得不）去证明自身是正当的——然而道德没有理由，因为它先于社会管理的出现，而在社会管理的环境中，用语言表达出来的认为正当的理由与借口的术语才会出现并且有意义。这个问题要求道德出示它起源的凭证，然而，道德是最后的非决定性的存在，在道德自我之前是没有本我的。事实上如果有一个起源的话，这个起源也是一种无中生有的创造行为。最后，这个问题暗中心照不宣地假设，道德责任是一个与理智相反的神秘事物，如果不是有一些特殊的、强大的理由，自我将不是"一般意义上"道德的；要成为道德的，自我必须首先放弃或者消减它们自身的一些其他的成分（由于大公无私一贯是道德行为的典型特征，因此作为前提要放弃的最普通的成分就是利己主义；在这里有一个假设：为了他人而不是为了自己是"反本性的"；人类的这两种属性是相反的）。然而，道德责任恰恰是自我决定之行为。如果要放弃的话，也应该发生在引导我们从道德自我到社会自我的路上，从为他人到"仅仅"与他人共处的过程中。要花费数个世纪的时间进行权力辅助的法律训练和哲学教化，才能使对立物看上去显得是正确的。

　　下列所述就是：与流行的观念和某些后现代作者急躁的"怎么都行"的无政府主义相反，对道德现象的后现代透视并没有揭示出道德相对主义。面对显然不能消减的多种多样的伦理法典，我们也不能提倡或以"我们对此无能为力"为由而间接地建议缴械。现代社会在提倡普遍伦理的面具下实践着狭隘的道德观念。通过揭示出在政府支持的伦理法典和道德自我无限复杂的条件之间的不适应，通过揭露出社会把自己伪装成道德最终的创始者和唯一值得信赖的卫士是一个谎言，后现代透视显示了伦理法典和它们推荐或支持的道德实践的相对性是政治地宣扬伦理法典的狭隘性之结果（狭隘的伦理法典以普遍的面目出现）；而不是它们谴责为狭隘的"没有法律化的"道德条件和道德行为的结果。这种伦理法典被相对主义所苦恼，而这种苦恼仅仅只是对篡夺伦理权威制度力量的种族褊狭观念之反思或者沉淀物。通过扩展特定的制度力量、政治和文化的范围和区域来克服多样性（在现代斗士反对道德相对主义时，要求事实上的一致），只能导致伦理对道德、法典对道德自我、他治对自治的一种更加彻底的替代。消除了由政权支持的独特的普遍性即将到来的预言后，后现代透视成功地穿透神话的厚厚面纱到达普通的道德情形，这种道德情形优于对道德能力进行社会管理的各种结果，更不必说对"普遍化"进行同样管理的迫切需要。全人类范围内的道德统一，如果可以被加以想象的话，应当不是政治权力和伦理主张的范围全球化的最终产品，而是单一民族国家、正在建国的各个民族、传统的社团和正在寻求传统的社团、部落和新部落的和它们指定或者自命的发言人和预言家对于"只要与我们无关，哪管它洪水滔天"的声明进行解构的乌托邦前景；是作为自治的道德自我解放和为其道德责任辩护的遥远前景；是作为没有被引诱去逃避而是勇敢面对固有的、不可治愈的善恶并存（责任将它抛入这种情形中，而且这仍然等着重新成为它的命运）的道德自我之前景。

　　整本书将要沿着以上这些主题，每一章从一个不同角度进行探索。应当提醒读者注意：在探索的最后，不会出现一种伦理学法典；也不会有一种伦理学法典会根据探索过程中的发现进行构思。后现代的优势所允许的对道德自我条件的理解未必会使道德生活变得舒适一些。后现代最多可以梦想使道德生活变得更加道德一点。

节选自［英］齐格蒙特·鲍曼：《后现代伦理学》，

南京，江苏人民出版社，2002。张成岗译。

［英］伯林（Isaiah Berlin，1909—1997）

《两种自由》（1969）（节选）

# 《两种自由》（1969）（节选）

## 两种自由概念[①]

如果人们未曾争议过有关"人生目的"的问题，如果我们的老祖宗至今安居在无扰的伊甸园中，那么，很难想象这个"齐契利社会与政治理论讲座"要研究些什么。因为社会与政治理论的研究，本就发源于人类意见之分歧，而且因为意见分歧，相关的研究才会不断滋生繁茂。有人可能会以下面这个理由，来质疑我的说法：即使在一个由圣徒般的无政府主义者组成、对终极目的不可能有冲突看法的社会里，政治问题，诸如宪法或立法的问题，也仍然会出现。但是，这项反对意见的理由是错误的。人们对于"目的"的看法，一旦趋于一致，剩下来的，就是"手段"的问题，而手段问题只是技术性（technical）的问题，不是政治性的问题。换句话说，这些问题可以由专家或机器来解决，就像是工程师或医生之间的争论一样。这就是何以若有人信仰某种巨大无比、旋乾转坤的现象，例如"理性的最后胜利"或"无产阶级革命的最后胜利"等，便也必然相信一切政治或道德问题，都可以转变为技术上的问题。圣西门的名言"用'管理事情'来

① 这篇就职演说是 1958 年 10 月 31 日在牛津大学发表的；同年由克莱伦顿出版社（the Clarendon Press）出版。

代替‘治理人们’”，以及马克思预言：国家的凋萎，就是真正人类历史的开始，所指的都是这个意思。有人认为，这种有关社会和谐的完美状态之类的玄想，只是一种无聊的幻想，于是称之为“乌托邦式”的看法。不过，若有一个从火星来的访客，参观了当今英国或美国的任何大学之后，如果产生一种印象，认为虽仍有专业哲学家，严肃地关注于根本的政治问题，但一般大学成员还是生活在很像这种纯真而具田园风味的美好状态中，则他之所以具有这种印象，也许倒是可以谅解的。

　　然而，这种情况不但令人惊讶，而且相当危险。令人惊讶，因为在近代历史上，也许从不曾有这么多人——包括东方人和西方人——的观念以及生命，被狂热的社会与政治学说所改变，有时甚至被猛烈翻搅。相当危险，因为如果应该注意观念的人，也就是说，训练有素、能对观念作批判性思考的人，忽视观念的话，观念有时候就会形成一股不受拘制的动力，对广大人群产生无可抗拒的影响力，这些力量会变得极为暴烈，不是理性批判所能左右。一百多年以前，德国诗人海涅（Heine）就曾经警告法国人，不要低估观念的力量：一位教授在他宁静的书房里孕育出来的哲学观念，可能毁灭一个文明。海涅认为康德的巨著《纯粹理性批判》（*Critique of Pure Reason*），是一把处决了欧洲“自然神论”的宝剑；卢梭的著作在罗伯斯庇尔的手中，变成一种沾满血渍的武器，摧毁了欧洲的旧体制。海涅并预言，有朝一日，费希特（Fichte）及谢林的浪漫信仰，将由他们狂热的德国信徒，转用于抵拒西方的自由文化，因而产生可怕的效果。事实证明，海涅的预测并非完全错误。然而，如果教授真正能发挥这种致命的力量，那么，可不是也只有其他教授或其他思想家而并非政府或国会委员会，才有办法化除他们的力量么？

　　很奇怪地，我们的哲学家，似乎没有意识到他们的活动所具有的这些破坏力。其原因可能是，由于被自己在抽象领域内的卓越成就冲昏了头，他们之中的优秀者，对于这样一个领域——在其中根本性的发现似乎不可能做出，而精微细致的分析才能似乎也不可能有回报——不屑一顾。这些哲学家们虽然用一种盲目的烦琐哲学式的迂腐态度，将哲学与政治这二种不同领域内的工作，分别开来，政治却仍然盘根错节地和各种哲学研究工作，纠缠在一起。如果我们认为：政治思想由于缺乏稳定的素材，界限不够清楚，无法用定型的概念、抽象的模式或其他适用于逻辑或语言分析的精妙工具，来加以处理，因此就径自忽略了政治思想，也就是说，只在哲学上追求一种"方法的统一"，从而拒绝所有无法用这个方法加以处理的素材，那么，我们就等于是自暴自弃，放任一些原始幼稚的、未经批判的政治信仰，左右了我们的生活。否认观念的力量，并且认为理想只不过是物质利益的伪装而已，这种想法，纯粹是一种非常鄙俗的历史唯物论而已。如果没有社会力量的驱迫，政治思想或许也还能够产生，但是，我们可以确认：社会力量如果没有披上观念的外衣，必将只是盲目而无所适从的力量。

　　即使今天，牛津大学的教师，也并非人人都错过了这项真理。这个讲座的首讲人，其所以对他生活的世界，造成如此重大的冲击，就是因为他深深体会政治观念在理论与实践上的重要性，并且奉献毕生心力，去分析与宣扬政治观念。凡是关心政治和社会问题的地方，大抵无人不知柯尔之名。他的名声远播于牛津大学之外，甚至英国之外。他是一位完全独立、诚实同时深具勇气的政治思想家；一位异常明晰而雄辩的作家兼演说家，一位诗人兼小说家；一位才华卓越的教师及"思想鼓吹者"；最重要的，他是一个岸然无畏，奉献毕生心力，去支持一些并不是很普遍的原则的人物，同时，也是一位无视于困难与挫折，不屈不挠，热情维护正义与真理的人物。这位最豪爽慷慨、最富有想象力的英国社会主义者，今天为人所知者，主要也就是以上的这些特质。此外，另一项相当显著或许还是最具特色的事实是：他虽然拥有这种声望与地位，但是却不会牺牲他自然的人道感、情感的自发性以及永无止境的个人善意。尤其，身为一位有教无类的老师，他对这个职业随时在做出深刻而审慎的奉献，而他的博学多识及几乎令人难以置信的记忆力，使得这种奉献，更加可观。这位伟大牛津人的道德与知识特质，是英国的一项资产，同时，也是世界各地追求正义与平等者的瑰宝。如今，我能够有机会尝试把我自己及其他许多人对他的感觉，在这个讲座上发表，实在是我的最大快慰与骄傲。

　　在我这一代牛津人当中，有许多人都是因为听了他的课或至少是读了他的作品，才明白政治理论是道德哲学的一支，而道德哲学的起点，是在政治关系的领域里，发现或应用道德观念。我并不像有些唯心论哲学家那样，相信所有的历史运动或人与人之间的冲突，都可以当做成观念或精神力量的冲突；我也不认为历史运动只是观念冲突的结果（或层面）。然而，我认为：了解这一类运动或冲突，就是要了解其中所牵涉的思想或生活态度，唯有透过这些思想或生活态度，它们才会成为人类历史的一部分，而不仅仅是自然的事件，我想柯尔教授也不会反对这一论点。政治言论、观念和行为的背后，都有某些使人产生不同意见的问题，为其背景。我们若不去了解这些背景，就无法了解这些政治言论、观念或行为。因此，除非我们理解我们这个世界的重要问题，否则我们可能就无法清楚地认识我们自己的态度和活动。这其中最大的一个问题，便是两种思想体系之间的公开战争，这两种思想体系为古老的政治中心问题，即，服从与强制问题，提出了互相冲突的不同答案。这些政治中心问题大抵是："我（或任何人）为什么要服从别人？""我为什么不能按照我喜欢的方式去生活？""我必须服从吗？""如果我不服从？我会不会受到强制？谁来强制？强制到什么程度？用什么名义强制？为什么？"

关于强制力的许可限度，这个问题，当今世界人们持有互相对立的看法，每一种看法都有很多信服者。因此，在我看来，这个问题的任何一个层面，都值得加以探讨。

（一）两组不同的问题

对一个人施以强制，就是剥夺他的自由。问题是：剥夺他的什么自由？在人类历史上，几乎每一个道德家都颂扬自由。正如"幸福""善良""自然""实相"一样，"自由"这个名词的意义也很模糊，所以，几乎能够容纳绝大部分的解释。我并不想去探讨这个变幻莫测的字眼的起源，也不打算去研究思想史家为它所提出来的两百多种意涵。我所要探讨的，只是这个名词在两个层面上的意义——但却是最重要的两个意义，各自背后都包含了许多历史事件。同时，我敢说未来也有许多历史事件，将会与这两种意义下的"自由"，发生关联。我将和前此许多人一样，把我所要探讨的第一种"自由"（freedom or liberty，我用这两个词眼来表示同一种意思）的政治意义，称为"消极的"（negative）自由；这种"消极的自由"，和针对以下这个问题所提出的解答有关，亦即："在什么样的限度以内，某一个主体（一个人或一群人），可以或应当被容许，做他所能做的事，或成为他所能成为的角色，而不受到别人的干涉?"第二种意义的自由，我称之为"积极的"（positive）自由，则和以下这个问题的答案有关："什么东西或什么人，有权控制或干涉，从而决定某人应该去做这件事、成为这种人，而不应该去做另一件事、成为另一种人?"这两个问题的答案，虽然可能有重叠之处，但却显然是不同的问题。

### "消极"自由的观念

正常的说法是，在没有其他人或群体干涉我的行动程度之内，我是自由的。在这个意义下，政治自由只是指一个人能够不受别人阻挠而径自行动的范围。我本来是可以去做某些事情的，但是别人却防止我去做——在这个限度以内，我是不自由的；这个范围如果被别人压缩到某一个最小的限度以内，那么，我就可以说是被强制（coerced），或是被奴役（enslaved）了。但是，强制一词无法涵盖所有"不能"的形式。例如，我无法跳过 3 米高；我是瞎子，所以不能阅读；或者，我无法了解黑格尔著作中比较晦涩的部分等。如果基于以上这些理由，而说：在以上这些限度以内，我是被别人强施以压力、被别人所奴役，那就是偏颇之论了。强制意指：某些人故意在我本可以自由行动的范围内，对我横加干涉。唯有在某人使你无法达到某一个目的的情况下，你才可以说你缺乏政治自由。① 仅仅是没有能力达成某一个目的，并不代表缺乏政治自由。② 现代人的两个用语："经济自由"（economic freedom）及与此相对的"经济奴役"（economic slavery），阐明了以上的说法。有人主张说：一个人如果穷得连某些法律不禁止他获得的东西，例如，一片面包、环游世界或诉诸法院等，也无法获得，那么，他其实也就和法律禁止他去获得这些东西，一样的不自由；但是，如果我的穷困是由于疾病——因为我生病了，所以我无法去买面包或无法去为环游世界之行付款

---

① 当然我并没有暗示，反过来说就是正确的。

② 哈维修斯曾经清楚说明这一点，他说："自由的人是不被枷锁束缚、不被囚禁的人，同时，也不是像奴隶那样，被惩罚所恐吓的人……不能像老鹰那样飞翔，或者像鲸鱼那样游泳，并不就是缺乏自由。"

或无法请求法院给予我公平的判决，正如因为我跛了脚，所以无法去跑步一样，在这种情况下，我无法做到某些事，基本上不能被指为缺乏自由，更谈不到缺乏政治自由。如果说我无法获得某些东西的原因，是由于别人刻意加以安排，使我无法获得足够的钱去买这些东西，但是别人却可以弄到那些钱，唯有在这种情况下，我才认为我是被人强制、被人奴役。换句话说，"自由"这个名词在此处的用法，是取决于特殊的社会和经济理论，这些理论可用以说明我之所以贫穷和无力的原因。如果我是因为身心能力的不足，才导致物质上的缺乏，那么，我便只有在接受以上这个理论①的情况下，才会说我的自由被剥夺了，而不仅诉说我的贫困。除此之外，如果我是因为经过别人的刻意安排，从而处于我认为是不公正或不公平的情况中，那么我才认为是"经济奴役"或"经济压迫"。卢梭就曾经说过："事物的本性不会使我们疯狂，唯有不良的企图，才会使我们如此。"我是否受到压迫，其判别的准则是：别人是否直接或间接、有意或无意地，使我的希望不得实现。在此一意义下，若我是自由的，意思就是我不受别人干涉。不受别人干涉的范围愈大，我所享有的自由也愈广。

英国古典政治哲学家在使用"自由"这个字的时候，他们所指的，也就是上述这个意思。② 自由的范围可能有多大、应该有多大，他们的意见并不一致。他们认为不能漫无限制，因为如果这样的话，人们就可以漫无界限地干涉彼此的行为；这种"自然的"（natural）自由，也会导致社会的混乱，在这种混乱中，要不是人类的最低限度之需求，无法获得满足，就是弱者的自由，会被强者所剥夺。因为他们体认到：人类诸多目的与活动，不会自动地趋于和谐，同时，无论他们信从什么学说，因为他们对其他目标，诸如正义、幸福、文化、安全以及各种程度的平等，持有极高的评价，所以他们愿意

---

① 此一理论的最佳典型，当然是马克思的"社会定律"（social laws）概念；但是此一理论也是某些基督教的、功利主义的以及所有社会主义学说的一个重要成分。

② 霍布斯说："自由的人即是能够做他想做的事，而不受到阻碍的人"；法律总是一种"锁链"，即使它使你免予其他更重要的枷锁，如某种更具压抑性的法则、习俗或专断的专制制度、混乱状况的束缚等，也是一样。边沁所说的内容，大抵和此相同。

为其他的价值，而限制自由。其实也就是为"自由"本身，而限制自由。因为若非如此，便无法创造他们认为可欲的(desirable)人际联合。因此，这些思想家认为：人类自由行动的范围，必须由法律施以限制。但是，他们同样又认为，尤其是英国的洛克与穆勒以及法国的康斯坦和托克维尔等自由主义思想家认为：个人自由应该有一个无论如何都不可侵犯的最小范围，如果这些范围被逾越，个人将会发觉自己身处的范围，狭窄到自己的天赋能力甚至无法作最起码的发挥，而唯有这些天赋得到最起码的发挥，他才可能追求，甚至才能"构想"，人类认为是善的、对的、神圣的目的。根据此一推论，我们应当在个人的私生活与公众的权威之间，划定一道界限。这一道界限应当划在何处，极费争论，简直是一个讨价还价的问题。大体说来，人类毕竟是互相依赖的；没有任何人的活动是完全"私人"而永不干扰到别人的活动。"梭子鱼的自由，就是鲦鱼的末日"，于是，某一部分人的自由，必须受到约束，另一部分的人，才能享有自由。我们都知道，有人还说过："一个牛津大学院长的自由，和一个埃及农夫的自由，完全是两码子的事儿。"

　　这一句话背后，隐藏着某些真实而重要的道理，但这话本身，仍然只是一种政治噱头。对那些吃不饱、穿不暖、生了病、不识字的人，说要给他们政治权力，而且不让政府来干涉他们，等于在嘲弄他们的落魄；因为他们必须先获得医疗上的帮助，必须先接受教育，然后才能够了解他们所能享有的自由，再进一步去运用这种自由。事实上，对于无力运用自由的人，自由又算是什么呢？如果不先提供人们运用自由的必要环境，自由又有什么价值？事有本末先后，正如一位19世纪俄国激进作家所宣称的：在某些情况下，皮靴优于莎士比亚的作品；个人自由并不是每一个人的重要需求。因为自由并不仅仅意味着不受任何挫折——如果以此为自由的意义，则自由这个字的意义终必膨胀——最后它所代表的意义，要不是太多，就会太少。埃及农夫在享有个人自由之前，必须先获得衣物与医药，同时他对后者的需要也更甚于前者；然而，今天他所需要的最低限度的自由，或者明天他可能需要的更多的自由，和教授、艺术家、百万富翁们所需要的自由，却是同样的东西——而不是某种特别属于他的自由。

我认为，西方自由主义者之所以会感到良心不安，并非由于他们相信人类追求的自由，随其社会或经济环境的不同，而有所分别，而是由于他们相信少数人之所以拥有自由，是因为他们剥削了大多数没有自由的人或至少是对大多数人缺乏自由的事实视若无睹，而得来的。他们相信：如果个人自由是人类的一项终极目的，则任何人的个人自由都不能被别人剥夺，这是相当有道理的。某些人更不能牺牲别人的自由，而享受自由。自由的平等，己所不欲，勿施于人；谁使我享有自由、繁荣与启蒙，我便回报谁；最单纯与最普遍意义下的正义；凡此种种，都是自由的道德基础。自由并不是人类的唯一目标。我可以像俄国批评家别林斯基（Belinsky）那样说：如果别人的自由被剥夺，如果我的同胞兄弟仍然生活于穷困污秽之中，如果他们还生活在脚镣手铐之中，那么，我也不要自由，我用双手拒绝这些自由，我宁愿和我的同胞兄弟，同甘共苦。但是，我们如果仅以这种说法，把用语搅混的话，却得不到什么好处。为了要避免显著的不公平或者到处可见的悲苦情况，我随时愿意牺牲我的一部分自由或全部自由，我可以情愿而自由地这么做；但是，为了正义、平等或同胞爱，我牺牲的是自由。在某种情况下，我如果不做这样的牺牲，我的内心将会充满而且理当充满罪恶感。但是，一种牺牲不会增长被牺牲的东西，牺牲自由并不会增长自由，无论哪种牺牲，在道德上有多大需要或补偿，都是如此。一件东西是什么，就是什么：自由就是自由，不是平等、公平、正义，不是文化，也不是人类的幸福或平静的良心。如果我自己或我的阶级或我的国家的自由，是建立在许多人的不幸上面，则促成此事的体制就是不公正、不道德的。但是，如果我为了减少不平等的耻辱，因而去削减或者丧失我的自由，却又没有能借此具体地增益别人的个人自由，那么，所发生的是自由的"绝对丧失"（absolute loss）。这虽可以由正义或幸福或和平的收获来补偿，但是，丧失的却毕竟是丧失了；如果我们硬要说：我虽然失去我个人的、"自由主义式"的自由，但是别种形式的自由，即"社会自由"或"经济自由"，却增加了，则这样的说法，不啻是混淆价值。不过，为了使某些人获得自由，有时候其他人的自由，必须削减，这一点仍然没错。问题是：在什么原则下，我们才能如此削减某些人的自由？如果自由是神圣而不可侵犯的价值，那么，我们将找不到任何这样的原则。无论如何，在实际上，这些互相冲突的规则或原则中，有些必须让步：这种让步并不一定都基于某些可以明确陈述的道理，更不是都能概化成规则或普遍的公理。无论如何，我们仍然必须找到一个实际的妥协办法。

对人性抱持乐观态度，并且相信人类利益能彼此和谐的哲学家，诸如洛克或亚当·斯密，以及某种心情下的穆勒，他们相信社会的和谐与进步，与为个人保留一个不容国家或其他权威任加干涉的广大私生活范围，是可以相容的。霍布斯，以及其他一些和他持相同看法的人，特别是一些保守、反对的思想家，则主张：为了避免人类的互相残杀，因而使社会生活变成一处丛林或荒野，我们必须建立一个更高一等的安全防卫，使人类能够各安其位；基于这个缘故，霍布斯主张加强中央控制的范围，减少个人自由的范围。但是，以上这两派都一致认为：人类生活的某些部分必须独立，不受社会控制。若是侵犯到了那个保留区，则不管该保留区多么窄小，都将构成专制。自由与隐私权最雄辩的维护者康斯坦，忘不了法国雅各宾党人的独裁，他宣称说：至少，宗教、意见、表达、财产的自由，必须受到保障，不容横加侵扰。杰弗逊（Jefferson）、柏克、潘恩（Paine）、穆勒等人，也都各自列举了一些不同的个人自由，但目的都同样是不使权威过度扩张。我们必须维持最低限度的个人自由，才不至于"贬抑或否定我们的本性"。我们无法享有绝对的自由，因此，必须放弃某些自由，以保障其他自由。但是完全的自我放弃，便是自我挫败。那么，这个最低限度应该是什么呢？如果我们抛弃它，就是违逆了我们的人性本质——这就是最低限度的自由。然则，所谓人性本质却又是什么东西？它又隐含了哪些标准呢？对于这个问题，人们一向争论不休，将来也仍会永远争论不休。然而，无论这个不准干涉的范围是根据什么原则来划定的，无论它是根据自由法或自由权利或功利原则，或某种康德所谓的无上命令，或社会契约的神圣不可侵犯性，或是人类用来厘清并支持他们的信念的其他任何概念，来订定的，在这种意义之下，自由都是"免予……的自由"；也就是，在变动不居的、但永远可以辨认出来的界限以内，不受任何干扰。一位最有名的自由斗士，曾经说过："唯一能以自由为名，而当之无愧的，是用我们自己的方式，追求我们自己利益的自由。"果真如此的话，我们是否有理由强迫任何人做任何事？穆勒认为我们毫无疑问地具有这种权利。既然正义的意义，是每个人拥有最低限度的自由，我们当然有必要对其他的人加以约束，必要时还可以强制执行，以使他们不至于剥夺任何人最低限度的自由。其实法律的整个功能，也就是预防这种冲突：在这种情况下，国家就成为拉塞尔（Lassalle）所讥讽为守夜者或交通警察之类所代表的功能。

### 穆勒的自白理念（三个特征）

为什么穆勒会认为保障个人自由，是如此神圣的事呢？他在他有名的论文中表示：除非人们得以按照他们的希望，"按照只与他们自己有关的方式去生活"，否则文明就不会进步，真理也不会显现，因为我们会缺少自由的观念市场；人类的自动自发、原创力、天才、心智能力、道德勇气等，也将无从发挥。社会将会被集体的平庸所压抑。习俗及妥协的习惯，将会造成"才能萎缩""心地褊狭""性格扭曲"的人类，从而使社会中，任何丰富且多样的东西，都受到遏抑。"异教徒自以为是的作风，在基督教的自我克制中，同样具有价值。""一个人不顾忠告与警告，而犯下的所有错误，其为恶远不如任令别人强迫他，去做他们所认为的好事。"自由的维护，存在于排除干涉的"消极"目的中。对一个人施以威胁说：除非他屈就于一种无法自己选择目标的生活，否则就要迫害他；堵塞他所有去路，而只留一扇门，那么，无论这扇门开向多么高贵的远景，无论作此安排的人，动机多么慈悲人道；这些做法，都违反了下述的真理：他是一个人，他有他自己的生活方式。以上所说的就是近代世界中，从思想家伊拉斯玛（Erasmus）的时代，有人可能会认为甚至从奥坎（Occam）的时代，一直到现在为止，自由主义者心目中的自由。所有关于公民自由与个人权利的呼吁，所有对于剥削与羞辱的抗议，对于大众权威侵犯个人生活的反抗，以及向习俗和有组织的宣传对群众的操纵，所发出的抗议，都是源自这种个人主义式的、议论纷纭的"人之概念"。

从以上这种立场，我们可以注意到三点事实。第一，穆勒把两种清楚分明的观念混淆了。其一是：所有的强制行为，虽然或许能借以防止比它本身更大的恶事，然而就它阻遏了人们的欲望而言，它却是不好的；而和强制行为相反的不干涉，虽然不是唯一的善，但是就它不阻遏人类欲望而言，它却是好的。这就是古典形式的"消极"自由的概念。另外一点是：人们应当设法发现真理，或者去发展穆勒赞同的那些性格类型——具有批判性、独创力、想象力、独立性、近乎奇僻的不妥协等；只有具备自由的条件，才能找到真理、才能培养这种性格。这两种观点都是自由主义的观点，但是它们并不相同，它们之间的关联，充其量也只不过是经验性的关联。没有人会主张，在一个所有思想都被教条所压制的地方，真理和表达的自由，能够欣欣向荣。但是，诚如史蒂芬（James Stephen）在《自由、平等、博爱》（*Liberty，Equality，Fraternity*）一书中，猛烈攻击穆勒时所主张的，历史的证据却显示：在苏格兰或英格兰的喀尔文派清教徒那种纪律严明的社群中或是在军队中，廉洁的品德，对真理的喜好、强烈的个人主义等，至少也和在比较宽容、比较冷漠的社会中，一样常见；这一见地若是属实，则穆勒所持人类才华的发挥，系以自由为必要条件的论点，就站不住脚了。如果事实证明，穆勒的两个目标不能并存，他就要面临一个残酷的两难式，更不消说他的学说与严格的功利主义甚至与他自己那种较重视人性的功利主义，不相连贯，而产生的进一步困境了。①

　　其二，这种自由学说较为晚出。在古代，我们似乎看不到任何把个人自由当作是一种有意义的政治理想，相对于实际上存在着的自由，而加以讨论的主张。孔多塞曾经说过，罗马人和希腊人的法律概念中，没有个人权利；就犹太、中国以及其他所有出现于世界的古代文明而言，情形也是一样。② 即使在近代西方历史上，这种

---

　　① 除了极少数的人以外，大多数的思想家都相信：所有他们认为"善"的事，都互相密切地连接在一起或至少是可以相容的——穆勒的这种想法，不过是这一种倾向的另一个例证而已。前后不一致、至少是乖离的要素，会被人为方法束缚在一个专制的体系之下，或因为面临了共同的敌对观念，而维系在一起，这种例子，在思想史中和民族史中都屡见不鲜。等到危险时期一过，本来被此互相支持的观念，就会产生冲突，而这种现象，往往破坏了本来的体系，但是却为人类带来了重大的好处。

　　② 请参见维利（Michel Villey）对此所做的有价值的讨论——《权利哲学史》（*lecond' histoire de la philosophe du droit*）一书。维氏认为"主体权利"（subjective right）的观念雏形，是奥坎所构想出来的。

理想盛行的时期，也仍然是例外，而不是常态。此一意义下的自由，也不会构成广大人类群众在阵前的呐喊之声。无论就个人或社群而论，不愿遭受侵犯而愿自行其是的欲望，都是高度文明的表征。隐私权的意识，个人关系的领域自有其神圣性的意识，是来自一种晚出的自由概念；这种自由的概念，虽然有其宗教上的渊源，本身发展完全的时间，却不太可能早过文艺复兴时代，或宗教改革时代。① 可是，这种自由概念的式微，却将成为文明死亡的标记，以及整个道德观死亡的标记。

这种自由观念的第三特征更加重要。这个特征即是：这种意义下的自由，与某几类专制政体，或至少与自治（self-government）之阙如，并非不能相容。这个意义下的自由，所涉及的主要是"控制的范围"，而不是它的"来源"问题。正如一个民主社会，事实上可能剥夺一个公民在别种形式的社会里，所能享有的许多自由。我们也完全可以想见：一个具有自由心态的专制君主，可能会容许他的子民，享有相当大尺度的个人自由。这种给予他的子民享有相当大自由范围的专制君主，或许是不公正的，或许助长极度的不平等，或许不重视秩序、美德或知识；但是，假使他不抑制人民的自由，或至少比其他政权约束得更少，那么，他就合乎穆勒的特定标准了。② 至少从逻辑上来说，这个意义下的自由，和民主或自治没有什么关联。大体说来，自治和其他的政权形态，比较起来，更能保障公民的自由，自由主义者便是持此一理由，来为自治做辩解。但是个人自由和民主统治之间，没有什么必要的关联。"谁统治我"和"政府干涉我多少"这两个问题，从逻辑的角度来看，是完全不一样的问题。总结来说，"消极的"与"积极的"两种自由概念之间的重大对比，与这个

---

① 基督教（以及犹太教、回教）认为：神圣、自然的法则，具有绝对的权威，并且认为上帝之前，人人平等——此一信仰，和"个人有权过自己所喜欢的生活"这种信仰，是很不相同的。

② 富有想象力、原创性的人，创造的天才以及各式各样的"少数集团"，所受到的迫害，所感受到的压力，包括来自制度与习俗的压力，和前此以及其后的君主政体比较而言，到底是在腓特烈大帝时代的普鲁士中比较轻微呢？或者是在约瑟夫二世（Josef Ⅱ）时代的奥地利，比较轻微呢？——这的确是个值得争论的问题。

区别正相一致。① 因为如果我们要了解"积极"自由的意义，则我们要问的是："谁统治我?""谁有权决定我是什么人? 不是什么人? 应该怎么样? 做什么事?"而不是去问："我可以自由地成为什么或自由地做哪些事?"民主与个人自由间的关联，远比双方的拥护者所认为的稀薄。想要自己治理自己，或参与控制自己生活过程的欲望，可能和希求一个能够自由行动的范围的欲望，同样深刻。而从历史的角度来看，前一种欲望，或许还发生得更早。但是，这两种欲望所希求的，不是同样的东西。实际上，它们的区别非常重大，以致造成了今天主宰着我们这个世界的、各种意识形态的冲突。因为相信"消极"自由概念的信徒，认为"积极的"自由概念，有时只不过是残

---

① 在一个特定的情况中，我们很难估量其中所包含的"消极的自由"，究竟有多少。乍看之下，这似乎只取决于至少在两个机会中，做选择的能力有多大。然而，"选择"却并不都是同样自由的选择，或根本就不是自由的选择。如果我在一个极权国家中，因为受到酷刑的威胁而出卖了我的朋友，或者，我根本是因为惧怕失去工作而如此做，无论是哪一种情况，我都可以很合理地说：我的行为不是自由的。然而，我却确实曾经作了选择，至少在理论上说，我也可以作另一个选择，而让别人来杀死我、折磨我或囚禁我。因此，就"自由"一词的正常意义而言，仅只是"机会选择"的存在，并不会使我的行为，就此变得自由，虽然这行为可能是自愿的。我所享有的自由程度如何，似乎要决定于下述几个条件：(a)我所拥有的"可能机会"有多少。虽然行动的机会，并不是像苹果那样的实体，可以一一去数，于是，我们对此只能有个印象式的约略估计而已；(b)这些机会实现的难易程度；(c)就我本身所拥有的个性与现实的情况而言，这些机会互相比较起来，在我的生活计划中的重要程度如何；(d)人们的故意以人为力量来开放或关闭这些机会的程度有多大；(e)行为者本身，以及他所存在的那个社会里，一般人对不同的机会，所作的评价如何。我们必须把这些层面的问题"整合起来"，然后获得一个不一定精确或不一定无可争辩的结论。很可能，这世界根本就存在着许多不可互相比较、不同程度的自由，我们无法把它们放在一个唯一的尺度上，来衡量它们的轻重。此外，以不同的社会为例，我们还会面临下述这种在逻辑上说来，是荒谬的问题，例如："和 B、C 女士以及她们之间的 D 女士，一起比较起来，X 项的安排是否能给 A 先生更多的自由呢?"当我们想要应用"功利性的标准"时，也会出现同样的困难。不过，如果我们不苟求精确的度量的话，我们可以很合理地说："一般而言，瑞典国王所统治下的平民，要比西班牙或阿尔巴尼亚的平民，享有更多的自由。"生活的"全盘模式"(total patterns)，必须要以整体来作比较——虽然我们的比较方法、结论的正确性等，都很难或竟无法加以阐明。但是，概念的模糊性以及标准之多重性，乃是"主题"(subject matter)本身的特征，而不是我们度量的方法不完美或我们无法作精确思考，所造成的。

酷暴政的华丽伪装而已；而"积极的"自由观念则认为，自由不是"免予……的自由"，而是"去做……的自由"——去过一种已经规定的生活形式的自由。

### (二)积极自由的概念

"自由"这个词的积极意义，是源自个人想要成为自己的主人的期望。我希望我的生活与选择，能够由我本身来决定，而不取决于任何外界的力量。我希望成为我自己的意志而不是别人意志的工具。我希望成为主体，而不是他人行为的对象；我希望我的行为出于我自己的理性、有意识之目的，而不是出于外来的原因。我希望能成为重要的角色，不要做无名小卒；我希望成为一个"行为者"(do-er)——自己做决定，而不是由别人决定；我希望拥有自我导向，而不是受外在自然力影响，或者被人当作是一件物品、一只动物、一个无法扮演人性角色的奴隶；我希望我的人性角色，是自己设定自己的目标和决策，并且去实现它们。当我说我是理性的，当我说理智使我成为一个人，而有别于世界其他事物时，我所指的，至少有一部分就是上述的意思。人，最重要的，我希望能够意识到自己是一个有思想、有意志而积极的人，是一个能够为我自己的选择负起责任，并且能用我自己的思想和目的，来解释我为什么做这些选择的人。只要我相信这一点是真理，我就觉得自己是自由的，而如果有人强迫我认为这一点不是真理，那么，我就觉得在这种情形下，我已经受到奴役。

以做自己主人为要旨的自由，和不让别人妨碍我的选择为要旨的自由，表现上来看，似乎没有什么重大的逻辑差距，只不过是同一件事的"消极"与"积极"描述方式而已。但是，在历史上，"积极"与"消极"的自由观，却朝着不同的方向发展，而且不一定依照逻辑常理，终至演变成直接的冲突。

要弄清楚这个现象，其中一个方法，就是去了解自主(self-mas-tery)这个比喻，本身所造成的影响力。最初，这也许是并无害处的影响力。"我是自己的主人""我不是任何人的奴隶"，这种想法并没有害处可言。但是，如柏拉图学派(Platonists)或黑格尔学派所想探讨的：我会不会是自然的奴隶？我会不会是我自己那种"不受约束"

的激情的奴隶？这些，难道不也同样是"奴隶"？进而言之，有些人是政治上的或法律上的奴隶，有些人则是道德或精神上的奴隶？人类不是曾经有从精神的奴役中得到解放，或者从自然的奴役中，得到解放的经验吗？同时，在这个解放过程中，人类不是曾经一面知觉到那个在主宰事物的"自我"，另一面，又知觉到在他们内心里，有某些东西也被驯服了吗？随后，人类就把这个"自我"看成理智，看成"更高层次的本性"，看成那个计算并争取终能使它满足之物的自我，看成"真实的""理想的"或"自主的"自我，或看成"表现得最好时候"的自我，接着，人们就把上面这种自我，对比于非理性的冲动、不受控制的欲望、我之"较低层次的本性"、立即乐趣的追逐以及"经验界的"、"被他人或别种律则支配的"自我，从而认为：这个自我被欲望与激情所左右，如果要上达它"真实"本性的充分高度，就必须受到严格的纪律。目前，我们更可以认为这两种自我，还被一条更大的鸿沟隔开：那个真实的自我，还可以被看成某种比个人（一般意义下的个人）更广泛的东西，它可以看成个人只是其中一个因素或一个层面的社会整体，例如：一个部落、种族、教会、国家，以及由现在活着的人加上已逝者和未到人世者，所构成的"伟大社会"等。这个"整体"于是被看成"真正的"（true）自我，它将集体的、"有机的"、独一无二的意志，强加在顽抗的"成员"身上，从而获得它自己的"更高层次"的自由。思想史上，有人强制他人，要将他们提升到"更高"的自由水平；而使用有机体的比喻，来辩护这种强制，也已经有人指出其中的危险。但是，这一类语言之所以能显得有理，是因为我们承认：以某种目标的名义，例如正义或大众健康的名义，来对人们施以强制，是可能的，而且有时是有理由的；因为群众若是在民智已开的阶段，他们自己也会去追求这些目标，如今他们没有去追求，只是因为他们盲目、无知或腐化。如此一来，我很容易认为，我是为了他们自己、为了他们的利益，而强制他们。于是，我就是在宣称：我比他们自己，更明白他们真正需要的是什么。其中隐含的意思，充其量只是：如果他们和我一样理性、睿智，并且也和我一样，了解他们自己的利益，他们就不会抵制我。但是，我却可以利用这一点去作更多的要求。我可以声言，他们实际上是在追求他们于蒙昧状态下有意抵制的目标，因为他们内心里有某种奥妙的东西，某种潜在的理性意志（rational will）或"真正的"目标，这种奥妙的东西，虽然被他们表面上的感觉、行动或言语所掩饰，却正是他们"真实的"自我。而处于现实时空中的、可怜的"经验自我"，对这个"真实的"自我一无所知或所知极少。只有这个内在精神的自我，才是唯一的自我，它的愿望，才值得我们考虑。① 一旦我采取这样的观点，我的立足点，就可能使我忽视人类或社会的实际愿望，借人们的"真实"自我为名，并且代表那个自我，去欺凌、压迫、折磨他们，同时心里却还坚持认为：只要是人类的真正目标，诸如：幸福、责任之履行、智慧、公正的社会或自我完成等，便一定能和他们的自由相吻合，而这自由即是：自由地选择他"真正的"但却经常埋没而未得表明的"自我"。

这种吊诡，经常被人揭露出来。主张说："我知道什么对 X 君有好处，而他本人并不知道"，甚或说："我为了 X 本人好，才忽视他的愿望"——这是一回事；但是，这和以下的说法，是完全不同的事，此即：他自己选择了那些事情，虽不是有意识地，不是日常生活里的他所做的选择，而是那个"经验自我"所不知道的"理性自我"做出的选择，也就是那个能体察何者为善，且当善一经揭露，就经不住要选择"善"的"真实"自我，所做的选择。把 X 实际上追求并选择的东西，和假如 X 是另一种人或 X 还未发展成的那一种人，可能会去选择的东西之间，画上等号，是一种可怕的作为，是一切主张"自我实现"（self-realization）的政治理论的核心。主张说：基于某些我自己无法看到的"好处"的缘故，别人可以对我施以强制力，认为这样做有时会对我自己有好处，实际上，它还可能会扩大我的自由范围，这是一回事；主张说"如果对我有好处，那我就不算是被人强

---

① 1881 年，格林曾经说过："真正的自由理想，乃是使全体人类社会的成员，能将最佳的自我发挥到最大限制的力量。"这说法除了会和"平等的自由"相混以外，它还隐含着这样的意思，即，假如某一个人选择了某种即刻的享乐，那么，将不会做最佳的自我发挥——然而，从谁的观点来看？什么是最佳的自我？格林并未说明。他只认为，在这种情况下，此人所使用的，并不是"真正的"自由，因此，如果此人失去了这种自由，也并不会失去什么重要的东西。格林是一位真正的自由主义者，但是，他这一个公式，却很可能为许多暴君利用，当作最坏的压迫行为的借口。

加压力，因为不论我自己是否知道，这是我的'意志'本身要求我这么做的，而且，不论我这可怜的臭皮囊、我这愚蠢的脑袋，如何强烈地反对它，不论我如何绝望地反对那些由于仁心善意，而努力把它强加在我身上的人士，我仍是自由的或仍是'真正'自由的"，却完全是另一回事。

对"消极的"自由概念，人们无疑也可以轻易施展这种魔术般的转化或"戏法"，威廉·詹姆士曾很公正地以此来嘲弄黑格尔学派的人物。在转化后的情况下，"不准别人干涉的自我"，已经不是一般人心目中，拥有一些实际希望与需求的个人，而是内在的"真"人：这个内在的"真"人，在追求某些"经验自我"所无法想象到的理想目的。同时，就像"积极"自由的自我一样，这个东西还可以膨胀成某种"超个人的"(super personal)的东西，如国家、阶级、民族，历史的迈进等。这些东西都被认为是比"经验自我"更能代表某些特征的、更"真实"的主体。但是，事实上，"积极的"自由观念，认为自由即是"自主"(self-mastery)，实已暗示了自我分裂交战之意，在历史上、学理上以及实践上，已经轻易地助成了人格的剖分为二：其一是先验的、支配的控制者，其二是需要加以纪律、加以约束的一堆经验界的欲望与激情。具有广泛影响力的，就是这一历史事实。如果这么明显的真理，也需要举证的话，那么，这个事实证明：自由的概念，直接导源于自我、个人、人类，系由何物构成的看法。对人的定义施以足够的操纵，则自由是什么意思，便唯操纵者的意愿是从。近代历史已经昭然显示，这个问题不只是个学术问题而已。

将自我一分为二的后果如何，只要考虑要求自我导向的欲望、要求以一个人"真正的"自我为导向的欲望，在历史上采取的两种形式，就更加清楚。这两种形式：其一是为了获得独立，而采取自制(self-abnegation)的态度；其二是根据某一特定的原则或理想，来"实现自我"，或将自我完全认同于某一特定的原则或理想，以求取自我独立的目的。

(三)退隐于内心的碉堡中

我是理智与意志的拥有者，我构想我的目标，并且想要追逐那些目标；如果我受阻而无法达成这些目标，我就不再觉得自己是人生情境的主人。使我不能达成这些目标的原因，或许是自然的法则，或许是偶发的事件，或许是人的活动，或许是人类的制度所造成的影响，而且往往不是故意设计的影响。这些力量可能会使我受不了。我要如何才不至于被他们压垮？显然，我必须从我已知为无法实现的欲望中，解放出来。我希望能成为我自己王国中的主人，但是我的边境绵长而不安全；因此为了减少或消除易受攻击的地方，我把我的国度缩小。我起初欲求幸福、权力、知识或某些特定的东西，但是我却无法随心所欲。于是，我选择了避免失败和枉费，来面对这一情境，因此，我决定不要去争取我没有把握得到的东西。我决心不去欲求自己得不到的东西。暴君威胁我，要毁灭我的财产、要囚禁我、要放逐我或者要杀死我钟爱的人。但是，如果我不再眷恋财物，不再介意我是不是入狱，如果我已经扼杀我内心的自然情感，那么，他就无法强迫我屈从他的意志了，因为我们所剩下的，已经不是经验界的恐惧或欲望，所能左右的东西。如此一来，我就好像是作了一种战略性的撤退，退入了一个内在碉堡——退入了我的理性、我的灵魂、我的"物自身"（noumenal self），而退入这些之后，不论人们怎么做，外界的盲目力量以及人类的邪恶意图，都已无由触及。我已经退隐到我的内心之中了——在那儿，也唯有在那儿，我才是安全的。这仿佛是说："我的腿受了伤。我有两个办法可以消除痛苦。其一是治好我的伤。但是，如果太难治，或没有把握治得好，还可以用另一个方法。我可以切掉我的腿，摆脱伤口。如果我训练自己，不去需要我靠着腿才能拥有的东西，我就不会觉得有所缺憾。"这就是禁欲主义者、寂静主义者、斯多葛学派、佛门圣徒以及各种教徒或非教徒所一贯使用的"自我解脱"（self-emancipation）之途，他们逃离了世界，逃开了社会与舆论的枷锁，其方法是某种深思熟虑后的"自我转变"（self-transformation），这一转变使他们能不再介意那些世俗的价值，能维持自我的孤立，而独立自处于世界的边缘，世界的武器已不再能伤害他们。① 任何政治孤立主义（political

---

　　① 圣安布洛斯（St. Ambrose）说过："一个聪明人即使是身为奴隶，也是自由的；据此而论，一个傻子虽然统有天下，但也仍然是个奴隶。"伊比克底特斯（Epictetus）或康德，也很可能会说这样的话。

isolationism)，任何经济独立政策，任何一种形式的"自主"(autono-my)，都带有一点这种态度。为了要消除道路上的障碍，我干脆放弃这一条道路；我退隐到我自己的宗教、自己的计划经济、自己刻意孤立起来的领域之中，在这里面，我不必听外人讲话，外界的力量都不再具有影响。这是一种追寻安全的形式，但也有人称之为追寻个人或国家的自由与独立。

有些人，例如康德，并不完全把"自由"当作欲望之灭绝，而视自由为对欲望的抵抗与控制，前述义理应用于个体之时，与这些人的观念，相去不远。我把自己视同控制者，而逃开被控制者所受的奴役。我是自由的，因为我够自律(autonomous)，而且，只要我维持自律，我就是自由的。我遵守法律，但是我已把它们加在我不受强制的自我之上，而且我就是在我不受强制的自我里，发现这些法律。自由就是服从(obedience)，但却是"服从一种我们为自己而制定的法律"，于是，没有人能奴役自己。"外律导向"(heteronomy)是对外界因素的依赖，在这种情况下，我很容易成为我不能完全控制的外在世界的玩物，于是，在这一意义下，外在世界也就控制了我，"奴役"了我。我没有受到任何我无法控制的力量或事物所"束缚"——唯有在此程度之内，我才是自由的；我无法控制自然法则，因此，在理论上，我就必须把我的自由活动，提升到以因果关系为主的经验世界之上。在这里，不适宜讨论这个古老而著名的义理，本身的正确性如何，我只想加个按语：这种视"自由"为抵抗或逃避无法实现的欲望，以及超然独立于因果世界之外的一组观念，在政治和伦理上，都扮演了重要角色。

这些人认为，如果人的本质，在于他们是自主的生命，亦即是价值与目的本身的创造者，而这些价值与目的之具有终极权威，是因为它们出于自由意志，则天底下最坏的事情，就莫过于不把人类当作是具有自主性的人，而把人类看作被因果影响所玩弄的自然物件，或看作可以受外界刺激左右的动物，认为人类的统治者，可以用威胁利诱的手法，来操纵他们的选择。如此看待人，就是把人视为不能自我做主的生灵。康德说："谁都不能强迫我，依照他自己的方式去享受幸福。因此，'家长保护主义'(paternalism)是最坏的专制主义。"其所以如此，是因为不把人当自由人看待，而把人当作是

"我"的人类素材，可以让"我"这个善意的改革者，拿来根据"我"自己的而不是他们自己选取的目的，加以塑造。这当然正是早期的功利主义者所建议的政策。哈维修斯及边沁等功利主义者，不是主张去抵抗人类那种成为自己感情奴隶的倾向，而要利用那种倾向；他们想把"赏"与"罚"悬垂在人类面前摇晃，这是最极端的"外律导向"形式，如果这么做能使"奴隶"们更快乐的话①，他们认为便应该如此去做。但是，试图操纵人类，怂恿他们去追求那些社会改革者所看到而他们自己可能不会看到的目标，却是否定了他们的人性本质，将他们当作没有自我意志的物体看待，因此，也就等于贬抑了他们的人格。这就是何以对人类撒谎、欺瞒人类，也就是说，把人类当作达成自我独自构想的而不是他们自己的目的之工具，如此做法，即使是为了他们本身的利益着想，实际上也等于已把人类看成了次等人（sub-human），认为他们的目的，不如我的目的，仿佛只有我的目的，才是终极而神圣的。我要借由什么名义，才能强迫人们去做他们没有意志要去做或不同意去做的事？我只能假借某些比他们本身更高的价值为名义，才能够这么做。但是，倘若正如康德所说，一切价值之所以成为价值，是因为出于人类的自由行动，唯其如此，才能称为价值，那么，显然没有什么价值比个人更高。因此，假借名义屈人从己，其实是假借了终极性不如人类本身的某种名义，来强制人类，使他们屈从于我的意志，或是屈从于某人对幸福生活、对权宜之计或对安全与方便的特殊渴望。如此，我是以我或我的集团所欲求的事物为目标，而以他人作为手段，无论动机是什么，或动机如何高贵，事实就是如此。然而，这却和我所知的人类相抵触，因为：人类本身就是目的。因此，凡是玩弄人类、诱惑人类，从而违反他们的意志，而依照自己的模式塑造他们，所有这一类的思想

_____

① 布尔什维克党人的领袖布哈林，在一篇发表于 1920 年的作品中说："任何形式的无产阶级强制行为，从处刑到劳动改造，听起来似乎都是诡异离奇的，但它们却都是把资本主义时期的人类素材，改造成共产主义人类的方法。"——这一番话，尤其是"人类素材"这个名词，很生动地表达了这种态度。

控制与制约①，都是否定使"人"之所以为人，以及使"人"的价值成为终极价值的行径。

康德的自由个体，本是一个超然的存有，超乎自然的因果关系领域之上。但是，在经验层面，亦即在以日常生活观点看待人类的层面，这项义理，却是 18 世纪深受康德与卢梭影响的、西方道德与政治的自由人文主义之核心。从先验的层面来看，自由个体的概念是一种世俗化的新教个人主义，在这种个人主义中，理性生活(rational life)的概念，取代了上帝的位置，个体的灵魂不再追求与上帝的结合，代之而起的是以下这个概念，亦即：个体生而赋有理智，他努力追求理智指引，而且也只受理智支配，绝不依赖任何可能利用他的非理性本性，而使他误入歧途、使他陷入幻觉的事物。个体要求自律，不要他律导向，要自主行动，而不要只做行动的对象。对那些认为人类可能成为"激情之奴隶"的人士来说，这一说法，不过是一种隐喻而已。使自己脱离恐惧、爱情或顺从的欲望，即是将自己从不能控制的某种专制里，解放出来。柏拉图曾转述索福克里斯(Sophocles)的言谈，这位希腊悲剧作家说过，他唯有在晚年，才把自己从"爱情"这个残酷的主人所造成的桎梏中，解放出来。索福克里斯所述的这种经验，显然与自暴君或奴隶主的桎梏下解放出来的经验，同样真实。看到我自己屈服于某种"卑贱的"冲动、受一种自己不喜欢的动机指使而行动、做某些自己在做它的时候就感到嫌恶的事，而事后回想起来，则觉得当时的我"不是我自己"，或我当时是"身不由己"等心理经验，都属于这一类的思维与说话方式。我认同于具有批判力和理性的我。我的行为造成了什么后果无关紧要，因为我无法控制它们，重要的是我的动机。这就是那些对世界不屑一顾，并且把自己从人事枷锁中解放出来，独与天地精神相往来的思想家，所抱持的信条。在这个形式下，上述学说看起来像是一种伦理的信条，根本不具有政治意味；但是，它却的确具有

---

① 康德、斯多葛学派和基督教徒的心理学，大抵是这样的：认为人类身上，具有某种成分，即"心灵之内在坚定性"(inner fastness of mind)，可以不受"制约行为"(conditioning)的影响而动摇。然而，催眠、"洗脑"、升华性之暗示等技术的发展，已经使这一个先验性的假定——至少就作为一种经验性的假说而言——变得较难令人信服了。

清楚的政治意涵，而这种政治意涵融入自由的个人主义传统的程度，至少和"消极的"自由概念融入此一传统，同样深刻。

或许值得指出：似乎外在世界变成格外贫瘠、残酷或不义的时候，逃入真我的内在堡垒，这种"理性圣徒"式观念，才以个人主义的形式兴起。卢梭说："人只欲求他所能完成之事、只行他所欲求之事，是谓真正自由。"一个人追求幸福、正义或自由——不论何种意义下的自由，却因为发现太多行动的途径，都遭堵绝，以致不能有多少作为，则在这种世界里，想要退入自己内心的诱惑，可能变得令人难以抵抗。希腊的情形可能就是这样，当时独立的民主政体崩溃，中央集权的马其顿（Macedon）专制政体代之而起，斯多葛学派的理想，与这一情境不可能全无关联。基于同样的道理，共和时代以后的罗马，情形也是如此。① 在17世纪中，因三十年战争而深受国族之耻的日耳曼诸邦，也曾经发生这样的情况；当时政治生活的特色，尤其是在小邦国之中，迫使珍视人类生活尊敬的人，采取一种"内在移民"（inner emigration）的态度。这不是历史上第一次也不是最后一次事例。坦率说来，凡我无法获有的事物，我必须训练自己，不去欲求；欲望一旦被消除，或者已成功地受到抵制，即等于欲望得到满足，这样的学说，容或崇高伟大，在我看来，却不折不扣是酸葡萄心理的一种形式：我没有把握获得的东西，就不是我真心想要的东西。

至此，以"为所欲为"的能力，作为消极自由的定义，何以行不通，就很明白了。其实，这也就是穆勒采用的定义。因为，如此一来，倘若我发现我想做，而实际上能做的并不多或根本不能做，那么我便只要缩减或消灭我的愿望，我就自由了。按照这个定义，设若有某个暴君或某个"隐形的说服者"，设法"制约"了他的子民（或顾客），使他们丧失了原有的期望，从而拥抱他为他们发明的那一套生活方式，甚至将那一套生活方式"内化"，那么，按照这一定义来说，这暴君或说客也是将他们"解放"了。无疑，这样的暴君会使他们"感到"自由——正如哲学家伊比克底特斯（Epictetus）比他的主人感到更

---

① 若我们说东方圣者的"寂静主义"（quietism）和这种行为类似，都是对独裁专制政治的一种反应；它们特别盛行的时期，正是当个人特别容易被那些拥有实质压制性工具的君主侮辱，至少是忽视甚或残酷统治的时期，这个假定，可能也并不至于太过牵强。

自由一样，因为据说这位有名的好人，在受拷刑的时候，也觉得快乐。但是，伊比克底特斯所创造出来的哲学，却正和"政治自由"背道而驰。

禁欲式的克己苦修，或许是正直、宁静与精神力量的来源，然而，我们却很难了解，为什么克己苦修可以被称为"自由的扩张"(enlargement of liberty)？假若有敌人来了，我躲到屋子里面去，并且把所有的进出口堵住，因而幸免于难。如此一来，我确是比被他捉去要自由得多；但是，这会比把他打败、把他捉起来，所获得的自由更多吗？如果我做得太过分，把我自己关闭在一个小空间内，我终不免要窒息而死。而从逻辑上看来，如果有任何东西可能对我造成伤害，我就将这个东西毁灭，则到头来，不免会以自杀作结。因为只要我存在于自然世界，我就不可能万全无虞。于是，一如叔本华很正确地察觉到的：在这种意义下，唯有死亡才能带给我们完全的解放。①

我所处身的世界，是我的意志会遇到阻碍的世界。那些执着于"消极"自由概念的人，如果认为，自我否定并不是克服障碍的唯一方法，我们还可以将障碍物移开，而克服它：如果这障碍来自人以外的东西，我们就用身体的行动来移除它；如果障碍是人为的抵抗，我们就用武力或说服，来克服它。例如，我可以劝诱某人在他的马车上，为我留个空位，或可以征服一个对我国利益有威胁的国家，这一类的想法，或许还是可以原谅的。这些行动可能不公正，可能涉及暴力、残酷、奴役他人之类，但行动者由此便能最名副其实地增加自己的自由，则是难以否认之事。不过，否决这个真理的人，却就是最用力实行这个真理的人。这可说是历史的反讽。那些人甚至在征服权力、征服自由之际，就已拒斥了"消极"的自由概念，而

---

①　有一点特别值得一提，此即：在这段日耳曼"寂静主义"盛行的时期中，那些在法国追求个人或国家的自由，并不惜为其而战的人士，并没有采取这种态度。其中的原因，是不是正因为在法国，尽管君主所行的是专制政治，一些特权阶级的行为也很倨傲与专横，然而，由于法国当时是一个既骄傲又强大的国家，而实际的政治权力，也不是才具特殊的人士所不能掌握的，所以从战场上退隐，而遁入某个凌驾于其上的安静天堂，使那些自负的哲学家，可以从这里俯视下界的政治斗争，并不是唯一的逃避方法。同样的道理，也适用于 19 世纪及其后的英国，当然，也适用于今日的美国。

偏向于"积极"的自由概念。这个看法统治了我们半个世界；我们且看看它根据的形上基础，究竟是什么？

### （四）自我实现（self-realization）

有些人告诉我们说：获得自由的唯一方法，是运用批判性的理智，亦即了解什么是必然的、什么是偶然的。假如我是个小学生，数学上的真理，除了最简单的几项之外，都成为我心灵自由活动的障碍，我无法了解那些定理之所以必然为真的道理；这些定理，是某种外界权威声称为"真确"的东西；而在我看来，它们是陌生的东西，人们却机械地期望我能把它们吸收到我的脑子里。然而，一旦我理解了符号与公设（axioms）的功能，以及规则的形成与变化，亦即理解了如何去获致结论的逻辑运思，并且明白了这些道理非如此不可，因为它们似乎是从支配我本身的理性法则中，推演出来的①，这些数学真理，就不再只是强加在我身上、无论如何非得接受不可的"外物"（external-entities）了，它们现在反而成为我在本身理性活动自然产生功能的时候，自由地想要求取的东西。对于一个数学家来说，证明这些定理的工作，是他们天生推理能力自由运用的一部分。对于一个音乐家来说，他把作曲家的乐谱融会贯通，把作曲家的目的变成了自己的目的以后，演奏就已不是一种顺服外界法则的行为、不是一种强迫的行为，也不是自由的障碍，而是自由自在、无拘无碍的发挥。这时，演奏者并没有被乐谱束缚住，如同牛被拴在犁上、工人被束缚在机器上那样。他已经把乐谱吸收到他自己的体系之中；同时，因为了解了乐谱，使自己认同于乐谱，于是，已将乐谱从一种阻碍自由活动的束缚，变成自由活动本身的一个成分。持以上这种看法的人，告诉我们说：适用于音乐或数学的道理，在原则上，也应该适用于其他所有的障碍。阻碍自由自在、自我发展的许多外在形式，无非即是这一类可以克服的障碍。自从斯宾诺莎以降，一直到最近的黑格尔学派的徒众（有时是不自觉的徒众）为止，他们心目中"开明的理性主义"所计划的，就是这一套东西，即所谓：

---

① 或者，如某些近代理论家所主张的，这是因为我自己发明了或有能力发明它们；因为"规则"（rules）本是人类所订立的。

"勇于面对知识"。只要你具有理性，你就不能要求你所知道的事理变成另外一种样子，因为，你了解什么是"理性的必然"(rational necessity)。而如果在既有的前提之下、在支配世界的必然道理之下，你还要希望某些必定如此的事理，变成另外的样子，则就这一点而言，你若非无知就是不理性。激情、偏见、恐惧、精神官能症等，都起源于无知，而以神话或幻觉的形式出现。这些神话，无论是那些想要欺骗我们、从而利用我们的狂妄之徒，用他们生动的想象力所编造出来的，或是由于心理上或社会学上的原因，而造成的，一旦我们受制于这些神话，那就是一种"他律导向"的行为，也就是说，被一种未必出于行为者意志的外在因素所主宰了。18 世纪的科学决定论者认为：自然科学的研究，以及依此为典范而创造的社会科学，会使这一类原因的作用变得透明、清晰、无所遁形，并且使个人能够认识到他们自己在一个理性世界的作用里所扮演的角色，而唯有人们误解此一角色时，才会受到挫折。一如伊壁鸠鲁(Epicurus)在许久以前所教导我们的：知识会自动消除非理性的恐惧与欲望，从而使我们获得解放。

赫德尔、黑格尔、马克思都曾经以他们自己的生机论式的(vitalistic)社会生活模式，来取代已经陈旧的、机械化的模式，但是，他们却和他们的敌手一样，相信"理解世界就是获得自由"。他们和他们的敌手不一样的地方，只是他们强调使人之所以成为人的"变迁"与"成长"所扮演的角色而已。他们认为用数学或物理学作为类比的模型，无法理解社会的生命。我们也必须理解历史，亦即是：理解在个人彼此的互动及对自然的互动中，居于主导地位的、有关"持续成长"(continuous growth)的特殊定律，因为不论是借"辩证"(dialectical)的冲突或其他方式而来的"持续成长"，都有特殊的定律可循。根据这些思想家的说法，不去理解这种法则，就是犯了一种特殊的错误，此即：相信人性固定，相信人的基本性质，无论何时何地都是一样，或相信人性受制于不变的自然法则(不论是神学的或唯物论式的法则)，而这信念引出一个谬误的结论，即是以为：在原则上，睿智的立法者，不论何时何地都可以借着适当的教育与立法程序，来创造一个完全和谐的社会，因为不论在任何时代、任何国家，具有理性的人类，都有同样的、不变的基本需求，而且必定总是要求同样的、不变的事物，来满足那些需求。黑格尔认为以前的人及与他同时代的人，都误解了制度的本质。因为他们不了解创造与改变制度、并转变人类性格与人类行为的理性法则，这些法则来自理智的运作，因此，是可以理性地加以了解的法则。马克思及他的徒众则主张说，阻碍了人类路途的不只是自然力或人类本身性格上的缺陷，更重要的是人类社会制度的运作所造成的影响。人类原是为了某些不一定自觉到的目的，而创造了这些制度，但后来却有系统地误解了这些制度的功能①，因此，这些制度也就变成了他们进步的障碍。马克思提出一些社会与经济的假说，来说明为何人类"必然"会产生此类误解，特别是以下这个幻觉，即，以为这种人为的安排，是某种独立的力量，是和自然法则一样，不可避免的力量。关于这种"假客观"（pseudo-objective）的力量，他举出下面一些例子，如供需法则、财产制度、贫富之间的永久区别、雇主与工人的划分，以及其他许多不变的人类范畴等。唯有当我们达到一个能破除这些幻觉的阶级，也就是说，有足够的人们能够理解到这些法则与制度本身，原是人类的心灵与双手创造出来的，是因为历史上某一个时期的需要而存在的，可是人们后来却误以为它们是不可变易的客观力量；唯有到达这一阶段，我们才能够摧毁旧世界，并且用更适当、更能使人类获得解放的社会制度，去取代以前的制度。

　　制度、信仰或精神官能症所造成的专制，奴役了我们，我们唯有去分析它们、理解它们，才能够排除它们。我们被我们自己所创造出来的恶灵，束缚住了，虽然，我们并不是有意识地创造这些恶灵，但这些恶灵确实束缚了我们。唯有当我们变得"有意识"（conscious），并且采取适当的行动，我们才能驱走这些恶魔。对马克思而言，所谓理解（understanding），其实也就是适当的行动（appropriate action）。如果我按照我自己的意志，去计划我的生活，我就是自由的，而且也才是自由的。计划之中就隐含了"规则"；某一规则，如果是合乎理性的，也就是说，合乎事物之必然性的，则不论这规则是我自己或是别人所发明的，只要我理解了它，而有意识地把它施于我的身上，或是自由地接受了它，那么，这规则就不是迫我屈

---

　　①　这一点，在实践行为中，比在理论中表现得更清楚。

从的外物。了解事物为何必须如它们所应该呈现的那个样子出现，意指你的意志要它如此呈现。知识之所以能使我们得到解放，其原因并不是知识为我们提供了更多的选择机会，而是因为知识使我们不至于为了追求达不到的目标，而遭受挫折。希望"必然的法则"变成另一个样子，其实就是成了非理性欲望的奴隶。非理性欲望无异于希望"应该是 X 的东西，不要成为 X"。若是再进一步，相信这些法则不是它们必然应有的那种样子，就未免陷于疯狂了。这就是理性主义的"形上核心"（metaphysical heart）。这其中所含的自由概念，并不是指谓一个没有障碍存在的领域，或是一个没有任何事物在阻碍我的真空这一类的"消极"概念，而是"自我导向"（self-direction）或"自我控制"（self-control）的观念。我可以按照我自己的方式，做我想做的事。我是一个理性的人，不论是什么事理，只要我能向我自己证明它必须如此，证明在一个理性的社会中——亦即在一个由理性的心灵指导，朝向理性的生灵所必会追求的目标迈进的社会中——这事理不可能不是如此，那么，作为一个理性的人，我就不能排除它。我把它吸收到我的体质里，一如我吸收逻辑、数学、物理法则或艺术规则那样，我吸收主导我所理解、因而所意欲的一切事物之合理原则，我吸收理性目的，由此，我绝不会遭到挫败。因为我不可能期望事物不是它所应有的那个样子。

这就是积极的"理性解放"学说。这种学说的社会化形式，虽然种类纷纭，彼此也互相冲突，却是当今许多民族主义、共产主义、权威主义，以及极权主义信条的中心概念。在其演化过程中，它可能会远远偏离了它原有的、理性主义的渊源。但是，在当今世界上的许多地方，不论是民主国家或独裁国家，人们所争论不休甚至为它而战的，却正是这种"自由"。我不打算追溯这个观念在历史上的演进过程，却愿意对这个观念所经历的一些变迁，做一个评论。

（五）萨拉斯特罗（Sarasstro）的殿堂

相信自由即理性的"自我导向"者，迟早终必考虑到一个问题，此即：这个原则如何能既适用于人的内在生活，又适用于人与社会上其他成员的关系。在这些人士当中，即使最具个人主义倾向者，例如卢梭、康德、费希特等人，开始探讨这些问题的时候，绝对是以个人主义为出发点，当他们探讨到某一点上的时候，也要自问：理性的生活是否不仅适用于个人，同时也适用于社会？如果是的话，我们要怎样做，才能造就这样的一个理性社会？我希望能够依照我的"理性意志"（rational will），即我的"真正自我"所要求的方式去生活，然而，别人也希望能够如此。我要如何才不致和他们的意志冲突？依照理性所界定的"我的权利"，和别人的权利之间，界限何在？因为，假如我是有理性的话，我就不能否认说：基于同样的理由，对我来说是合宜的事，对其他和我一样具有理性的人，也必然是合宜的。一个理性的（或自由的）社会，必然是一个由所有具有理性的人都自由地接受的法则所支配的社会；也就是说，当一个人在被问及作为一个理性的人，他所需求的是什么的时候，他自己就会制定这些法则，而这个社会，就是受这一类的法则所支配的。因此，这些界限，必须是所有具有理性的人，都认为适合于理性的人所应接受的正确界限。但是，事实上，这些界限要由谁来决定呢？这一类型的思想家主张说：如果道德与政治问题是真正的问题，则原则上，它们一定是可以解决的，而道德与政治问题，当然是真正的问题；这就是说，这些问题必有一个而且只有一个真正的答案。原则上，所有的真理都会被任何具有理性的思想家发现，同时也能由他们清楚地证明，清楚到所有其他具有理性的人，也不得不接受它们，而事实上，在新近的自然科学中，绝大部分的情形，便是如此。基于此一假定，我们只要建立起一种公正的社会秩序，一个理性的人，都得到他所应该得到的东西，就可以一举解决政治自由的问题。很显然地，我对不受束缚的自由之主张，乍看之下，有时候无法与你同样绝对的主张相调和；但是一个问题的理性解决方式，却不可能和另一个同样正确的解决方式，互相冲突。因为，从逻辑上讲起来，两种真理不会是不能相容的；因此，原则上，一个公正的秩序，必然是可以发现出来的，在这一秩序里，理性的规则，使一切可能发生的问题，都得到正确的解决。有时，人们把这个理想的、和谐的状态，想象成"人类堕落"（the Fall of Man）以前的伊甸园；我们曾经从这个伊甸园中被驱逐出来，然而，我们却仍然满心渴望着它，将它当作仍然未能达到的黄金时代，在这个黄金时代中，人类由于已经具有理性，再也不会陷于"他人导向"（other-directed），更不会"疏离"或挫辱他人。当然，在现存的社会中，正义和平等的理想，仍然需要受到某种程度的强制，因为如果我们过早取消社会的控制，可能会使弱者与愚者，受到精干狂妄型强者的压迫。但是，根据这一学说，造成人与人之间互相剥削、互相羞辱的行为者，只是人性中的非理性一面。有理性的人，会尊重彼此之间的理性原则，而不愿意去互相战斗或争夺控制权。"统治的欲望"(the desire to dominate)本身就是非理性的表现，我们可以用理性的方法来解释它并且纠正它。斯宾诺莎提出一种解释与改良之道，黑格尔也提出另一种方法，马克思提出了第三种方法。在某一个程度上，他们的某些理论，是可以互相取长补短的，有些则不能合而为一。但是，他们却都认为，在一个由完全理性的人所构成的社会里，控制他人的欲望，是不存在的或者是无法产生效果的。"压迫"存在或"压迫"欲望，只是社会生活问题尚未得到真正解决的第一个表征而已。

　　我们可以换个角度来阐明这一点。自由就是"自我做主"(self-mastery)，就是消除阻碍我的意志遂行的东西，而不论这些障碍是什么。不论是自然的阻抗、我自己不受控制的情感、非理性的制度或别人与我相反的意志和行为所造成的阻抗等，都是这种意义下的障碍。对于自然，至少在原则上，我总是可以用技术性的方法去塑造它，使它成为合乎我的意志之状态。但是对于那些不肯心甘情愿受我支配的人，我要如何对待？可能的话，我应当也把我的意志强加在他们身上，依照我的模式来"塑造"(mould)他们，为他们在我的剧本中，安排一个角色。但是，这岂不表示唯有我才自由，而他们却是奴隶？如果我的计划，只和我的期望与价值有关，而和他们的期望与价值，不具有任何关系，则他们确实是奴隶。然而，假如我的计划充分具有理性，这个计划就能容许他们完全发展他们的"真正"本性，亦即实现他们作理智决定的能力，而"人尽其才"——这也就是我实现自己的"真正"自我的一部分。所有真正问题的正确解决，必然是可以相容的，不仅如此，这些解答还应该能形成一个独一无二的整体，因为这正是我们之所以称它们为"理性的"以及说宇宙是"和谐的"时所持的道理。每个人都自有独特的性格、能力、理想与目标。如果我能够了解这些目标与本性，果为何物，以及它们之间的关系如何，只要这些目标和本性，合乎"理性"，则至少在原则上，如果我具有足够的知识与能力，我就可以使它们都获得满足。理性的意思，就是了解人类与事物的真相，例如，我不应该用石头制造小提琴，也不应该叫一个天生的小提琴手去玩笛子。如果宇宙由理性支配，我们就根本不需要强制；对于所有的人来说，一个正确计划的生活，应当与"充分的自由"（full freedom）相吻合，亦即与理性的"自我导向"之自由相吻合。唯有当这个计划，是一个"真正的"计划时，也就是说，是唯一实现理性之主张的独裁模式时，上述的境地，才会实现。这个计划的法则，是理性所制定的法则，唯有那些理性犹在昏睡之中，不了解他们"真正"自我的真正"需要"之辈，才会厌恶这些法则。只要每个人都了解并且都扮演"理性"所赋予他的角色，亦即明了他自己真正的本性，并且察觉他自己真正的目标，则社会就不会有冲突存在。每个人在这一幕宇宙性的戏剧中，都将成为一个获得解决的、自我导向的演员。因此，斯宾诺莎才告诉我们说："儿童虽然受到强制，但他们却不是奴隶"，因为"他们所服从的命令，是为了他们的利益而下的命令"，而"一个真正的共和国里的人民，不会是奴隶，因为这个共和国的共同利益里，就包含了他们自己的利益"。同理，洛克也才会说："没有法律，就没有自由"，因为理性的法律，是人类"适当利益""共同利益"的导引；洛克并且补充说，既然这样的法律，是"使我们免予陷入泥沼或堕入悬崖"的东西，把他们称为"束缚"（confinement），是没有道理的；也因此，他才会说，要逃避这种法律的企图，不是理性的，是"放纵的行为""没有人性"等。孟德斯鸠在这一问题上，也忘了他那自由主义的主张，而说：政治自由并非扭曲我们做想要做的事，甚至也不是任由我们做法律允许之事，政治自由只不过是"有力量去做我们应该想要做的事"；康德也重复了同样的主张。柏克宣称，基于个人自己的利益，我们必须限制个人的"权利"（rights），因为，"我们假定所有有理性的人，都会与事物的既定秩序相一致，而同意这种限制"。这些思想家，以及在他们之前的经验哲学家，在他们之后的雅各宾党徒及共产主义者的共同假定是：不论我们那可怜、无知、充满欲望与激情的"经验自我"如何反对，我们每个人"真正"本性中的理性目标，都必定互相吻合或必须使它们互相吻合。自由并不是去做不理性、愚蠢、错误之事的自由。强迫我们的"经验自我"去合于正确的模式，并非暴政，而是解放。① 卢梭告诉我们说：如果我们自动把我们的全部生活，都奉献给社会，我们就造成了一种"实体"(entity)，这一"实体"不会伤害它的任何成员，因为它是每一个成员牺牲了同样多的东西所造成的；我们又听说，在这样一个社会中，伤害任何人，都对任何人没有好处。"我把我自己奉献给所有的人，等于没有把我奉献给任何人一样"，在这种情形下，我所复得的与我曾失去的一样多，并且有足够力量保有我的新收获。康德告诉我们说，"一个人如果完全抛弃他狂放不羁的自由，他就可以在一个依赖法律的状态中，重新获得这些自由——丝毫没有损失"，唯有这样才是真正的自由，"因为这个依存关系，是我以自己的意志作为立法者，而造成的"。如此，自由非但不是不能和权威相容，反而实际上变成了权威本身。18 世纪里所有关于人权的宣言，所包含的便是这种思想，所使用的便是诸如此类的说辞。同时，所有认为社会是依据一睿智的立法者，或自然，或历史，或"超人的神灵"(the Supreme Being)而设计与建立的人士，所持有、所使用的，也都是这种思想与说辞。几乎只有边沁倔强地重申说，法律的任务是要"拘束"(restrain)，而不是要解放："每一则法条都是违反自由的"——甚至当这种"违反"的行为，会使自由的全部含量增加时，也不能例外。

倘若上述看法背后的基本假定是正确的，即，倘若解决社会问题的方法，和解决自然科学问题的方法相同，假如理智(reason)果真是如理性主义所说的那样无所不能，则上述的推论，便都是顺理成章之事。在理想的情况下，自由即等于法律，而"自律"即等于"权威"。某一件事，是我作为一个正常人，所不应该希望去做的，则某一法条限制我去做那件事，就不是限制我的自由。在理想的社会中，在由完全负责的人物与规则所构成的社会中，统治者会渐渐消逝，因我根本就不会意识到他们存在。胆敢明白表示这种假定并且接受

---

① 关于这一点，我认为边沁所说的是最具决定性的话，他说："自由不是做坏事的自由，又是什么？我们不是说'我们必须剥夺痴人与坏人的自由，因为他们滥用自由'吗？"请把这段话拿来，和同一时代的一项雅各宾党人的典型宣言互相比较，后者说："当一个人在做坏事的时候，他就不是自由的。防止他去做坏事，就是使他获得自由。"19 世纪末的英国唯心论者，几乎异口同声地回应了同样的论调。

其后果的，只有一种社会运动，此即无政府主义者（the Anarchists）的社会运动。然而，所有建立在理性主义者的玄学基础上的各式自由主义，也都是这种信条在或多或少淡化之后，所呈现的结果。

有朝一日，倾其精力往这方面探求解决问题之道的思想家，终会遭遇到以下这个问题，亦即：在实际的层面上，我们如何能够使人类变成如此的"理性"？很显然，我们必须教育他们。因为未受过教育是无理性的、无法自主的，必须被人施以强制。即使只是为了要使有理性的人，觉得生活是可以忍受的，我们也必须如此做。因为，如果他们必须和这些未受过教育的人，居住在同一个社会之中，如果他们不被迫隐遁到沙漠之中，或某些人迹罕至的深山之中，他们如何能够忍受？然而，我们却不能期望没有受过教育的人，能了解教育者的目的，或者是和教育者合作。费希特说过：无可避免地，教育必须以"以后你就会明白我为什么会这样做"的方式进行。我们不能要求儿童明白，大人为什么要强迫他们上学；同样，无知的人或即目前社会上大部分的人，也无法明白，为什么他们必须遵守那些法律，虽然，那些法律很快就会使他们变得有理性。"强迫也是一种教育"。你会学到服从能力见识高人一筹者的美德。如果你不明白，做一个有理性的人有何利益，那么，在使你变成有理性的过程里，你就不能期望我征询你的意见。到最后，即使你不同意，我也必须强迫你去接受预防天花的注射。甚至连穆勒也有意要说如下的话：如果我来不及警告某人说，某一座桥就要塌了，我可以强行阻止他通过这道桥；因为我知道或我有理由假定，他不可能希望落水。费希特当然比他那个时代里未受过教育的德国人，更明白他们希望如何，及希望做些什么。圣人比你自己更了解你自己，因为你是自身激情的受害者，你是一个无法自主的奴隶，因为你是愚蠢而盲目的，无法明白你自己真正的目标何在。你希望成为一个"人"。国家的目标就是要满足你的这个愿望。"强迫是有道理的，因为它可以教育你，使你在将来能够具有真知灼见"。于是，我本性中的理性，若要获得胜利，它必须消除或压制那些使我变成奴隶的"卑贱的"本能，亦即消除或压制我的情感与欲望；同样地，社会中比较优秀的分子，也就是受过较良好教育的、比较有理性的，那些"具有他们的时代与人群之最高智慧"的人物，也可以使用强迫的手段，去使社会中无理性的人，变成有理性的人，这种从"个人"转变为"社会概念"之间的重大改变，几乎是无法察觉的。因为黑格尔、布拉德雷(Bradley)、波桑癸(Bosanquet)等都屡次向我们保证说，如果我们服从具有理性的人，我们就等于服从我们自己——不是受无知与情感愚弄的我们，不是一个需要治疗的病夫，也不是那种需要监护人的我们；而是，如果我们有理性的话，我们将可以变成的那种人。理论上每一个有资格称为"人"者，都具有内在的理性因素，只要我们肯听从内在理性的指引，我们甚至在当前就可以成为理性的人。

从主张强硬而严格中央集权的"机体"国家者，如费希特，以至于主张温和而人道的自由主义者，如格林(T. H. Green)，那些倡导"客观理性"(objective reason)的哲学家，当然都认为他们是在实现：存在于每一个有知觉的人心中的理性需求，而不是在抵制这些需求。无论这理性需求多么不够完美，毕竟存在于每一个人内心中。然而，进一步落实时，我却可能会拒绝这种"民主的乐观主义"，同时抛弃黑格尔学派的"目的决定论"，转而采取某种"意志主义"(voluntarism)的哲学立场，从而想要把我自己这一套用理性的智慧所构想出来的计划，为了社会本身的好处，强加在我的社会之中，但话虽如此，我可能会遭到我大多数同胞的长久反对。于是，假如我不坚持到底，这一套计划可能就永远没有机会展现成果。或者，我可能会完全抛弃理智，而把自己想象成一个充满了灵感的艺术家，就像画家把颜色调配在一起、作曲家把声音调配在一起那样，我用我独特的眼光，把人类塑造成某些模式；人类本是未经琢磨的素材，我把我富有创造力的意志，强加在他们身上，而在这个过程中，虽然有人因此受难，甚或因此丧生，但人类却可被提升到一个较高境界之上，而若非我用强制性而富有创造力的方法，去冒犯他们的生活，他们或许永远都达不到这个境界。每一个为他们行为，找寻某些道德上甚或美学上借口的独裁者、异端审讯者(inquisitor)与暴徒等所使用的，便是这一种论辩方式。我必须为人们做一些他们自己无法做的事情，或与他们一起做这些他们自己无法做到的事情，而我也无法征询他们的许可与同意，因为，他们根本无法明白：什么事情对他们最有好处。事实上，他们所愿意接受的，或许根本就是一种庸碌可鄙的生活，或许根本会为他们带来毁灭，造成自杀的后果。

让我再一次引述此一英雄式学说的真正创始人费希特的话："任何人都没有权利违背理智。""人类惧怕将自己的主观性，臣服于理智之下；他宁可选择传统或一己的任性。"但是，人却必须臣服。① 费希特提出他所谓"理智"的主张，拿破仑、卡莱尔以及浪漫的权威主义者，则或许崇拜其他的价值，而无论如何，他们都认为，他们凭强制力所建立的秩序，正是唯一通往"真正"自由的道路。

孔德也曾经很尖锐地表现出同样的态度，他曾经提出这样的问题："既然在化学或生物学中，我们不容许自由思想存在，为什么在道德与政治中，我们就必须允许它的存在？"为什么呢？倘若对所谓"政治真理"的讨论是有意义的，倘若"政治真理"即是指一旦发现之后，由于人之所以为人的本性，人类必然会一致同意的那些社会目标（social ends），而诚如孔德所相信的，倘若有朝一日，科学方法自然会发现这些目标，那么，意见自由或行动自由又有什么容身之地？至少，倘若视意见自由或行动自由本身为一种目的，而不视其为只是对个人或团体的知识气氛的一种激励，便没有什么意义可言。事实上，为什么我们应该容忍任何未经合适的专家授权过的行为？至此，孔德已将自古希腊时代开始，隐含在理性主义的政治理论中的含义，直截了当地陈述出来了。在原则上，正确的生活方式应该只有一种；睿智的人自然而然会领导群伦，这就是他们之所以被视为睿智的原因。智者必须运用所有他所能掌握的社会工具，把鲁钝的人引导到正确的路途上，因为我们为什么要容许明白可见的错误，继续繁衍？我们必须使那些不够成熟、未经启蒙的人们明白："唯有真理才能使我得到解放；唯有在今天盲目地依照明白真理的'你'所命令的、所强制的去做，未来，我才能明白真理，因为我确实知道，唯有如此，我才有可能像你一样，具有清晰的洞察力，也才有可能像你一样的自由。"

至此，我们确实已偏离了我们的自由主义的出发点了。以上这番辩论，是费希特在他最晚时期所使用的说辞，在他之后，另一些权威维护者，从维多利亚时代的学校教师和殖民地行政官以降，直到晚近的民族主义者所援引的说辞，也不外如此。而这一番说辞，

---

① 强迫人类采取正确的政府形态，用强制力使他们接受自己的权利，这不仅是每一个具有真知灼见而有能力如此做的人应有的权利，而且是他们的一项神圣的责任。

其实是斯多葛学派及康德学派，根据"自由的个人，有权依其内心的理智行事"为理由，在道德上，强烈反对的立场。在这种情形下，理性主义者的说辞，因为假定了"单一而真正的解决之道"存在，一步一步地从主张"个人责任"与"个人自我追求完美"的伦理学说，转变成一种主张服从于某些类似柏拉图式守护者的"精英分子"指示的集权国家学说。这些步骤，或许在逻辑上看来，是说不通的，但从历史、心理的观点看来，却是可以了解的。

康德那种严格的个人主义，在某些思想家的手里，却变成了某种几近纯粹极权主义的学说(totalitarian doctrine)，而这些思想家中，还有人自称是康德的门徒。是什么原因，造成这种奇怪的逆反现象？这个问题，不仅是一个具有历史兴味的问题而已，因为不少当代的自由主义者，都曾经历过这种特殊的转变。无疑，康德确曾继卢梭之后主张说："自我导向"应是每一个人都具有的能力；道德上的事情，应该没有所谓"专家"之类的人，因为道德并不是某种特殊的知识，并不是如功利主义者与启蒙运动中一些"哲士"所主张的那样，而是普通的人类潜能之正确运用而已。因此，使人类获得自由的途径，并不是要按某种能改善自己的方式去行动，这一点是可以被强制做到的，但并不是自由的要谛；重点在于：人们了解，为何他们必须这样做？而这一点，是任何人无法代替别人去做的。然而，即使康德本人，当他论及政治问题时，他也承认，法律绝对不可能剥夺我的任何自由，因为，如果这项法律是我作为一个理性的人，应该赞同的法律，则既是我自己已赞同的，它自然不可能剥夺我的自由。这个想法，就为"专家统治"(the rule of experts)开启了方便的大门。我不可能在制定每一条法条的时候，都征询每一个人的意见。政府不能一天到晚举行公民投票。此外，有些人并不像别人一样，那么容易听从理智的指挥。事实上，有些人根本就听不到理智的声音。如果我是一个立法者或统治者，我就必须假定：如果我所制定的法律是理性的(而关于这一点，我也只能征询我自己的理智)，则只要社会成员是些有理性的人，这法律就应该会得到我的社会中所有成员的同意才对。因为，他们如果不赞成的话，则从上述意义而言，他们就显然是无理性的；如此，我们就必须用理智来压制他们，至于到底是根据他们自己的理智或是我的理智，就无关紧要了，因为每一个人心中的理智表现，本是相同的。我发号施令，如果你拒绝服从的话，我自己就必须负起责任，压制存在你心中的那些反理智的、非理性的因素。我会尝试着教导你自动去压制它，若能做到，我的工作就会轻松了许多。但是，我必须为公众的福利负责，我总不能等到每一个人都完全有理性的时候，才开始行动。康德或许会反对说，人民的自由，要旨本是在于：唯有人民自己，才能为自己下必须服从的命令。但是，这只是完美的说法。如果你没有办法训练你自己，我就必须代替你来训练，你不能抱怨说如此你就缺乏自由，因为康德的"理性裁判"（rational judge）已使你成为囚徒，这一事实，就足以证明你没有听从你自己内心的理智，同时，也证明你就像一个小孩子、一个野蛮人、一个白痴一样，尚未成熟，无法自主，或者，根本永远无法自主。①

---

　　①　康德在他的一篇政治论文中曾说："人类最大的问题，是建立一个普遍依循法律而运用权利的文明社会。人类的本性，迫使人类必须解决此一问题。唯有在一个拥有最大自由的社会中，唯有以严格的决心与界限之保证，来限制个人自由，使它能够和别人的自由共存共荣，大自然的最高目的，即大自然全部能力之发展，才能在人类社会中实现。"——这一段话所勾勒出来的理想，与"消极自由"的理想，最为相近。除了"目的论"上的含义以外，此一说法，乍看之下，和正统的自由主义并无多大差别。其关键是在于：我们如何才能为个人自由的"严格的决心与界限之保证"，订立一个标准？近代大多数自由主义者，在他们的思想最为一贯的时候，所要求的，即是一个"最大多数的人，能够实现他们的最大多数目的，而除非这些目的妨害了别人的目的，否则我们对此类目的本身，不妄作评价"的状态。他们希望仅从"避免人类诸多目的互相冲突"的观点，来为个人自由与群体自由划定界限，因为那些目的，常被认为是具有同样的"终极性"、是同样"不可加以批判"的云云。康德及属于他那一类型的理性主义者，并不认为所有的目的，都具有同等的价值。在他们看来，自由的界限本是运用"理智"（reason）的规则来订定的，而理智并不只是此类规则的一种通性而已，它还能够创造或揭露人类本身所具有的、适合于全人类的目的。借这一理智之名，任何非理性的事物，都可被加以谴责，也因此，我们对诸多个人的想象与癖好，所驱使人类去追求的目标。例如美学上的或其他非理性的自我表现的行为，便都可以假理智之名，而加以压制，至少，在理论上而言是可以压制的。而假如唯有理性的目的，才是一个"自由人"的"真正"本性所追求的"真正"目的，那么，理智的权威及理智所加诸人类身上的责任，与个人自由原是同一回事。我必须承认：我从来就不了解上述这一段话中，"理智"的意义何在？我只想要指出：此一哲学心理学的"先验"假定，是和"经验主义"不能相容的——这就是说，它和任何以我们对人类经验之了解为基础所建立的学说，都是不能相容的。

这种说法如果导致专制，纵令是由最卓越者或最睿智者所统治的专制，结果毕竟还是专制，正如《魔笛》(*Magic Flute*)一剧中萨拉斯特罗的殿堂①，毕竟还是炼狱一样。然而，这种专制的结果，却又与"自由"成为同一回事，则在这个论辩的前提中，是否可能有什么东西被忽略了呢？这些基本假定的本身，是否发生了错误？让我把这些假定再重述一次：第一，每个人都有一个真正的目的，而且只有一个真正的目的，此即：理性的"自我导向"。第二，所有有理性的人，其目的都必然会合于某种独一无二的、普遍而和谐的模式，而某些人则比其他人，更具有察觉这种模式的能力。第三，所有的冲突，也就是所有的悲剧，都是由于个人或团体生活中，非理性或未完全合乎理性的因素，也即生命中不成熟或未发展完全的因素，和理智互相冲突所引起的；这些冲突，在原则上是可以避免的，而它们也不可能发生在绝对具有理性的人身上。最后一点是：当我们使所有的人，都成为有理性的人之时，他们就会遵从自己天性中的理性法则，而这法则在每一个有理性的人的心中，都是一样的，同时，人类也因此能够绝对而完全地获得自由，并绝对而完全地遵守法律。这就是两千余年来，苏格拉底以及追随他而缔造了西方主要伦理与政治传统的人，大体的论点。然而，他们是否可能都弄错了？莫非美德根本就不是知识，而自由也根本就不等于美德或知识？"知识就是美德"这个有名的看法，当前虽然远比过去任何时候，都影响更多人的生活，然而，是否它的基本假定，根本就是无法加以证明的？甚或根本就是错误的？

(六)地位之追求

在历史上，还有另外一种探究这个问题的重要途径，该途径将自由和它的姊妹——平等与博爱——混淆在一起，因此也导致了同样违反自由精神的结论。自从18世纪末叶，人们开始探讨这个问题以来，他们就不断地质问"个人"(an individual)到底是什么意思，这个质问，随着时代的发展，而变得愈来愈强而有力。只要我置身于

---

①　此一殿堂为高僧萨拉斯特罗，为使《魔笛》一剧中的公主、王子获得幸福，而安排的"试炼之庙"。

社会，我所做的每一件事，就都无可避免地影响到别人，而且也受
到别人的影响。在审慎的检视之下，甚至连穆勒要为私生活与社会
生活划一道界限的苦心，也都只能归于徒然。事实上，穆勒的所有
批评者都已经指出：我所做的每一件事，都可能会对别人造成不利
的影响。除此之外，我是社会性的动物这一事实所指的，也不只是
我和别人之间有互动的情形存在而已，它的意义比这还要深刻。因
为，在某一个程度而言，所谓"我是什么样的人"，不正是别人心中
所想的、所感觉的"我是什么样的人"吗？当我自问"我是什么人"并
且回答说：我是一个英国人、中国人、一个商人、一个无名小卒、
一个富翁或一个罪犯时，略经分析，我便不免发现：我之所以具有
这些特性，就是代表了社会中其他的人，认为我是属于某一特殊的
群体或阶级；而大多数描述某些我最具私人性、最固定的特征的词
汇也都隐含了人们对我这种"认可"（recognition）。我并不是脱离肉
体而存在的超然"理智"（reason）。我也不是在孤岛上离群索居的鲁
滨孙。我之所以是社会的一分子，并不仅只意味着在物质上和别人
互相依存，也不仅只意味着我成为什么样的人，是社会力的影响使
然而已。更重要的是：唯有透过我所存在的那个"社会之纲"（这隐喻
不能作太近于真实的解释）来观察，某些我对于我自己的看法，甚至
是所有我对我自己的看法，特别是我在道德上以及社会上的认同，
才可能显得有意义。有时候，某些人或某一群体，抱怨说他们缺乏
自由，其实他们所指的，只不过是他们没有获得别人的相当"认可"
而已，这种情形和真正缺乏自由的情形，一样常见。我所追求的目
标，或许并不是穆勒想要我去追求的那些目标：不被人施以强制压
力，不被人无理逮捕，不受暴政威胁，不被剥夺某些行动自由，以
及拥有一个我可以合法地自由行动的小天地。同样，我所追求的，
或许也不是一个合理性的社会生活计划，也不是心如止水的圣人所
追求的那种"自我完美"（self-perfection）。我所要追求的，或许根本
只是不要被人忽视、不要被人保护、不要被人轻蔑，或不要被人把
我的大多数想法，看作是"理所当然"而已——简言之，我不愿意别
人只把我看作一个个体而不完全承认我的独特性，我不愿意被当作
是某种不具特色的、集合体中的一个成员，或是被当作一个统计单
位，而没有属于我自己的、明显可辨的人性特色和目的。我所要

反抗的，就是这种贬抑我的人格的行为，我奋力以求的，并不是"法律上权利的平等"，也不是能够"依己意行事"的自由，虽然我也可能需要这些自由；我奋力以求的，往往是希望能达到这么一个境界：在这个境界上，我能感觉到自己是负得起责任的行为者，因为别人承认我就是这样的行为者，我的意愿会被别人考虑到，因为我有权具有这些意愿；若能如此，即使因为我是如我这个样子的人，或因为我作了我所作的选择，而被别人攻击、被人迫害，我也在所不惜。这是一种对"地位"与"被人认可"的热切期望："英国最贫穷的小子也和最伟大的人一样，有属于他自己的生活。"我渴望被人了解、被人认可，即使因此而不受人欢迎，甚至受人唾弃，也无所谓。而能够给我这种认可，从而让我觉得"我是个有分量的人"，却只是与我属于同一社会的成员，而从历史上、道德上、经济上甚或伦理上说来，这个社会也就是我自己觉得我从属于它的社会。① 我那个别的"自我"，并不是某种可以从我和别人的关系中，脱离出来的东西，也不是可以从我的某些特征中分离出来的东西；而这些特征，主要也是由别人对我的态度所构成的。因此举例而言，当我要求摆脱政治上及社会上的依赖性时，我所要求的，其实是希望别人能够改变他们对我的态度。因为，这些人的意见和行为助使我决定了我自己对我自己的看法。以上这些对个人而言为真确的道理，对社会、政治、经济、宗教性等群体而言，也同样真确，因为这些群体，都是由具有自觉的需求和目标的个人所组成的。被压迫的阶级或国家所要求

---

① 这种看法，很明显地和康德有关人类自由的学说，有相似之处，但它却是康德那一套看法的"社会性"及"经验性"的翻版，正因如此，几乎和康德的学说背道而驰。康德的"自由人"，不必群众来对他的"内在自由"（inner freedom）表示认可。假如"自由人"被用来作为达成某种外在目的之工具的话，那是他的剥削者所犯的错误，但是，他本身的"本体"（noumenal）地位，却丝毫不受影响；不论受到怎样的待遇，他是完全自由的、全然完整的一个人。而此处所论及的需要，完全是系于"我和他人的关系"；假如我得不到别人的认可，则我就没有价值或意义可言。我不能像拜伦那样，对我的价值与使命，具有充分的自觉。从而以轻蔑的眼光去忽视别人的态度，我也不能遁隐到我的"内在生活"之中，因为在我眼中的我自己，就是别人眼里所看到的那个我。我和我的环境，在观点上合而为一：我觉得我是个要人，或是无足轻重的人物，完全要取决于我在社会整体中，所具有的地位与功能。这应是我们所能想象到的最"他律"（heteronomous）的情况。

的，通常并不是纯粹能使其成员依照自己的意思而行动的自由，也不是社会与经济机会的平等，更不是要在一个有理性的立法者所设计出来的、毫无冲突的有机状态之中，取得一席之地。被压迫的阶级或国家，往往要求别人对它们的阶级、国家、肤色，或种族给予一种认可，承认它们是一个独立的活动根源，是一个具有自我意志的团体，也是一个想要依照自我意志而行动的团体（至于这意志是否良善、合法，是另一回事）；它们不希望被人统治、被人施以教育或被人指导行事，无论这种统治、教育或指导的行为，是如何轻微，它们都不以为然，因为那种做法是不尽合乎人性的，因此也就不尽是自由的。这样的说明，要比康德那种纯粹理性者的说法："家长保护主义是人类所能想象的最大专制"，具有更广泛的意义。"家长保护主义"之所以专制，原因并不是由于它比赤裸裸的、残酷的、昏庸的暴政，更具压迫性，也不只是由于它忽略了融于我内心的那种"超越的理性"（the transcendental reason），而是因为它对下述概念构成了侮辱，这概念即是：我作为一个人，有权利决心按照我自己的目的去生活，这目的未必是合理的或有益的，但毕竟是我自己的目的，尤其重要的是，别人也应承认我有如此生活的权利。因为，如果没有得到这样的认可的话，我就可能无法承认自己的地位，我就可能会怀疑"我是一个绝对独立的人"这样的主张是否真实。因为，"我是怎样的人"，大部分是取决于我的感觉和我的想法；而我的感觉和想法如何，则取决于我所从属的那个社会中一般人所有的感觉和想法。照柏克的意思来说，我并不是这个社会中可以独立存在的一个原子，而是一种社会模式中的组合成分——这个比喻很具危险性，但是却是不可少的。在不被人承认我是能够自我主宰的个人情况下，我可能会觉得不自由，但是作为一个没有被人完全承认、没有获得人们充分尊重的团体中的一分子，我同样也会感到不自由：在这种情况下，我就希望能够脱离我的整个阶级、社团、国家、种族或职业团体。有时候，这种追求地位的欲望，会变得非常强烈，以致我宁可被我自己的种族或社会阶级中的某些人羞辱，或施以不当的统治，因为他们虽然苛待了我，但是，他们至少是把我当作一个"人"、一个"竞争者"、一个"地位相等的人"（an equal）来看待；我宁可如此，而不愿意被某些较高级或较疏远的群体中的人物，以善意和容忍的态度相待，因为这些人物不承认我是我心目中的我。当今，许多个体与群体，以及各种职业团体、阶级、国家与种族，强烈呐喊要求"被承认"，最主要的追求，也正是这一点。我从我所属的社会成员的手上，虽然可能得不到"消极"的自由，然而，他们毕竟是我从属社会中的一分子；他们了解我，我也了解他们；这种了解，就可以让我在我的内心感觉到，我是一个"有分量的人"。如今，在大多数权威型的民主国家中，人民有时宁可有意识地选择被他们自己的成员统治，而不愿意被最开明的寡头政府统治，其原因便是这种得到"互相认可"的欲望；某些新近获得独立的亚非国家人民，当他们被某些小心、公正、温雅而善意的外来官员统治时，怨言不少，而当他们被自己族内或国内的人物，用极粗鲁的方式来治理时，却反而较少抱怨，其原因有时也是由于有这种求"互相认可"的欲望存在的关系。除非对这种现象有所了解，否则，那些失去穆勒所说的基本人权的整个民族，它们的理想与行为，便会成为不可理解的矛盾现象。事实上，这些民族虽然丧失了穆勒所说的基本人权，但是却能绝对诚恳地表示说：在这种情况下，它们所享有的自由，反而比广泛地拥有此类人权时为多。

　　然而，我们却不能轻易认为，这种追求"地位"与"认可"的欲望，就是追求"消极的"或"积极的"个人自由的欲望。这种欲望和自由同样是人类所深切需要并热烈为其而战的东西，它和自由相似，但是它本身却不是自由；它虽然隐含了整个群体的"消极"自由之意涵，却和团结、博爱、互谅、以平等方式结合的需求等，更为接近，而所有这些观念，有时都被称为社会自由（social freedom），虽然这种称呼，有时也会令人产生误解。社会性与政治性的用语，必然都是模糊不清的。有时候，我们想要使政治语汇变得更加精确，结果却反而使它们变得失去作用。可是，对于各种语汇的用法采取太过松懈的态度，却也对真理无益。无论是"积极的"或"消极的"自由概念，其本质都是对某些东西或某些外人的拒斥，例如拒斥非法侵入我的领域之人，或是拒斥声称对我拥有权威的人；或是拒斥萦绕于怀的欲望、恐惧、心理症、非理性力量等，总之，是拒斥各种各样的侵扰者或专制者。至于追求"被认可"的欲望，却是一种不同的欲望，它追求灵性的结合、更密切的了解、利益的契合，以及一种彼此共同依存、共同为某些事理而牺牲的生活。人类在臣服于寡头统治或独裁者的权威之时，却会认为，他们在某种意义上而言，是获得解放了，究其原因，只有一种可能，那便是把追求自由的欲望，和以上所提到的这种深刻的、普遍的对"地位"与"了解"之渴求，混淆在一起，然后又把追求自由的欲望，当作是追求"社会的自我导向"（social self-direction）的缘故。而在这种情况下，获得解放的"自我"，其实不是个人，而是"整个社会"。

　　社会群体对其成员的控制与约束，已经不是一种允许个体自由活动的"自我约束"或要求个体自动自发地"自我控制"；把这种社会群体，当作纯粹是诸多个人与诸多"自我"，是一种谬误的观念，关于这种谬误观念，已有许多人撰文论及。然而，即使是从"有机的"观点来看，我们把"被认可"与"地位"的需求，看作是某种第三种意义下的"自由"需求，是否合适？是否有价值？也不无值得商榷之处。人类向某一群体要求"认可"，则这个群体本身，也应当具有相当程度的"消极"自由，即，不受外来权威的控制，否则，它的认可也无法使追求这种认可的人得到他所需要的"地位"。但是，我们可以把追求更高地位的努力，亦即摆脱卑贱地位的期望，称作"为自由而奋斗"吗？如果把"自由"一词的意义，限制在我们以上讨论的意义之下，岂非纯粹是一种迂腐玄学的做法？或者，如我所怀疑的：我们不是在冒着一种危险，把任何一种社会情况的改进，都称为是"自由的增加"，这样做，不是反而会使"自由"这个词的意义扩张无度，变得模糊，从而使它在实际上变得根本毫无意义可言？然而，我们却不能把这个情况，又当做是"自由"的观念，与"地位""团结""博爱""平等"的观念，或某种此类观念的结合体之间的混淆，就含糊带过。因为，从某些角度来看，渴望获得地位的欲望，和渴望成为一个独立行为者的欲望，确是相当接近的。

　　我们或许可以认为追求这些目标，并不能称为是在追求"自由"。但是，认为个人与群体之间的类比，或有机体的拟喻（metaphor），或"自由"一词本身具有多种意义，都纯粹是一种谬误，即，认为都出于将诸多"实体"之并不相似的地方，当作相似，或出于单纯的语意混淆，却也未免有失肤浅。人们愿意把自己的或别人的个人行动之自由，拿来换取他们群体的地位，或他们自己在此一群体之中的地位，则他们的意思，并不仅是要为争取"安全"，或争取某种在和谐的阶层体制之中的稳固地位而献出自由。唯有在该一体制中，所有的人、所有的阶级才能各安其位，并且都愿意把痛苦的选择特权——亦即"自由的负担"(the burden of freedom)卸除，以换取在某一权威体制，或集权体制下的和平、舒适和愚钝。无可置疑，世界上是有这样的人、这样的欲望；这种献出个人自由的情形，也颇有可能发生而且确实经常发生。但如果我们认为：被外族统治的国家，以及被另一阶级，用半封建式的体制或其他某种阶层体制所统治的阶级，其所以会被民族主义或马克思主义所吸引，只是因为这个缘故，那么，我们就大大误解了我们这个时代的特质。他们所追求的，其实更类似穆勒所谓"异教徒式的自我肯定"(pagan self-assertion)，然而，却是属于一种集体化、社会化的自我表现形式。事实上，穆勒为自己列举的许多渴望自由的理由，诸如："胆识"(boldness)与"不屈服"(non-conformity)的价值，在流行舆论下伸张个人意见的价值，以及不受社会上正式立法者与教育者所摆布的、坚强而自立的人格等，和他视自由为"不干预"(non-interference)的概念之间，并没有太多关联；但是这些理由，和人类渴求自己的人格不被低估、不被人当作无法从事自主、独创而"真实"行为等，追求自我肯定的欲望，却大有关系。即使这种行为会受到责难、会受到社会约束、会被法律禁止，人还是有这种自我肯定的欲望。与这种想要伸张自我的阶级、群体或国家之"人格"(personality)的渴望和"权威的领域应及于何地"这个问题的答案有关，因为这个群体不能被外来的主人干涉；同时，更与"谁来治理我们"这个问题的答案有关，因为不论治理得好或不好，也不论是以自由的方式治理或压迫的方式治理，最重要的是："谁"来治理？而像以下这样的答案，诸如："由我自己和别人自由选出来的代表来治理"，或"由我们全体定期集会来治理"，或"由最优秀或最睿智的人来治理"，或"由代表各式各样人物和制度的'国家'来治理"，或"由圣明的领袖来治理"等，从逻辑的角度来看，有时，从政治与社会的角度来看，也是一样，实在与"我或我的群体，到底享有多少我所要求的'消极'自由"这一类问题并无关联。"谁来治理我"——这一问题的答案，如果是我能视为"我自己的"(my own)的"某些人"，或"某种东西"，即属于我或我所属于的那些团体或人物，则我就能使用一些传达博爱与团结之类情感以及"积极"自由之部分含义的字眼，将它描述为某种混合形式的自由；总之，我能将它描述为比当今世界上任何其他东西都更重要但在目前却没有任何字眼可以确切适合它的东西。以自己那"消极"的、穆勒式的自由为代价，来换取此物的人，在这种混淆而感受强烈的意义下，当然可以声称他们已借此而获得"解放"。利用这个方法，我们可以使"它能给我们完全的自由"这个概念世俗化；同时，我们也可以用政府、国家、种族、议会、独裁者，或我的家庭、环境，或我自己，来取代神的地位，而且，不会因此而使"自由"二字变得毫无意义。①

无疑，"自由"二字的任何诠释，不论多么特殊，都必定包含最低限度的、我所谓的"消极"自由。我必须拥有一个领域，我在其中不会遭受挫折，实际上，也没有任何一个社会，将它成员的自由全都施以压制；一个人如果被别人限制到无法凭己意去做任何一件事的地步，则即使一个病理学家、生物学家甚至心理学家，有心把他归类为"人"，他却根本已经不是一个"道德的行为者"（moral agent），从法律或道德观点来看，他也都已不能算是"人"。然而自由主义的创始者：穆勒与康斯坦，所要求的却不只是这种最低限度的自由。他们要求的是：在最大程度的不干涉里，保持社会生活的最起码需求。除了少数文明与自觉程度都很高的人士之外，其他人似乎都不可能要求这种极端的自由。在大多数的情况下，大多数人类必然愿意为了其他的目标，如安全、地位、繁荣、权力、美德、来世的报酬，或正义、平等、博爱，以及其他许多似乎完全或部分与"最大程

---

① 此一辩论方法，必须和柏克或黑格尔某些门徒的传统论述，分别开来。他们说："既然我之成其为我，是由社会或历史所造成的，则想要逃避此一情况，当然是不可能的；企图要逃避也是非理性的。"无疑，我当然不能摆脱我这臭皮囊，或在身体外面做呼吸；然而，由此而声称：我就是我，我不可能从我的基本特征中获得解放，而其中有些特征是社会性的特征。这只是同义反复。但是，这却不是说，我的所有特征都是真实的、不可让渡的，因此我无法在"社会架构"或"宇宙网络"中，企求变更我的地位，因为这二者决定了我的本性。假如情况是如此的话，则"选择""决定""活动"等字眼，也就没有意义了。假如我们要使这些字眼具有意义的话，则"保护我自己，不受权威威胁"的企图，或"从我的岗位与责任上逃走"的企图，就并不能被斥为非理性的或自寻死路的，而全盘排除于讨论之外。

度的个人自由"互相冲突的价值，而牺牲自由主义者的那种要求；同时，也必然不会以获取这种自由，为他们实现自我的先决条件。无论过去或现在，人们之所以愿意为一些叛乱行为或"解放战争"而献身，并不是为了要为每一个人争取"生存空间"。通常，为自由而战的人，都是为了争取由他们自己或由他们的代表来治理的权力——必要的时候，只要让他们参与，或让他们以为他们是在参与立法及参与管理他们的集体生活的程序，他们也愿意只享有极少的自由，而被人用一种斯巴达式的严厉方式来治理。而进行革命的人所宣称的自由，也往往只是意味着由某一些特定主义的信仰者、某一种特定的阶级或其他一些或新或旧的社会群体，来取得权力和权威而已。他们胜利，必然会使那些败退下来的人遭受挫折，有时还会使许许多多的人遭受压制、奴役或放逐。但是，这一类的革命分子，经常觉得有必要做如下的辩解，亦即：他们的理想，就是每一个人的理想；他们认为，那些拒斥这种理想的人，虽然迷失方向，或者因为某种道德上或性灵上的无知，而误认目标，但即使是这些人的"真实自我"，也是在追求这种理想；因此，他们可谓是自由的斗士，或"真正"自由的代表者。这些说法和穆勒的自由观，几乎没有什么关系。穆勒认为：只在有伤害他人的危险时，自由才要受限制。今天，某些自由主义者之所以会对他们身处其中的世界，认识不清，或许就是因为他们拒绝承认这种心理上与政治上的事实，而"自由"一词显而可见的暧昧后面，即潜伏着这种事实，他们的说辞是很明确的，他们所追求的目标是公正的。但是，他们却不承认人类的基本需要，是多样性的。同时，他们也不承认人类具有一种聪明智慧，能够圆满证明通往某一理想的道路，也会把人引导到另一个相反的目标上去。

### (七)自由与主权

法国大革命对于许多法国人而言，虽然造成了个人的自由受到严重限制的结果，但是，至少从它那雅各宾党的形式来看，它却正像许多大革命一样，是大部分觉得整个国家都获得了解放的法国人，对集体"自我导向"的"积极"自由之欲望突然爆发的结果。卢梭曾经狂喜地指出：自由的法律，或许会比暴政的桎梏更加严苛。暴政是对人类主宰者的服务，而法律不可能变成暴君。卢梭所指的自由，并不是个人在某一特定范围内，不受别人干涉的"消极"自由；他所指的自由乃是：每一个绝对有资格成为社会一分子的人，都有资格享有公共权力（public power），而不只是某些人才有资格享有这种权力；而所谓公共权力，则是一种有权利去干涉每一位公民的全部生活之权力。19世纪上半叶的自由主义者，很正确地看出，这种意义下的"积极"自由，很容易会摧毁许多他们认为神圣不可侵犯的"消极"自由。他们指出：全民的主权，可以很轻易地摧毁个人的主权。穆勒曾经耐心解释说，所谓"民治"（government by the people）并不一定就能构成"自由"，而穆勒此说是难以辩驳的。因为主持治理的人民，不一定就是被治理的人民，而民主式的自治，也不是各人治理自己的意思，在最好的情况下，也仍是"每一个人都由其余的人治理"。穆勒和他的信徒，都曾经谈到"多数人的暴权"（the tyranny of majority），以及"流行感觉和意见的暴权"（the tyranny of the pre-vailing feeling and opinion），并且认为这种暴权，和其他任何侵犯到人类神圣和生活领域的暴权之间，并没有太大的分别。

　　没有人比康斯坦将两种类型的自由之间的冲突，看得更加透彻，或表达得更加清楚。康斯坦指出：一种"无限制的权威"，即通常所称的"主权"，已经成功地崛起，因而，使这个主权从某一些人手上换到另一些人手上，并不能使自由增加，只不过是将奴隶的担子换由另外一些人来承负而已。他很合理地质问说：一个人对于他到底是被一个全民政府、一个君主甚或一套强制性的法律所迫害的事实为什么要那么耿耿于怀？他发现：对于那些渴望"消极"的个人自由的人士来说，主要的问题，并不是"谁"来运用这个权威，而是任何运用这种权威的人，所能拥有的权威，应该有多大。因为他相信，漫无限制的权威，不论落在什么人手里，迟早都会摧毁某些人。他认为，人类往往抗议这些或那些统治者，是压迫者，但造成压迫的真正原因，却是"权力之累积"（accumulation of power）这一事实。不论这权力存在于何处，这种绝对权威的存在本身，就足以威胁到自由。他写道："不公正的并不是手臂，而是手上那些过重的武器，有些武器之沉重，是人类的手所无法负荷的。"民主政治或许能够消除某一寡头政权、某一特权人物或特权阶级的害处，但民主政治仍然可以像它们以前的任何统治者一样，对个人施以无情的打击。他在一篇比较今人与古人所享自由的文章中说："平等的压迫——或干涉——的权利，并不就等于自由。"众人一致同意牺牲自由，这个事实，也不会因为它是众人所一致同意的，便奇迹似的把自由保存了下来。如果我同意被压迫，或以超然及嘲讽的态度，来默许我的处境，我是不是因此就算是被压迫得少一点？如果我自卖为奴，我是不是就不算是个奴隶？如果我自杀了，我是不是不算真正的死了，因为我是自动结束我的生命？"全民政府（popular government）是发作无常的暴权，而君主政体则是最有效、最集中化的专制。"康斯坦认为卢梭是个人自由最危险的敌人，因为卢梭曾经声称："把我自己奉献给所有的人，我就等于没有奉献给谁一样。"康斯坦看不出来，即使主权操于"每个人"手中，何以它就不应会压迫到它那个不可区分的"自我"成员中的某一个人？如果它决定如此做的话，它显然可以压迫到某一些人。我若是少数人之一，我当然或许宁愿让一个议会、家庭或阶级，将我的自由剥夺过去。因为这样或许可以给我一个机会，使我有朝一日也能说服其他的人，去替我做我觉得我有权利做的事情。但是，由我的家庭、朋友或同胞，来剥夺我的自由，就自由被剥夺这一点而言，也同样有效。无论如何，霍布斯是比较坦率的，他不发欺人之言，指出：一个"主权"不会奴役人民，他为这种奴役行为，找到另外的借口，但他至少没有厚颜地称之为"自由"。

在整个 19 世纪中，所有的自由主义思想家都认为：如果自由牵涉到要"限制任何人强迫我去做我不愿意或可能不愿意做的事"的权力，则不论假借什么理想的名义，对我强施压力，我都是不自由的；他们认为"绝对统治权"（absolute sovereignty）的理论本身，就是一种暴虐的理论。"除非某些人，例如绝对的统治者或全民议会或议会中的国王、法官、某种权威的集合体，或法律本身（因为某些法律具有压迫性）授权人家侵犯我的自由，否则，我的自由就不受侵犯"——如果我要保障我的自由，我就不能仅发表这样的声明，就算了事。我必须建立一个自由的社会：在这个社会中，自由具有某种疆界，任何人都不能逾越这个疆界，来侵犯到我的自由。我们可以用各种不同的名称或性质，来称呼决定这种疆界的规则，我们可以称这些规则为"天赋人权""上帝圣谕""自然法则""功利要求"或"人类的永久利益"等。我可以认为这些规则，都是"先验地"（a priori）有效，或主张它们本是我自己的终极目的，或是我的社会或文化的目的。其实，这些规则所共同具有的特点是：它们已经广为众人接受，而且在人类的历史发展过程中，也一直深植在人的实际本性之中。现在看来，它们恰构成了我们所谓"一个正常人"的基本部分。真正相信个人自由中，有一个最小限度的不可侵犯部分的人士，必然会采取某一种绝对立场。因为很明显的，对所谓"多数人的统治"，是没有什么可以期望的；民主本身，从逻辑上看来，并不与多数人的统治息息相关，而从历史上看来，民主若要忠于自己本身的原则，有时便不能保护多数人的统治。有人已注意到：很少有政府在促使人民产生政府所希望产生的意志之时，会发现有多大的困难。"专制的胜利，在于逼使被奴役的人，宣称他们自己是自由的"。这可能不用强迫；奴隶们可能会诚恳地宣称自己的自由——但他们毕竟仍然是奴隶。对于主张政治上"积极"权利的自由主义者而言，参与政府事务的主要价值，或许在于这种参与行为，是一种保护他们心目中的"终极价值"的手段，亦即是保护个人的"消极"自由的手段。

但是，如果连民主政治都可以在不违反民主的原则下，压制自由，至少对自由主义者所谓的"自由"构成压迫，那么，一个社会要怎样才能真正获得自由？对于康斯坦、穆勒、托克维尔以及他们所属的那个自由主义传统而言，一个社会，除非至少遵循下列两个互有关联的原则，否则，绝对无法获得自由，这两个原则是：第一，唯有"权利"（rights）才能成为绝对的东西，除了权利以外，任何"权力"（power）都不能被视为绝对；唯有如此，所有的人才能具有绝对的权利，去拒绝从事非人的行为，而不论他们是被什么权力所统治。第二，人类在某些界限以内，是不容侵犯的，这些界限不是人为划定的，这些界限之形成，是因为它们所包含的规则，长久以来，就广为众人所接受，而人们也认为：要做一个"正常人"，就必须遵守这些规则；同时，人们认为如果违犯这些规则，就是不人道或不正常的行为；对于这些规则而言，如果我们认为它们可以由某个法庭或统治团体，用某种正式的程序予以废止，那是荒谬的想法。当我说某一个人是个"正常人"的时候，我所指的意思中，也包含了"他不可能破坏以上这些规则，而丝毫不感到嫌恶或不安"。一个人未经审判就被宣称有罪或者被一种"溯及既往的法律"惩罚；命令小孩子污蔑父母，要朋友互相背信，要军人用残酷的手法杀人；或者当人们遭受拷打、遭受谋害时；或少数人因为激怒多数人或暴君，而遭到屠杀时，所破坏的就是这些规则。即使在今天，诸如此类的行为，也会造成恐惧，纵令统治者已使这些行为变为合法，情形也是一样。这是因为人们体认到：无论法律上作何规定，在道德上说来，人类使用某种"绝对的屏障"(absolute barrier)，以阻止某些人将他们的意志，强加在别人身上，终究是正确的道理。在这个意义之下，一个社会、阶级或群体的自由程度为何，便取决于这些"屏障"的力量如何；同时，也要看这些群体，为他们的成员——如果不是全体的话，至少也包括他们之中的许多人——所保留的"通道"(paths)多寡及重要性如何而定。[①]

这种观念，和那些相信"积极"自由或"自我导向"意义下的自由者的目的，几乎背道而驰。持有这种观念的人，想要约束权威本身；而相信"积极"自由的人，则想要把权威握在自己手上。这个问题的重要性，非比寻常。这并不是关于某一个单一概念的两种不同解释，而是对"生命目的"的两种极为不同而且互不相容的看法。我们在现实生活中，往往必须在这两者之间，取得某种折中，即使是如此，我们最好也要明白这一事实。因为这两者都提出某种"绝对"的声称。而它们的要求，却无法同时获得满足。可是，我们如果无法体认到：它们两者所追求的，都是某种终极的价值，而不论从历史或道德的观点来看，这些终极价值，都同样有权利被看作是人类的诸多利益之中，最深刻的利益之一，如果我们不承认这一事实，那么，我们对社会及道德问题，就未免太欠缺理解了。

(八)"一元"与"多元"

在伟大的历史理想——诸如正义、进步、未来子孙的幸福，或

---

①　在英国，这样的法律权力，当然是由宪法授予绝对的君主，即议会中的国王。英国之所以能变得比较自由的原因，是在此一理论上具有全能的实体，受到习俗与理论的约束，不能以绝对权力拥有者的姿态出现。很明显地，重要的并不是这种约束力属于何种形式，例如法律的、道德的抑或宪法的，而是在于它的有效性如何。

某一国家、种族、阶级的神圣使命或解放，甚至自由本身（因为有一种自由，要求个人为社会的自由而牺牲）——的祭坛上，有许多人遭到了屠杀，这主要是肇因于某一种信仰。那就是：人们相信，从某个地方，一定可以找到一个最终的解决之道，这个解决之道，或许是在过去，或许是在未来，或许是在神的启示之中，或许是在某个思想家的心灵之中，或许是在历史或科学所揭示的道理之中，也或许在一个正直不苟的纯真心灵之中。而这个古老的信仰，是建立在以下这个信念之上，亦即人类所信仰的所有积极价值，到最后一定可以相容甚或是彼此互相蕴涵在对方之中的。历史上最杰出的人物之一，曾经说过："自然用一条不可分离的锁链，把真理、幸福、美德都系在一起""而在论及自由、平等、正义时，人们大抵也有类似的看法"①。然而，这是正确的吗？事实上，我们却常常看见政治平等、有效组织、社会正义等，都和大多数的"个人自由"互相冲突，当然更不能和无所限制的"放任主义"相容；而正义、宽容、公众的与个人的忠诚、天才的要求、社会的要求之间，也会产生严重的冲突。从这些情形之中，我们差不多也可以得到如下的结论，即，并不是所有的"善"，都可以相容融贯，人类的各种理想，当然更无法完全相容。可是，人们却一定会告诉我们说：这些价值必然能在某处以某种方式，和平共存；因为，若非如此，宇宙就不成其为宇宙，也就不是一个和谐的状态了；若非如此，价值的冲突，就要变成人类生活中与生俱来的、不可消除的一种因素了。承认我们的某些理想之实现，在原则上，可能会使其他的理想，无法获得实现，也就等于是承认说：人类理想全部实现的观念，本是一种形式上的矛盾，是一种形而上的妄想。对于所有理性主义的形上学家而言，从柏拉

---

①　这些话引自孔多塞的《人类精神进步史略说》。孔多塞宣称：社会科学的任务，即是要阐明："大自然是怎么把启蒙运动之发展和自由、美德以及对天赋人权的尊重，互相结合起来的；这些理想，单独看来，都是真正的'善'——它们原本是互相分离，以致被人认为是不可相容的。为什么当启蒙运动在多数国家中，同时达到某一阶段的时候，它们反而会变成不可分离的呢？"接着他又说："人们依然保留了他们的孩童时代、他们的国家、他们的时代的错误——虽然他们早已明了，要消除这些错误的真理何在。"很讽刺的是，他认为这种必需且有可能把各种"善"结合起来的信仰，很可能正是他自己描述得极为清楚的那种错误之一。

图以降，直到黑格尔及马克思的最后门徒为止，放弃这种"必定有一最终的和谐状态存在，使所有的暗谜，均得到解答，使所有的矛盾，均得以化解"的观念，乃是鄙俗的经验主义（empiricism）作风，等于是向残酷的事实投降，不啻是使理智在事实面前破产。也就是一切解释、论证以使任何事理都化约于一种体系的企图宣告失败，这是理智深为不满而无法接受的事。然而，我们假如无法"先验地"确知：我们在某处必能找到一切真正价值得以全然和谐的状态，或许是在某种理想的领域内，但是因为我们所知有限，所以无法想象到这理想领域所具有的一些特征，于是我们就必须回过头来，求诸经验层面的观察结果，以及日常的人类知识。而这些观察结果与日常知识，则必然无法向我们保证，我们假定"所有的善，最后都能彼此协调一致"，或基于同样的理由，"所有的恶，最后也都能彼此协调一致"的说法是正确的。甚至，观察结果与日常知识，无法保证我们理解以上的说法，究竟是什么意思。我们日常所经验到的世界，是一个使我必须在同样"终极"的目的和同样"绝对"的需求中，有所抉择的世界，而在这些目的和需求中，某一部分的实现，也必然会使其他部分遭受牺牲。其实，人类所以要如此重视"选择的自由"的价值，也正因为人类是处在这样的情况中；人类如果能够确知，他们在这世界上，必能找到一个使他们所追求的一切目标都得以和谐相处的完美状态，那么，人类就没有必要去苦思焦虑，做出选择，而"选择的自由"之重要性，也将会随之消失。因此，不论必须牺牲多少自由，人类为了使这个最终的完美状态早一日出现，所使用的任何方法，便似乎都是有理由的。我坚信：历史上某些最残暴无情的暴君与迫害者，其所以会泰然坚信他们的一切所作所为，因为目的是合理的，所以行为也都是有道理的，其原因便是这种"独断式的确定感"。我并没有说"自我完美"的理想，不论是个人、国家、教会或阶级的"自我完美"，本身该受到责难；我也不是说人类在为这种理想做辩解的时候，所使用的说辞，都是在混淆文字、要弄文字或是歪曲道德与心智的观念。事实上，我是想要向大家说明：国家或社会的"自我导向"的需求，推动了我们这个时代里最具影响力、道德上企求也最公正的群众运动，而这种"自我导向"的需求，其中心观念，则是"积极"意义下的"自由"。若不认清这一点，就无法真正了解我们这个时代中，最重要的事实与观念。然而，在我来看，我们却也同样可以证明："在原则上，我们可以找到某种单一的公式，使人类的多样目的，都在和谐的状态下，获得实现。"这种信仰，其实是虚谬的。我相信，如果人类的目的，不止一种，而这些目的并不都是可以相容的，那么，我们就无法完全排除人类生活中，发生冲突与悲剧的可能性，无论其为个人的抑或社会的冲突与悲剧。因此，"在绝对的要求之间作选择的必要"，仍是人类境遇中所无可避免地一项特征。这就使艾克顿爵士心目中的"自由"，具有了它的价值。艾克顿所主张的自由，本身即为一种"目的"，而不是从我们混淆的观念及紊乱而非理性的生活中，随意冒出来的暂时性需求，因此，并不期盼有朝一日，会有某种万应灵丹，来解除自由的困境。

我的意思并不是说：即使在最开明的社会中，个人自由也是衡量社会行动唯一的甚至最主要的标准。我们强迫孩童受教育，同时我们也不准动用私刑。这些都是对自由的某种约束。我们之所以认为这些约束有道理，原因在于我们认为，无知的蒙昧、野蛮的教育、残酷的享乐和刺激，比我们压制它们之时所免不了的"约束"更为不好的缘故。这样的判断，取决于我们如何判定何者为善、何者为恶，也就是说，取决于我们的道德、宗教、理智、经济、与美学的价值；而这些价值，则又和我们对人类的看法以及对人类天性中基本需求的看法，息息相关。换句话说，这类问题的解决之道，是奠基于我们对"什么样的人生才是完满的人生"的看法，这种看法有意识或无意识地在指导我们的行动。相对于穆勒所谓"萎缩偏枯的""狭隘扭曲的"人性而言，什么样的人生才是完满的人生呢？这就端视我们的价值观念而定。我们若反对有关检查制度（censorship）或个人道德的法律，认为这些法律是对个人自由的一种不可忍受的侵犯，则我们必先相信，这类法律所禁止的活动，是一个善的社会中人类的基本需要，或径直是任何社会中人类的基本需要。而维护这样的法律，就是主张这些需求，不是基本的需求；或是认定，为了满足这些需求，我们无法不牺牲某些比"个人自由"层次更高的、能满足更深刻需求的价值，而这些价值，不仅是由某一主观的标准所决定，而且另外一些具有经验上或先验上客观地位的标准，也确定了这些价值要高于个人自由。

一个人或一个民族所能享有的"依自己希望去生活的自由程度"，在分量上，必须和其他某些价值比较衡量，最显著的例子或许是平等、正义、幸福、安全或公共秩序等价值。基于这个缘故，这种自由就不能漫无限制。涂纳（R. H. Tawney）曾经很正确地提醒我们：不论强者的力量，是身体上的或经济上的力量，我们都必须对他们的自由，加以限制。这句格言，值得我们尊重，并不是因为这是某种"先验的"规则，从而在这一规则下，对一个人的自由之尊重，在逻辑上即蕴涵了对和他一样的别人的自由之尊重，而只是因为，在人类的天性之中，对"正义原则"（principles of justice）的尊重或对显著的不平等待遇的羞耻感，与对自由的渴望一样，都是最基本的需求。"我们不能拥有所有的东西"，这是必然的真理，而不是偶然的真理。柏克呼吁我们要经常补偿、协调与制衡；穆勒呼吁我们要做新的"生活实验"（experiment in living），虽然这种实验可能总是有差错的地方。正是因为知道：即使在一个由全然善良而理性的人们与全然清晰而明朗的思想，所构成的理想世界中，我们也无法得到直截了当的、确定无疑的解答，这不仅在原则上是如此，在实际上也是如此。承认这一事实，可能会使那些寻找终极的解决之道以及寻求独一无二、包罗一切、永久有效的体系的人士，为之疯狂。然而，那些和康德一样，认知了"人性本是扭曲的素材，不能从中产生直接的事物"这一真理的人，却无法不获致这样的结论。

无论是从理智上或情感上来讲，"一元论"（monism）及对唯一标准的信仰，都是使人获得最深刻的满足感的东西，对于这一事实，我们不必多加强调。这唯一判断的标准，不论是来自对未来某种完美境地的憧憬，例如18世纪的"哲士"及他们在当今的继承者——那些主张"专家技术政治"的人物心中所想象的境地；或是源于对"过去"的看法，即对所谓"大地与死者"的看法，例如，德国的历史定论主义者、法国的神权政治拥护者或英语国家中的新保守主义者（neoconservatives）所主张的观点，如果不具足够的弹性，都必然会遭遇到某些不能预见也无法预见的人类历史发展，并不合乎它的标准；然后，这种无法合乎标准的情形，又会被当作削足适履的野蛮行为之借口，就像古希腊强盗普罗克拉帝斯绑缚犯人加以切割，以符合他那具刑床的尺寸那样，我们也根据对大多属于想象的"过去"或全然属于想象的"未来"所做的极易错误的理解，而将实际的人类社会活生生加以肢解，以使社会符合于某一固定的模式。于是，削足适履的野蛮行为，竟取得了"先验的"理由。为了维持我们的绝对范畴或理想，而牺牲人类性命，是同时违反科学原则及历史原则的；而在我们这时代，右派与左派的人士中，都同样有不少人仍持上述这种削足适履的态度，这和尊重事实的人所持有的原则，是互不相容的。

在我看来，"多元主义"（pluralism），以及它所蕴涵的"消极"自由，是比较真确、比较合乎人性理想的主张，要比那些在大规模的、受控制的权威结构中，寻求阶级、民族或全人类"积极"自我做主之理想的人士，所持有的目标，更为真确，也更合乎人性。多元主义比较真确，因为它至少承认：人类的目标不止一个，而这些目标，也未必都能用同一的标准，加以比较，其中有许多还不断互相对立抗争。认为所有的价值，都可标刻在同一个尺度上，我们只要加以检视，即可以决定何者为最高价值，这一类论调，在我看来，似乎违背了我们认为"人类是自由的行为者"的知识，而且将道德抉择，误视为原则上可以用计算尺衡量完成的一种工作。主张在某种终极的、调和万物而又确可实现的"综合"（synthesis）之中，"责任即是利益""个人自由即是纯粹的民主政治（或集权国家）"，只是在"自欺"或"伪善"之上，蒙覆一层形上的遮掩物的行为而已。人类本来就具有不可预测的"自我转化"（self-transforming）的潜能，人类已经发现他们的生活之中，有许多对人类的自我发展而言，系属不可或缺的东西；多元主义不会假借某种遥远而不能自圆其说的理想之名义，来剥夺他们这些东西，如某些"体系建构家"所做的那般，因此，多元主义比较合乎人性。① 到了最后，人类总要在诸多终极的价值之间，加以选择；他们之所以照他们的方式去选择，是因为他们的生活与

① 关于这一点，我认为边沁说得很好，他说："个人的利益即是唯一真正的利益……难道有人会那么荒谬……以至于宁可企望那些他看起来不像他本人的人？难道有人愿意假借促进那些未生下来，或永远不会生下来的人之幸福的名义，而对现在活着的人，加以折磨？"这是颇少见到的、柏克和边沁两人观点一致的情况；因为这段话是经验论的政治观之核心理念，与政治上的形上观念背道而驰。

思想，取决于基本的道德范畴与概念，无论如何，这些范畴与概念，在长久的时间与广袤的空间之中，已是他们的存有与思想，以及他们认同感的一部分，同时，也正是人之所以为人的一部分因素。

在我们这个已趋没落的资本主义文明中，这种"能自由选择"的，但不主张这些目的"永远正确"的理想，以及与此有关的"价值多元主义"(the pluralism of values)，或许只是一种晚出的成果；或许是远古时代及原始社会从未体认到，而后世子孙也将投之以好奇甚至同情的眼光，但却仍不太了解的一种理想。这或许会是事实，但是在我看来，我们却不必因此而推出怀疑主义的结论。"原则"并不会因为我们无法保证其有效持续，就变得比较不够神圣。坦率说来，想要保证我们的价值，在某种客观的境界中，可以取得永恒与稳固，这种欲望，或许根本只是对"童稚性的确定感"(the certainties of childhood)或对我们原始时代想象中的"绝对价值"之渴望而已。我们这个时代里，一位可佩的作家曾经说过："文明人之所以不同于野蛮人，在于文明人既了解他的信念的'真确性'(validity)是相对的，而又能够果敢地维护那些信念。"我们内心或许都有一股欲望，想要追求较此更进一步的东西，这欲望本是一种深刻的、不可救药的形上需求，然而，让这种欲望左右我们的实际行为，也正是道德与政治上一种同样深刻而却更危险的不成熟的表征。

节选自［英］以赛亚·伯林：《自由四论》，

台北，联经出版公司，1986。 陈晓林译。

[英]翰普歇尔(Stuart Hampshire，1914—2004)

《道德与冲突》(1983)(节选)

《天真与经验》(1989)(节选)

# 《道德与冲突》（1983）（节选）

## 导　论

　　本书将再现一场关于道德本性的逐渐发展的思想运动。第二章（两种道德理论）花费了很长的篇幅来审视两种经典的道德解释，而在我看来，这两种经典的道德解释是最真实可信的，在文献中也有最明显的显示：这就是亚里士多德的道德解释和斯宾诺莎的道德解释。在这两种道德理论中，道德之基础原则上都是建立在全人类共同的心灵力量之上的。在这两种道德理论中，人类生活的改善来自不断改善的理性推理［能力］；而两种道德理论却以它们不同的方式强调了理性与欲望、激情两方面的对照。但读者可从随后几章中看出，我慢慢开始怀疑人们是否能够按照这样一些术语来理解这些道德主张。我找到了怀疑的理由：我不相信，理性（理由）以其为人们所认识的形式，能够且应该在这两位道德哲学家所指派给它的道德改善中发挥主导作用。在后面的几章里，我论证到，道德与冲突不可分离：不同的可欲求之生活方式之间的冲突和不同的可辩护之道德理想之间的冲突、各种义务之间的冲突、各种根本不同且又互不相容的利益之间的冲突。现在我相信，当道德学家像亚里士多德和斯宾诺莎那样，以一幅理想的人类生活和人类根本利益的一种可能的和谐图景作为其结论时，道德的主题就会被误解，最终则会销声匿迹。我将提出，我不相信可能存在任何这类单一理想和任何这类终极和谐的理由。

人们可以合乎理性地反驳，这一［道德］理路已被堵塞多年，只是历史发展到了最近，人们才发现这一点。尼采很早以前便摒弃了这种古典伦理学传统及其关于理性与和谐的乐观主张。不仅如此，而且自从尼采大量广泛传播的思想决定性地将理性化理论从道德关切问题中排除之后，逻辑实证主义者和存在主义者又在学术圈外产生了巨大而持续的影响，他们肯定了理性在伦理学中的局限，这些主张已是老掉牙的陈词旧调了。我的回答是，尽管尼采摒弃了古典的道德沉思传统，它依然还是最有持续价值的传统：这就是说，该传统是从柏拉图开始，中经亚里士多德、斯宾诺莎、休谟、康德、密尔、西季威克、摩尔、普里查德、罗斯直到罗尔斯的传统。人们很容易批评这些作者通常的学术研究和他们的理论，认为他们的研究和理论没有生命力、不现实、令人绝望地抽象天真、缺乏想象以及令人沮丧、平淡无奇。不可否认，学院派道德哲学讨论的腔调与政治和私生活中所遭遇到的特殊道德问题的讨论腔调之间的确存在着一条鸿沟：这也是各种道德现实在文献中的想象性呈现及其可相互比较的流动性呈现，与道德现实在学院哲学中的抽象呈现之间的鸿沟。我相信，这种可相互比较的道德现实的流动呈现与道德哲学的抽象论证是可以相互补充的，它们的互补将使得各种特殊的［道德］情形在人类历史的叙述中有更生动的呈现：在人类关于行为与品格的反思中，两者都是必需的。对行动目的的反思、对赞同与憎恶之终极根据的反思，有时候必定都要求［理论的］一般化，要求一种平静而清晰的腔调，要求区分各种差别，要求客观性，要求一种学院风格：即便这些探究无法穷尽主题，即便它也需要通过从直接经验或历史中抽演出来的各种特殊案例给予生动具体的说明。尼采挑战学院派伦理学讨论中的道德推理传统，一如他之前的黑格尔所做过的那样，但是，这一传统却在这些挑战中存活了下来，在这类批评中吸收了大量养分，或许还从中获益甚多。至于逻辑实证主义和存在主义，则不过是这一传统内所发生的偶然现象，更适合用这一传统的内在合理性标准来加以评价。

整体言之，本书的论证表明，道德有其两面：一面是理性的、可以准确说明的；另一面则是较少理性的、受历史限定的、极端个体性的、想象性的、带有狭隘地方色彩的、较难给予充分说明的。本书各章将尝试分别说明这两个方面，并将它们彼此区分开来，我的陈述显然会与我们经验中所呈现的道德两面性有所不同。在行为中，以及在对我们日复一日的行为之正常思考中，我们很自然会把注意力从道德要求的某一面转向其另一面。那些非常普遍的适用于全人类的理论——它们构成了道德哲学的传统——肯定已经成为并且形成了各种思想习惯，而这些思想习惯又反过来在很大程度上决定着政治中的日常推理和有关私生活问题的日常推理。尼采华丽的修辞无法产生这些效果，我们合乎理性地抛弃抽象思维或保持自然无知的习惯也产生不了这样的效果。但是，各种特殊的、受历史制约的道德传统和各种生活方式在我们的想象和感情中却是同样鲜活的。

如果"道德"这个词所代表的领域足够广阔，那么，任何宣称为道德的东西作为一个整体必定只有在许多限制和例外的情况下才是真实的——假如它终究为真的话。整个生活行为都是存在争议的，人类千百年来一直都在讨论这个问题，且许多地方都是如此。因此，人们在关于生活行为的清晰思考中，只能合乎理性地希望指出其中的某些联系，这些联系是根本性的，但却被哲学忽略了，或者在最近被忽略了；之所以这样，也许是因为一种流行的知识论或流行的心灵哲学大行其道。本书之所以开辟第三章"两种解释"，就是因为，如果在两种答案——这两种答案适合于人类活动或实践的解释要求——之间做出相应的区分，就无法区分道德之两面。道德的两面，即其可普遍化的一面和特殊化的一面，是与两种理解样式和解释样式相对应的，一种理解和解释样式具有自然科学的特征，而另一种理解和解释样式则具有历史研究和语言学研究的特征。对一种活动或实践的解释，与道德探究语境中对之所做的证明肯定是不同的，并且不得彼此混淆。但是，当我们讨论人类活动时，这两者又是密切关联着的，只要这种解释充分合理，它就给人们所能提供的证明设置种种限制。例如，如果我的实践可以在不涉及我的思想和情感的情况下被充分地解释为我的身体构成的结果，那么，对我的实践的证明形式就必定与另一种解释情形——将我的实践解释成为我的欲望和算计的结果——下的证明形式相联系。这只是解释与证明之关系的一个极端例子。一个人在从事一种活动或进行一种实践时，常常会问自己并试图提出一种解释：他为什么这样做？他也会客观地来考虑这个问题：即他是否有正当的理由这样做。我们常常想理解我们自己，在我们决定我们自己的行动方式时，都会有这些考虑。要想在道德语境中恰当地描述这种活动或实践，部分取决于对当事人介入该活动或实践的解释；而当事人通常也了解这一点。不独如此，当事人对其活动之解释的信念有时既与该行动的描述相关，也与对该行动之道德品质的评价相关，即使这一信念并不真实。一个人可能会相信，他是受一种强烈的甚至是压倒一切的冲动的驱使，才会在一种特殊的情形下采取某种行动的，比如说，去纠正其邻居的错误行动；而对其行动的更好解释则可能会点出，他如此行动时还有被激怒的嫉妒心态。于是，他的行动的道德品质——即使给予其恰当的描述——便受到下述事实的限制，即，他相信自己的行动乃是一种特殊冲动和思想的结果。证明与解释的纠结源自当事人对其自身信念和欲望的反思，以及他对自己活动和实践的反思；它源自人类心灵的反思性，也构成了本书第三章的主题。我们之所以把美德或罪恶的属性归结于某一个人，乃是由于某种活动或实践包含了当事人的某些心灵特性；而他的心灵特性又反过来受到他自己对影响和形成其心灵特性的那些原因的看法的影响。

一个人会问他自己，或者是被另一个人问到一个有关他介入的活动的规范性问题："你为什么认为你应该这样做？"这是一种要他对其活动或实践给予证明或辩护的要求，也是一个任何具有正常反思能力的个人都必须经常使自己严肃思考的问题：他的行为在道德上可以得到辩护吗？是否体面、是否光荣？是否值得尊敬？是否有益于大家？是否公平？试设想：若一个人对他自己或另一个人说："我之所以这么做，是因为这样做一直是我们民族的习惯，而我感到有一种强烈的忠诚于我的家族和国家之习惯的愿望。"再设想一下，这种活动乃是从孩提时代所受到的培养和教育而逐渐形成的。但到此为止，我们所提供的还只是一种解释，而不是一种证明。难道一个人在此范围内这样做只是由他偶然感觉到的一种忠诚情感所决定的吗？为什么他应该如此？在此联系中，忠诚的品性究竟是一种美德？

还是一种弱点？后面这些问题意味着，我们需要一种论证，来确立该实践行为应当如何；来决定一个人是否应当受一种忠诚情感的引导；而这一论证便是一种证明，它与对该事实的解释恰成对照。

当当事人基于真诚的反思而以一种对现存习惯和传统的功利主义证明来回答上述问题时，这种含义并不会被误解。当事人可以论证：他按照忠诚于民族和传统的情感而行动是有益的，比如，这样做有益于大家普遍的幸福和国家的稳定。另一种替代性的做法是，可能从不公平出发来提出论证：比如说，认为正义要求[国家]应该通过支持少数民族传袭下来的风俗习惯，来保护和支持他们。这种证明可能会诉诸某种一般的正义原则，该原则与一般的功利原则相应。本书最后两章的论题是，这种预先假定的含义有时候可能会被误解，因为根本不存在任何这类从解释到通过一种诉诸一般道德原则的论证来求得证明的过渡；有时候，证明并不是建立在这种合理结构——即以功利和正义这对孪生原则的形式化为其基础的合理结构——之上的。证明的建立不在于达成一般原则的论证，而在于对各种历史实在和康德称之为人类学的那种因果关系的复杂排列的具体说明（specification）。证明也不是建立在那些特殊风俗、习惯和实践的功利性之上，一般地说，甚至也不是建立在拥有某些这类风俗、习惯和实践的功利性之上。证明建立在下述事实之上：即这些特殊的风俗、习惯和实践已然成为主体之生活方式的一种本质要素。

在这一点上，被现代哲学当作无须质疑的两极对立受到了质疑：这就是事实与价值、理性与情感。本书最后两章的论证要求人们认识到，有时候，或者在人们的某些道德关切中，对整个[人类]生活方式及其历史的复杂描述在其他道德语境中替代了一般的功利原则和正义原则的论证：这就是说，在人们所描述的整个生活方式内，一旦实践与情感相互联系，证明就戛然而止。准确地说，一种得到充分描述和解释的生活方式并不是一种事实，或者一种事实的集合，这不仅是因为，人们显然能够从不同的视角、以不同的方式来充分地描述和解释这种事实；而且还因为对该事实的任何描述都将包含人们用以解释人类行为和社会关系的各种理论，因而缺乏"事实"这个词所暗示的那种[事实的]"坚实性"（hardness）和明确性。与重复性的行为模式相平行，一种生活方式包括各种令人敬佩的人类理想、感觉标准、家庭关系、教育和培养风格、宗教实践和其他主导性的关切。

我对我自己或另一个人描述我的生活方式，并通过我的实践和活动将我对自己生活方式的创造具体化，如果我没有遵循这种生活方式，如此这般的生活实践——它们是我生活方式的要素——就将受到削弱并丧失其对于我自己的意义。在这一意义上，该证明乃是整体主义的。我可能必须要么摈弃我现在所遵循的生活方式——通过我的选择，或者通过承诺新的环境；要么我会发现我现在所承诺的许多活动或实践已然失去其意义，而我的活动已经陷入矛盾和混乱。我之所以会发现自己已经陷入自我矛盾，是因为我已经抛弃了一种作为我的其他一些惯例和习惯之先决前提的实践。个人以这种历史的风格含蓄地证明他的实践，或者明确地以此为其实践证明的先决前提，将这作为他自己的经验事实，同时也看作是一种历史的和人类学的事实，所以每一个男人和女人的生活都具体体现为某种特殊的生活方式，这种特殊的个人之生活方式并非所有个人的生活方式；其次，此种[个人的特殊]生活方式乃是各种习惯、态度、信念、制度之连贯一致的总体，而在各种生活范式——这些范式有时是明显的，有时则是含蓄隐蔽的——中，这些习惯、态度、信念和制度乃是相互联系、相互依赖的。在一种完整的生活方式中，人们很难将一种活动或实践从其背景中抽离出来，也很难在不同的活动和实践之间逐一进行比较，因为这些活动和实践乃是不同生活方式的组成部分。从这种比较中获取结论的道德评价常常都会误导人。"现代放任性的性生活习惯究竟比19世纪典型的基督教中产阶级家庭的性生活习惯更好还是更坏？"这一问题的解答显然需要了解两个社会所呈现的正常且相互联系的活动和实践背景。将一种生活方式从这些风俗习惯和实践的背景中抽离出来，就无法从道德的观点给予它以实在的评价，也就是说，无法真实地评价这些风俗习惯和实践所产生和表达的人类美德或人类缺陷。

功利主义者会追问，此一实践可能比彼一实践更有益于[人类的]普遍幸福或欲望实现。为了获得一种决定性的答案，他们就不得不预先用抽象的方式假设某些关于人类本性的非常一般的真理；否则，他们就需要具体地理解各种不同的生活方式；而且，还需要对这些特殊的风俗习惯之于各种特殊的生活方式的助益和各种完整生活方式相互对立的优点做出评价。当然，人们可以从公平正义的立场、因之从一种道德的立场出发，合乎理性地比较各种比如说家族的风俗习惯，或者，可以比较各种商业实践和职业实践。比如，人们可能会得出这样的结论：某一种实践及其律令和禁忌包含着对普通妇女的歧视，因而是不公平的和非正义的，而在另一个社会里，一种可以与之相互比较的实践却能尊重妇女的权利，而正是任何一个人都应以公平的名义给予尊重的权利。这是一种对普遍原则的合法诉求，而诉求于普遍功利原则也是基于同样的考虑。不公平的恶必须通过一种可能的反平衡考虑来给予平衡：该实践作为一个整体有益于一种生活方式，也是该生活方式的根本要素，从道德的观点来看，生活方式之可比较的价值必须达于平衡。

在此，从事实到价值的推导中暗含着一种自然主义的痕迹，许多当代哲学家可能都会认为，从理智上讲，这种推导是不可接受的，也许在道德上还是令人厌恶的。从一种确定的生活方式的实存出发，从以下事实——某些实践支持该生活方式且是该生活方式内部不可缺少的——出发，人们当然不能推导出一种对任何一个享受介入这些实践之生活方式的人都具有约束力的无条件的义务。人们只能推导出一种有限制的和有条件的义务，也就是一种显见的义务，即介入这些实践首先是有条件的；其次还取决于对该生活方式的评价，也就是把该生活方式当作一个整体，评价为相比较而言更值得尊重的生活方式，而不是在道德上应予排斥和破坏的。这种实际情况，也就是业已确立起来的正常男人和女人们的习惯与制度，乃是通过他们的行为、语言而展示出来的，因而这些习惯和制度才是人类本性的充分证据，亦即共同的人类志向、需求和品性的充分证据。因此，证明得诉诸显露于历史之中的人类本性，而非诉诸生物学家和心理学家们所研究的人类本性。通过牢记人类可以获得的习惯与制度的改善，我们可以且实际上也是在把这些证据运用于我们的批评之中，而我们的批评乃是从普遍的公平和功利原则中推导出来的。但是，我们很清楚，我们现在有理由批评的这些极不公平、不正义的习惯和制度——比如说，贫富不公——在我们的先辈那里并不会受到如此批评，这部分是因为这些习惯和制度具体体现在不同的生活方式之中，我们的先辈有着不同的正义立场和批评目标，如果要他们在那个时候把普遍盛行的贫富关系看作是极端不公的，就需要他们想象或预期一种不同的生活方式。我们的后代也将从正义和功利的立场出发，对我们认为是很少改变的人类本性特征提出他们的批评。实际上，人类本性的许多特征仅仅是各种特殊生活方式的本质特征。在"完善的公民联邦理念"中，以及在其他一些地方，休谟都婉转地暗示了我们道德中的可普遍化与原则化之间的这种变换，认为我们的道德产生了一幅完美正义和仁慈个人的图像，而这种完美正义和仁慈个人的图像又反过来塑造了生活在一个风俗化社会中的个人之"第二本性"，这些道德都依附于从那些可以相互比较的地方性和临时性生活条件中所产生的各种道德关切。从特征上看，休谟在人类理智的诸面向——抽象的或（用他的术语来表达）"哲学的"和历史的——之间，保持了一种平衡。

　　如果人们承认，正如我在本书第三章中所论证的那样，在各种人文科学中，都存在着两种迥然不同的解释，那么，在道德语境中是否也相应地存在着两种迥然不同的证明呢？本书的第六和第七章，将对此给予肯定的论证。正是这种历史的证明招致了责备，认为这种历史的证明是自然主义的，尤其是它从一种"实然"中推导出"应然"，亦即从一组复杂的事实中推导出一种价值。"这是值得赞同的人们的实践，我是他们中的一分子，我对他们承诺，我发现这种实践没有任何坏处"；"这是我所承诺的生活方式之本质部分，而不是一种恶的生活方式"；"这是我们永远的生活方式，我们对之心领神会，无有不公，已然是我们生活方式的至要"；"这即是我的感受，且是我永远的感受：现在要改变这一切，就会否认我的过去，在这样的生活实践中，我没有发现有什么不公和伤害"。这些都是道德语境中的证明，它们都诉诸当事人自己的人格认同感和品格认同感，诉诸他的历史感，而这些也部分地决定着他的认同感本身。需要注意的是，此种诉求并非是对某些业已确定的风俗习惯或规则之必然性的诉求，无论这些风俗习惯和规则如何，比如各种交通规则；道德的主张依赖于对这些特殊规则的执着，包括它们的特殊历史和联想。这就是休谟的所谓"第二本性"，在此范围内，人们自然地受到他们的道德情感的约束，同时，通过人们的道德情感，这些特殊的规则也依附于普遍的正义原则和仁慈原则："这是我的根据，我必须持守之：我不要求所有的人在所有地方都必须做我所必须做的事情：但这是我的品格，而且正因为它，我才必须如此做。"有时候，人们认为这类证明诉诸正直，一种可与正义和仁慈相提并论的特殊美德。在拙文《真诚与单纯心灵》（见《心灵自由及其他》，牛津大学出版社，1971）中，我考量过心灵和目的的完整性，将其称之为正直。但是，我相信上面所引述的这些证明也可以在休谟的框架内获得理解。对这种证明要求的这类历史的回答之要点——"为什么我应该"——在于，拒绝将某一确定范围内的活动和实践合理化，并承认特殊情形中的特殊性。把正直表述为一种普遍的人类美德，并与正义和仁慈相提并论，也许会遮蔽这种对特殊性和合理论证之局限的强调。这种证明依赖于人类本性的特征，而我们知道这种特征乃是**后验的**，同人们对幸福和公平的关切一样普遍：各种地方性依附和历史的依附之复合多样性给予我们一种正常的个人生活感，它伴随着所有男人和女人之共同关切的始终。

  这些问题一直被那种老式的学院心理学搅得乱七八糟，却仍然被休谟所保留，在这一点上，老式的学院心理学区分了理性与激情在伦理学中所发挥的不同作用。应当承认，诉诸正义原则和功利原则的证明，比绝大部分诉诸风俗习惯、诉诸历史和个人承诺叙事的证明要有更为清晰和持久的论证；比如说，非常清晰地阐述忠诚情感的根据常常是很难的，有时甚至是不可能的，因为促使一个人承认各种义务和责任的东西无法通过普遍原则来加以证明。既非不义亦无伤害的行为也可能是不光荣、不忠诚的，鉴于人们都生活在历史之中，可能难以确切地解释究竟是什么使得这种行动不可能与人们对非正义或伤害所可能作出的论证恰好相吻合。但是，这类道德关切中所包含的情感和态度却不会是恰巧发生的感情冲动；它们是否合乎理性？还有待讨论，其论证也有待考查，相互平行的个案情况亦需要比较，而此一情感与彼一情感之间的连贯性则有待检验。一个人在反思其非普遍化的道德情感时所形成的论证，与功利主义算计利害时所提出的那些论证，通常有着不同的结构；但人们在评价它们时都可以提出质疑，即：它们是否合乎理性？是否清晰？人们可以把道德情感作为反思的结果来采用、认可或摒弃。

在本书第六和第七章中，我想为那种类似于原则伦理学的东西提供论证，认为这种类似的等价物必须在知识论中得到承认：对外部世界的所有感知都是从一种特殊的观点出发而形成的，观察者必须说明他的这一特殊立场；切莫把自己置身世外，从世界之外来观察世界，仿佛他是超越的存在；这是本书第三章论证的一部分。同样，一个人不应当认为他自己只接受那些对所有地方的所有人都有约束力的要求，也不应当回避自己的特殊立场，包括他自己的地方性依附和特殊历史。如果一个人完全只按照普遍原则来考虑各种义务和责任，他要么就是在欺骗自己，要么就是没有注意到人们还会按照其他道德要求来行动：无论是这两种情况中的哪一种，更少出现的情况是，人们把自己的行为粗陋地简单化为是以功利主义为目的的，孤立地看待仁慈的美德，就会使仁慈的美德成为苍白无力的、非人性的德性。本书第七章之所以要阐释康德《判断力批判》的部分内容，是因为康德的书论证到，在自然法则与具有普遍约束力的道德法则之间，还有一个中间地带，尽管他把这一中间地带限定在审美领域。我的论证是，我们称之为文化的整个领域，包括我们的许多道德信念和道德态度在内，都属于这一中间领域。

选译自［英］斯图亚特·翰普歇尔，《道德与冲突》，
坎布里奇，哈佛大学出版社，1983。 万俊人译。

# 《天真与经验》（1989）（节选）

在道德和政治哲学这个大标题下，人们可以研究的主题成千上万，甚至更多，整个人类生活和人类历史都有待于道德哲学的检视和评价。今天，这个特定时期的特定哲学要务在这个领域显得更加紧迫，且使主题更容易处理。但是，在这部分哲学中，人们缺乏对研究的主题和强调的困难所期望的、严格意义上的哲学兴趣。作者的经历和兴趣不可避免地起着重要的作用，原因有两个。第一，他对他首先知道的普遍经历的写作感到很容易。第二，他的经历通常使他产生一定的怀疑和不确定性；而且，当他对这些问题进行深入研究时，这些问题便转变成了哲学怀疑和哲学不确定性，他的经历通常将使他产生一些特定的哲学偏见。他将挑选出的那些主题使人想起其过去的经历，以及想起自己思想的偏重点和矛盾点。我们有理由把这种偏见弄清楚。如果有一点传记方面的片段信息，读者将能更好地理解为什么人们总是追踪一组特定的主题，而忽略其他主题。

1930 至 1931 年的冬天，在我们这个中产阶级的家庭里，午饭后，父亲、母亲、我和我的两个兄弟偶尔离开利物浦的阿戴尔菲旅馆（Adelphi Hotel），走下台阶来到利牡大街（Lime Street），在那里我们看到许多站在大街两旁的老年妇女，这些老年妇女戴着御寒的围巾，正在把一些小枝的石南花分发给行人。那时正是 1930 年世界性的大萧条时期，那年我 16 岁，还在寄宿学校读书。很明显，在利牡大街上乞讨的妇女们非常贫穷，她们衣衫褴褛。那个时候的旅馆是一个奢侈豪华的地方。从家开车到北威尔士，我们要经过空荡而又十分荒凉的伯肯黑德（Birkenhead）街道。默西河（Mersey river）两岸的大部分造船厂和船舶修理厂都关闭了。三三两两的人群站在街道的角落里，他们戴着围巾，跺脚以取暖，无所事事，这就是那个时期英国北部工业城市的常见情景。失业者没有什么地方可去，而且他们中的许多人可能持续失业多年，也许就永远地失业了，除非有另一场世界大战在英国明显创造出对造船的需求。从 1933 年开始，造船工人和矿工的失业压力减轻，英国、欧洲和美国其他工人失业压力的减轻看起来也越来越有希望了，此时战争的可能性也在持续增长。在 20 世纪 30 年代以及后来的时期，大量的重复研究证明，重新备战——一种公共工作的自我毁灭方式——是治疗工业化国家失业最可靠的良方。

　　从 1933 年希特勒在德国当权开始到 1936 年，我是牛津大学波利奥学院（Balliol College）的一名大学生，在学校我就决定哲学是我的主要兴趣，当代政治是我的第二兴趣点。对于那时的大学生来说，不去思考世界范围的萧条是很难的，那时把咖啡倒进大海，销毁食物，而与此同时在工业化城市中，到处都是饥饿的失业者和他们饥饿的孩子。在冬天的大街上，常见到没有穿鞋子的孩子们，而鞋子制造商却正在解散工人，因为工人们卖不出鞋子。与此同时，希特勒追求实现他先前宣布的世界征服计划而使德国的失业人数锐减。根据这些情况，人们很自然地推测，资本主义已经进入增长的不合理时期，这种增长的不合理导致最后全面战争的自我毁灭，"全面（total）"这个词的重现表达了 20 世纪中很多典型而又可怕的事情。即使在 20 世纪 30 年代，人们已经不得不考虑完全相互联系的世界，而不考虑那些相关甚少的少数受庇护的角落，在这些角落里，不相关的和不受干扰的生活方式可能安全地得以继续，如同安东尼①治下的罗马帝国，或 18 世纪的欧洲那样受到持续庇护而继续存在的角落一样。

_____

　　①　Antonines，古罗马帝国的皇帝。

许多大学生把这一战前时期称为战前年代，我们对战前年代的道德要务还要加上其他两个因素，第一个因素，马克思主义的历史发展理论是唯一的范本，仍然在政治思维中发挥着重大作用，其发挥作用的重大程度如同 19 世纪的进化理论一样。这种历史理论过去没有受到过怀疑，现在也仍然没有被怀疑过，尽管他们的预言一次又一次地失败了。大学生们通常认为自己有能力去鉴别、选择他们在衰退的资本主义中的未来作用。人们经常连续不断地问"你站在哪一边"，同时附带的假设是，东西两边将要展现出来的到底是什么已经很明显了。

在我的道德思想形成过程中，对其产生影响的第二个因素是英国主要政治家，他们反对德国纳粹主义和其他地方法西斯主义的卑鄙行为，特别是反对西班牙和意大利法西斯主义的卑鄙行为。但很明显，这些政治家却都准备容忍法西斯主义者的暴行和威胁，为了保护自己的私人财产免受在欧洲预期扩散的共产主义和社会主义的威胁，他们甚至还拍法西斯主义者的马屁。我能直接观察到保守党的政治领袖们在面对法西斯时的这种奴态，因为我已经成为牛津大学万灵学院的一名职员，是当时希特勒几个主要劝解人的同事。这种观察增强了我去追问"你站在哪一边"——这一致命而又特别简单的问题的倾向，这一点在后来也得到了验证。同那个时期的学生一样，我知道我不站在英国保守党那边，我也知道我将来也绝不会站在那边。因为对于大多数保守党人来说，对财产的爱以及对财富安全的爱很容易超过其他所有的道德义务。

在许多不信任和鄙视保守党政策的人中，马克思主义在 1939 年之前逐渐显示其影响，因为它为保守党对法西斯主义的政策以及贫穷和过度生产共存提供了一种解释，所有的解释都在一个全面的理论框架之内。它看起来已经预言了资本主义非常明显的不合理性，以及正在加速的民族主义和军国主义，而这些将最终导致另一场世界大战。但是，20 世纪 30 年代在维也纳聚集、构成维也纳学派（Vienna Circle，又译"维也纳小组"）的一群哲学家们已经开始了一种思想运动，他们对哲学的影响一直持续了 50 年或更长时间。这个群体包括莫里茨·石里克、鲁道夫·卡纳普、奥托·纽拉特（Otto Neurath）。作为一名大学生，我一直学习哲学，特别关注柏拉图和亚里士多德。当我读到这些所谓的逻辑实证主义哲学家的时候，我遭受了一种理智转型的折磨。对我来说，他们好像是站在理性的明媚光线之中、在教授们遍布灰尘的黑暗迂腐的书房之外，把所有的哲学又重新开始一遍。像17世纪的笛卡儿，他们正在使哲学有用化，正在反对从过去学院派哲学家（Schoolmen）那里继承来的自我保护的学院式的东西。

在从过去继承下来而且仍然在牛津大学的老师们中存在的是黑格尔的传统，作为一个读过布拉德雷（F. H. Bradley）的《表象与实在》（Appearance and Reality）的学生，我对这个传统印象深刻。但是，作为人类历史之全面综合理论的马克思主义是黑格尔资源的内在部分。根据由维也纳学派所首先提出的争论，不可能有一个全面而完整的人类历史理论，如果仅仅因为在经验中没有这种理论是可测量的，这一点和所有有意义且可接受的理论就别无二致。新哲学家们承认各种形式的数学知识的有效性，而且他们接受实验和观察科学的理论化且具有确定性的经验主义的主张。他们也接受历史学家们严格建立在引用证据基础上的叙述。但他们反对所有的形而上思维，反对所有道德和美学的理论化建构，反对所有神学以及所有一般的历史理论，认为这些都不能是知识，即使其中的一些理论可能有修辞学的或主观感情表达方面的一些价值。我终于突然明白，那些建立在一种历史理论之上的政治纲领如同建立在一种令人安慰的幻想之上一样，无论它是黑格尔主义、马克思主义、孔德的实证主义，还是进化的自由主义学说，都是如此。用逻辑实证主义的理论来考察，这些自以为是的理论看起来仅仅是成功躲过基督教信仰衰退的形上体系的遗物，它们都是基督教救赎故事的世俗翻版。

在数学之外，在人和物的真实世界中，不存在一种没有实验检验的可靠知识，也不存在一种还没有被这种方式检验而被推向错误风险的可靠知识，这是我那个时期的信仰。宗教者以及随后形上体系的发明者们需要走一条通向他们所设计的宇宙幻景的捷径，通过神圣文本中的启示，或者通过对所谓的必然真理的洞察力。真正的知识总是艰难而又缓慢积累的，一点一滴、实验再实验方可求得；每前进一步无疑都向未知的领域深入了一步。

因此，哲学应当最终放弃捷径和宏大目标，应当继续从事自然科学的尝试性的解决问题的方式，这种必要性已经开始显现。运用这种理念，人们逐渐认为，对自然语言特性的研究是哲学中心内容的一部分。这时，长期期望的战争来临了。作为战争中一位聪明的指挥员，四年来，我一直研究德国军队的间谍和反间谍工作，希姆莱的中央命令（Himmler's Central Command）控制着除万汾纳粹党卫军之外的整个纳粹党卫军。这种经历完全改变了我对政治和哲学的看法，因为我知道纳粹党卫军在被占领的欧洲以及在苏联的全部情况，从而能够研究希特勒在《我的奋斗》中所宣布的计划实施。在战争末期，我审问了一些被俘的纳粹主要头目，包括纳粹党卫军的头子、海德里希的继任者科腾布鲁纳，当他还是美军司令部的一名囚犯时，我就和他谈话，并且最后我把他带到伦敦进行了更详细的审问。我获悉，一旦当局抛弃了所有的道德屏障，组织一部强大的折磨和谋杀机器是多么的容易，也很容易招收到愿意从事这个职业的工作者。彻头彻尾的罪恶和卑鄙在受过教育的人那里却显得自然而然，自然得如同人的慷慨和怜悯一样：不多，不少，很是自然，这是一个对莎士比亚来说很明显的事实，但以前我没有见过。很清楚，发达的文化和良好的教育不一定与基本的道德标准相辅相成。希特勒和纳粹党卫军的大屠杀表现出一种残忍而卑鄙的马基雅维利主义，这是 20 世纪政治方式的特点。有必要回到马基雅维利自己那里，仔细审视 18 世纪的道德家，一直到有关政治艺术和道德的现代世俗思想的起点。

　　第二次世界大战后，借助于从维也纳学派的一些观念而兴起的分析哲学运动在很大程度上认识到一步一步解决问题的计划时，在英国，有一个非常的哲学兴奋期，特别是在牛津。看起来，哲学论争能够变得越来越精细、越来越小心且越来越详尽，而且哲学论争的技巧也正在变得越来越令人愉快。即使在大学以外，作为一种思维方式，英美哲学分析中的大众文化立足点正开始显得艰难起来，有时候受到责难，有时候受到表扬：至少它不是无害的，这一点就像学院派哲学在英国的通常情形一样。一些古老的知识问题和看法都被哲学范围内的新的论争所改变。这时正是战后温和时期，有些问题和争论是随着工人运动而来的，当时共产主义和反共产主义是欧洲和美国的当务之急，而不是英国的当务之急，所以在英国，哲学能在一个稳定的自由讨论中获得繁荣。马克思主义、共产党以及天主教教会都是决定欧洲大陆哲学方向的思考和论争的焦点；但在英国，它们都被大大地忽略了，分析哲学家或许碰巧有政治的兴趣，但是他们的哲学论争都在很大程度上保持政治中立。

战争结束后，我没有马上回到哲学教育，过一种大学生活，我在一个并不重要的政府部门一直服务到 1947 年年底，部分原因是因为政府是由工党组阁的。几乎每个人都希望欧洲出现一个社会主义和共产主义统治时期，以作为对纳粹主义和与纳粹主义相妥协的一种回击。1949 年夏天，我在巴黎从事对马歇尔计划做出反应的准备工作，这通常被称为是欧洲趋势的转折点，因为美国的行动阻止了普遍的贫穷和经济衰退。我对那个时期印象深刻，而且我仍然对适用于政治和历史变化的这个趋势转折点比喻印象深刻，它正好适合描述前 5 年时间的情况。在欧洲历史的所有黑暗时期中，1789 年和 1917 年是我特别关注的两年，这两年好像仅仅在设置政治发展的重复形式。我们期望进一步的社会变革、更长时间的革命或接近革命的社会变革。但实际上，随着对进步和革命的渴望逐渐增加，这个趋势来到了，随着对和平和安宁以及对安全的令人疲倦的号召，这个趋势又消失了，而且只有偶然而起的洪水打断这个自然的节律，淹没了大地。

1947 年后不久，当我的几个战争期间也在秘密情报部门工作的朋友被曝光，被认为早就是苏联秘密情报人员时，而且也正是在我因此而受到关于他们及其动机的询问时，战前马克思主义关于历史的幻想再次被召唤到我的脑海中。他们已经献身于一个事业，而且这个事业在理论上也有其来源。理论上研究的东西在现实中已经成为资本主义社会中完全（公然）的不平等，成了大部分工人阶级令人绝望的贫穷，这种贫穷又为 1931 年的失业所加重。一种深层意义上的不公平、道德反感的感情已经转变为一种完全不同的精神状态：即相信有一种冷漠且明显理性的揭示不可避免之未来的历史理论。更大意义上的不公平则要求行动，而且，由于被理论所迷惑，这些英国共产主义者已经用行动来支持一种邪恶的事业，他们忽视了（苏联）共产主义政党的大屠杀、专制和破坏的明显证据。因为，人们可以问，为什么不公平的感觉在它们被认为是高尚的之前，不得不用哲学的理论来加以伪装和歪曲？

我认为，答案能在那时流行的一种错误的认识论中找到，可以在真理的天真解释中找得到，这种解释把完善的科学理论主张理解为字面真理的唯一例证。流行的且经常不为人们所谈论的、自由知识分子的哲学，在英国仍然扎根于英格兰帝国的信条之中，伴随它的是，作为行动的基础，不公平的概念必定只是主观感情的表达。道德主张不像自然科学、数学和事实观察的主张，我们不能严格地认为它是正确的或者是错误的。

我对战争期间的秘密情报过程有着非常浓厚的兴趣，这些过程总是欺骗、阴谋、背叛和神秘的过程。欺骗和阴谋有时走得很远，以至于丢失了对字面真理的任何正式兴趣，因为真理被埋在一层又一层的腐坏意图之下。政治方面的欺骗和隐藏以及导致阴谋动机的复杂性总是吸引着我，无论是阅读历史还是在战争期间的偶尔实践经历都是如此。我很难想象，意图的纯洁性和专一目的的纯洁性能成为政治方面的正规例子。我相信，很多人感觉到在公开和隐藏之间、无辜和经历之间有着明显的分界；而且，在政治之外，他们经常发现，他们自己也被分为对自己家庭的爱和恨，以及对自己习惯的爱和恨两种类型。我这种信仰的根据更多地是来自道德哲学而不是来自虚构，这种道德哲学总是呈现出对一些流行哲学感兴趣的整理者的画面。根据也来自反省；我对谎言感兴趣。这些相矛盾的情感不仅看起来很自然，而且它们经常是有用的。由于对战争期间的秘密情报中的奸诈和欺骗情景感兴趣，我不怀疑有一种奸诈和阴谋的黑洞，政治家和情报官员的计划可以完全消失在这个黑洞中，因为他们可以忘记他们被推测正在做的一切，迷失在政治策略的错综复杂之中。估计一下，理解隐藏在战争与和平之国际关系的公开特点下面的复杂性是有用的；而且人们不能轻易地理解这种估计，除非他至少对这些估计有某种程度的同情，尽管有资格，他至少也对政治诡计的迂回曲折感兴趣。

在当代条件下，马歇尔的估计立刻在道德上就显得令人反感，因为如果一个严重的错误估计发生了，它在整体上就要冒人性的风险。但是，从道德的角度来详细阐释道德反感，而同时没有尽可能公正地揭露驱使政府隐藏欺骗和暴力程度的力量，这对我来说是不充分的，而那些欺骗和暴力是使他们效忠于捍卫民族独立的事业。我始终是一个社会主义者，但是在 20 世纪 30 年代，我痛恨那种反对为打倒法西斯主义而进行军备重整的做法，因为这种反对只表达了一些英国社会主义者们的天真希望。那种政策对我来说好像是把道德等同于无知，而且这种等同将从根本上使政客们完全自由地抛弃道德。我总是不信任英国社会主义中的某种因素，这种因素可以被称为是素食者和天真者的因素。对战争刚刚结束后的政治的研究，首先使我思考道德中所被称赞的天真的美德与经验的不可拒绝的美德之间的不可避免的分裂。试图获得理性一致的道德理论已经覆盖了这个裂口，而且整理者的图像已然变成了一种正统的学说，尽管它是与经验相矛盾的。本书就尝试把裂口和随之而来的矛盾情形黏合到一起，构成完整的观点，而且同时承认，这种目的在个人历史和哲学那里都有其根源。

我首先想到的是，温柔和正直之间的关系、私人生活中的美德、在政府中以及在公共事务中保持权力和影响的、看起来很必要的坚强和欺骗——马基雅维利的问题，这是自然的。我已经在我的文集《公共道德和私人道德》（剑桥大学出版社，1978）中，对这个问题进行了简单的阐述。我希望如我所想的那样引起对现在道德理论浅薄的关注，这种道德理论回避了马基雅维利的挑战。大多数英美学者关于道德哲学的学术著作和文章有一种出自神话故事的品质，因为这些著作和文章中都缺少当代政治和过去政治的现实。可是柏拉图和亚里士多德却都非常正确地认为，政府管理和权力使用中的美德与恶行总是构成了道德的非常重要的部分，或者至少构成了道德的一半内容，此时我们逐渐达到了对我们生活和时代的反省。

我们这个时代的挑战要比马基雅维利那个时代的挑战更为紧迫，因为由于外国侵略者，比意大利城邦国家的独立要独立得多的独立国家现在却处于危险之中。若强力政府不再有道德顾虑，也不清楚对暴力的道德限制，就可能在世界的很多地方造成一种普遍或者至少是一种非常广泛的生命破坏。哲学上的混乱以及由此而产生的普遍怀疑会导致绝望，其程度表现为当人们想起政治妥协和公共生活行为时，已经没有任何坚定的立场以立足。那些当权者和普通公民以及投票人可能都开始怀疑是否还有关注和平、战争和政府管理的道德沉思的余地，如果这种沉思很容易被道德哲学怀疑主义所推翻的话。倘若哲学家们都没有对公共道德的相关问题进行深入思考的话，那么人们为何还要比新闻日报想得更多更仔细呢？现在，对我来说，马基雅维利用非哲学的但却适合他那个时代的术语所提出的问题，好像是对道德哲学中更普遍问题的说明，而且尽管这一普遍性问题已被哲学化，它确实还是经常引起混乱，而且在日常政治中实际上确实导致了绝望。这个普遍性的问题是与幸福生活的不同概念不相容的，后者附属于不同的社会角色和个体本性。

马基雅维利对人们现在所拟想的这种哲学，或是柏拉图、亚里士多德、斯多葛学派所拟想的那种哲学不感兴趣，他压根儿就没有打算开始一种关于道德本性和道德权威本性的深层次哲学探讨。他对怀疑主义尤其没有兴趣，对用古代怀疑论者的风格来提出道德主张也没有兴趣。但是，通过他思想的细致和锐利，他把深层次的问题彰显于表面。在道德的积极方面和消极方面之间是否存在一种清晰的分别？甚至是一种相互对立？也就是说，作为禁止和限制的道德与作为渴望和理想的道德之间是否有一种清晰的分别甚至对立？在游移于天真与经验之间的人的本性中，存在永恒的甚至必然的冲突吗？在不可缺少的政治协商制度中是否存在公共道德的基础？对历史相对主义者能否做出任何合乎理性的回答？历史相对主义者声称，所有的正义概念，包括我们自己的正义概念，都只是一种特殊而又短暂的生活方式的反映，没有任何普遍有效性，而且既不能对我们发挥任何约束要求的作用，也不能在它们自己的特殊背景之外产生影响。

如果不再一次诉诸关于伦理基础和价值判断的本性的古老怀疑的分析，我们就无法回答这些问题。本书第一和第四章直面这些怀疑，而且对这些怀疑有目的地给出了一些答案。在第四章"休谟的幽灵"中，我试图通过哲学论证，改变对道德怀疑主义问题和道德基础问题的主流分析理路。我认为，道德判断和我们关于道德问题的思想，无论是否表达出来，最好被理解为一种关于诸可能性的次级判断，而且它们的自然背景也被纳入思考之中，人们在公众集会或在沉默的思想之中，比较和评价着相互对立的诸种可能性。公共协商通过议院进行，在那里，各个不同的利益团体聚集在一起，讨论并评价一个又一个政策；这是道德决策和政治决策的原始的荷马式情景，那时候，议会的领袖和英雄们不得不决定是战争还是和平。在这种必要的制度内，需要有必要的程序习惯和规则，这些习惯和规则保证各种相互对立的观点能够被人们公正地听到，且保证人们依自然的次序公正地评价它们。从几乎每个社会都要遇到的这个困境中，最低程序公正这一薄弱概念的核心正是由此派生出来的，这个概念的有用性将在本书多章中给予详细阐释。

哲学的关键点是，正义这一道德概念通过参考一种普遍存在的人类制度之实际类型而得到了更清楚的解释，而不是通过参考一种主张和信仰，也不是通过参照一组像社会契约论所要求的那样被设想为人们普遍接受的主张和信仰，才得到了更清楚的解释。同样，通过这种对照，我们才能更清楚地解释善的道德概念和善的观念的道德概念，这一点同样是根本性的。这不得不追溯到关于奖赏和崇敬的普遍性制度与习惯，追溯到我们极为丰富多样的想象力，即关于生活是如何可能少一些无聊和失望的想象力。每个地方的男男女女总是在谋划着各种新的可能性，或是想改进他们自己的实际生活方式，或是有时想创造一种完全新的生活方式：这并非是他们对自己当下需要和欲望的回应，而是对他们生活中的那些值得尊敬和有价值的观念的回应。他们在任何时候所想象的特殊可能性取决于他们时代的善观念，也就是说，取决于他们的行动和美德，他们相信，这些行动和美德构成他们所能达到的最好的生活方式。

在哲学内部，人们往往习惯于剑走偏锋，直到被休谟的圈套套住，缘由是他们寻找人们普遍接受的主张，认为这些主张应当构成我们所有道德教化的可靠而又无可争辩的基石。交流或沉思过程中的语言的使用和形式出自普遍重复出现的那种需要思考的境况，而且多样性的语言形式从来不会完全超出典型的社会境况以及随之出现的内在反思，这些对社会境况的反思表明：如果不追溯到那种反复发生的原始社会境况，我们就不能充分地解释它们的意义和含义。例如，当一个人反思到"只要我保持肃静，灾难将不会发生"时，伴随这种想法所产生的后悔习惯性情感便是人类行为的一种重新出现的、原始的特征，这种情感的程度与未来希望的情感是一样的多，而这种未来的希望乃是"只要我能保持肃静，所有的一切都将安然无恙"这一想法的自然背景。在了解这两个判断的完整意义和含义之前，以及在了解该判断是否可接受、是否正确之前，更多的情况和环境就必定被揭示出来。人们需要知道，在人能更具体地决定想要的判断类型是什么之前，判断的背景是由作者提前预设的，无论它是一个谨慎的判断还是一个道德判断。

道德反思和道德判断有许多不同的种类，不仅表达悔恨、希望和崇敬，而且也表达渴望、谴责、坦白、规定和决断。无论道德反思和道德判断所处的环境重复发生的类型是什么，它们总是指向现状和可能性之间的一种对比：一种世界本原是什么或世界可能是什么之间与什么是更好或更坏或什么将在未来更好或更坏之间的对比。至少从1949年以来，我就一直认为，单一的假设命题问题应当成为分析哲学的主要兴趣中心，如果仅仅因为这种形式的判断是理论论证和实践论证的结合点（见拙文《论虚拟条件》，收入《心灵自由及其他》，牛津大学出版社，1971）。在这两个背景中，没有关于判断的预设背景的一些知识，我们就不能决定真理或可接受性的条件。在这种意义上，关于可能性的命题，无论是关于过去的还是关于未来的可能性之命题，总是有问题的。如果脱离特定言谈之特殊语境而将这些主张孤立起来来看，且该言谈又有自己一系列的标准预设，我们就不能对它们做出是否正确或是否可接受的评价。认为一种真命题即是与世界本相的典型相应，或与实际相应，乃是自然的，但却是不充分的；认为相应的必须是直接可见的或清晰的，这也很自然。语言不仅服务于关于世界本相的好奇心，而且也服务于人类的兴趣和情感，包括直接指向更加美好的生活情感，无论这种生活仅存在于幻想之中，还是真实可能的。这是本书第四章的主题，即颠覆休谟及其思想继承人关于道德特征所构造的华而不实的道德概念。人们有这样一种感觉，即认为根据真实可能性，一种判断可能是正确的，这种真实可能性的表达和描述是："如果那个炸弹现在就在此爆炸，我们都将死去"——这是一个事实判断，可能是正确的，也是通过类似条件的观察而能够检验的。同样，一个道德判断也可能是正确的，是得到一些善概念支撑的："如果你现在抛弃我们，那就是一种出卖的行为，是错误的。"

　　我一直希望我的论述能引起政客们的兴趣，也希望能引起对政治学感兴趣的外行人以及哲学家们的兴趣，因为它给出了一种连贯的说明。我相信引起道德讨论和政治哲学讨论的著名的两分法：理性与情感，相信道德上的永恒与短暂有限乃是相对立的，目的是劝说和改变关于公共道德与私人道德问题的讨论中持续流行的观念。休谟的道德怀疑主义的简单化翻版在说英语的国家几乎成为一种正统，而且没有一种有效的方法来修正它。劝说必须成为提醒怀疑的休谟主义者们大范围改变其各种不同的判断和信仰的形式，这些判断和信仰在他们想象和思考政治学和个人关系方面扮演着重要的角色。也许他们要说："当然，还是有这些不同的：例如，基本的程序正义，它相对于源自特殊善概念的正义——在毫无疑问的邪恶之间，这些邪恶则相对于特殊善概念中的邪恶。在我们的讨论中，我们确实正式地预先假设有这些不同和差别，但是我们把它们作为必要的差异挑出来存而不论。"这就是作者在道德哲学和政治哲学方面所能希望达成的最大限度的一致。在不同的哲学预想和不同的道德关注指导下，其他已然发现的区分有时也将需要我们特别关注，忽略它们是没有道理的。作者个人的关注自然也使得一些差异区分被不恰当地忽略，而它们似乎是特别重要的。这是我为什么要追溯我个人的经历，以找到这种主观因素的明显根源，而且要尽可能追述清楚的缘由之所在。

　　为了对抗马基雅维利和休谟，我必须首先考虑亚里士多德。为什么我要考虑这位很久以前且离现代政治学和现代知识很遥远的亚里士多德呢？在一定程度上，正是因为这种遥远的距离，使我能够很清晰地看清亚里士多德论实践理性的合理性，看清他进行道德论证时所使用的语言的合理性，这两点是后来的任何道德哲学家所不能与之比拟的。我最初在 1949 年发表的一篇文章中支持亚里士多德关于道德和政治判断的观点，其根源是亚里士多德认识到对实践可能性（"我应当做什么？""在这种情况下，我要做的正当的事情是什么？"）的思考是道德思想的基本形式，而道德判断的基本形式正是由这些道德思想所产生：即关于所有可能性的判断都是开放的，而在通盘考虑后，最佳的行动乃是如此这般（参看《道德哲学中的谬误》，收入《心灵自由及其他》一书）。在大英帝国主义传统中，道德哲学家的错误在于，把注意力集中在我们对其他人的行为进行谴责的判断上，或者集中在对我们自己过去的行为所做的评论上。这种把当事人置换为观察者的做法可以部分地通过现代盎格鲁-撒克逊人的哲学主流，特别是那些受到休谟影响的哲学家的哲学来得到解释，这种哲学主流就是以科学理论作为不可避免的标准的正统哲学认识论，其所暗含的意思是，所有其他的理论，包括道德理论，都是对这种认识论的近似的或不成功的模仿。因此，在我们面前展现的是一幅理想的道德观察者的图画，他在外部世界追寻着与我们的道德绰号"善"和"恶"、"正当"和"错误"相对应的品质和关系。无须惊奇对现实的道德差别的怀疑主义已经成为这幅图画的后果，而且道德怀疑主义者们所得出的结论是，我们根据我们内心深处情感的奇思妙想把世界上的事情描绘成好或者描绘成坏。亚里士多德对牛顿和后牛顿的科学理论一无所知，因此他能自由地用实践推理来描绘规范语言的用法，没有把它们比做一种陌生的模型。在用理论推理描述语言的用法方面，他也是小心地保持着平衡，理论推理指向外部事物和事件的真实描述，它与实践推理是相对立的，实践推理指向正当的行为选择：真实与正当是两种不同种类的正确性，两者在原则上都对理性的论证和反论证开放，而且两者之间没有从属关系。

　　为了保持这种平衡，亚里士多德需要反驳柏拉图对判断的解释，后者认为，善是事物的属性。柏拉图提出，善是植根于实在结构中的一种普遍属性，它有待于我们躬身探究和沉思。这种理论没有给理论推理和实践推理之间的区分留下充分的余地，也没有给对实际的思考和对可能性的思考之间的区分留下充分的余地；因此亚里士多德不得不进入语言哲学，因为伦理学的实质性问题依赖于语言哲学，而且至今依然在依赖着语言哲学。我必须追随他进入哲学语法的探究，尽管在我完成这些初步的探究之后，将超越他继续前行。

选译自［英］斯图亚特·翰普歇尔：《天真与经验》，坎布里奇，哈佛大学出版社，1989。李磊译，万俊人校。

[英]威廉姆斯（Bernard Williams，1929—2003）

《伦理学与哲学的局限》(1985)（节选）

# 《伦理学与哲学的局限》（1985）（节选）

## 苏格拉底问题

苏格拉底说，我们所谈的是一个人应该如何生活的问题，这不是个小问题。柏拉图在其论述这一主题的第一部书的一篇中就是这么转述苏格拉底的。① 柏拉图认为哲学可以回答这一问题。如果说一个人必须改变自己的生活方向，那么柏拉图和苏格拉底一样，希望能通过哲学所特有的理解去指导自己的生活——而哲学的理解就是一般的和抽象的，是理性反思的，是关于通过种种探究所能够知道的事情的。

道德哲学的目的以及它之值得认真关注的任何希望都与苏格拉底问题的命运休戚相关，尽管你不能指望哲学本身可合理地回答这个问题。关于这一希望，有两件事一开始就必须说明。其一须特别为作者所谨记——在论述这些大问题时如果他说某种抽象的论证性著述值得认真关注，他的申述范围有多大。还有论述这一问题的其他书籍，只要涉及人类生活、略有长处的书，几乎都与此有关。这一点对哲学著作者至关重要，即使他不认为自己和苏格拉底问题的关系在于努力回答这一问题。

---

① 柏拉图：《理想国》，352D。

另一个一开始需说明的事情是关于读者的。如果哲学能够回答这个问题，那将是个严重的事情。它怎么会是这样一个主题（subject），在大学中（但并不仅在大学中）被研究，已有大量的技术性文献，它能提供被人们认作是关于人生基本问题的答案的东西？很难理解怎么会是这样，除非像苏格拉底认为的那样，答案是读者意识到自己给予自己的。然而这又怎么可能呢？这种情况与这一主题的存在有何关联呢？对苏格拉底来讲，没有这样的主题，他只是用平常的方式和朋友谈话，他所提到（至少带有某种敬意）的作者是诗人。但在一代人之内，柏拉图已把道德哲学与艰涩的数学学科联系起来，两代人之后，已有关于这一主题的专题论文——特别是亚里士多德的伦理学，至今仍是最光辉的（著作）之一。①

有些哲学家以为现在可以回到苏格拉底的情境而从头开始，摆脱文本的累赘和哲学研究传统而反省质疑常识和我们的道德或伦理关怀。就此有些问题值得一说，在本书②中，我将努力循此而探究进行一种研究的限度，并期盼使读者涉足其中。然而，在另一层面，设想你能够或应该努力摆脱这一主题的实践则是没有根据的。一项研究是哲学研究的特征在于它是反思性的概括以及它声称具有理性说服力的论证风格。无视许多敏锐且多思的人们在表述和讨论这些问题上已做的工作是愚蠢的。道德哲学因其历史和现在的实践而有其特有的问题。而且，具有活动的传统是重要的，在哲学的其他分支，如逻辑，某种意义理论，以及心灵哲学，传统的某些方面是技术性的。一方面，除数理逻辑之外，它们中很少有什么能提供"结果"，另一方面，已知确实存在许多有关这一主题的论述，其中有些与道德哲学有着重要的关系。

关于不可忘记我们现在并非生存于苏格拉底时代，还有另外的理由。对他和柏拉图来说，哲学是反思性的，是站在日常实践之旁进行界定和反思实践态度的论证的，这恰是哲学的特殊属性。而现代生活是如此充满反思的，且自我意识的高度对现代生活制度是如此之重要，以致这些性质不能再使哲学区别于其他活动——例如，

---

① 参见第 3 章的注释 6，更详见亚里士多德的著作。

② 即《伦理学与哲学的局限》一书。

法律日益具有作为社会创造的意识；或医疗，被迫把自己理解为当下的关怀、生意和应用科学；更不用说小说，它即使采取了更流行的形式，也需要有对其虚构性的意识。现代世界的哲学不能作任何特别的对反思性的断言，尽管它能够对反思性进行特别的利用。

本书将对道德哲学最重要的进展进行评述，但将以问题研究的方式进行，重点评述那些我认为最有意思的方向。我希望对其他人著作的诠释是准确的，但这种诠释势必是有选择的。我对这一主题的阐释将不同于其他人的阐释（如果该书还值得一读，就须假定必得如此），而且这也并不是如何描述这一主题的问题，毋宁说在任何时候我都不在乎它是如何被描述的。至少存在一个方面，在其中，本书不是对这一主题现在多数研究方式的描述，至少就英语世界的情况而言是这样。它比绝大部分哲学关于哲学之力量的看法都更表示怀疑，它对道德也更表示怀疑。

道德哲学的目的是什么将依赖于它自身的结果。因为其探究确实是反思性的和概括性的，它们必须努力对如何回答苏格拉底问题进行说明：科学知识能扮演什么角色；纯粹的理性探究能使我们走多远；在不同的社会，对这个问题的回答会有多么不同；最后，还有多少东西必须留给个人自己决定。因此，哲学反思必须考虑回答，这个问题或任何其他较少概括性的实践问题会涉及什么，并追问这要求什么样的心智力量和知识形式。在这一过程中必须考虑的一点是哲学本身的地位。

这里似乎存在一种循环：在询问苏格拉底问题如何能被回答时，哲学要确定自身在回答这一问题过程中的地位。这不是循环，而是一种进步。从哲学的任何观点看，哲学都是从问题开始的，它能够且应该问，我们有多少机会去发现过最好的生活；在这一过程中，它最终能发现自身可能有多大帮助，用分析和论证，批判的不满，以及富有想象的可能性比较等推论方法，便最典型地向我们历史和个人知识的日常储存中增加了内容。

苏格拉底问题是道德哲学的最佳起点。它比问"什么是我们的责任"或"我们怎样才能为善"甚或"我们怎样才幸福"更好。这些问题中每一个都预设太多，尽管并非每人都同意预设了什么。就最后一个问题而言，有些人，例如想从回答第一个问题开始的人们，会认为它是个错误的起点，忽略了重要的道德问题；而另一些人可能干脆认为这是过于乐观的。苏格拉底问题对这些问题以及其他问题是中立的。当然，认为苏格拉底问题不预设任何命题也是错误的。我们应该做的第一件事情就是追问苏格拉底问题涉及什么，如果我们认定它毕竟可被有意义地追问，［那么它］必须预设多少［命题］。

　　"一个人应该如何生活"——"一个人"的概括性就已经表明了主张。希腊语言甚至不向我们提供"一个人"［这一语词］：这一表达形式是无人称的。隐含的意思是某种相关或有用的事情可对一般意义上的任何人说，而这又意味着可以述说某种一般的事情，且这是支持或形成个人抱负的事情，它使每个人都可能提出"我应该如何生活"这样的问题。（在这种一般性中容易发现丰富的隐含意思：这个问题最终会自然地引导我们走出自我关切。下文将回到这一点。）这便是苏格拉底问题超越"我应该做什么"这样的日常问题的方面。另一个方面则在它不是直接的；它既不涉及我现在该做什么，也不涉及我接下来该做什么。它是关于生活态度的。希腊人自己也为这一理念而惊讶，因为这样一个问题一定是关于整个生活的，而且必须讨论的好的生活方式最终要被当作好生活。惊讶于命运的力量，面对似乎最佳设计的生活而蒙难，他们中的某些思想家，苏格拉底是其中最早一批之一，开始探讨人生的理性设计，这样便可抵御命运的力量，使生活在最大范围内免受运气的摆布。① 这也一直是后来的思想的目的，只是形式不同而已。一个人必须在这很一般的层面上思考整个生活这一思想对我们中的某些人来说似乎没有对苏格拉底那样紧迫。但他的问题还是提出了从每个方面和所有路径反思一个人作为整体的生活的要求，尽管这一问题的结果对我们并不像希腊人所认为的那么重要。

　　被译作"一个人应该"的希腊语词不仅对其生活受到质疑的人保持沉默，而且对用于此问题（指苏格拉底问题）的思考类型也完全不明朗，因此倒反而富有成果。"我应该如何生活"并不意指"我应该道

---

　　① 玛莎·C. 纽斯鲍姆的《善的脆弱性》（New York：Cambridge University Press，1985）探讨了这一问题，并把古代文学和哲学的观念联系了起来。关于超越运气的道德概念，参见第10章。

德地过何种生活"；这便是苏格拉底问题作为起点不同于我所提到的其他问题的原因，例如关于责任或关于使一个人为善的生活的问题。作为一个问题它同样事关好生活，即值得过的生活，但这个观念本身并不携带任何道德断言。结果它可能表明，如苏格拉底所深信的，也如我们多数人所希望的，好生活也是好人的生活(苏格拉底相信一定是，我们多数人希望可能是)。然而，如果这样，那么以后会有结果。"应该"只不过是"应该"，而且，这种很一般的问题本身与"我现在应该干什么"这样的偶然问题也没有什么不同。

已有一些哲学家认为我们不能从这种一般的、不确定的实践问题出发，因为像"我应该做什么""什么是我的最好生活方式"这样的问题是意义含糊的，且既有道德含义又有非道德含义。按这种观点，对待这类问题你首先必须确定它指的是哪一种含义，在这之前你甚至不能回答问题。这是个错误。意义分析不要求"道德的"和"非道德的"作为意义范畴。当然，如果有人说另一个人，"他是个好人"，我们可以问说话的人，他是指道德上的好，还是指在军事出击方面的好——但你能给出此类不同解释的事实所产生的关于"好"或"好人"的道德含义并不多于军事上的含义(或关于足球的含义等)。

在特定情况下，你当然可以问，"从伦理的观点看我应该做什么"或"从自我利益的观点看我应该做什么"这些都是需要再三慎思的结果，而且要求你重新检讨那些提出问题的思考中的特定类型，并考虑那种类型的思考本身所支持的是什么。以同样的方式，我可以问仅出于经济、政治或家庭考虑我应该做什么。无论何种情况，最后都存在这样一个问题："考虑到所有情况，我应该做什么？"关于做什么只有一类问题要问，而苏格拉底问题是非常一般的例子，而道德考虑只是回答这个问题的考虑的一种。①

在此和前面我提到了"道德的"考虑，以一般的方式用了这个词，不可避免地对应着道德哲学这一学科的名称。但这一学科还有另一个名称，"伦理学"，它对应着伦理考虑这一观念。就起源而论，这两个术语的区别是拉丁语和希腊语之间的区别，都与意指"倾

---

①　如果某些哲学家发现这一显见的说明难以理解，那便可能因为他们设定这个"总体性"问题必须只诉诸某一类考虑去回答。在本章下文我将论证这一假设是错的。

向"(disposition)或"风俗"(custom)的词相关。一个区别是对应"道德的"(moral)的拉丁语词强调社会期望含义较多，而希腊语词较多含有个人品质的含义。但至今"道德"(morality)一词已含有很多不同的内涵，我想说明道德应被理解为伦理的特别发展，这在西方文化中有特殊的意义。它特别强调某些伦理观念而不强调其他伦理观念，特别发展出一种特殊的义务观念，而且有某些特别的预设。我相信，根据这些特征，它也需要我们以特别的怀疑论态度予以对待。所以，从现在起，我在大部分情况下将把"伦理的"(ethical)用做广义词指代这一学科①的确定内容，而用"道德的"(moral)和"道德"(morality)指代较狭窄的系统，其特殊性将在下文论及。

我将不去定义伦理考虑的精确含义，但将谈谈伦理观念(the notion of ethical)获得了什么含义。该观念的含糊性并没有什么害处。事实上倒是道德这一特殊体系本身需要确定的边界(例如，在明确"道德的"和"非道德的"这两个词的词义时)。它是其特殊预设的函项(a function)。没有这些预设，我们可以承认一系列考虑都属于伦理观念，我们也能明白为什么难以清楚地界定这个系列的范围。

义务(obligation)概念便是这一范围中的一个。有相当不同的通常算作义务的考虑，我将在下文(第 10 章)阐述为什么应该如此。有一类平常的义务便是你可将自己置于其[约束]之下的义务，特别是做出承诺[而形成的义务]。还有责任(duty)概念。今天该词最常见的用法狭义地与制度相关，例如存在责任清单或责任手册。除此之外，责任还典型地与源自人的"身份"(station)的角色、地位和关系密切相关，如布拉德雷(Bradley)一篇著名文章的标题所称的。② 就工作责任而言，工作可能是自愿获得的，但一般的责任，大多数不同于承诺的义务，则不是自愿获得的。

在康德和受其影响的人们的思想中，一切真正的道德考虑最终和在深层次都奠基于行为者的意志。我不能仅由我在社会结构中的地位而要求以特定的方式行动——例如我是特定一个人的孩子，如

---

① 指伦理学。

② F. H. 布拉德雷：《我的身份及其责任》，载《伦理研究》，第 2 期(Indianapolis：Bobbs-Merrill，1951)；于 1876 年第一次发表。

果这项要求是道德的要求，而并不仅仅反映一种心理压迫或社会和法律制裁。道德地行动就是自主地行动，而不是迫于社会压力的结果。这便反映了道德子系统的某些典型关怀。与其相反，人可以仅因为其身份和社会地位而处于这类要求之下，这在每个社会都是可发现的伦理思想，在我们的社会中也是这样。西方社会有些人现在不愿接受这类考虑了，但在过去几乎为每个人所接受，这类要求也没有必要先经过理性检验，再被放弃或者被转变成自愿的承诺。这类要求和道德的其他独特特征一样，与现代化进程密切相关：它代表着一种伦理过程的理解，在法律关系的世界中，便是梅因（Maine）所说的从身份到契约的变化。它也对应着进入伦理关系之中的自我观念（conception of self）的改变。①

　　义务和责任是向后看的，至少是向旁边看的。假如你考虑该做什么，那么义务和责任要求的行动在将来，但这些行动的理由在于你已做出承诺，在于你所承担的工作，在于你业已据有的地位。另一类伦理考虑则是向前看的，是针对向我开放的行动结果的。可把"这将是最好的"当作这类考虑的一般形式。采取这种形式的一种方式对哲学理论特别重要，最好的是通过人们得其所需，获得幸福，或某种类似考虑的程度而得以衡量的。这是福利主义或功利主义的领域（我将在第5和第6章讨论这些理论）。但这只是一种说法。摩尔（G. E. Moore）也认为向前看的考虑是根本性的，但他允许把诸如友谊和审美意识这样的不同于满足的东西算作好结果。正因为如此，他的理论对于布卢姆斯伯里小组才那么有吸引力：它试图立即摒弃责任的沉闷和功利主义的粗俗。

　　还有另一种伦理考虑，它把行动表现为某种伦理相关类（ethi-cally relevant kind）的存在。存在一大类伦理行动特征，在这一范围内的行动可被选择，也可被拒绝。特定的行动被拒绝可能因为它属于偷盗或谋杀，或者因为它是欺诈性的或丢人的，或者不那么

---

　　①　这一点为阿拉斯代尔·麦金太尔的《追寻美德》（Notre Dame：University of Notre Dame Press，1981）和迈克尔·桑德尔的《自由主义与正义的局限》（New York：Cambridge University Press，1982）所强调。桑德尔对"社会构成的自我"的强调遇到了和新黑格尔派类似的困难。见第10章注释16，关于麦金太尔见下面的注释[13]。

极端，因为它让某人感到丢脸。这些描述——有许多这样的描述——在不同的层面起作用；因此一个行动不体面就因为它是欺诈性的。

与这些描述密切相关，根据这些描述而选择或拒绝的行动是各种美德（virtue），美德是因某行动属于特定伦理相关类而选择或拒绝该类行动的性格倾向。"美德"一词在大部分场合已具有讽刺或其他不好的意味，如今除哲学家外已很少有人用它，但却没有其他语词可替代它，道德哲学还必须用它。或有人希望，重新适当界定它的意义之后，它可重新获得其值得尊敬的用途。在适当的用法中，它意指伦理上的可欲品质，它便包括一大类性格特征，就如它在道德哲学中经常用的那样，这一大类的边界是不清楚的，也没有必要界定清楚。有些可欲的人格特征显然不能算作美德，例如性感（sexually attractive）。它们可以是品格（有些人有性感的品格），但没有必要是美德，也不能被算做美德，正如完美的投掷不能算是美德一样。另外，美德总是多于技巧，因为它们涉及愿望和动机的特征类型。一个人可以是个好的钢琴家却没有演奏的愿望，但如果一个人慷慨或公正，那么这些品质本身在合适的境况下就会帮助他决定想做什么。

这并不意味着美德从来不会被误用。一类明显会被误用的德性就是所谓的执行性美德（executive virtues），它们在帮助实现其他目的时不大涉及它们自身的目的——例如，勇敢和自我控制。然而它们是美德，是品质特征，它们与追求仅仅作为拥有技巧的其他目的无关。据苏格拉底看，美德不可能被误用，实际上他甚至持更强的立场，认为人们不可能因为有某种美德而比没有美德行动更坏。这便顺理成章地使他相信，只有一种基本的美德，那便是正确判断的能力。我们没有必要在这一点上追随他。更重要的是，在什么是激发这些思想的动机方面，在如何从个人生活中寻找某种无条件的善，即一切情况下的善，这一方面，我们不应追随他。这种追求也有现代表达，我们将在道德的特殊偏见中遇见这些表达中的一种。

德性概念是道德哲学的一个传统概念，但有一段时间人们不讨论它了。在最近的研究中，有几位著作家正确地强调了它的重要性。① 如果一个人具有某种美德，那便会影响他的慎思方式。然而，我们需要弄清美德影响慎思的方式。重要的是美德术语本身通常并不出现于慎思的内容之中。有特定美德的人因某些行动属于特定一类而采取之，因某些行动属于另一类而避免之。那个人根据美德而被归类，他或她的行动也被如此归类：他或她是做正义或勇敢事情的正义或勇敢的人。但是，用于行为者和行动的描述与行为者选择行动的描述很少是一样的——这一点很重要。"正义的"确实是少有的这样的例子，正义和公正的人是因行动正义而选择行动因行动不正义或不公正而拒绝行动的人。但勇敢的人却并不典型地因为行动勇敢而选择行动，而一个明显的道理是，谦虚的人并不以谦虚的名义而行动。仁慈或好心的人做仁慈的事情，但他们以其他名义做，例如，"她需要这样""这会让他高兴""这能止痛"。美德的描述不是本身会出现于考虑之中的描述。而且很明显，没有什么界定具有美德者的慎思的伦理概念。如果一个人具有特定的美德，那么特定一类事实成了他伦理考虑的对象就因为他或她具有那种美德。从衡量有美德者的伦理考虑到描述美德本身的道路是曲折的，它既被自我意识的影响所决定，又被自我意识的影响所破坏。

　　事实上，同样的影响可能也是美德没有成为流行的伦理概念的原因。人们的讨论经常大量用到美德的培养（cultivation）中。如果不以美德的名义，则这种训练以第三人称形式是很常见的：它构成社会化和道德教育，或归根结底，教育的良好部分。然而，作为第一人称的训练，美德培养则是某种自命不凡或自欺的值得怀疑的事情。以这种方式思考是思考自己而不是思考世界和其他人，还不仅如此。有些伦理思想当然也是这样的，特别是自我批判。不止一位著作家

---

① P. T. 吉枝：《美德：斯坦顿讲座，1973—1974》；菲利帕·福特：《美德和邪恶》；詹姆斯·D. 华勒斯：《美德和邪恶》；麦金太尔：《追寻美德》。忽视美德的原因主要在伦理关怀的狭隘观念和对关于道德的偏见的集中注意；也因为关于美德的研究一直与宗教假设（这一点在吉枝的著作中有移情式的表现）相关联。对于美德观念，有一种反对值得认真对待，那便是它要求品格概念，这是个长期不被我们重视，或未受足够重视的概念。我在后记中触及了这个问题。我相信，这一反对意见如果得以展开，就是对伦理思想本身的反对，而不仅是对某种伦理思想方式的反对。

最近强调了具有二阶欲望（second order desires）——具有特定欲望的欲望①——能力的重要性以及它对于伦理反思和实践意识的意义。关于满足二阶欲望的慎思一定在特殊程度上指向自我。如果把美德培养看作第一人称的慎思训练，则其麻烦是你思想的自我指向不够。根据美德思考你的可能状态不完全是思考你的行动，也并不突出的是思考你能或应该据以思考自己行动的术语；它倒是思考别人可能描述或评论你思考行动方式的方式，如果那就是你慎思的本质内容，那便确实似乎是对伦理关注的误导。然而这一切的教训并不是美德不是个重要的伦理概念。一个伦理概念的重要性倒不在于它是第一人称慎思的要素。慷慨者或勇敢者，以及想慷慨或勇敢一点的人们的慎思不同于其他人的慎思，但区别主要不在他们关于自己的根据慷慨或勇敢的思考。

那么这就是一些伦理概念和考虑。什么是与行动有关的考虑却又不是伦理的呢？一个很显然的例子便是利己主义的考虑，它们只与行为者的舒适、兴奋、自尊、权力或其他利益有关。说这类考虑不同于伦理考虑是老生常谈，其根据是关于伦理实践对人类社会的作用的浅显道理。但即便这样也要注意区分。其一仅仅是语词上的。我们关心苏格拉底的问题"一个人应该如何生活"，而坦率的、不加掩饰的利己主义，无论如何是对这个问题的可理解的回答，尽管我们多数人都倾向于拒绝它。对任何能为苏格拉底问题提供可理解答案的生活计划来说，"伦理的"一词都是适用的。就此而言，即便是赤裸裸的利己主义也将是一种伦理选择。我不认为我们应遵循这种用法。不管伦理概念原初如何模糊不清，我们还是有这样一个伦理概念，它明白地使我们以及我们的行动与其他人的要求、需要、主张、欲望，或一般地说的生活，相互关联，我们在准备说伦理考虑时保持这一概念是有好处的。

然而，利己主义可以比其坦率的形式更进一步。有一种关于我

---

① 例如，亨利·弗兰克福特的《意志自由与人格概念》，载《哲学杂志》，1971(67)；阿马蒂亚·森的《选择、秩序与道德》，载斯蒂芬·科勒编《实践理性》（New Haven：Yale University Press，1974）；R. C. 杰夫里的《诸偏好中的偏好》，载《哲学杂志》，1974(71)；A. O. 赫士曼的《转移中的困境》（Princeton：Princeton University Press，1982），第4章。

们应该如何行动的理论，被非常含混地称作伦理利己主义。它断言每个人都应该追求他或她的自我利益。它不同于坦率的利己主义，因为它是一种反思的立场，且采取了一种关于人们利益的一般观点。我们是否像它自己称谓自己的一样称它为伦理体系实际上并不十分重要。重要的问题是它如何能为伦理考虑的观念做出贡献。初看它似乎没有什么贡献，因为它申言我们每个人都应该按照非伦理的考虑行动。如果它只是这么说，那它便只是教条：如果事实上人们不按照自我利益的考虑行动，那么什么能表明他们这样做是非理性的呢？事实上，这种观点更可能起的作用是，悬置伦理考虑的作用，并追问根据伦理考虑而行动的生活与自我利益如何相关。

有另一种观点，看上去与上一种观点一样，实则不同。它也提出某种一般观点，断言每人都追求他或她的自我利益是应该发生的事情。这种观点容易对行动中的考虑产生不稳定的影响。它可能导致通常意义上的伦理考虑。如果我相信人们追求他们的自我利益是应该发生的事情，那么我有理由做的一件事就是促进那种事态，这便包括我采用此种策略后而帮助其他人。这样的行动路线也可能与我只追求自我利益相冲突。

实际上，坚持相信人们追求他们的自我利益就是应该发生的事情是相当困难的。有另一种考虑的支持倒是更为自然，即如果每个人都那样做才是最好的。也可以采取这样的说法，只不过试图对其他人友善这种事被混淆了。如此论证（且相信这一点）的人实际上也接受了其他伦理考虑，例如，人们得到他们所想要的东西是好事情，他们还相信，让尽可能多的人得到他们想要的尽可能多的东西的途径是让每个人追求他或她所想要的。这当然就是19世纪早期自由放任资本主义通常所拥护的信条。有些人甚至在20世纪晚期仍然鼓吹这一信条，而全然不顾一切经济制度都依赖于社会具有超越自我利益倾向的人这一明显事实。这一矛盾或许有助于说明，那些拥护自由放任的人为什么不仅要对没有追求自我利益的人们，还要对追求自我利益的人们，进行道德劝诫。

我们在比较伦理考虑和利己主义考虑。但一个人不可能需要别人的幸福吗？当然可能。那么追求自我利益的利己主义难道不会巧合于关心他人幸福的伦理型考虑吗？也可能。但除非利己主义和伦理考虑能以某种更一般、更系统的方式汇合，否则这一点就并不十分有趣。我们在第3章考虑基础问题时将会论及这一问题。

由以上论述可见，伦理观念虽然含糊，但有其内容，它不是一个纯形式的观念。它的一种解释体现于不同种类的非伦理考虑，也可被称作反伦理的（counter ethical）。反伦理动机是一种重要的人类现象，它可表现为不同形式，为伦理中的正面部分所塑造。最常见的此类动机是恶意，恶意就常与行为者的快乐密切相关，而快乐通常被认为是行为者的自然状态；但也存在纯粹的、无我的恶意，甚至存在超越行为者需要的、情愿欣赏伤害的怨恨。它不同于以怪诞的不公平方式取乐的反正义。为确定它的方向，首先需要对正义进行仔细的界定，就此而言，它深深地寄生于它所对应的伦理部分。恶意倒并非如此。并非先有仁慈起作用，恶意才能起作用，而是双方都同样用知觉，然后走了不同的方向。（尼采说残忍需要分有同情的感觉，而兽性不需要，就是这个原因。）另一些反伦理动机寄生于名声或伦理的情感自我形象，而不是寄生于伦理的结论。如你所期待的，这可能与美德特别相关。一个行动是胆怯的往往并不意味着行为者赞成胆怯的考虑，但它可能以反伦理的方式有助于色情受虐狂的羞耻。

我已触及利己主义考虑和超越自我的考虑——如关于仁慈或公平的考虑。但还有一个问题已被证明对伦理学很重要，那便是超越自我的考虑应该超越多远。如果你只考虑了你家庭或社区或民族的利益和需要就算是伦理考虑了吗？当然，这样的局部忠诚为人们的生活提供了结构和伦理生活的基础，这么说似乎是正确的。然而，似乎存在某种只有普遍关怀才能满足的伦理要求，这种关怀扩及所有人类，甚至超过了人类。这种关怀特别为次系统的道德（the sub-system morality）所培养，在其范围内，常有人认为，除非达到了这样的普遍性，便没有什么关怀是真正道德的。

就道德而言，伦理选区（ethical constituency）是相同的：即普遍的选区。对一个较小群体的忠诚，对家庭或国家的忠诚，将必须得到从外到内的辩护，须有说明人们有少于普遍性的忠诚如何是件好事情的论证。（在第5和第6章我将考虑这类研究的动机和危险；以及人们给出的关于什么是普遍选区的不同说明。）在较为日常的层面

（道德批评者会说是较少反思的层面）伦理定位会从给定对照的一边移向另一边。相对于我个人的兴趣，城市和民族的利益可以代表一种伦理要求，但如果要求来自某种更大的主体，则城市利益就只能算作自我利益。这只因为仁慈和公平的要求总有可能反对自我利益的要求；我们最多只能作为我而代表自我利益；我们是谁依赖于特定情境中的主体范围，且依赖于对比的界限。

我已提到好几种伦理考虑，至少已提到一种非伦理考虑。哲学有消除这种多样性的传统，无论向划分的哪一方还原。首先存在这样的倾向，把所有的非伦理考虑都看作是可还原于利己主义的，即还原于狭窄的自我利益。确实有些哲学家企图把它们归结为特殊的一类利己主义关怀，对快乐的追求。康德特别相信，每一个非出于道德原则的行动皆出于行为者追求快乐的动机。这一观点须与另一种观点区别开来，那便是一切行动，包括出于道德理由的行动，都同样地为对快乐的追求所驱使。这种心理快乐主义的理论难免是明显错误的，或琐屑空洞的，如果它只确认行为者预期的快乐，那么快乐就成了行为者有意做的任何事情。但在任何情况下，这种理论对伦理和非伦理的区分都没有什么特殊贡献。如果有什么真的、有趣的心理快乐主义理论，那么那些具有非伦理动机的行动将没有必要形成快乐追求活动的特殊类别。另外，康德的观点对这个问题有贡献，康德认为道德行动特别不是出于心理快乐主义的；那种观点当然是错的。① 如果我们不受这种观点的影响，就能接受这样的明显真理，存在不同种类的非伦理动机——而且不只存在一种反伦理考虑的行为动机。②

现在哲学中把一切非伦理考虑还原为一种类型的愿望没有以前那么强烈了，以前的道德哲学并不如此集中于研究什么是该做的正当事情和什么是好生活（人们认为这些问题的答案是显而易见的），却较集中于研究一个人如何受激发去做正当事情，并克制自私和享乐欲望。但把所有伦理考虑还原为一种类型的愿望却和以往一样强

---

① 这一信条是康德自由理论的一部分，即便能使这一信条成为可理解的，也特别难免出现矛盾。更深入的评论见第 4 章。

② 我在《道德：伦理学导论》一书中已论述过这一点。

烈，各种理论都试图表明，这种或那种伦理考虑是基本的，其他类型的考虑都应据此而得以解释。有些理论把义务或责任当作基本观念，被我们称作伦理考虑的事实，例如，特定可能导致最佳结果的行动，都要根据我们有为其他人带来最佳结果的责任而得以解释。这类理论被称作"道义论的"。（这一术语据说来自古希腊语表示责任的词。古希腊语没有表示责任的词：它来自希腊语表示一个人必须做的事情的词。）

与此相对照的是把导致最佳可能事态当作基本观念的理论。这一类理论常被称作"目的论的"。最重要的范例就是那种根据人们的幸福或得其所需或得其偏好而界定结果之善的理论。如我已说过的，这种理论被称作功利主义，尽管这一术语也被摩尔这样的哲学家用于指谓更一般的目的论观念体系。① 有些这样的还原论理论只告诉我们什么是合理的，或把我们伦理经验中最真实的东西当作基本观念。另一些则更大胆一些，声称这些关系就是在我们所说的话的意义中发现的。所以，摩尔就声称，"正当的"就意味着"能导致最大的善的"②。摩尔的哲学以一种谨慎小心的伪装而著称，这种谨慎小心只限制了他的表述，却不能使他少犯大错，而他关于道德语词之意义的断言显然是不对的。更一般地，如果这类理论只提供对我们实际使用的同义词的描述性说明，那么它们便都同样是受到了误导的。我们使用多种不同的伦理考虑，它们真正是彼此不同的，只因为我们是具有多种不同宗教和其他社会因素的长期且复杂的伦理传统的继承者，所以，我们所能指望发现的就是这样。

还原性的工作，作为像人类学一样试图进行描述的事业，只不过犯了方向性的错误。但它可以有其他目的。它可以在某种更深层

---

① 这里引人的道义论和目的论之间的区分是相当粗略的。或可在不同层面发现这一区分的旨趣，关于道德的重要性何在的分歧见第 10 章。这一区分只是已做出的诸多区分中的一个。众多分类见 W. K. 弗兰克纳：《伦理学》，第 2 版（Englewood Cliffs：Prentice-Hall，1973）。

② G. E. 摩尔，《伦理学原理》（Cambridge University Press，1959），第 17 和第 89 节。他在 P. A. 希尔普编的《G. E. 摩尔的哲学》（La Salle：Open Court Publishing Co.，1942）中的"回应对我的批评"一文中放弃了这一观点。在《伦理学》（1912）中似乎已放弃了，尽管在那儿摩尔只说他不想断定。

次上努力为我们提供一种关于伦理学学科内容的理论。但为什么这一目的一定要激励我们减少基本伦理概念，却并不清楚。如果存在关于伦理学学科内容的真理这样的东西——我们可以说关于伦理的真理——那么为什么要期待它是简单的呢？它为什么特别要在概念上是简单的，只用一个或两个伦理概念，如责任（duty）或好事态，而不是用多个呢？为描述伦理，也许我们需要如我们所需要的那么多概念，而不是较少的概念。

试图减少我们伦理概念的意义一定可在伦理理论的其他目的中发现，这些伦理理论不仅描述我们如何思考伦理，还告诉我们应该如何思考。下文我将论证哲学不应努力去产生伦理理论，尽管这不意味着哲学不能提供对伦理信念和思想的批判。我将申言，在伦理学中还原论事业得不到辩护，因而应该消失。然而在此处，我的意思只是这一事业需要辩护。许多哲学毫不犹豫地参与了这项事业，除了它已被进行了很长时间以外，没有别的明显理由。

还原论有一个动机，它不仅要在伦理和非伦理中起作用，而且倾向于把每一种考虑都还原为一种基本的类。这种思想奠基于关于合理性的假设，大意是，除非存在一种公共的考虑去比较两种不同的考虑，则这两种考虑就不可能被合理地彼此衡量[①]。这一假设似乎很强有力，却完全没有根据。除伦理之外，美学考虑可参照经济考虑而衡量，却又并非对二者的应用，且二者也并非第三种考虑的特例。政治家知道，各种政治考虑并非来自作为衡量这些考虑的标准的同一素材；甚至不同的政治考虑可以来自不同的素材。如果你拿工作、假日或伴侣与其他事情作比较，则判断并不需要一组特别的权衡。

这并不仅仅是理智错误的事情。如果是这种错误，那么就不可能存在这样的事实：人们的经验与此相矛盾，他们经常得出他们认为合理或至少有理的结论，无须使用什么统一的比较标准。追求合理性之理性主义概念（rationalistic conception of rationality）的冲动来自现代世界的社会特征，它把得自对公共合理性之特殊理解的模式

---

① 即两种考虑必须能得以公度。

强加于个人的慎思和实践理性思想本身。这种理解原则上要求每一项决定都建立在可推理说明的基础之上。这种要求实际上得不到满足，它甚至对真正应负责任的权限都无所帮助。但这是个有影响力的理想，把因果顺序颠倒过来，它看上去就像是把一个独立的合理性理想运用到公共世界的结果。作为一种理想，我们在下文还将有更多的讨论。①

让我们回到苏格拉底问题。它是个关于个人实践问题的特别富有雄心的例子。与之对照，这类问题中最直接且不复杂的问题是"我要做什么"或"我应该做什么"，我们业已讨论的各种伦理和非伦理考虑都对回答这样的问题有作用。其答案，慎思的结论，具有"我应该做……"或"我将要做的是……"这样的形式——这就是一种意象的表达，是我作为慎思的结果而形成的意象。但到了行动的时刻，我或许未能实施行动，那时也许因为我忘记了，或受到了阻碍，或因为我改变了主意，或者因为我根本就没有认真（如我可能最后明白的）——它不是我慎思的真正结论，或者我的慎思不是真正的慎思。在行动是当即的情况下，就没有这么多变化的余地，所以，如果我说出这样的答案，而没有立即做我说自己立即要做的事情，那就是荒谬的。

"我应该做什么"这个问题则在思想和行动之间留下了较大的空间。这里，适当的答案是"我应该做……"且有好几种方法在此添加"……但我将不去做"。应该引起了对我以一种方式而不是其他方式行动的理由的注意。常见的函项"我应该……但我将不去做"会引起对某些特殊类型理由的注意，例如伦理的或明智的理由，它们作

①　明确的推理合理性要求之确定形式与苏格拉底一样古老，它并不代表任何现代影响，但毫无疑问，如今活跃的最强有力的论辩模式，以及对单一理性标准的要求，是现代官僚主义合理性的表达。该问题与"赤裸"自我的历史问题密切相关，所谓"赤裸"自我便是非社会定义的自我，以上注释[6]已提到的麦金太尔夸大了它的范围，在该范围内它是个纯粹的现代概念。关于合理性在一个甚至表示为形式系统的决策系统中可以有理由地要求什么，参见阿马蒂亚·森：《集体选择和社会福利》(San Francisco：Holden Day，1970)和《理性傻瓜》，重印于他的《选择、福利与度量》(Oxford：Blackwell，1982)；A. 森和 B. 威廉姆斯编《功利主义及其超越》(New York：Cambridge University Press，1982)，导论，16～18 页。

为向其他人宣布的理由特别好——因为它们能为我的行为辩护，例如放入某人的行动计划之中——但如最终所表明的，它们现在不是我的最强有力的理由；最强有力的理由是我非常想做其他的事情。想做某事的愿望当然就是做该事的理由。① （它甚至可能是我对其他人的行为辩护的理由，尽管存在某种辩护的任务，但它不能由其本身得到辩护，这些与正义特别相关。）所以，在这类情况下，把所有事情考虑在内，我认为最有理由做的事情就是我非常想做的事情，而且如果我应该就指我最有理由做，那么这就是我应该做的。还存在一个更为深远的问题，我能否有意地、不受强迫地甚至不做我认为最有理由做的事情；用亚里士多德表示这类现象的名称，它便以无能为力问题而闻名。②

那么苏格拉底问题的意思就是"一个人如何具有最好的生活理由？"前面已说过，问题中应该的作用就是应该，我的意思是，在这个问题中没有哪种理由具有对其他理由的先天的优先性。尤其没有什么对可尊敬的辩护理由的特别考虑。比如，伦理理由若在答案中显得重要，那将不是因为它已被问题本身所选定。

然而却有对苏格拉底问题的特殊强调，它与任何考虑干什么的实际和具体情境都保持着距离。这是一个关于做什么的一般问题，因为它问及如何生活，而且它在某种意义上说是超越时间的问题，因为它促使我不从任何特殊观点去思考我的生活。这两点事实使它成为一个反思性的问题。它并不决定答案，但影响答案。在特定时间特定情境回答一个实践问题，我将特别关心那时我想要什么。我不在任何特定时间追问苏格拉底问题——或者我毫无疑问地问了这个问题的时间与这个问题又没有任何特殊关系。所以我注定为这个问题本身采取一种更一般，也确实更长远的看待生活的视角。这并不决定我给出了远见明智的答案。对这个问题的答案可能是：我最好的生活方式就是在任

---

① 这一点被爱德华·J. 邦德所否定，见他的《理性和价值》（New York：Cambridge University Press，1983）。

② 关于无能为力的讨论包括唐纳德·戴维森：《意志的软弱是如何可能的？》，载于乔尔·费因伯格编《道德概念》（New York：Oxford University Press，1969）；大卫·比尔思：《有动机的非理性》（New York：Oxford University Press，1984）。

何给定的时间都做我那时想做的事情。但如果我有谨慎思考的弱点，则苏格拉底问题的实质可能便是把它揭示出来。

更有甚者，这个问题是任何人的问题。意思当然不是它被某个特定的人所问及时，它就是个任何人的问题：它是关于那个特定的人的问题。当这个问题以苏格拉底的方式摆在我面前要求反思时，它就将成为反思的一部分，因为它就是构成反思的思想的一部分，该问题可对任何人提出。一旦以那种方式构成，则从"我应该如何生活"问题转向"任何人应该如何生活"问题就很自然，任何人都可能这么追问。这似乎是在探求我们所有人共享某种生活方式而不是其他生活方式的理由。这似乎是在探求好生活——或许是对这样的人类的正当生活——的条件。

苏格拉底式反思本身会把这个问题在这个方向上带多远？其答案会有什么样的影响？反思的无时间性并不能决定答案有利于慎思远见。类似地，任何人都能问这个反思性问题也允许答案是利己主义的。但如果答案是利己主义的，它亦将是一种独特的利己主义——如前面所界定的，一般利己主义，它宣称所有人都应该追求他们的自我利益。这自然就会导致这样的思想，如果是这样的，那么人类以这种方式生活就更好。但如果这样（它引导继续），那么在非人称和人际意义上，人们以这种方式生活就更好。如果已达到这样的非人称立场，我们就要求由此回顾，进行反向思维，甚至修正我们的出发点。如果从非人称立场看，人们以利己主义方式生活并不更好，那么我们或许有理由说，我们每个人都不应该以这种方式生活，而且我们归根结底要给苏格拉底问题一个非利己主义的答案。如果这一切通畅，那么仅仅对苏格拉底反思性问题的追问就会把我们带进通往伦理世界的漫长路程。但这一切通畅吗？

实践性思想在根本上是第一人称的。它必须询问并回答"我应该做什么"的问题。① 但在苏格拉底式的反思中，我们似乎被迫把我一般化，甚至仅迫于反思的力量而采取伦理的视角。在第4章，我们将发现反思是否能使我们深入。但即使不能，苏格拉底式的反思也

---

① 这不是忘记了"我们应该做什么"它也是第一人称的；基本问题是说话者把谁当作第一人称复数——说话者还是我，这是值得记住的实质。

一定能把我们带入某种境界。反思似乎涉及某种承诺，而哲学确实是反思性的。所以本书的存在本身一定要提出双重问题，反思会使我们走多远？我们为什么应该委身于反思？苏格拉底认为他的反思是不可逃避的。他的意思不是每个人都会进行反思，因为他明白，并非每个人都会进行反思；开始反思自己生活的人，即使违背其意志，也不会为内在的压力所驱使而持续不断地进行反思。他的意思是，好生活必须有作为善之一部分的反思：如他所说的，未经省思的生活是不值得过的。

这要求对他的问题给予很特别的回答，而他在最初提出问题的地方就对问题的提出进行了最终的辩护。如果我的著作承担了提出问题的任务，就必须承担以这种方式回答问题的任务吗？任何对伦理和好生活的哲学探究，作为答案的一部分，都必须有哲学本身的价值和反思性理智态度的价值吗？

选译自［英］伯纳德·威廉姆斯：《伦理学与哲学的局限》，

坎布里奇，哈佛大学出版社，1985。卢风译。

## ［英］帕菲特（Derek Parfit，1942—2017）

## 《平等还是优先？》（2000）（节选）

# 《平等还是优先？》*（2000）（节选）

　　内格尔在他的文章《论平等》中，设想他有两个孩子，一个健康而又幸福，另一个承受着残废的痛苦。他要么移居城里，让第二个孩子能得到专门的治疗，要么移居郊区，让第一个孩子在那里可以更好地成长。内格尔写道：

> 　　用任何眼光看，这都是一个困难的选择。拿它来做试验衡量平等的价值，我想假定这个案例有如下特点：移居郊区给第一个孩子带来的收益大于移居城里给第二个孩子带来的收益。

然后他评论说：

> 　　如果选择移居城里，那么这是一个平等主义的决定。但第二个孩子的利益显得更为紧迫，尽管我们能给予他的利益少于我们能给予第一个孩子的利益。这种紧迫性并非一定是决定性

---

　　* 本文有许多想法在很大程度上应当归功于布赖恩·巴里、戴维·布林克、杰里·柯亨、罗纳德·德沃金、詹姆斯·格里芬、谢利·卡冈、丹尼斯·麦克凯利、戴维·米勒、托马斯·内格尔、理查德·诺曼、罗伯特·诺齐克、英格玛·珀森、珍尼特·拉德克利夫·理查德、约瑟夫·拉兹、托马斯·斯坎伦、拉里·特姆金。

的。它可以从别的方面来加以衡量，因为平等不是唯一的价值。
但它是一个因素，由第二个孩子身体状况较差所决定。①

我这次演讲的目的是讨论这种平等主义的推理。

内格尔的决定取决于两个相对比较重要的因素：他能够给予一
个孩子更大的利益，但另一个孩子的情况会更糟。

此类案例不胜枚举。在这类案例中，当我们要在两种行为或政
策中作选择时，一种与选择相关的事实是由此产生的利益会有多大。
对功利主义者来说，这就是问题的全部。在他们看来，我们应当始
终追求利益的最大化。但对平等主义者来说，它也涉及受益人的受
益程度。我们有时候选择较小的利益，为的是更好地分配利益。

我们怎么才能更好地分配利益？有人说：通过不同人之间的平
等来实现；有人则说：通过把利益优先给予那些处境较差的人来实
现。我们将会看到，这是两种不同的观念。

我们应当接受这些观念吗？要平等吗？如果要，那么什么时候
平等，为什么要平等？如果要优先，那么我们要给那些境况较差的
人什么样的优先？

这些是不同的问题，但它们的主题在某种程度上是简单的。考
虑到事情的可能状态，或者结果，也就够了，每一种状态都与某一
类人相关。我们想象自己知道这些人就这些结果来说有多么幸福。
然后我们问有无更好的结果，或者问这就是我们必须达到的结果吗？
这个主题我们称之为分配伦理学(the ethics of distribution)。

某些作者拒斥这个主题。例如，诺齐克声称，我们不应当问什
么是最佳分配，因为这个问题错误地假设有些东西要被分配。诺齐
克论证说，大部分东西不需要分配或再分配。② 某些具体的人已经
对它们拥有权利，或者拥有特许(special claim)。为了决定需要什么
样的正义，我们不能只观察抽象的模型，不同的人会有不同的幸福，
会有不同的结果。我们必须知道这些人的历史，知道每一种处境是

---

① 内格尔：《必朽的问题》，剑桥大学出版社，123～124 页；亦参阅内格尔：《平等
与偏袒》，牛津大学出版社，1991。

② 诺齐克：《无政府、国家与乌托邦》，149～150 页，纽约，1974。

怎么来的。还有一些作者对功绩（merit）或应得（desert）提出同样的说法。这些作者宣称，为了公正，我们必须给予每个人应得的东西，而人们应得的东西完全取决于他们之间的差别，取决于他们干了些什么。像前面一样，这样一些事实具有道德上的决定性。

在这里，我们可以把这些反对意见暂时搁在一边。我们可以假定，我们正在考虑的这些案例中，人们之间没有这样的区别。没有人应当得到比其他人更好的待遇，也没有任何人拥有权利或特许。只要有这样的案例，我们就拥有了一个主题。如果我们能够得出结论，那么就可以考虑它们有多大的适用性。像罗尔斯和其他人一样，我相信，在最根本的标准上，大部分案例属于这种类型。但是这一点可以到后面再作论证。①

人们落入两种后果之一，处于较差的境地有很多方式。他们可以比较贫穷，或者生活得不太好，或者机会比较少，或者健康状况较差，或者寿命较短。尽管这些案例中的差别经常很要紧，但我要讨论某些一般的可以适用于所有案例的权利。

为了提出我的问题，我们只需要两个假设：第一，有些人可以按照那些与道德有关的方式比其他人处境差；第二，这些差别可以是程度上的差别。为了描述我想象的案例，我将使用数字。例如，内格尔的选择可以用下表来显示：

|  | 第一个孩子 | 第二个孩子 |
| --- | --- | --- |
| 移居城市 | 20 | 10 |
| 移居郊区 | 25 | 9 |

这样的数字会产生误导，使人以为它很精确。我相信，哪怕是在原则上，不同的人在生活的好坏上不会有精确的差别。我的意思是，这些数字所显示的只是在这些后果中作选择会对内格尔的第一个孩子产生较大的差别，但是，第二个孩子在两种后果中都会更糟。

关于我的数字，有一点是重要的。每个额外的点都相当于一份相同的利益，得到这些点数的人就是生活好的人。如果有人从 99 点

---

① 由于行为可以因为懈怠而在道德上有差异，所以我们也可以假设同一行为可以产生各种有可能出现的结果。还有，由于在某一结果是否是现状的延续这一点上有差别，所以我们应当假定情况并非如此。

升到100点，那么这个人的利益与其他从9点升到10点的人一样多。不做出这一假设，我们就不能使我们的某些问题有意义。例如，我们不能问，把某些利益给予境况较差的人是否更为要紧。想一想内格尔的权利吧，在他的例子中，把利益给予那个残废的孩子显得更为紧急。内格尔告诉我们，假定与那个健康的孩子相比，这个残废的孩子会得到较少的利益。如他所注意到的那样，没有这个假设，他的例子就不能用来检验平等的价值。内格尔的结论是平等主义的，因为他相信较少的利益是比较要紧的事情。

对于相当于一份平等利益的每一个额外的点数，无论获得者的生活幸福程度如何，不能把这些点数想象为一份等量的资源。同一资源的增长通常会给那些处境较差的人带来较多的好处。但是这些利益不需要按照狭隘的功利主义的术语来思考，即认为它们只和生活得好、摆脱痛苦、满足欲望有关。这些利益可以包括健康状况的改善、寿命的增长、教育，或其他真实的好处。[①]

一

平等主义者相信什么？答案是明显的：他们相信平等。按照这个定义，我们大多数人是平等主义者，因为我们大多数人相信某种平等。我们相信政治平等或法律面前人人平等，我们相信每个人都有平等的权利，或者相信每个人的利益都应当得到同等的重视。[②]

尽管这些种类的平等非常重要，但它们不是我要讨论的主题。我只关注同等幸福的人。在我看来，作为平等主义者，这种平等是我们必须相信的。

我们相信平等可以有两条主要途径。我们可以相信不平等是坏的。据此，我们应当把目标定在平等上，因为只有这样我们才能使后果好些。所以我们可以被称作目的论者，简言之，目的论的平等

---

① 关于幸福的两种广义的解释参阅阿马蒂亚·森：《能力与幸福》，托马斯·斯坎伦：《价值、欲望和生活质量》，均载于玛莎·纽斯鲍姆、阿马蒂亚·森合编：《不平等重估》，第3章，牛津大学出版社，1993。

② 参见玛莎·纽斯鲍姆、阿马蒂亚·森合编：《不平等重估》，第1章。

主义者。我们的观点也可以被所谓道义论替代，简言之，道义论的平等主义者。我们可以相信我们应当把目的定在平等上，但不是为了取得较好的后果，而是由于其他某些道德理由。例如，我们可以相信人们有权利获得平等的股份。(我们当然也可以相信两种平等。我们可以相信我们应当把目标定在平等上，既因为这样做会产生较好的结果，也因为其他原因。但是这样的观点不需要分开来讨论。考虑一下它的组成部分也就够了。)①

我们可以先考虑目的论的平等主义者。这些人接受：

> 平等的原则：要是有某些人比其他人生活得差，那么这件事本身是坏的。②

要更加充分地叙述这一原则，我们需要评估与不同类型的平等有关的恶(坏)。但我们在这里可以忽略这些蕴涵的内容。③

下面假定在某些社团中生活的人全都是：(1)生活得一样好；(2)生活得一样差。平等原则没有告诉我们(2)是比较糟的状况。这条原则是关于不平等之恶的原则，尽管一切人都生活得一样差显然更糟，但我们这样想的基础不可能是平等主义的。

要解释为什么(2)更糟，我们可以说：

> 功利主义的原则：如果人们生活得较好，那么这件事本身是好的。

简言之，当人们能够达到平均生活水平，或者能够得到更大的一份利益时，我们可以说这种情况更加有利。(但是如我已经说过的那样，这些利益不需要按照狭隘的功利主义术语来思考。)

---

① 关于这些定义，如果在任何领域我们相信自己应当把目标定在平等上，那么我们是平等主义者。如果我们只在某些较小的领域持有这种信念，那么我们当然不能被称作"平等主义者"。在这个方面，我的这些定义会误导人们。

② 我们还可以加上"不是由于他们的错误或他们的选择"。

③ 拉里·特姆金在《论不平等》一书中讨论过这些内容，牛津大学出版社，1993。

如果我们只关心平等，那么我们是纯粹的平等主义者。如果我们只关心功利，那么我们是纯粹的功利主义者，或者像一般所说的那样，就叫作功利主义者。但我们大多数人接受一种多元论的观点：追求不止一个原则或价值。按照我将称之为"多元平等主义"的观点，我们相信要是有更多的平等，又有更多的功利，那么情况就会更好。在决定这两种结果哪一种更好的时候，我们同时看重这两种价值。

这些价值可以是冲突的。两种后果之一可以按某种方式变得更糟，因为会变得更加不平等，但按另一种方式会变得较好，因为会有较多的功利，或者有更大的利益总量。然后我们必须决定两件事哪一件更重要。例如，请考虑下列事件的可能状态：

（1）每个人的点数均为 150；

（2）一半人的点数为 199，一半人的点数为 200；

（3）一半人的点数为 101，一半人的点数为 200。

对纯粹的平等主义者来说，（1）是这三种结果中的最佳结果，因为它比（2）和（3）所包含的不平等要少。对功利主义者来说，（1）是这三种结果中最坏的结果，因为它包含的功利少于（2）和（3）。［从（1）移到（3），有一半人获得的利益会略大于另一半人失去的利益。］对大多数多元平等主义者来说，（1）在这些结果中既不是最好的，也不是最差的。（1）从各方面来看都要比（2）差，因为这个结果从功利的角度来看要比（2）差得多，从平等的角度来看要比（2）略好些。同理，（1）从各方面考虑都要比（3）好，因为从平等的角度看，它比（3）好得多，只是从功利的角度看比（3）差一些。

多元主义的观点在许多案例中更难运用。试比较：

（1）每个人的点数均为 150；

（4）一半人的点数为 N，一半人的点数为 200。

如果我们是多元平等主义者，那么 N 应当是什么数值我们才可以相信（1）比（4）差呢？确定某个数值范围，比如从 120 到 150，我们可以发现这个问题难以回答。这个案例格外简单。但是评估不平等的类型要难得多。

如这样的案例所示，如果我们既看重平等，又看重功利，那么我们没有统一的方式来评估它们的相对重要性。为某个具体的决定辩护，我们只能宣称它似乎是对的。（罗尔斯因此而称这种观点为直觉主义的。）

我已经说过，目的论的平等主义认为不平等是恶。在我看来，这是这种观点的核心。关于这一点，我会坚持一个熟悉的说法，平等有价值。至于再要将它替换为不平等无价值，那就显得累赘了。

我们下面就来区别两种价值。如果我们宣称平等有价值，我们的意思只是它有好的效果。平等有许多好的效果，不平等有许多坏的效果。例如，要是人们不平等，那么会产生冲突或护忌，或者将一些人置于另一些人的权力之下。如果我们重视平等为的是我们关心这样的效果，那么我们相信平等具有工具的价值，我们认为它像一件工具那样好。但是我带着不同的观念关心这一点。对真正的平等主义者来说，平等具有内在的价值。如内格尔所宣称的那样，它"本身是善的"。

我们将会看到，这个区别在理论上是重要的。它构成了一个实际的差别。如果除了不平等有坏的效果之外，我们还相信不平等本身是坏的，那么我们就会认为它更坏。哪怕它有不坏的效果，我们也会认为它是坏的。

内格尔有时候模糊了这个区别。他提到两种"关于平等的内在价值"[①]的论证，但二者似乎都不配这种描述。

第一种论证是个体主义的（individualistic），因为它诉诸对个别人来说好的或坏的事情。内格尔的例子是，在有不平等存在的时候，那些自尊受到伤害的人处境较差。但是在这里被说成是恶的东西不是不平等本身，而仅仅是它的效果之一。判断这个坏的效果，我们也不需要是平等主义者。我们可以认为其他效果是恶的，仅仅因为我们对幸福的看法有一部分是平等主义的。因此，如果它们是奴态的，或者过于恭敬，我们就可以认为它对人来说是恶的，哪怕它并没有阻挠他们的欲望，或者影响他们经历过的幸福生活。但是，尽管这样的观点从某个方面来看是平等主义的，但它也没有宣布平等具有内在价值。就像我在前面说过的那样，它仅仅宣称不平等拥有坏的效果。

---

① 　参见内格尔：《必朽的问题》，10 页；戴维·米勒：《关于平等的论证》，明尼苏达大学出版社，1982。

内格尔的第二种类型的论证是共同体主义的（communitarian）。按照这种论证，他写道：

> 平等对于整个社会来说是善。它是其成员正确关系的条件，可以在他们中间形成健康的、兄弟般的友好态度、愿望和同情。这是一个不同类型的论证，必须宣称这样的关系不仅仅对人们来说是善的，而且具有内在价值。然而它仍旧没有宣布平等具有内在的价值。被宣布为善的事物仍旧不是平等本身，而是它的某些效果。①

这里面的差别可以显示如下。思考一下我所谓的"分离的世界"。我们可以假设这个世界上的人口分成两半，相互之间都不知道对方的存在。也许是因为还没有渡过大西洋。想一想下面所列的事情的两种可能状态：

（1）一半人的点数为100，一半人的点数为200；

（2）每个人的点数均为145。

在这两种状态中，（1）在某个方面比（2）好，因为人们的平均状况比较好。但我们可以相信，考虑了所有方面后，（1）比（2）差。我们该如何解释这个观点？

如果我们是目的论的平等主义者，我们的解释是这样的。在（1）中，人们生活的平均状态都是好的，那么它是好的，如果有些人的情况比其他人差，那么它是坏的。这种不平等之恶从道德上来说重于额外的利益。

在宣布这样的观点时，我们不能诉诸不平等的效果。因为这个世界人口的两个部分没有联系，（1）中的不平等对处境较差的群体没有产生坏的影响。（2）中的平等也没有在两个群体之间产生值得向往的兄弟情谊。如果我们宣布（1）是比较差的，因为它不平等，那么我们必须宣布这种不平等本身是坏的。

---

① 　还有其他某些可能性。如卡根和布林克所建议的那样，平等可以是内在的善，但既不是由于它本身，也不是由于它的效果，而是由于它是某个更大的善的基本组成部分。参阅上书，米勒的论文《关于平等的论证》。

假如我们做出决定，在这个例子中，(1)不比(2)差。按照我们的看法，这岂不就表明不平等本身并非坏的吗？

这个看法是否正确取决于我们对另一个问题的回答。平等主义观点的适用范围是什么？这些在理想中应当同样拥有幸福生活的人是谁？

最简单的回答是：每一个曾经活着的人。按照目的论的观点，这个回答似乎很自然。如果某些人比另一些人生活得差这件事本身是坏的，那么还有什么必要去在乎他们住在哪里，什么时候活着？按照这样的观点，如果现在有过或曾经有过人们生活得不一样好这种事情，那么哪怕是在互不相关的社团之间，在不同的国家之间，这件事本身是坏的。因此，如果印加族的农民，或者石器时代的狩猎者和采集者，比我们生活得差，那么这种事情本身就是坏的。

我们可以抛弃这种观点。我们可以相信，如果两个群体的人相互之间没有什么联系，如果他们生活得不一样好，那么这并非坏事。这就是为什么在我的例子中，我们要否认(1)比(2)差。

如果这就是我们的反应，那么我还要相信要是不同的群体是有联系的，不平等本身是坏的吗？这似乎不太可能。我们为什么只在这些案例中反对不平等？为什么这些群体要是不知道其他群体的存在就会产生差别？回答显然是，在这样的案例中，不平等不会产生它一般的坏的结果。宣布不平等本身是坏的，但只有在这些群体相互之间有联系时才如此，这才是首尾一致的。但是，尽管首尾一致，这个观点并不显得有理，因为它含有一个奇怪的重合。

我们似乎可以更加有理地宣布，不平等本身是坏的，但只在一个社群内才如此。但这样的看法表明我们真正的观点是，这样的不平等包含着社会不公正。这样一来，我们就成了道义论的平等主义者。

二

现在让我们来考虑第二种观点。道义论的平等主义者相信，尽管我们有时候应当以平等为目标，但这并非因为我们能借此使结果较好，而是因为这样做总有某些其他的理由。按照这种观点，如果人们生活得一样好，那么并非这件事本身是好的，如果他们都生活得一样坏，那么亦非这件事本身是坏的。

这种观点典型地诉诸正义的权利。更加准确地说，它诉诸相比较的正义的权利。在这种相比较的意义上，人们是否受到不公正的对待取决于他们受到的对待与其他人受到的对待有无不同。如果在分配资源时，有些人被剥夺了他们的份额，那么这是不公平的。公平可以提出的要求是，如果把某些东西给了某些人，那么这些东西应当给予所有人。

另一种正义关心的是按照人们应得的方式对待他们。这种正义是非比较的。在这种意义上，无论人们是否受到不公正的对待，仅仅取决于和他们有关的事实。它与其他人是否受到不同的对待无关。因此，要是我们不按照人们应得的方式来对待他们，那么这样的对待在非比较的意义上是不公正的。但若我们同样不公正地对待所有人，那么就无所谓相比较的非正义了。[1]

有时候很难区别这两种正义，关于它们之间的关系有一些困难的问题。[2] 有一个观点应当在此提到。非比较的正义可以告诉我们平等如何产生。也许，要是每个人都配得上平等，我们就应当使所有人生活得一样好。但这样的平等只是给予那些配得上平等的人的效果。只有相比较的正义才能使得平等成为我们的目标。

在我的例子中，当我说没有人应当比别人生活得好，我的意思不是说每个人都同样应当。在这些案例中，我的意思是没有一个人配得上我们正在考虑的利益。所以，只有相比较的正义才是我们要关心的。

还有另外一个与此相关的区别。在某些案例中，正义纯粹是程序性的。它要求我们只按照某种方式行事。例如，当某些利益不能划分时，我们可以求助于公平的彩票，给每个人一个公平的得到这种利益的机会。在其他案例中，正义部分地是实存的。在这里，正义也可以要求有某种程序，但对必须产生什么样的结果有另外一套

---

① 参见乔尔·范伯格：《非比较的正义》，载《哲学评论》，第 83 卷，1974(7)。

② 参见菲利普·蒙塔古：《相比较的正义与非比较的正义》，载《哲学季刊》，第 30 卷，1980(春)。

标准。宣布应当给予人们相同的份额就是一个例子。

还有一个介于二者之间的例子。正义可以要求实现某种结果，但这样做仅仅是为了避免程序上的缺陷。偏袒是这样的缺陷之一。假定我们必须分配某些公共财产。要是我们能够轻易地划分这些财产，其他人会怀疑我们是否给了不同的人不平等的份额。这样做会包含偏心或错误的歧视。① 因此，我们可以相信，为了避免这些缺陷，我们应当公平地分配这些财产。以一种略有不同的方式也可以得出相同的结论。在这样的案例中，我们可以想，平等是一种"缺省设置"(default)，如果我们想要合法地给某些人比较多的利益，我们需要某些道德理由。

这种观点与平等要有一个真实理由的观点怎么会有差别呢？有一个差别是这样的：假定我们试图平等地分配，但我们的程序无辜地失败了。如果我们追求平等的目标仅仅是为了避免偏袒或歧视，那么就不需要对这种结果进行矫正了。②

我们现在可以重新描述我的两种平等主义了。按照目的论的观点，不平等是坏的；按照道义论的观点，不平等是不公正。

对此可以提出反对意见说，当不平等是不公正的时候，不平等正是由于这个原因而是坏的。但是这一反对意见并没有堵塞我们得出这一区别的通道。按照目的论的观点，不公正是一种特别的恶，其中必定包含错误的行为。当我们宣布不平等是不公正时，我们所反对的并非针对不平等本身。由于它是不公正，所以它是恶的，这不是事情的严格状态，而是事情得以产生的方式。

有一类案例可以最清晰地区别我们这两种观点。在这些案例中某些不平等是无法避免的。在目的论的平等主义者看来，如果对事情已经无能为力了，就不会有不公平。用罗尔斯的话来说，如果某些情况"是无法改变的……正义问题就不会产生了。"③

---

① 参见罗伯特·古丁：《平等主义、拜物教及其他》，载《伦理学》，第98卷，1987(10)；《作为副带现象的平等主义》，载《社会研究》，第52卷，1985(春)。

② 相关区别参见劳伦斯·塞吉尔、刘易斯·科恩豪泽：《正义的彩票》，载《社会科学信息》，第27卷，1988。

③ 罗尔斯：《正义论》，291页，哈佛大学出版社，1971。

比如，考虑一下我们天赋中的不平等。我们中有些人生来就比其他人有能力，更健康，或者以其他方式更幸运。如果我们是目的论的平等主义者，我们就不会相信这样的不平等本身是恶的。我们会同意，如果我们能够分配才能，那么不平等地分配它们才是不公正的或不公平的。但是，除非有坏的效果，在由我们的基因组合所产生的不平等的范围内，我们看不到有什么东西可以后悔的。

许多目的论的平等主义者采用不同的看法。他们相信，哪怕这样的不平等是不可避免的，但它的恶仍旧在于它本身。[1]

三

在这里，罗尔斯的某些评论值得发挥。如我所说，罗尔斯假定不公正实质上包含着恶行。当他讨论我们继承下来的才能的不平等时，他写道：

> 自然的分配既不是正义的，又不是非正义的……这些只是简单的自然事实。所谓正义和非正义是体制处理这些事实的方式。

这可以视为在提议一种纯粹的目的论的观点。但是，罗尔斯继续说：

> 贵族统治的社会和种姓等级制度的社会是非正义的，因为……这些社会的基本结构使那些在自然中可见的任意性实体化，但是人们没有必要让自己听命于偶然性。[2]

---

[1]　现在情况变得很复杂。那些采用第二种观点的人不仅认为这样的不平等是恶的。他们经常谈论天然的不公正。按他们的观点，某些人生来比其他人能力差，身体差，这是不公正或不公平。同理，如果自然赋予某些人较为丰富的资源，这也是不公平。在这种地方谈论不公平有时候被认为无意义。我相信它有意义。但即使按照这种观点，我们的区别仍旧成立。对目的论的平等主义来说，它是坏的或不公正的事情的状态，但道义论的平等主义者只关心我们必须做的事情。

[2]　罗尔斯：《正义论》，102页。

"听命于"（resign）这个词的用法似乎假定了天然的不平等是恶。罗尔斯在别处写道，在一个由他的原则来支配的社会里，我们不需要再"把某些人生来就拥有高于他人的天赋视为不幸"。这些评论表明，罗尔斯是一名部分的目的论的平等主义者。我相信，反对天然的不平等是他的理论基础之一，也是这一理论的动力之一。如果罗尔斯否认这样的不平等是非正义，那么他这样做的唯一原因可能是他希望保存非正义与恶行之间的分析性的环节。假如这就是他的理论的本质，那也许仅仅是一个术语方面的决定。

罗尔斯反对天然的不平等，更多地并不在于它是坏的，而在于它是一种道德上的任意性。如罗尔斯所建议的那样，这种反对意见可以再次运用于自然这条思路的几个要点上去。

我们可以从外在的东西开始。在某些案例中，我们享有资源，而这些资源的适用性或这些资源的发现对我们来说绝非应得的。如果吗哪①不平等地落在不同人的头上，那么就会出现不平等。让我们把这些案例称作"发横财"的案例。②

在这样的案例中，不平等完全归因于自然恩惠的差异。这样的差异，在最清晰的意义上，在道德上是任意的。如果某些人所得少于其他人，那仅仅是由于他们运气不好。由于这样的不平等有这种任意的原因，我们可以得出结论说，它们是恶的。或者我们可以得出结论说，我们必须通过重新分配资源来矫正这些不平等。

想一想下面这些例子，在这些案例中我们不仅仅是被动的。我们做了某些事，要么是发现了资源，要么是改造它们，使它们可用。我们播种、勘探、开矿，在海上捕鱼，我们耕种土地，生产物品。

假定我们全都一样努力工作，有着同样的技艺。在这种情况下，人的输出是相同的。但在我们中间仍旧会有不平等，导致这种结果的原因在于自然的输出是不同的。这种差异可以是矿藏的丰富程度，也可以是气候，也可以是土地与大海的丰饶。由于这种多样性，我

---

①　原文是"manna"，基督教《圣经》中所说的古代以色列人经过旷野时获得的神赐的食物。

②　发横财的原文是"windfall"，原意是被风吹落的果实，或被刮倒的树木，比喻意外的收获，横财。

们中某些人的生活可以很快就比其他人好。这些是"生产性的幸运"的案例。①

这些案例中有些与纯粹的发横财很难区别。我们也许不得不摇晃我们的果树，或者在有果实掉落的地方搜寻。所有这些案例似乎都有相同之处。由于我们全都一样努力工作，有相等的技能，而不平等又再次归因于自然恩惠的差异，但我们相信自然的恩惠在道德意义上是任意的。那么其他因素，人的同等的输出，能使这一事实变得不相干吗？它能把这种结果上的不平等说成是正义的吗？我们可以确定它无法做到这一点，而且这样的不平等也需要再分配。

现在来考虑第三种不平等。在这些案例中，外部的资源和人们的努力都没有差别。不平等完全归因于人的天然能力的差异。这些是"遗传的幸运"的案例。②

我们可以确定，这些遗传上的差别，在相关的方面，就像是自然恩惠的差异。如罗尔斯所说，它们不是应得的。我们的天然才能是内部的资源，它就像吗哪一样，仅仅是落在我们头上的。

在某些这样的案例中，人们得到较多报酬只是由于"拥有"某种天赋。它们就像纯粹的发横财一样。但是，在大多数这样的案例中，人们发展和使用了他们生来就有的才能。我们必须再次提出问题，注入这种努力是否能取消遗传幸运的任意性。它能把结果的不平等说成是正义的吗？

在整个争论中，这可能是最重要的问题。许多人回答说，是。但是，像罗尔斯和内格尔一样，我们可以回答说，不。我们可以得出结论说，这些不平等也应当矫正。

下面考虑第四种案例。自然的输出是相同的，我们也都有相等的才能。但是不平等的结果源于我们在工作中努力程度不同。这些

---

①　生产性的幸运包括环境性的和处境性的。参阅布赖恩·巴里：《正义诸理论》，239 页，伦敦，1989。

②　有些人会反对说，我们拥有现在这样的基因不是一种幸运，因为我们不能拥有别样的基因。但是使用"幸运"这个词在这里并不蕴涵着事物可以成为别的样子。如果我们自己对某些事情并不负有责任，那么在此意义上，这些事物是"幸运的"。参阅内格尔：《道德幸运》，收入《必朽的问题》一书，剑桥大学出版社，1979。

是"努力程度不同"的案例。

在这里，我们还必须注意有一种复杂的情况。存在两种互相不冲突的方式，当人们以这两种方式更加努力地工作时，他们应当得到更多的报酬。他们可以工作较长的时间，或者在工作环境不好的情况下工作。在这样的案例中，超时工作或艰苦工作得到的报酬可以仅仅视为补偿，它不会创造真正的不平等。我心里想的还不是这些例子。我正在考虑的是那些乐意艰苦工作的人，这些人由于这样做了，因此他们的生活变得比别人好。

那些追求自然彩票的任意性的人，有许多就停留在这里。在他们看来，努力程度的差异表明这样的不平等是正义的。但我们可以继续推进。这样的差异包括两个因素：作出努力的能力；去尝试的决定。我们可以确定第一个因素仅仅是另一种天然能力，它不能把不平等说成是正义的。

因此留下的只有不平等是选择的结果。对大多数平等主义者来说，这些不平等是不需要在意的。这就是为什么有些作者论证平等，但不论证生活的平等，而是论证幸福生活的"机会"。[①] 我们中有些人仍旧可以继续推进。我们可以确定，如果某些人比其他人生活得差，那么这件事是坏的，哪怕仅仅是由于这些人不喜欢艰苦工作，或者由于他们出于其他某些原因而做出的选择使他们生活得比别人差。这些案例似乎只是交了噩运的其他种类。

我已经对思路提出了许多问题。在此我只作三点简要的评论。

第一，对某些人来说这样的推理似乎是一种归纳。如果这些人发现最后一步是荒谬的，就会导致他们拒斥其他步骤。但是这样做太匆忙，因为早一点停下来也是有理由的。

第二，我们应当更加清楚地表明，这样的推理可以说明什么。这个推理诉诸宣称某些种类的不平等有一种道德上的任意性的原因。这样的宣称可以表明，这样的不平等不可能是正义的。但它也可以不表明这样的不平等是非正义的，并且必须加以矫正。这些是相当不同的结论。

---

① 参见柯亨：《论平等主义的正义的流通》，载《伦理学》，第 99 卷，1989；阿内森：《平等和取得福利的机会平等》，载《哲学研究》，第 56 卷，1989。

如果这样的不平等不是正义的，那么人们对他们的利益没有认领的权利，或者对他们现在控制的资源没有认领的权利。但这个结论只是扫清了障碍。它意味着，如果重新分配要有一个道德上的理由，那么那些生活得比较好的人原则上不会反对。要进一步确认的是有这样的理由，而这样的再分配的目标应当是产生平等。①

这种差别可以这样说。功利主义者会宣称，如果某些资源分配具有一个任意的自然的原因，那么它不是正义的。由于情况确实如此，他们会宣称不反对资源的再分配。但是，按照他们的观点，最佳分配是可以使利益总量最大化的分配。这样的分配在道德上不会是任意的。但它可以不是一种平等的分配。

第三，罗尔斯把功利主义者当作他的主要对手。在理论层面上，他可以是对的。但我已经讨论过的问题在实践中更加重要。如果自然给予我们中的某些人较多的资源，我们就要做出一种道德上的确认，我们应当保存这些资源以及由它们带来的富裕吗？如果我们正好天生拥有较大的才能，因此可以生产更多的东西，我们就要宣布应当得到较多的报酬吗？实际上，罗尔斯的主要对手是那些对这些问题回答说是的人。平等主义者和功利主义者都回答说不。双方都同意这样的不平等不是正义。在这种分歧中，罗尔斯、密尔、西季威克是站在同一边的。

## 四

我已经区别了两种平等主义的观点。按照目的论的观点，我们相信不平等本身是恶，或者是不公平。按照道义论的观点，我们对平等的关心仅仅是关心我们应当做些什么。

为什么这个区别很要紧？因为它有理论的含义。我们以后会看到，这些观点可以用不同的方式受到保护或攻击。它也有实际的含义，我现在就要提到其中的一部分。

每一观点都有许多版本。道义论的观点尤其如此，它实际上是

---

① 参见诺齐克：《无政府、国家与乌托邦》，216 页；内格尔：《必朽的问题》，119页。

一组观点。目的论和道义论的观点实际上可以重合。会有这种情况，当第一种观点宣布某种不平等是恶的时候，第二种观点宣布，要是能够做到，我们应当防止它。但是当我们看着这些实际上已经推进了的观点的各种版本，觉得它们似乎有理的时候，我们发现它们经常是相互冲突的。

目的论的观点似乎范围较广。第一，如我前述，要是某些人比其他人处境差，而我们认为这种事情本身是恶，那么我们就可以认为这种事情是恶的，无论这些人是谁。无论这些人住在哪里，无论他们属于同一社团或不同社团，都不会有什么区别。第二，我们也可以认为，某些人在哪些地方比其他人差是无所谓的，无论他们是收入较低，还是健康状况较差，或者是以其他方式不那么幸运。任何不平等，只要是不应得的和非选择的，我们都可以认为它是恶的。第三，这样的不平等如何产生似乎也不会有什么差别。本质上是恶的这一观念包含着这一点。如果某些状态本身是恶的，那么它如何产生就是不相干的事了。

如果我们是道义论的平等主义者，我们的观点可以不具有上述任何特征。

道义论观点有许多版本，有一组观点是广义契约论的。这样的观点经常诉诸交换或互利的观念。按照这类观点中的某些观点，人们合作生产物品，没有人拥有特别的权利，所有贡献者都应得到相等的份额。在这里有两条限制。第一，被分享的东西仅仅是合作的成果。其他东西，例如那些天然的东西，都没有提到。第二，分配仅仅覆盖了参与生产这些物品的人。那些无法对生产有所贡献的人，例如残废、儿童、将来的世代，没有权利。①

这种类型的其他观点限制较少。它们可以覆盖同一社团的全体成员和所有类型的物品。但它们仍旧排斥社团以外的人。按照这种观点，那些人是否生活得很差是不相干的事。

按照这种观点，如果不同社团的人之间有不平等，这种事不需要任何人去关心。由于最大的不平等是全球范围的，因此这一限制

---

① 例如，可参见戴维·高希尔：《契约道德》，18、268 页，牛津大学出版社。

具有极为重要的意义。（有一种方式可以产生这一观点。要是平等主义者仅仅反对具体社团内的不平等，那么他们的观点，就全球范围来说，比功利主义的观点需要的再分配要少。）

下面考虑原因。目的论的观点当然适用于所有案例。按照这一观点，要是我们能做到，我们始终有理由防止或消除不平等。

如果我们是道义论的平等主义者，我们可以有同样的想法。但与上面的观点不一样。因为我们的观点和结果之善无关，它可能只覆盖行为所产生的结果的不平等，或者只覆盖那些有意识地产生的东西。它可以告诉我们只要关心我们自己产生的不平等。

这里有一个例子。高希尔（Gauthier）以一种高度限制的方式成为一名道义论的平等主义者。因此他写道："如果有一位自然资产的分配者……我们可以合理地假设，在可能的范围内，份额应当是平等的。"①但是，当这些资产是由自然来分配时，高希尔不反对不平等。他看不出有什么理由要去消除自然界的彩票产生的结果。

按照这样的观点，当我们对某些分配有责任时，我们必须公平地分配。但是，当我们没有责任时，不平等不是不公平。在这样的案例中，没有什么道德上的错误。我们没有理由通过再分配来消除这样的不平等。

这是一种可以保护的立场吗？假定我们将要分配某些资源。我们同意必须给予人们同等的份额。一阵狂风从我们手中抢走了这些资源，不公平地分配了它们。所以我们就没有理由再分配了吗？

这里就产生了一个差异，为什么我们相信我们必须公平地分配。假定，首先，我们关心的是程序性的正义。我们相信我们应当平等地分配，因为那是避免偏袒的唯一方式。或者我们相信平等是一种缺省设置：当我们不能把不公平的分配称作正义时，我们就要以平等为目标。在有天然不平等的时候，两种信念都不适用。自然并不歧视，他也不是一个行为者，必须把他的所作所为说成是正义的。按照这样的观点，"如果"我们分配，那么我们应当公平地分配。但是我们没有理由认为我们"应当"分配。如果分配者是自然，那么就

---

① 可参见戴维·高希尔：《契约道德》，220 页，牛津大学出版社。

没有偏袒，也没有什么东西需要消除。

其次，假定我们关心实质的正义。我们的目标不仅仅是避免程序性的缺陷，因为对于应当有什么结果，我们有一个分离的标准。按照这样的观点，我们可以相信，在有可能的地方，我们应当干预，以产生正确的结果。但是，就像前面一样，这样的信念不需要成为这种观点的一个组成部分。就如在程序正义的案例中，我们可以相信的仅仅是，"如果"我们分配，那么我们应当公平地分配。当不平等的产生是自然的时候，我们的观点就不适用了。

按照目的论的观点，事物有差别，按照目的论的观点，这样的不平等本身是坏的，或者是非正义。按照这种观点，我们有理由再分配。这种论证的负荷在转移。如果人们反对再分配，他们必须提供相反的理由。

某些这样的理由值得提到。有些人会声称，即使我们应当公平地分配，一旦有一种自然的分配，那么加以干预是错误的。这样的宣称似乎假定了自然的东西就是正确的，或者假定最好维持现状，这样的假设现在很难为之辩护。但是有其他方式，人们可以用来为这样的观点辩护。他们可以诉诸行动和失职之间的差别，或者否定性的和肯定性的义务之间的差别，或者其他诸如此类的差别。[1]

在某些案例中，这样的观点似乎有理。假定某些自然过程威胁着要杀死许多人。如果我们干预了，我们就能拯救他们，杀死一人以拯救多人。许多人相信，尽管多人之死比一人之死后果更糟，我们也一定不能以这种方式干预。我们应当允许这个自然过程产生两种结果中比较差的结果。

我们能把这样的观点用于不平等吗？如果某些自然过程以不平等的方式分配资源，那么我们能够宣称，尽管这样的不平等结果更糟，我们也一定不能干预吗？这似乎不那么有理。在杀人的那个案例中，我们的反对意见可以诉诸这一行动的专门特点、我们与被杀者的关系、她不受伤害的权利、她的死亡被用作手段这一事实。当我们矫正自然分配时，似乎没有这样的特点。如果大风把较多的吗

---

① 参见内格尔：《平等与偏袒》，99～102 页；托马斯·波吉对诺齐克的讨社，参见《理解罗尔斯》，第 1 章，康奈尔大学出版杜，1989。

哪吹到某些人的衣兜里，我们承认，作为一种结果，这是一种较差的情况，但似乎没有理由可以强制性地反对再分配。如果我们消除和再分配这些人所得的额外的吗哪，以便使每个人都有平等的一份，那么我们一定不要伤害这些人，或者以他们为手段。

接下去可以宣称，自然的分配一旦发生，人们就获得了权利。在纯粹发横财的案例中，这样的宣称似乎不着边际。吗哪落到你的头上这一事实并没有使它成为"你的"。但是有类似的宣称广泛地提了出来。因此，可以说你把一个有效的认领置于吗哪降落的土地上，使它成为你的。或者可以说，一旦你与吗哪发生了联系——或者把你的劳动与它混合——它就成了你的。

如果这样的宣称在某些现存的体制范围内，或者在现存的契约中做出，那么这样的认领有某些力量。但我们在这里讨论的是一个更加根本的问题。我们的体制或契约应当是什么样的？如果这样的认领不能令人信服，作为对这个问题的回答，我们可以得出结论说，在纯粹发横财的案例中，我们必须再分配。在生产性的幸运的案例中，为这样的宣称进行辩护更加困难。如果我们在这里拒斥这样的宣称，那么在遗传性的幸运的案例中更难为它们辩护，其他一系列案例亦如此。

对那些持有道义论观点的人来说，甚至不需要做出这些宣称。按照这样的观点，由于天然的不平等本身不是恶，所以不需要对再分配进行论证，所以也不需要对反对再分配进行论证。这对于保守主义者来说是一种较强的立场。

五

现在让我们来考虑反对目的论观点的两种意见。

按照这种观点范围最广的版本，任何不平等都是恶。例如，有些人看得见，有些人是瞎子，这是恶。因此，要是能做到，那么我们有理由从某些有视力的人那里取下一只眼睛给盲人。这可能是一个可怕的结论。

如果平等主义者希望避免这个结论，他们可以宣称他们的观点仅适用于资源的不平等。但是，如诺齐克所说，这样的限制很难解

释。如果天然的不平等本身是坏的，那么为什么用于有视力的人和
盲人之间的不平等就不行了呢？

我们会对这个结论感到可怕吗？把某些不相干的含义搁在一
边，让我们把这个例子弄得单纯一些。假定发生了某些基因变化，
从此以后人生下来都是双胞胎，其中总有一个是瞎子。假定有一
项普遍的政策，每逢有婴儿出生就动手术，把有视力的婴儿的一
只眼睛移植到瞎眼的那位双生子身上去。这是一项强制性的再分
配，因为新生婴儿不能表示同意。但我倾向于相信这样的政策是
正义的。

我们中有些人会不同意。我们可以相信人们有权利保持他们生
来就有的器官。但是这一信念没有给我们提供拒斥目的论观点的理
由。平等主义者会同意这个国家不应当再分配器官。由于他们不相
信平等是唯一的价值，他们会认为，其他某些原则在这个例子中会
有更大的分量。他们的信念是，如果我们全都只有一只眼，那么这
种情况就以某种方式比一半人有两只眼，一半人是瞎子要好。这一
信念绝非奇谈怪论，而显然是真实的。如果我们全都只有一只眼，
那么这种情况会比许多人是瞎子要好得多。①

第二条反对意见更加严重。如果不平等是坏的，它的消失必定
会以某种方式使得情况变好，不管怎么说这种变化发生了。假定那
些生活较好的人遇到某些不幸，所以他们变得与别人一样糟。由于
这些事件会消除不平等，它们必定以某种方式受到欢迎，按照目的
论的观点，哪怕这些事件会使某些人变糟，而且对任何人都没有好
处。这一含义在许多人看来都是相当荒谬的。我称之为"拉平的反对
意见"（levelling down objection）。②

首先考虑那些对我们的天赋不平等感到遗憾的平等主义者。按
照他们的观点，如果我们挖去有视力者的眼睛，但不是拿去给瞎子，
而只是使有视力的人变成盲人，那么这样的结果会以某种方式比较

---

①　参见诺齐克：《无政府、国家与乌托邦》，206 页。尽管诺齐克在这里的靶子不是
平等原则，而是罗尔斯的差异原则。

②　有人提出这样的反对意见，例如，参见约瑟夫·拉兹：《自由的道德》，第 9 章，
牛津大学出版社，1986；拉里·特姆金：《论不平等》，247～248 页。

好。哪怕这对盲人没有任何好处，但这样的结果仍旧比较好。我们可以发现，我们不可能相信这种观点。如果平等主义者认为只有资源方面的不平等是恶的，那么他们会避免这种形式的反对意见。但是按照他们的观点，他们又必须承认，在某些自然灾害中那些生活得较好的人失去了他们全部额外的资源，而又没有以某种方式有利于任何人，这种情况是比较好的。这个结论几乎可以视为没有什么道理。

值得重复的是，在批判平等主义者时使用有关拉平的反对意见，仅仅宣布用拉平的方法来产生平等是错的，那还不够。我们已经看到，由于他们是多元的，目的论的平等主义者能够接受这个主张。要是我们通过拉平来达到平等，我们的反对意见必须是我们这样做没有任何好处。我们必须宣称，如果某些自然灾害使所有人同等悲惨，那么这件事不可能以任何方式成为一个好消息。这些宣称与目的论的平等主义者并不矛盾，哪怕是多元论形式的目的论者。

我要返回有关拉平的反对意见。但现在要注意的要点是，按照道义论的观点，我们能够避免这种反对意见的各种形式。如果我们是道义论的平等主义者，我们不相信不平等是恶，所以我们不会被迫承认，按照我们的观点，用拉平的办法来消除不平等是一种较好的方法。我们能够相信，我们有理由消除不平等，只有在这样的时候，并且仅仅因为，我们的方式对生活较差的人有好处。或者我们可以相信，当某些人比其他人生活得差，但并非由于他们的过失或选择，这种时候他们有特别的权利要求把他们的生活提高到其他人那样的水平，但是他们没有权利要求把别人的生活降到和他们一样的水平。

## 六

目的论与道义论的观点之间有若干差别。尽管这些观点可以重合，但它们似乎拥有不同的范围和不同的含义。如我们刚才已经看到的那样，它们可以按不同的方式受到挑战。因此，如果我们是平等主义者，确定我们持有何种观点是重要的。

如果说我们受到拉平的反对意见的挤压，那么我们也可以受到目的论观点的诱惑。但若我们放弃目的论观点，我们可以发现更难把我们的某些信念说成是正义的。例如，要是不平等本身不是恶的，那么我们更难解释为什么要对资源进行再分配。

我们的某些信念也不得不取消。重新想一想分离的世界，在其中两种可能的状态是：

(1)一半人的点数为100，一半人的点数为200；

(2)每个人的点数均为145。

在结果(1)中存在着不平等。但是，由于两个群体都不知道对方的存在，所以这种不平等并非有意识地制造出来的，或有意识地加以维持的。由于这种不平等与恶行无关，所以不存在非正义。按照目的论的观点，再也没有什么可说的了。按照这种观点，我们不能宣称(1)比(2)差。如果我们相信(1)比较差，因为它不平等，那么我们必须接受平等主义者的观点的目的论形式。我们必须宣称，(1)中存在的不平等本身是恶。

然而，我们可以提出一种不同的解释。与其相信平等，我们倒不如特别关心那些生活较差的人。这可以成为我们宁可选择(2)的理由。

现在让我们来考虑这种替换。

## 七

在讨论其所设想的案例时，内格尔写道：

> 如果一个人选择移居城里，那么这是一个平等主义的决定。但第二个孩子的利益更为紧要……这种紧迫性并非一定是决定性的。它可以从别的方面来衡量，因为平等不是唯一的价值。但它是一个因素，由第二个孩子身体状况较差所决定。改善他的处境比保持第一个孩子处境的平等或更大的改善更加重要。①

————————

① 内格尔：《必朽的问题》，124页。

这段话包含着平等有价值的观念。但它赋予另一个观念更加显要的地位。内格尔相信这个处境较差的孩子的利益更加重要。这个观念可以引导我们得出相当不同的看法。

首先考虑那些处境很坏的人，他们处在痛苦或贫困之中，他们的基本需要不能得到满足。人们广泛地宣称，我们应当优先帮助这样的人。甚至功利主义者也会这样说，因为，要是人们处境很坏，那么他们要帮助起来会比较容易。

我关心的是另一个不同的观点。按照这种观点，帮助那些哪怕更难帮助的人更加紧急。功利主义者宣称，在我们能够较多地帮助他们的时候，我们应当赋予这些人优先权；这种观点宣称，即使我们能够给他们提供的帮助比较少，我们也应当给予他们优先。这是使这个观点显得与众不同的地方。

有些人把这一观点仅仅用于生活好与生活不好这两组人。① 但是我要考虑这种观点的一个更加一般的版本，适用于每个人。这就是我所谓的

　　　　"优先论的观点"：使生活较差的人获得利益更为紧要。

对功利主义者来说，每一利益在道德上的重要性只取决于这种利益有多大。但对于"优先论者"来说，它也取决于得到这种利益的人生活有多么好。我们不会赋予相同的利益同等的分量，而无论谁得到它。我们认为给予处境较差的人的利益分量较重。②

这种观点就像平等主义的多元观，在罗尔斯的意义上，是直觉主义的。它没有告诉我们应当给予那些处境较差的人多大的优先。

---

① 参见哈里·法兰克福：《我们所关心的东西的重要性》，第 11 章，剑桥大学出版社，1988；约瑟夫·拉兹：《自由的道德》，第 9 章。

② 其他几位作家已经提出了这样的观点，例如，参见托马斯·斯坎伦：《诺齐克论权力、自由与财产》，载《哲学与公共事务》，第 6 卷，6～10 页，1976(1)；约瑟夫·拉兹：《自由的道德》；哈里·法兰克福：《我们所关心的东西的重要性》；戴维·威金斯：《需要的认领》，收入他的《需要、价值和真理》一书，牛津，布莱克威出版社，1987；丹尼斯·麦克凯利：《平等主义》，载《对话》，第 23 卷，1984；《平等与优先》，载《功利》，第 6 卷，1994。

按照这种观点，给予处境较差的人的利益可以用处境较好的人的充分利益来进行道德上的衡量。为了确定什么才是充分的，我们只能使用我们的判断。

就像人们相信平等一样，这种优先论的观点既可以采取目的论的形式，也可以采取道义论的形式。它可以是一种何种结果较好的观点，也可以是一种仅仅涉及我们必须做什么的观点。但是，对我的大部分讨论来说，这种差异并不重要。

八

现在让我们更加密切地关注这个观点。我们应当把优先权给谁？这里有三个回答：

（1）那些整个生活较差的人；

（2）那些某个时候生活较差的人；

（3）那些有需要的人，这些人的需要在道德上更为紧迫。

（1）和（2）经常背道而驰。两群人中间有一群现在处境较差，尽管它以前曾经较好或以后将会比较好。

与此相反，（2）和（3）通常是重合的。两群人中有一群具有更加紧迫的需要，他们像是在某个时候处境较差。但是，按照某些有关紧迫需要的观点，这种情况并非总是真的。我们可以来比较一下，A 是残废，运气较差，B 身体健全。A 需要一把轮椅，我们可以把这一需要说成比 B 的任何需要都还要紧迫吗，尽管 A 的其他利益使他总的说来处境较好。①

在（1）与（2）之间进行选择是在内格尔所谓的单位（units）之间进行选择，确定这些单位是为了贯彻分配原则，我们对这些单位运用分配原则。② 内格尔把"个别的人，个别人的生活"当作单位。

---

① 参见哈里·法兰克福：《我们所关心的东西的重要性》，149 页。

② 内格尔：《必朽的问题》，111 页。我已经在其他地方说过，在我视以为真的关于人的身份的东西，有一种论证把这些点当作特定时间的人，按照这种观点，我们的分配原则会推动我们走向否定性的功利主义。参见《理性与个人》，117 节，牛津大学出版社，1984；以及《评论》，载《伦理学》，869～872 页，1986（7）。

他写道："优先满足那些在生活各方面都位于底层的人们的要求，使一个体系成为平等主义的。"罗尔斯和其他许多人也采取同样的观点。

如果生活在相关的单位中，这样做会使得把优先权给予那些处境较差的人和优先适应比较紧急的需要之间的差别加大。

内格尔有时候喜欢第二种优先。因此他主张这样一种平等主义的观点，"在各种需要中建立一个优先的秩序，优先考虑最紧急的需要"。他写道：

> 必须接受一种安排，首先依据每个人最基本的权利的观点，然后依据每个人次一级最基本的权利的观点，等等。……这个原则赋予每个人同样的权利，能使他最紧急的需要比其他人较不紧急的需要优先得到满足。①

这里蕴涵着我们应当把优先给予需要，而不是给予人的意思。某些总体上生活较好的人的比较紧急的需要可以比那些生活较差的人的不那么紧急的需要更有优先权。

内格尔似乎忽略了这个含义。因此他还写道："把优先权给予某些个人，从总体上看待他们的生活，他们有着比较紧急的需要。"② 这个说法与我得出的区别是吻合的。X 现在的需要可以比 Y 的需要紧急，尽管在她的大部分生活中，X 过去和将来都要比 Y 好。如果我们应当把优先权给予比较紧急的需要，那么我们应当帮助 X。如果我们应当把优先权给予那些整体生活较差的人，那么我们应当帮助 Y。

我们应当做出哪种回答呢？假定我们能够支持两个项目之一。第一个项目是为偶尔染上痛苦疾病的富人提供治疗。第二个项目是通过削减运动场或海滨休假来有益于同等数量的穷人。这些项目中哪一个应当给予优先权？

与此案例相关的是，即使没有治疗，富人总的说来处境较

---

① 内格尔：《必朽的问题》，117、121 页。
② 同上书，121 页。

好，这一点肯定是真的。我们的决定会对他们产生的差别较少，这一点也肯定是真的，这个决定会给他们带来的福利比较少。因此我们可以假设，这里提到的治疗对这种疾苦不会带来较多的解救。由于给两个群体的福利都会是享乐主义的，所以它们可以用人们的爱好来进行大致的估算。让我们假定每个有关的人都宁可要海滨度假或建一个新的运动场，而不会选择解救这种病痛。

假定我们相信，即使在这样一个案例中，解救病痛也应当优先。假定我们用相同的观点看待其他紧迫的需要，比如那些由于残疾而产生的需要。那么我们就有了一个无论从哪方面看都不是平等主义的观点。我们认为，在相关的意义上，给予那些处境较好的人较少的福利更为重要。

我认为，这样的观点不是荒谬的。但是，由于它如此不同，在此我将予以忽视。我要假定，按照优先论的观点，我们应当给予优先权，不是用来适应专门的需要，而是用来给那些处境较差的人增添福利。我将假定，在我的例子中，那些在某个时候处境较差的人和那些整个生活较差的人没有区别。

## 九

优先论的观点与平等主义之间是什么关系？

按照优先论的观点，为处境较差的人提供福利在道德上更加重要。但是这一观点自身并无限制不同观点，因为所有平等主义者都可以这样说。如果我们相信我们应当把目标确定在平等上，我们就会认为为处境较差的人提供福利更加重要。这样的福利消除不平等。如果这就是我们把优先权给予这些福利的原因，那么我们并没有坚持优先论的观点。按照这种观点，如我在这里定义的那样，我们不相信平等。我们把优先权给予处境较差者，不是因为这样做会消除不平等，而是出于其他原因。这才是使这个观点具有特点的地方。

和前面一样，我们可以拥有一种混合的观点。我们可以把优先性赋予处境较差的人，部分是因为这样做可以消除不平等，部分是因为其他的原因。但是这样的观点不需要分开来讨论。考虑一下优先论观点的纯粹版本也就足够了。

这种观点与平等主义者的观点如何产生差别？

有一个差别纯粹是结构上的。我们已经看到，平等不可能是我们的唯一价值。如果我们是平等主义者，我们必须拥有某些更加复杂的观点。因此，按照多元主义的目的论形式，不平等是恶的信念与福利是善的信念结合在一起。与此相反，优先论的观点可以被当作一个完整的道德观点。这种观点包含着福利是善的观念。它仅仅添加了让那些处境较差的人接受福利更加重要的观点。与平等原则不同，它可以和功利原则相结合，优先论的观点可以取代这条原则。优先可以视为我们需要的唯一原则。

这一主要差别可以这样引进。我已经说过，按照优先论的观点，我们不相信平等。我们不认为某些人比其他人处境差这一状况本身是恶，或者是非正义。这样的主张会被误解。我们确实认为某些人处境较差是恶。但这种恶并非在于他们的处境比"别人"差。倒不如说他们的处境比"他们"可以达到的处境差。

考虑一下优先论观点的这个核心主张：给那些处境较差的人提供福利更为重要。它同样具有可以使人误入歧途的模糊性。按照这种观点，如果我比你处境差，那么给我福利更重要。但这样做的理由是我的处境比你的处境差吗？这在一个意义上是的。但它与我和你的关系无关。

使用这样一个比喻可能有所帮助。人们在海拔较高的地方感到呼吸比较困难。这是因为他们比其他人所处的位置高吗？这在一个意义上是的。但即使没有人所处的位置比他们低，他们仍旧会感到呼吸困难。以同样的方式，按照优先论的观点，给那些处境较差的人的福利更重要，但这仅仅是因为这些人处在"绝对的"较低的水平上。至于这些人是否"比其他人"差是不相干的。即使没有其他人比他们处境好，给他们的福利仍旧和原来一样重要。

所以，主要的差别是这样的。平等主义者关心相对性，把个人的水平与其他人的水平相比较。而按照优先论的观点，我们只关心人们的绝对水平。①

　　这是一个根本性的结构上的差别。由于这一差别，有几种方式使这些观点具有了不同的含义。

　　有一个例子涉及范围。我说过，目的论的平等主义者可以赋予他们的观点十分广阔的范围。他们可以相信不平等是恶的，哪怕他们认为这些不平等的人之间没有什么联系。但这个观点似乎可疑。如果在某些遥远的岛屿上有一些人生活得比我好，而我对他们几乎一无所知，这件事为什么就是恶的呢？

　　按照优先论的观点，这样的怀疑就没有理由。这种观点天然拥有一个全球的范围。它的目的论的和道义论的形式也都是对的。如果把福利给予两个人中间的一个更加重要，因为这个人处境较差，那么这些人是否生活在同一社团，或者是否知道对方的存在就是不相干的。给这个人福利具有更大的紧迫性并不依赖于他对其他人的关系。它仅仅取决于他自己绝对的较低的水平。

　　由于这些观点间存在的结构性差别，还有其他一些方式会产生不同的含义。在此我不能讨论这些问题。但我已经描述了这些观点会产生最深刻分歧的案例。它们是提出"拉平的反对意见"的案例。平等主义者面对这种反对意见，因为他们相信不平等本身是恶的。如果我们接受优先论的观点，那么我们避免了这种反对意见。我们更加关心处境恶化的人。但如我们已经看到的那样，这与我们关心有没有其他人生活得更好没有什么区别。按照这种观点，什么时候

――――――――――――

　　①　拉兹对这个差别说得很好。他写道："使我们关心各种不平等的不是不平等，而是对等同于其潜在原则的现象的关注。是饥饿者的饥饿，是贫困者的贫困，是病者的痛苦，等等。他们在相关的方面比他们相关的邻居处境差，这是一个事实。但这种相关性并非一种独立的不平等的恶。这种相关性表现在他们的饥饿更大，他们的贫困更紧急，他们的痛苦更深刻，因此是我们对饥饿者、贫困者、受苦者的关心，而不是我们对平等的关心，使我们给予他们优先性。"参见约瑟夫·拉兹：《自由的道德》，240 页。当我们比较不同人的利益时，很容易关注他们的相对水平和绝对水平。按照优先论的观点，如果两个人中有一个处境较差，那么给这个人的福利更加重要。如我已经说过的那样，它们更加重要，因为这个人处在一个绝对的较低的水平上。但在把它称作"较低的"水平时，我不得不描述这些水平之间的关系。这就是我有时候要说：给予人们福利比这些人究竟处于何种较差的处境更加重要。

不平等对人来说不是恶的没有什么意义。要是处境较好的人交了噩运，那么他们的处境会变得与别人一样差，但我们不会认为这种变化是一种较好的变化。

十

我已经解释了按照优先论的观点我们不相信平等的意思。尽管我们把优先性赋予使那些处境较差的人得到福利，但这样做并非因为这样的福利会消除不平等。

可以提出反对意见说，按照优先论的观点，我们应当经常把目标定在平等上。但它还不足以使我们成为平等主义者。以同样的方式，功利主义者经常把平等定为目标，因为不平等有恶的效果。但是功利主义者不是平等主义者，因为他们把平等仅仅视为手段。

值得研究一下这个比喻。把目标定为平等有一个重要的功利主义的理由，但它不是幸福生活方面的理由，而是资源方面的理由。这个理由诉诸"缩小边际利益"，或者宣称，如果资源落入处境较好的人手中，它们能给这些人带来的利益较小。因此，功利主义论证道，每当我们把资源转移给处境较差的人，我们将产生较大的利益，因此可以使结果较好。

按照优先论的目的论版本，我们诉诸相同的主张。我们相信，如果利益趋于处境较好的人，那么这些福利所起的作用较小。正如缩小边际利益的"资源"一样，所以"功利"也缩小了边际的"道德重要性"。按照这些主张之间的相似性，会有第二个相同的倾向平等的论证，不过这一次不是关于资源的，而是关于幸福生活的。按照这个论证，每当我们把资源转移给生活较差的人，作为结果的福利就其本身来说不会仅仅是更大。它们也会，在道德的意义上，更加重要。因此有"两种方式"会使结果更好。

有利于资源平等的功利主义的论证就如内格尔所说，是一种"非平等主义的工具性的论证"。它把这样的平等当作善，而不是把它本身当作善，但仅仅是因为它增加了作为结果的福利的规模。同样的主张也可以用于优先论。在这里，平等是善的也仅仅是因为它增加了这些福利的道德价值。①

然而，还有两个差别。第一，削减边际功利不是一项普遍的法则。在某些案例中，如果资源到了生活较好的人手里，它们会给这些人带来更大的福利。② 所以功利主义者会相信我们应当把资源转移到这些人手中，而这会增加不平等。

相反，减少道德之善的法则相当确定。作为一种道德主张，它总是成立的。按照优先论的观点，给予处境较差的人的福利始终更加重要。这种对平等的论证因此而得到了较为确定的基础。但这并不能使它在种类上有所差别。就像功利主义的论证，它仍旧把平等仅仅当作手段。

第二个差别更加深刻。由于减少边际功利是一种经验的概括，功利主义对平等的论证，以某种方式，是重合的。如果这些人处境较好，给予他们资源会产生较小的福利，只有在这种情况下这个命题为真。

按照优先论的观点则没有重合。如果这些人处境较差，那么给予他们福利更加重要，但这个命题并非仅仅在这种情况下为真。按照这种观点，这些福利更重要乃是"因为"这些人处境较差。这是一个事实，与这些福利的规模无关，但与这些福利的分配有关。在告诉我们要把优先性给予这样的福利时，这种观点具有内格尔所说的"对平等的内在的偏见"。

---

① 我们还可进一步推论。在某些功利主义的论证中，平等起着一种基本原因的作用。它确实是一种手段，因为它有各种好的效果。但是在诉诸减少边际功利的论证中，情况就可能不是这样了。假定，作为功利主义者，凡是在这样做可以增加福利总量的时候，我们开始对资源进行再分配。我们也可能甚至不会注意到，如果我们把这个过程用到极限，资源的平等就会成为结果。甚至当我们注意到这一点时，我们也可以把平等不仅作为手段，而且作为副产品。如果我们确定以平等为目标，这样做似乎像是以一个靶子为目标，而这个靶子仅仅是为了确保我们的箭可以穿过某些预定的点。

② 例如，参见阿马蒂亚·森：《论经济不平等》，15～23 页，牛津大学出版社，1973。森论证说，这对于那些残疾人是真的。但这对于那些身体条件不好的人就很少是真的，它对于那些有某种精神病或精神损伤的人来说似乎有理。如果这样的人得到的各种资源较少，功利主义者必须声称他们应当得到"较少的"资源。而按照森所建议的"弱平等公理"，他们应当得到更多，或者至少不少于其他人。

按照我一开始提出来的定义，优先论的观点不是平等主义的。按照这种观点，尽管我们必须把优先性给予处境较差的人，但这不是因为我们要削减不平等。我们不相信不平等本身是坏的或非正义的。但是，由于这种观点具有这种内在的对平等的偏见，它可以称作在第二种较为松散意义上的平等主义。我们可以说，即使我们采用这个观点，我们仍旧是"非关系性的平等主义者"。

十一

尽管平等和优先是不同的观念，但它们之间的区别经常被忽视，由此带来不幸的后果。

值得说明一下这种区别为什么遭到忽视。第一，尤其是在较早的世纪里，平等主义者经常在战斗，而在这些战斗中这个区别还没有产生。他们要求法律上的或政治上的平等，或者攻击偏袒某些人的特权，或者反对等级上的差别。这些东西不是我们的区别可以加以运用的善的种类。就是在这个地方，这种对平等的要求是最为可疑的。

第二，平等主义者在考虑其他种类的善的时候，他们经常假定，如果平等是取得的，那么平等要么会增加这些善的总量，要么至少不减少这种总量。如果他们在功利主义的术语上思考福利，那么他们可以假设重新分配资源会增加结果性的福利。但若他们只关心资源，那么他们会把资源当作一个固定的总量，认为它不会由于再分配而发生变化。在这两类案例中，平等和优先不会有冲突。

第三，即使有一种倾向平等的运动会减少福利的总量，平等主义者也经常假设这样的运动至少可以给那些处境较差的人带来"某些"福利。在这样的案例中，平等和优先不会深深地发生冲突。因此平等主义者忽略了若非使用拉平的办法就不能获得平等的这些案例。

现在我要提到最近的某些平等主义的观点。其中有些观点尽管是作为平等提出来的，但相关事实很肤浅。这些观点可以再述为关于优先论的观点，然后又会变成比较可疑的观点。但其他观点基本上是论述平等的，不能以这种方式重述。

我们可以从内格尔持有什么样的观点开始。他在对诺齐克的书进行评论时，似乎把平等与优先合并了。他写道：

> 为了把平等作为内在于其自身的善来辩护，人们不得不论证说，改善生活水准较低的人的生活优先于那些生活水准较高的人的更大改善。①

在他的文章《论平等》中，内格尔为此做过论证。在宣布为处境较差的孩子提供福利更加要紧以后，他写道：

> 这种紧迫性并非一定是决定性的。它可以从别的方面来加以衡量，因为平等不是唯一的价值。②

这就表明，面对"为什么这个孩子的福利比较紧要"这个问题，内格尔会回答说"因为这样做可以消除这两个孩子之间的不平等"。但是我怀疑这真的是内格尔的观点。哪怕这个孩子没有处境较好的兄弟姐妹，把福利给予残废的孩子也是正义的吗？按照内格尔的观点，我怀疑回答会是这样的。因此，当内格尔真正诉诸优先论观点时，他是一个有时候使用平等主义语言的作家。③

下面我们考虑德沃金的评论：

> 真正不平等的资源分配也许是最终的恶，某些人有理由后悔，因为他们事实上受到了另一些人已经用来为他们的生活创造了某些价值的机遇的欺骗。④

德沃金为什么要说"其他人已经拥有的机遇"？这表明，如果"没

---

① 杰弗里·保罗编：《解读诺齐克》，203 页，牛津，布莱克威出版社，1981。

② 内格尔：《必朽的问题》，124 页。

③ 同样的评价适用于我的《理性与个人》，117 节，牛津大学出版社，1984。内格尔在他后来的《平等与偏袒》中又回过头来在这些观点中作选择，第 7、第 8 章。

④ 德沃金：《什么是平等？》，第一部分：《福利的平等》，载《哲学与公共事务》，第 10 卷，219 页，1981(3)。

有人”有这样的机遇，那么就不会有恶了。这似乎是错的。真正的恶似乎是他们被别人曾经拥有过的机遇欺骗了。这个为平等的分配所做的论证没有给人们相等的为他们的生活创造价值的机遇。这可以通过拉平的办法来实现。这个论证倒不如说是这样的，一项不平等的分配仅仅给予某些人良好机遇，相同的资源要是应当共享，那么它应当给予每一个人。①

我们现在可以回到按需分配的观念。有几位作家论证说，在这种观念的推动下，我们的目标是获得平等。因此，拉菲尔写道：

> 如果给予需要较大的人比需要较小的人较多的东西，那么意料中的结果是他们各自（或者至少接近）达到同等的满意程度，自然的不平等被矫正了。②

其他人提出了相同的主张。因此，在讨论把多余的资源用于满足病人或残废者的需要时，诺曼写道："潜在的观念是一种平等。这里的目标是每个人都应当尽可能拥有平等的有价值的生活。"就像前面一样，如果这是目标，那么它可以很好地通过拉平的方法来实现。但这不可能是诺曼的意思。他可以通过省略"平等的"这个词来避免这种含义。他可以只说"目标是每个人都应当尽可能拥有有价值的生活"。通过这一修正，诺曼不再能够宣称平等是一个潜在的观念。但我相信这样做会加强他的论证。把按需分配解释为优先论观点的一种形式更加自然。③

然而，有些观念不能以这种方式再解释。例如，柯亨建议说，"对平等主义的正确解读"是，"它的目标是消灭非自愿的不利"④。

---

① 参见哈里·法兰克福：《我们所关心的东西的重要性》，147～148页。如果这些人被这样的机遇所欺骗，而其他人有这样的机遇，那当然是不公平的。我不认为德沃金的观点可以完全按照优先论的术语来解释。但是平等并非唯一的问题，或者说，它只是显得最重要。

② 拉菲尔：《正义与自由》，10页，参阅49页，伦敦，亚塞龙出版社，1980。

③ 但可参见戴维·米勒极好的讨论，《社会正义与需要原则》，见麦克尔·弗利曼、戴维·罗伯逊编：《政治理论前沿》，布灵顿，哈维出版社，1980。

④ 柯亨：《论平等主义的正义的流通》，916页。

他的这种相比较而言的不利的意思是比其他人差。这基本上是一个合理的观念。只有平等能够消灭这样的不利。柯亨的观点不能按照优先的观点来再表达。我们要记住，这种观点认为，某些人生来比其他人能力较强或更加健康，或者通过这些天然的资源分布，某些人的处境比别人差，这些事情本身是恶的，或者是非正义的。柯亨的观点本质上肯定了不平等。还有其他许多案例。例如，艾克写道：

> 正义在整个社会中必须被理解为各种福利的完全平等和该社会每一成员的负担的完全平等。

艾克主张，分配正义的各种公理全都可以解释为具有它们的目标，"尽最大可能重新恢复完全平等的状况"①。

人们有时候会有这样的说法，尽管平等主义者似乎承认平等的内在价值，但它实际上并非如此，没有平等主义者会相信有任何拉平的案例。② 但是，这对某些平等主义者来说是真的，但对所有平等主义者来说不是真的。例如，艾克写道：

> 某些人突然交上好运，也许完全通过他或她自己的努力，这种案例怎么样？……附加的负担应当强加在这个人身上，以恢复公平和保卫正义吗？为什么……把某种附加的负担强加在某些人身上以恢复平等就不是正义的呢？严格讲来，答案就是它是正义……③

艾克承认，按照他的观点，用把负担强加在这个人身上的方法来拉平是正义的。他只相信，在这里应当把正义的主张搁在一边，

① 克里斯托弗·艾克：《作为平等的正义》，载《哲学与公共事务》，71、77 页，1975（秋）。

② 例如，参见罗伯特·杨：《妒忌与不平等》，载《哲学杂志》，1992（11）。但是，杨可以仅仅是在主张，按照我下面将会引入的术语，不存在"强平等主义者"。

③ 艾克：《作为平等的正义》，73 页。

就像效率或幸福的主张一样，它们是能够被搁在一边的。拉平的方法可以是一种好方法，或者说我们这样做有道德上的理由。同样，特姆金写道：

> 作为个人，我相信不平等是坏的。但我"真的"认为，在这个世界上，难道只有某些瞎子在某些方面处在比别人差的处境中吗？是的。这是否意味着我应该认为要是我们每个人都是瞎子就好了呢？不。不平等讲的完全不是这回事。①

还有几位作家发出过这样的主张。②

## 十二

由于某些作家不为"拉平的反对意见"所动，现在让我们来考虑这个反对意见主张什么。这个反对意见诉诸的案例是，如果某些不平等被消除了，那么对某些人来说处境变差了，但又没有使任何人处境变好。我已经说过，这些案例在我们的两种观点之间产生了最深刻的分歧。

按照优先论的观点，我们不反对不平等，除非当不平等对人来说是恶的时候。如果消除不平等不会给人带来任何福利，那么我们认为这样做没有任何好处。目的论的平等主义不同意这种看法。按照他们的观点，不平等"本身"是恶的。这里头蕴涵着不平等是恶，"无论它对人来说是否恶"的意思。

我最后的主张是假定不平等对人来说本身不是恶的。这个假设正当吗？如果我们比其他人处境差，那么这件事本身对我们来说是恶吗？

当然了，不平等可以有恶的影响。例如，要是我比其他人处境差，它会使我受到他们的支配，或者使我妒忌，或者摧毁我的自尊。但这样的后果在这里是不相干的。我们关心的仅仅是我比其他人差

---

① 拉里·特姆金：《论不平等》，282 页。
② 例如，参见阿马蒂亚·森编：《不平等重估》，92～93 页。

这一事实。为了隔离这一事实，我们可以假设我不认识这些人，他们的存在对我不会产生其他后果。在这样的案例中，尽管不平等没有后果，但我的处境比其他人差仍旧是真的。这件事对我来说是恶吗？

这个问题很容易被误解？我比这些人处境差，这对我来说在一个意义上当然是坏事。如果我的处境不比他们差，那么对我来说这种情况会比较好，"因为我过去曾经像他们现在一样幸福"。如果这是真的，那么我的处境会比较好。但这不是相关的比较。"我现在处境不好"对我来说是恶的。但是"他们现在"对我来说也是恶吗？

这有助于重新解释我们的问题。我们不应当问，"我比其他人处境差对我来说是恶吗？"这样的问题暗示着应当用我的处境好来进行相关的替代。倒不如说，我们应当问，存在着其他比我处境好的人，但我不认识他们，这对我来说是恶吗？如果没有这样的人，对我来说会比较好吗？如果这些人从来就不存在，或者他们像我的处境一样差，这对我来说会比较好吗？

对这些问题的回答取决于我们对维护或反对人们利益的看法，在这里有好几种理论。但我只声称，按照这些理论的所有似乎有理的版本，答案是"不"。不平等的事实本身对那些处境较差的人不是恶的。这样的不平等可以是自然的不公平。如果这些人本身处境比较好，那么对这些人来说当然比较好。但若对他们没有任何影响，其他人的处境也像他们一样差，那么对这些人来说这种情况就不会比较好了。①

我们现在可以返回我较早的主张。对于目的论的平等主义者来说，不平等本身是恶的。如果是这样的话，哪怕它对人来说不是恶的，它也必定是恶的。对这些平等主义者来说，不平等是恶，"哪怕它对任何人来说都不是恶"。

这似乎是拒斥这种观点的充足理由。我们可以认为如果它对任何人来说都不是恶的，那么它就不是恶的。但是，在我们提出这个

---

① 相反的观点需要进一步的讨论，参见约翰·布鲁姆：《善的称量》，第 9 章，牛津，布莱威尔出版社，1991。

反对意见之前，我们必须区别这种观点的两种版本。想一想下列替代：

（1）每个人都处在某个水平上；

（2）某些人处在这个水平上，其他人处境较好。

在结果（1）中，所有人都一样好。在结果（2）中，某些人较好。在（2）中存在着不平等，但这个结果不会使任何人处境较差。对目的论的平等主义者来说，（2）中间的不平等是恶的。综合起来考虑，这会使（2）成为一个比（1）差的结果吗？

有些平等主义者回答说，是的。综合起来考虑，这些人不相信不平等始终会使结果变差。按照他们的观点，平等的失去可以用利益总量的充分增长来进行道德上的衡量。但是不平等是一种大恶。它"能够"使结果变坏，哪怕这种结果对每个人都更好。拥有这种观点的人我称之为"强平等主义者"。

其他人拥有不同的观点。由于他们相信不平等是恶，他们同意结果（2）以某种方式较差。但他们不认为它就总体平衡来说，或者综合起来考虑，是较差的。在从（1）到（2）的运动中，某些人会变得较好。对这些平等主义者来说，平等的失去可以用这些人得到的福利来进行道德上的衡量。按照他们的观点，（2）就总体平衡来说比（1）好。拥有这种观点的人我称之为"中等的平等主义者"。

平等主义的这种版本经常被忽视或取消。人们提出来反对强平等主义的标准反对意见是：在他们诉诸的案例中，那些朝着不平等的运动不会成为任何人的恶。然后，他们要么忽视中等的平等主义观点，要么认为它不值得考虑。他们假定，要是我们宣布不平等之恶始终应当用额外的利益来衡量，那么我们的观点必定是微不足道的。[①]

我相信，这是一个错误。如果我们认为平等方面的损失，无论有多大，都能够用利益方面的获得来进行衡量，无论利益有多么小，那么我们的观点确实是微不足道的。但这不是中等的平等主义者的

---

① 例如，参见安东尼·弗洛：《普洛克路斯忒的政治》，26 页，纽约，普罗米修斯出版社，1981；麦克利：《平等主义》，232 页；亦见诺齐克的《无政府、国家与乌托邦》，211 页。

主张。他们主张的仅仅是，在这类案例中，较大的不平等不会使任何人变差，不平等之恶事实上可以用额外的福利来衡量。这一主张可以分成一对主张。一个是平等和功利的相对重要性。另一个是关于这些案例的结构的主张，这一点经常被忽视。如果以某种不会使任何人变差的方式存在着较大的不平等，那么这种不平等必定是从福利转向某些人。除非这些福利也是大的，否则就不会有平等方面的"大的"损失。这些收益和损失大致上是一步步递进的。

在最简单的案例中，这种情况是明显的。考虑一下这些替代：

（1）所有人的点数均为 100；

（2）一半人的点数为 100，一半人的点数为 101；

（3）一半人的点数为 100，一半人的点数为 110；

（4）一半人的点数为 100，一半人的点数为 200。

在从（1）向（2）的运动中，在功利方面会有很小的收益，在平等方面也会有很小的损失。在从（1）向（3）的运动中，平等方面的损失较大，但在功利方面的损失也一样。随着我们在这个表中往下移，收益和损失都会一步步增长。在更加复杂的例子中，情况仍旧如此。如果两个结果之一包含着更多的不平等，但不会使任何人处境变糟，那么较好的处境必定可以获得。如果处境较好者获得大量利益，那么就会有更多的不平等。但同时也会有更多的利益。①

由于这些收益和损失大致上是一步步递进的，因此就存在着空间，使中等的平等主义观点可以拥有重要的位置。中等的平等主义者主张，在所有这样的案例中，功利方面的收益会超过平等方面的损失。这个主张是首尾一贯的，但在其他案例中，情况并非如此。中等的平等主义者可以宣布功利方面的"某些"收益，哪怕"很大"，也"不会"超过平等方面的某些损失。例如，可以考虑一下下面的替代：

---

① 谢利·卡冈曾经建议过一个可能的反例：极少数人变得比其他所有人好。在这里，按照某种观点，利益的获取非常少，平等的失去非常大。按照特姆金的解释，这对于那些认为这种不平等之恶取决于有多少处境较差的人和多少处境较好的人来说是真的。然而，按照其他的观点，我认为这些观点比较有理，平等的失去不会是大的。诉诸有多少比一般水平的人差的人，或者诉诸有多少人比他们好，那么这些观点是真的。

（1）所有人的点数均为 100；

（4）一半人的点数为 100，一半人的点数为 200；

（5）一半人的点数为 70，一半人的点数为 200。

中等的平等主义者相信，和（1）相对照，（4）要好些。但他们也可以宣布（5）较差。这并非一个微不足道的主张。在从（1）向（5）的运动中，处境差的人会有损失，但处境好的人会有三倍的收益。与（1）相比，（5）会在功利方面包含大收益。但是，对这些中等的平等主义者来说，这些收益与道德上的损失相比实在太小了。在这里，他们会选择较小的利益总量，为的是一种比较平等的分布。这就是为什么，尽管是中等的，他们是真正的平等主义者。

现在回到"拉平的反对意见"上来。强平等主义者相信，在某些案例中，向着不平等运动，尽管它不会使任何人变差，但它会使结果变差。这似乎是可信的。我们可以宣称两个结果之一不能变差，即使它不会使任何人变差。要挑战强平等主义者，只要为这个主张辩护就足够了。

但是为了挑战中等的平等主义者，这个主张还不够。中等的平等主义者相信，如果有着较大平等性的结果不会使任何人变差，那么它就不会是一个较差的后果。但是他们的主张只是说，就总体平衡来说，或者综合起来考虑，它不是较差的后果。他们必须同意，按照他们的观点，这个结果"会以某种方式是较差的"。按照他们的观点，不平等是恶，哪怕它对任何人来说都不是恶。为了拒斥他们的观点，我们必须宣布，哪怕这种情况也不是真的。

受篇幅限制，我只能对这种分歧略作评论。人们广泛地假设，如果结果对任何人来说都不是坏事，那么它就不会以任何方式较差。我们可以把这种观点称作"影响个人的主张"。

这种主张可以诉诸作某些关于道德本性或道德推理的观点来加以辩护。例如下面的某些论证。不难看出一项结果会使具体的个人变差。但一项结果怎么会只有"从较差到较差"这样一个循环似乎令人困惑。"较差"这个词的非人格用法的含义是什么？有人提议"较差"（worse）这个词的用法可以用"对……较差"（worse for）这个意思来解释或建构。还有其他一些思路也可以导致"影响个人的主张"，例如有关道德推理的契约主义观点。①

平等主义者可以使用为一种不同的元伦理观辩护的办法来回应。或者说，他们可以论证说，这种主张拥有不可接受的含义，它与我们的某些信念有着过分尖锐的冲突。

特姆金以第二种方式做出回应。他论证说，"影响个人的主张"与我们的许多理想都不匹配。②

特姆金的最佳例子在我看来是诉诸他所谓的"成比例的正义"。他问道，如果"最邪恶的大屠杀的凶手比最仁慈的圣徒遭遇好"，这还不是坏事吗？但这可能对这些人来说都不是坏事。

如果圣徒的遭遇比凶手差，这可以是坏事。但是这个比较因素与争论的问题太接近了：不平等是否恶。所以我们应当把圣徒忘了。凶手的遭遇和他们所做的事情一样好，这是一件坏事吗？如果他们的遭遇较差，情况就会好些吗？

我们可以认为，要是给予凶手应得的惩罚，情况可能就会好些。请注意，在这样想的时候，我们不仅是在宣布他们必须受到惩罚。我们可以认为，如果他们没有受惩罚，这也许是因为他们没有被逮捕，这是件坏事。在这里，恶可以不包含任何进一步的恶行。我们可以认为这是坏事，哪怕他们受惩罚不会给任何人带来好处——也许是因为，如康德的例子，我们的社团行将瓦解。

如果我们接受这种因果报应的观点，我们必须拒斥"影响个人的主张"。我们相信，如果人们没有受到他应得的惩罚，这会是一件坏事，哪怕它不会给任何人带来坏处。如果这是真的，那么不平等之恶也是真的。

即使我们拒斥这种因果报应的观点，像我一样，这个比喻仍旧可以是有用的。考虑一下这样一个主张，希特勒受到了应得的惩罚，但其他人并不认识他。如果我们拒斥这个主张，那么我们的理由何在？光说"还能有什么更好的办法吗，对他来说没有更好的处置方式了"就够了吗？这个评论在我们看来似乎不恰当。我们可以拒斥报

---

①　比如在托马斯·斯坎伦的《契约主义和功利主义》一文中推进的观点，见阿马蒂亚·森、伯纳德·威廉合编：《功利主义及超功利主义》，剑桥大学出版社，1982。

②　拉里·特姆金：《论不平等》，第 9 章。

应，但不是因为它对任何人都没有好处，而是因为我们确实不相信
需要这种自由意志。为我们的所作所为承受应得的痛苦，必须对我
们自己的品性负责，我们也许要相信这以某种方式对我们显得没有
意义。

　　如果这就是我们拒斥因果报应的原因，那么这个比喻仍旧以一
种奇怪的方式反对"影响个人的主张"。在一种意义上，我们相信因
果报应是好的，哪怕它对任何人都没有好处。或者倒不如说，使之
不可能的不是"影响个人的主张"的真理，而是所需要的这种自由意
志的内在松散。我们可以想象自己将要相信的这种自由是不连贯的。
在这个例子中，我们可以同意，我们不能拒斥因果报应仅仅是由于
宣称它对任何人都不是好事。如果这个反对意见不充足，那么为什
么它作为一项反对平等主义的意见就是充足的呢？

　　为了充分接受"影响个人的主张"，我们需要讨论元伦理，或者
道德的本性和道德推理。由于我不能在这里这样做，所以我只能表
达一下看法。① 我认为，影响个人的主张拥有的力量比拉平的反对
意见小，也不能用来加强拉平的反对意见。

## 十三

　　现在我要来总结我说过的内容。

　　我从讨论这个观点开始，如果某些人处境比其他人差，而又不
是由于他们的过错或选择，那么这件事本身是恶的或不公平的。这
种目的论的平等主义的观点似乎非常合理。但它面对"拉平的反对意
见"，这种反对意见在我看来似乎强大有力，但我想，它不是决定
性的。

　　假定我们从做一名目的论的平等主义者开始，但却信服了这个
反对意见。假定我们不能相信，如果以某种方式消除了对某些人来
说是恶的不平等，但这样做却不会使任何人处境较好，这样的变化
会以某种方式是好的。如果我们要营救我们观点中的某些东西，那

---

　　① 另一个对"影响个人的主张"提出的反对意见来自我所谓的"非身份问题"，参见拙
著《理性与个人》，第16章。

么我们有两种替代。

我们可以变成道义论的平等主义者。我们可以相信，尽管我们有时候应当以平等为目标，但这不是因为我们可以因此而使结果变好。然后，我们必须以某种方式解释我们的观点。作为结果的观点可以有一个较为狭窄的范围。例如，它可以仅仅运用于某些种类的东西，诸如合作生产的东西，它也可以仅仅用于某些人之间的不平等，诸如同一社团中的成员。

我们也可以抛弃我们的某些信念。重新考虑一下"分离的世界"：

（1）一半人的点数为 100，一半人的点数为 200；

（2）每个人的点数均为 145。

按照道义论的观点，我们不能宣布，要是从（1）转变为（2），这种状况较好。我们的观点仅仅涉及人们必须做什么，在事务的状态之间不作比较。

我们的替换是转变为优先论。然后，我们就能保持我们关于"分离的世界"的观点。在从（1）转变为（2）的时候，处境较好的人失去的会比处境较差的人获得的多。按照功利主义的术语，这就是为什么（2）比（1）差的原因。但是按照优先论的观点，尽管处境较好的人损失较多，但处境较差的人收益较多。给予处境较差的人的福利会使结果变得较好。我们能够宣布，这是（1）比（2）差的原因。

优先的观点经常与平等的信念一致。但是，如我所建议的那样，它们是相当不同的两种观点。它们可以按照不同的方式受到攻击或保护。目的论的和道义论的观点都是真的。所以，在试图确定我们相信什么的时候，第一步是做出这些区别。尽管不那么令人兴奋，但需要完成分类。直到我们对这些可以替代的观点有更加清醒的认识，我们不能指望确定哪一种观点是真的，或者哪一种观点是最好的观点。

### 附录：罗尔斯的观点

我做出的这些区别如何运用于罗尔斯的理论？

罗尔斯的差异原则似乎是优先论的一种极端版本：把"绝对的"优先权给予那些处境较差的人的福利。然而，存在着三种限制。我们应当在三种情况下运用差异原则：（1）仅仅用于社会的基本结构；（2）仅仅在与罗尔斯的其他原则相联系的情况下运用，这些原则是要求平等的自由和平等的机会；（3）不把这个原则运用于个人，而只用于这些较差的群体的代表性成员。

不是主张应当尽可能使处境较差的群体变好，罗尔斯以一种不那么直接的方式陈述他的观点。他提出过不平等是非正义的某些主张。按照他的观点，某些类型的不平等是否非正义取决于它对最差群体的影响。这些影响取决于什么样的替代方式是可能的。让我们说，不平等"伤害"最差的群体，当没有这种不平等时，这个群体真的能够较好。不平等"有益"于这个群体，当这种不平等不可能有替代时，它们甚至真的会变得更差。

罗尔斯经常宣称：

（A）不平等不是非正义，如果它有益于最差的群体。平等主义者可以接受这个主张。他们会说："即使在这样的案例中，不平等也是恶的。但它不是非正义。这样的不平等，综合起来考虑，由于它有益于最差群体这一事实而被称作正义的。"他们可以添上，这种不平等以某种方式天然地是不公平。这就是巴里所说的"正义的不公"的案例。

罗尔斯的论证并不建议这样的不公平本身是恶的。他似乎按照优先论的精神接受了（A）主张。因此，按照他的差异原则，我们应当给予最差的群体绝对的优先权，如果不平等有益于这个群体，那么它是道德的直接要求。不需要进行一种道德上的平衡，因为没有内在的恶需要衡量。

罗尔斯还经常宣称：

（B）不平等是非正义，如果它伤害了最差的群体。平等主义者可以做出这种主张。但又是在这里，它可以按照优先论的绝对版本得到充分的解释。按照这种观点，如果最差的群体可以变得较好，这就是应当去做的事情。所谓非正义就是没有把这种需要的优先性给予这些人。

我已经建议罗尔斯的观点可以被当作优先论的一种版本。那么它"不能"被当做什么呢？

罗尔斯对进一步问题的回答可以说明这一点。按照他的观点，不平等"不是"非正义，如果它有益于最差的群体，它"是"非正义，如果它伤害这个群体。如果不平等既非有益又非伤害这个群体，那又如何？在这种情况下它就是非正义吗？

假定在某些案例中，可能的替代是这样的：

(1)每个人都处在某个水平上；

(2)某些人处在这个水平上，其他人处境较好。如果我们选择(2)，就会有不平等，这样做不会有益于最差的人。但也没有办法可以使处境较好的人的收益为两个群体的人共享。给处境较好的人的福利，由于某些原因，是无法转移的。由于这种情况，尽管(2)中的不平等不会有益于最差的群体，但对他们来说，也不会使他们更差。

在这样的案例中，按照优先论的观点，我们"必须"倾向于(2)。给予处境较好的人的福利无疑是好的。至于这些福利增加了不平等，这对我们来说，是不用关注的。但若我们是平等主义者，我们可以反对(2)。我们可以宣布(2)中的不平等是恶，或者是非正义。

罗尔斯会同意吗？如果他会，那就表明他不具有这种优先论的一种版本。

按照罗尔斯的观点，不平等显然不是非正义，"如果"它有益于最差的群体。他的意思是"当且仅当"吗？如果不平等无益于这个群体，它就是非正义吗？

回答似乎是肯定的。罗尔斯的第二条原则提到，"社会的和经济的不平等是被安排的，所以它们……应当赋予最不利的人最大的福利"。这个说法与其他答案相吻合。但是他的总的观念是，"社会的全部基本物品……都要平等地分配，除非一项不平等的分配……是为了最不利的人的利益"。同理，罗尔斯写道："所以，非正义只是不能有益于所有人的非正义。"他经常提出这样的主张。[①] 这表明他接受了：

---

① 参阅："不平等在期待中是可以允许的，仅当它会使工人阶级的处境变得更差。"(《正义论》，78 页)"无人会从这些意外事故中得益，除非它以某种方式对其他人的幸福有所增进。"(《正义论》，100 页)"那些得到自然青睐的人可以从他们的好运中得益，但仅仅取决于那些失去利益的人的处境得到改善。"(《正义论》，101 页)"更大的幸运在于以各种方式帮助那些失去这些利益的人。"(《正义论》，179 页)"当它们最大化，或者至少有助于社会中最不幸运的群体的长期展望时，不平等才是允许的。"(《正义论》，151 页)

（C）不平等是非正义，除非它有益于最差的群体。

但是罗尔斯的意思可以不是（C）。在提出这些主张时，他可以假定不同的群体所处的水平是所谓"密切关联"的。一个群体水平的改变也会改变其他群体的水平。① 当这些水平是密切关联的时候，如果不平等不能有益于最差的群体，那么它必定"伤害"这个群体。在这样的案例中，（C）与下面这个命题重合：

（D）不平等是非正义，仅当它伤害最差的群体的时候。

在我提到这些段落中，这可能就是罗尔斯的全部意思。

在他的这本书中的某个部分，罗尔斯直接提到了我的问题。他考虑了一个案例，其中可以替换的情况如下：

（1）两个群体的人都处在同一水平上；

（2）一个群体处在这个水平上，另一个群体处境较好。按照罗尔斯的差异原则，我们会选择哪一种结果？

罗尔斯提出了三个回答。他写道：差异原则"是一种强平等主义的观点，除非有一种分配使双方都较好……倾向于公平的分配"，按照这第一个回答，结果（2）比结果（1）差。这个观点确实使罗尔斯成为主张（C）的一个版本。它告诉我们要避免不平等，除非它有益于处境最差的人。

罗尔斯的第二个回答包含在他用来说明这个案例的差异图中②：

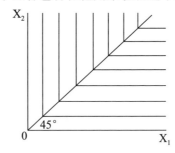

---

① 如罗尔斯所说："提升或降低任何有代表性的人的期望，而不提升或降低其他有代表性的人的期望，这是不可能的。"（《正义论》，80页）尽管他知道这并非总是真的，但他声称他的原则在这种情况不是真的时候也能运用，他在某处写道："假定密切的关联为的是简化差异原则的表述。"在上面引用的所有段落中，这也许都是一个假定。

② 罗尔斯：《正义论》，图表5，76页。

这表明(2)和(1)一样好。按照这个图，(1)会是 45 度对角线上的某些点，(2)会是穿越这个点的水平线。由于这是一个差异图，所有在这条线上的点都一样好。如罗尔斯所写，"无论这些人的状况改善了多少，按照差异原则的观点来看这没有收益，除非其他人也得到收益"。按照这种原则，没有"收益"，但正如这个差异图所蕴含的那样，也没有"损失"。然而在这个部分稍后处，罗尔斯写道："差异原则与效益原则是相匹配的。"这就蕴涵着(2)比(1)好。与(1)相比，(2)对某些人较好，但对任何人都不会较差。

考虑到罗尔斯的进一步假设以及他的原则的用法，这种不一致性在实际中没有什么损害。但作为理论的目标来说，值得问一下这三个回答哪一个是罗尔斯的真正观点。如果他接受第一个或第二个回答，那么他就不能拥有优先论的一个版本。这会影响到可以用来为他的观点进行辩护或反对他的观点的那些论证。

我相信第三种观点是罗尔斯的真正看法，尽管经常缺少他的文本支持。他会接受的不是(C)，而是(D)。按照他的观点，只有在不平等使那些处境较差的人更差的时候，不平等才是非正义。这是蕴涵在他的差异原则文本中的意思。按照这个原则，如果我们不能使其他群体较好，那么要是能够做到的话，我们应当使处境最好的群体变得更好。也就是说，我们应当以某种无益于其他任何处境较差的人的方式"增加"不平等。

更为重要的是，这是我们在罗尔斯主要论证的引导下得出来的看法。从原初状态的观点看，当这样做不会恶化那些处境较差的人的状态时，我们显然倾向于把利益给予处境较好的人。我们全都知道，我们可以"成为"处境较好的人。按照罗尔斯的假设，如果我们"处在"不会限制其他人的收益这样的状态下，那么我们不会限制我们的收益。在描述他的各派动机时，罗尔斯写道："他们也不会试图取得与他人相对而言的收益……他们会尽一切可能努力获取一种最高的绝对的绩效。他们不希望提高或降低他们对手的绩效，他们也不寻求最大化或最小化他们的成功与其他人的成功之间的差异。"

如上述评论所提议的那样，罗尔斯的观点不仅仅是与优先论的观点相吻合。按照他的主要论证，从内容来看，它"必定"是这类观点的一个版本，因为它必定涉及绝对的而非相对的水平。按照差异原则，我们应当尽可能使最差的群体生活得好。在这样做的时候，我们是在减少还是增加不平等是极为不相干的事。这就表明，按照我的定义，罗尔斯至多是一个非关系论的平等主义者。

然而，罗尔斯的观点不仅仅是优先论的一个版本。如果是的话，那么它无疑是一种极端的观点。如果我们不是平等主义者，不关心某些人是否"比其他人"生活得差，那么很难看出我们为什么要把绝对的优先权给予那些处境较差的人。这种观点似乎太极端了，哪怕是在罗尔斯的案例中，它也只能运用于社会的基本结构，运用于最差的群体中的代表性成员。如果我们不关心相对的水平，为什么还要把最小的福利给予实际上无数的有代表性的最差的人，而不是把更大的福利给予其他有代表性的人呢？

为了解释罗尔斯观点的这一特点，我相信，我们应当重新引入平等的道德重要性。我指出过，反对天然不平等的一种意见是罗尔斯理论的根基之一。罗尔斯本人主张，在解释正义的时候，平等分配是天然的第一步，并且通过提及可以为之辩护的我们的最终原则来为正义提供基准点。

如巴里所注意到的那样，这表明捍卫罗尔斯的差异原则有一种不同的方式。① 首先，我们论证平等，诉诸自然彩票的偏袒。然后，我们允许偏离平等，只要这些偏离没有伤害那些较差的人。按照罗尔斯的话来说，这就解释了为什么最差的人也有投票权，以便使他们的福利能够拥有绝对的优先权。

选译自［英］Mattew Clayton ＆ Andrew Williams 编：《平等的理想》，小麦克米伦再版有限公司，2000。 王晓朝译。

---

① 参见巴里：《正义诸理论》，第 6 章。

[德]哈贝马斯（Jürgen Habermas，1929—　）

《商谈伦理学的诠释》(1992)（节选）

# 《商谈伦理学的诠释》（1992）（节选）

## 一、论实践理性之实用的、伦理的和道德的应用

实践哲学的讨论一直都是从三个来源中获取营养的——亚里士多德伦理学、功利主义和康德的道德理论。在这个紧张激烈的论辩场上，有两个派别还与黑格尔相关，后者本打算通过其客观精神之理论及将道德"扬弃"为德行之理论，使古典的集体的自由思想与现代的个体的自由思想合而为一。共同体主义者继承了黑格尔遗产中相当于亚里士多德财富伦理的那个方面并丢弃了理性上合法的普遍主义，而商谈伦理则利用了黑格尔理论中对绝对命令的一种主体间性的解释的认可，同时又无须付出将道德历史性地"消解于"德行之中这样一种代价。像黑格尔一样，商谈伦理力主正义与团结之间的内在关联，却又是本着康德的精神。它试图表明，道德原则的意义是从一种无法回避的预先设定的内容中解释出来的，而所谓预先设定是指只有与他人共同进行的那样一种论辩实践。对于我们依之可以对实践问题进行公正评判的那一道德基点，当然可以有不同的解释。然而这一基点并非是供我们随便使用的，因为它是源于理性商谈的交往形式之本身。任何参与这一以相互理解为宗旨的行为的反思形式的人，都会直觉到它的存在。就这一基本设定而言，商谈伦理是沿袭着康德的传统的，但又不致陷入那些从一开始便已将矛头

指向一种抽象的信念伦理的反对者们的抨击。的确，商谈伦理是通过一种被狭义理解了的道德概念来专注于有关正义之问题的探讨的。但它既无须忽视为功利主义所正当要求的对行为后果的评定，又无须将为古典伦理学所强调的有关善的生活的问题从商谈性的商议中排除出去——并将其留给非理性的感受性观点或决断。就此而言，商谈伦理这一称谓或许就已招致了一种误解。商谈伦理以这样或那样的方式涉及到道德的、伦理的和实用的问题。对这一区分，我想在下面加以阐述。

与现代理论相同，古典伦理学也是以这样一个问题为出发点，这一问题是任何一位在某一特定情况下面临着实践上有待于解决的任务而犹豫不决因而有着寻求方向之需的人所遇到的：我应当怎样做？我应当做什么？这一"应当"包含着一种并非独特的意义，只要相关的问题以及这一问题应当予以解决所基于的角度并没有得到进一步的规定。我打算首先依据实用的、伦理的和道德的课题之线索，对实践理性的应用进行区分。从合目的性、善和正义的角度来看，实践理性分别提供不同的功用。与此相应，理性和意志的状况在有关实用的、伦理的和道德的商谈中也各不相同。最后，道德理论只要脱离了以第一人称单数提出来的问题之视角，便触及一种他人意志的现实，这种现实提出了另外一种类型的问题。

（一）

在各种各样的场景中，我们都会遇到实践问题。这些问题都"必须"得以解决，否则便会产生后果，这些后果在最简单的情况下也会引起麻烦。例如，在每天都要骑的自行车坏了的时候，在遇到病痛的时候，在发现没有钱来满足某种愿望的时候，我们都必须对该怎么办作出决断。于是我们就会针对那一我们必须完成的任务，在各种各样的行为可能性中为一种理性的抉择寻找理由，如果我们想要达到某一目标的话。然而目标本身也会发生问题，比如说，如果一个即将到来的度假计划突然无法实现或者必须对职业进行选择。无论是想去斯堪的那维亚或者想去爱尔巴或者在家待着，无论是打算立即上大学还是先当学徒，想当医生还是想做出版商，这一切都首先取决于我们在某一种情形下完全自由的优先考量。于是我们便再一次为一个理性的抉择——这一次是在不同的目标本身之间——寻找理由。

在下述两种情况下，人们以理性的方式应当做出的事情，部分地取决于人们想要做的事情：这里要么就涉及在目标给定的情况下的一种对手段的理性的选择，要么就涉及在现有的优先考量给定的情况下对目标的理性的权衡。我们的意志实际上已是通过愿望与价值确定好了的；它的其他的规定性仅取决于对手段或对目标的不同选择。不论是修理自行车还是医治病人，这里仅涉及适宜的技术手段，涉及赚钱的战略，涉及度假计划及职业选择。在复杂的情况下，甚至还需要发展出决策得以形成的战略来——于是理性就要弄清楚它自己的发生情况，并且变得具有反思性，例如可以以一种理性选择之理论的形态。只要我应当做什么这一问题涉及这样一些实用的任务，则所需要的便是我们根据经验资讯、基于效益的原则或借助于其他决策规则所作出的观察、研究、比较和权衡了。这里实践上的思考是在目的合理性的视域内运转的，其目的在于寻求合宜的技术手段、战略或方案。这种思考所导致的是在简单情况下具有相对命令之语义学形式的那些建议。康德就谈到过有关机敏方面的规则、关于机智方面的建议以及技术上实用上的命令。这些便使原因与效果依据价值上的优先考量和目标的设定置于一种相互的关系之中。它们所体现出来的指令上的含义，可以理解为一种相对的应当。行为指令告诉人们，在遇到一个特定问题时应当或必须做什么，如果人们打算实现某种价值或目标的话。当然，一旦价值本身出了问题，则我应做什么这一疑问便越出了目的合理性的视域。

在碰到诸如职业选择这样的复杂抉择之时，则情况就根本不是与实用的问题相关了。想进入出版社管理阶层的人，或许会考虑，是先做学徒还是直接进大学深造更合乎目标。但谁要是连他到底想干什么都不清楚，则他所面临的便完全是另外一种局面。于是对职业及所学专业方向的选择便与一种意向的问题相关，或者这样的问题：他对什么感兴趣，什么样的活动或许能使他得到满足等。这一问题越是严重，它便越是尖锐地关切到这样一个疑问：他想要过一种什么样的生活。这就意味着：他是一个什么样的人且他想做一个什么样的人。谁要是在关系到生活的重大决策上不知道他想要什么，最终便会询问，他是一个和他想做一个什么样的人。对日常不重要的选择决断，是无须作论证的。对喜欢什么样的汽车或毛衣这样的事，是没有人追究自己或他人的责任的。而"重要的"优先考量，我们依照查尔斯·泰勒（Charles Taylor）称之为这样的价值：它们不仅涉及偶然的爱好、意向，而且关涉一个人的自我理解、生活方式和品格。它们与该人自己的同一性是交织在一起的。这一状况便使得有关生活的决定不仅赢得了其重要性，而且还赢得了一种关联。通过这一关联，这些决定不仅产生了被论证的需求，而且也得到了进行论证的能力。自亚里士多德以来，重大的价值方面的决断是当作善的生活中的现实的问题来处理的。一种不适宜的决定——找错了对象或选错了职业——会导致生活的失败。在此意义上不仅致力于可能性及合目的性，而且亦致力于善的那种实践理性，便是在伦理学领域起作用的，如果我们沿袭古典的语言用法的话。

重大的价值内容是与一种自我理解的关联交织在一起的。人们是怎样理解自己的，不仅取决于人们对自己如何描述，而且也取决于人们所追寻的样板。自我的同一性同时也决定于人们是怎样来看待自己和打算怎样来看待自己——人们把自己想象成什么样的人，并且根据一个什么样的理想来规划自己及其生活。这一对生活的自我理解从核心上来看是可以估价的，并且戴着同所有价值内容一样的双重面孔。在它这里两个因素是交织在一起的：有关自我之生活历史发生过程的描述性的因素以及自我—理想的规范性的因素。要想对自我理解获得一个清晰的把握或者对自我同一性获得一个现实的确证，就需要有一种汲取性的理解——即对自己的生活历史及对规定了自己的塑造过程的传统和生活关联的汲取。如果固执的不切实际的幻想插了进来，则这样的解释学意义上的自我理解便会尖锐化为一种反思，这反思能使自欺得以消解。对生活历史及其规范性意义上的关联的批判性的把握，并不会产生出一种价值中立的自我理解，毋宁说以解释学的方法所获得的自我描述是内在地与一种同其自身的批判性的关系联系在一起的。一种深化了的自我理解，使带有或者至少是含有一个具有丰富的规范性内容的生活规划的那些观念得以改变。这样一来，重大的价值内容便能够凭借解释学意义上的自我理解的方法得到论证了。

在人们搞清楚了他们是一种什么样的人以及他们想做什么样的人这一点之后，他们就可以根据更好的理由在学习企业经济与学习神学之间做出选择。伦理的问题一般而言是依据下述这样一种绝对命令得到回答的："你必须从事一种可以使你能够拥有助人之感受的职业。"这句话中的命令式的内涵可以理解为是一种应当，这一应当并不依赖于主观的目的和优先考量而又不是绝对的。你"应当"或者"必须"做什么，在这里具有这样的意味：这样去做的话对于你从一个长远的角度来看、从整体上看都"是好的"。正是在这个意义上，亚里士多德才讲到了那些通向善的和幸福的生活之道路。重大的价值是以一种为了我而绝对地设置出的目标为取向，即以自给自足的、自身携带着其价值的那样一种生活方式的最高的善为取向。

只要我的行为触及他人的利益并导致冲突——而这一冲突应当公正地也就是说应当基于道德的视点加以解决——之时，我应当做什么这一问题便再次改变了其内蕴。通过一个鲜明的对比，人们便可发现问题的一种新的品质已经参与了进来。

实用方面的任务是从某一以自己的目标及优先考量为出发点的行为者的视角中提出来的。就此而言，道德问题根本就是提不出来的，因为其他人的价值仅在于充当我们实现自身行动计划的手段或有限的条件。在战略性的行为中，参与者均设想：每个人都是本着自我中心的原则，基于自己的利益来决策的。在这样一个前提下，竞争者们之间从一开始便有着一种至少是潜在的冲突。这一冲突可以一直进行下去，可以得到限制和控制，也可以为了双方的利益而得到调解。然而，如果没有一个视角与观点的彻底的转换，人与人之间的冲突是不会被参与者们看成是一个道德问题的。假如我只有以将重大的事实隐瞒起来的方式才能弄来急需的资金，那么从实用的视角来看，我们唯一所能指望的就是一种欺骗伎俩的可能的成果了。谁要是认为这种做法的可行性有问题，他也就提出了另外一种问题，即道德的问题：是否所有的人都能同意，在我的这种情况下每个人都按同样的准则来行事？

即便是伦理问题也绝非要求与自我中心的视角彻底决裂。这种视角与我的生活的目的是联系在一起的。就此来看，其他的人、其他的生活历史和利益状况，便仅就他们是如何在我们的主体间所分享的生活形式这一框架内与我的同一性、我的生活历史和我的利益状况交织在一起这一点而言，才具有意义。我的受教育的过程是在一种与他人共享的传统之关联中实现的，我的同一性也留有集体之同一性的印记，我的生活历史也融入了绵延的历史的生活之流里。就此而言，在我来看是好的那样一种生活，也与我们共同的生活形式相关。因此，在亚里士多德那里，个体的伦理是深深地融于公民的城邦之中的。然而伦理问题有着与道德的问题不同的目标：对人与人之间源于利益分歧而产生的行为冲突进行调节，在这里还算不上是题目。我是否愿意成为这样一种人，即在某一紧急的情况下对一匿名的保险公司进行一次小小的欺骗，这并不是一个道德的问题，因为在这里所涉及的是我的自尊，或许也涉及别人对我的尊重，而并不涉及对每个人的那样一种同等的尊重，即每个人对所有其他人的完美性的那样一种对等的尊重。

　　然而，一旦我们对自己的准则与其他人的准则之间的一致性进行检验，我们也就接近到了道德的观察方式。康德称准则为那些基于情状的、或多或少琐碎的行为规则，个人的实践是习惯性地以这种行为规则为指导的。它们减轻了行为者日常决策的负担，并多多少少坚实地构成了一种能够使行为者的品格与生活方式得以映现的生活实践。康德首先注意到的，是根据职业状态区分开来的早期市民社会的那些准则。这些准则共同构成了一个由实践中的习俗组成的网络的最小单位，这些习俗使一个人（或一个团体）的同一性及生活规划得以具体化，它们调节了人们的日程、行为的风格、处理问题和解决冲突的方式等。准则构成了伦理与道德的交接面，因为它们同时既可以从伦理的角度亦可以从道德的角度得到评价。可以略施小小的欺骗之伎俩这一准则，或许对于我来讲并不好，如果它不符合我所追求和认可的一个人的形象的话。这同一准则或许同时也是不正当的，如果对它的普遍的遵循不能给大家带来同样的好处的话。一种对准则的检验，或者一种由我想如何生活这一问题所引导的使准则得以形成的启迪学，运用实践理性的方式完全不同于如下一种思索：从我的角度来看，一种普遍被遵循的准则是否适合于对我们的共同生活进行调节。在前一种情况下所检验的是一种准则是否对我有好处并与场合相适应；在后一种情况下所考虑的是我能否愿意：一种准则作为普遍的法律为所有的人所遵守。

前一种情况所涉及的是伦理上的思考，后一情况所涉及的是一种道德性质的思索，当然还仅是一种狭义上的。因为这一思索的结果还总是与某一个体的个人的视角联系在一起的。我的视角是由我的自我理解所决定的，并且是以这样一种方式，即我想如何生活这一点可以允许我对欺骗伎俩采取一种无所谓的态度，如果其他的人在同样情况下也这样做并使我成为其诡计的牺牲品的话。甚至连霍布斯也都知道这样的黄金规则，根据这一黄金规则，上述的那个准则在某种情况下也是可能得到辩护的。一个人想要什么权利，别人也有权得到，这一点在他看来是一种"天然的法则"。从一个根据自我中心的立场所进行的将准则普遍化的试验中，还得不出一种准则会被所有的人认定为其行为的道德准绳这样的结论来。这一结论只有在我的视角与所有其他人的视角更多符合一致的前提下，才会是正确的。只有当我的同一性和我的生活规划反射出了一种普遍适用的生活形式之时，以我的视角来看毫无差异地有益于所有的人的那种事物，从实际上看也的确会合乎所有的人的利益。

只有一种绝对命令才与黄金规则(己所不欲，勿施于人)的自我中心主义决裂。根据这一绝对命令，一种准则只有在下述情况中才是正当的，即所有的人都能愿意它在类似的情形下为每个人所遵守。每个人都必须能够同意这一准则成为我们行动的一个普遍的法则。只有所有的当事人都认可其普遍化之能力的那样一种准则，才能够被看成是一种规范——它能为所有的人赞同和认可，也就是说它具有道德的约束力。我应当做什么这一问题便从道德的角度通过人们应当做什么这一关联而得到了回答。道德要求是绝对的或无条件的命令，这一命令使有效的规范得以表达或者暗含着与这种规范的关联。只有这种要求的命令上的含义可以理解为是一种应当，这种应当既不依赖于主观的目的与优先考量，又不依赖于一种对我来说良好的、成功的或无过失的生活之绝对目标。人们"应当"做什么或者"必须"做什么，在这里不如说是有着这样的意义，即这样做是正当的因而是一种义务。

(二)

根据问题的状况，"我应当做什么"这一疑问便分别赢得了一种实用的、伦理的和道德的意义。而所有这些层面又都涉及对基于可供选择的行为之可能性所作出的决策进行论证。但实用的任务所要求的行为类型与伦理的和道德的行为类型不同，其相应的问题所要求的答案的类型与伦理的和道德的答案类型也不同。以价值为导向的对目的的权衡，以及目的合理性意义上的对手段的权衡的作用在于，对我们在客观世界为了达到一种预期的状态必须如何行动这一点进行理性的抉择。这里从本质上讲，涉及对经验问题的澄清以及对理性选择的追问。相应的实用性商谈的目的在于推荐合适的方法和可实施的规划。这与涉及全部生活实践之方向的一种重大的价值决策的合理的准备工作不同；在这准备工作里牵涉一个个体对其自我理解的解释学意义上的理解，牵涉有关我的成功的或无过失的生活方面的现实问题。相应的伦理—实存的商谈的目的，在于为有关生活的正确方向和个人生活方式之形成提供建议。但这又与关于行为和准则的道德判断不同。道德判断的作用在于，基于人与人之间由利益之相异所导致的使受到调节的共同生活出现混乱的冲突，来对合法的行为期待进行阐释。在这里所涉及的是对使相互的义务与权利得以规定的规范进行论证和应用。相应的道德—实践的商谈的目的在于，为在由规范所调节的行为领域中发生的冲突的公正的解决方案达成协议。

因而，实践理性之实用的、伦理的和道德的应用有着这样的目的，即提供技术上、战略上的行为指导，提供现实的建议与道德判断。我们称实践理性为对相应的（道德）命令进行论证的能力，借此不仅"必须"或"应当"的语内表现行为的意义要根据行为状况和待做出的决策进行调整，而且那应当由理性地论证过的命令所决定的意志的概念也要有所改变。实用的建议中的那种因主观的目的与价值而具有相对性的应当，取决于某一主体的意欲，这一主体是根据自己的偶然作为其出发点的立场和优先考量来进行明智决断的：理性抉择之能力并不延伸到利益与价值取向本身，而是将利益与价值取向作为既定的先决条件。现实的建议中因良好的生活之目的而具有相对性的应当，是针对以自我实现为方向的努力的；也就是说，是针对决心过一种真实生活的个体的决策能力的：生存上的决策能力或者完全的自我选择，是在生活历史的视域内持续地起作用的，个体能从这生活历史的轨迹中了解到他是一个和他想当一个什么样的人。道德要求之命令意义上的应当，最终是针对一位依据自我设定的法则行动的人的那种打着着重号的自由意志：就其完完全全为道德洞察所决定而言，唯有这一意志是自主的。对于来自实践理性的意志的规定而言，道德法则的适用领域内的界限既不是通过偶然的爱好，也不是通过生活的历史及个人的同一性来划定的。只有为道德洞察所引导的因而完完全全是理性的那种意志才称得上是自主。在这一理性意志里，意欲中的或者有关一种独特的、同时又总是真实生活之决定中的所有非自主的特性已被清除殆尽。然而康德把自主的意志与全能的意志混为一谈；为了能将自主意志视为绝对占主导地位的东西，康德不得不把它推入理智之领域，而在我们所认识到的世界里，自主意志的现实性却仅与以下一点有关，即善良的理由的行为力量如何能够靠着其他动机的力量而坚持到底。于是我们在现实的日常用语中，称被正确认识到了的然而是弱的意志为"善良"意志。

总而言之，当实践理性是从合目的性之角度得到应用之时，它所针对的是根据目的合理性原则行动着的主体的意欲；当它是从善良之角度得到应用之时，它所针对的是真实地进行着自我实现的主体的决策力；当它是从正义之角度得到应用之时，它所针对的是具有道德判断能力的主体的自由意志。在每种情况下，理性与意志之间的状况以及实践理性之概念本身都各不相同。"我应当做什么"这一问题的意义当然不仅使回答者、寻求答案的行为者的状态得以改变，而且提供信息者——实际思考之能力本身的状态也发生变化。总之，依据所选择的角度人们可以得出有关实践理性的三种不同的、相互补充的阐释。而三个伟大的哲学传统仅分别涉及这些阐释中的一种。在康德那里，实践理性与道德性是混在一起的，理性与意志仅在自主性中达到了同一。在经验主义那里，实践理性仅局限于其实用意义上的应用，用康德的话来说，它已被简化为理智活动的合目的性的利用之能力。在亚里士多德的传统中，实践理性扮演了一种使一个习俗化了的伦理之生活历史的视域得以阐释的判断力的角色。在每一种情况下，人们都期待着实践理性的另外一种功用。这一点体现在实践理性起作用的各式各样的商谈之中。

(三)

我们用以对技术上和战略上的建议进行论证的实用的商谈，与经验商谈有某些类似之处。实用商谈的作用在于，将经验知识与假设的目标设定及优先考量联系在一起，并且根据作为根基的准则对（并非是基于完善的信息之上的）决策的后果进行评估。技术上或战略上的建议的有效性，最终来源于作为这建议之基础的经验知识。其有效性与建议之接受者是否决定对行动指令加以采纳这一点无关。实用的商谈涉及可能的应用关联。这种商谈只是通过行为者主观的目标设定和优先考量与他的实际的意志之形成相联系的。在理性与意志之间并无内在的关联。而在伦理—实存的商谈中情况就不是这样，因为论证形成了一种使观念发生变化的理性的动机。

在这样的自我理解的过程中，商谈参与者与行动者的角色是重叠的。谁要想对他的生活弄得清清楚楚，对重大的价值决策进行论证，使其自我同一性得以确认，那么他在伦理—实存的商谈中是不能被别人所取代的，别人既不能代他作为当事人，也不能代他作为证明者。然而这恰恰就是商谈，因为即便是在这里，论证的步骤也不可以是随意的，必须是具有主体间的可理解性。个体要想赢得与自己生活历史的反思性的空间，只有在一种生活形式的视域中才能实现，这种生活形式是他与他人分享的并且构成了他们各自不同的生活纲领的关联。共同的生活世界的成员是那些潜在的参与者，他们在自我理解的过程中扮演着未参与的批评者那样的催化性的角色。这可以进一步区分为某一分析家的治疗性的角色，只要可普遍化的现实的知识参与了进来。当然，这种现实的知识本身恰恰是在这样的商谈中形成的。

自我理解涉及一种独特的生活历史的关联，并导致了有关对某一特定的人什么是好这一点的价值评估性质的陈述。这样的评价——它是基于一种既被意识到了又被把握住了的生活历史的重建——具有一种独特的语义学的状态。因为"重建"在这里并不只意味着对自我的一种塑造过程的描述性的把握；它同时还意味着一种对已获得的因素进行批判性的清理和重组性的排列，就其自身的过去借助于现实的行为可能性的映照、被认可为一个人们未来想做并想一直做下去的那样一种人的塑造之历史而言。"设计好了的规划"中的存在主义的思想人物阐明了那些重大价值的两重性的特点，这些价值是通过对自身生活历史的批判性的把握而赢得论证的。在这里，形成过程与有效性并不是像技术上和战略上的建议的情形那样相互脱节。只要认识到，什么对我是好的，我也就以某种方式给自己做出了建议——这就是一种自觉的决策的意义。只要坚信一个现实建议的正确性，我也就已决心依照忠告对自己的生活重新进行定位。另外，我的同一性在一种变化了的自我理解之反思性压力面前，只有在下述情况下才具有可缩性的或者说是无抵抗力的，即如果这同一性服从于与伦理—实存的商谈本身同样的真实性之标准的话。从接受者这边来看，这样一种商谈已经以他追求一种真实性生活的努力为前提条件，或者是以一个患有不治之症的病人的病痛压力为前提条件。就此而言，伦理—实存的商谈与一种自觉的生活方式的在前的目的是密不可分的。

## （四）

在伦理—实存的商谈中，理性与意志是互为规定的。这样一来意志便被编织在已被谈论到的生活历史的关联之中。参与者在自我理解的过程中，是不可以从他们所实际存在于其中的生活历史或生活形式里逃脱出来的。而道德—实践的商谈则要求与所有已成习俗的具体德行的自我理解性实行决裂，要求与自己的同一性密不可分地交织于其中的那些生活关联保持距离。只有在一种普遍扩大了的商谈的交往前提下——这商谈是为所有可能的当事人所参与，并且在商谈中他们能够基于一种设定的立场通过论证对规范及行为方式的总是可以引起质疑的有效性之要求表达态度，才能建构起每个人的视角与所有人的视角重叠在一起的那样一种较高层次的主体间性。这种不偏不倚的基点超越了每个参与者自身视角的主观性，而又并没失去与参与者表述行为之立场的联系。一种所谓理想的观察者的客观性，或许会封闭导向有关生活世界的直觉性知识的通道。道德—实践的商谈意味着我们的交往集体在内在视角上的一种理想化的拓展。在这样一种论坛上，只有那些使所有当事人的共同利益得以表达的关于规范的建议，才能赢得经过论证的赞同。就此而言，在商谈中得到论证的规范能使下述两者同时都发挥效力：对往往是存在于所有人的共同利益之中的那种事物的洞察，和对将所有人的意志不加压抑地收纳于自身的那种普遍意志的洞察。就此意义而言，由道德的理由所规定的意志并非外在于论辩性的理性，这一自主的意志已完全内在于理性之中了。

因此，康德相信实践理性只有作为这样一种对规范进行检验的主管者才能完全得以复苏，并与道德性恰好相合。我们对绝对命令给予的商谈理论意义上的阐释，却揭示了那种仅仅专注于论证之问题的理论的片面性。只要道德论证是建立在一种普遍化之原则的基础上——而这一原则迫使商谈的参与者在不考虑具体的情境以及现有的动机或机制的前提下对有争议的规范进行审查，看它们能否获得所有当事人深思熟虑的赞同，则按此方式得以论证的规范究竟如何能够得到应用的问题便尖锐了起来。有效的规范之抽象的普遍性归功于下述情况：它们只有以非关联化之形态才能经得住普遍化的检验。然而在以抽象的形态的条件下，规范只能是在那样一种标准的情况中才能不顾具体环境地得到应用，这种标准情况的特征从一开始便通过规则的如果—成分作为应用之条件得到考虑了。而现在每一规范的论证都必须是在一种有限的，也就是说，处于历史之中的并且相对于未来而言是目光狭窄的精神之正常的局限性之内进行的。因此它无法肯定明确地将可以使事先无法看到的个别情况在未来得以标识的所有特征均考虑进来。基于这一理由，规范的应用便要求有一种对自身权利的论辩意义上的阐释。这样一来，判断的不偏不倚性便无法再一次通过一条普遍化的原理得到保障；在有着关联之敏感性的应用问题上，更应依靠实践理性本着一种适宜性之原则来发挥效力。即在这里必须指出被认定是有效规范中的哪一种规范，在所有重大的尽最大可能完整地把握到的情状特征均明了的情况下，对于某一给定的事例而言是合宜的。

应用方面的商谈自然与论证方面的商谈一样只是一种纯粹认识论意义上的活动，因而并不能为道德判断同行为动机的分离提供一种补偿。道德命令之有效性，与该命令的接受者是否也竭尽力量去做被认为是正确的事情这一点无关。他的意志的自决权无疑含有对他能否根据道德洞察来行动的考量，然而道德洞察还不能引发自主的行为。被我们用规范性词句联系在一起的有效性之要求具有某种承担义务的力量。义务，借用康德的用语，是意志的一种出于道德命令之有效性要求的善意。使这样一种有效性之要求得以支撑的理由并非全然无效这一点，表现在一种内疚上，这种内疚在我们违心地做事之时便折磨我们。内疚之感对于违背义务之行为而言，是一种清晰的指示器。但这种感受只有在我们知道我们没有什么好的理由去选择其他行为之时，才会出现。内疚之感显示了意志的一种分裂。

（五）

从自主意志里分离出来的经验意志，在我们的道德学习之过程的动力学中起着一种显著的作用。因为意志的分裂只有在下述情况里才是意志之弱点的一种症状，即为意志所抗击的道德要求的的确确是合法的，且在现有条件下是应有的。然而出现偏差的意志的这种叛乱，正如我们所知道的那样，也时常使被僵化的道德原则排除在外的异己的声音、人类尊严受到损伤的完整性、失效了的认可、被忽视了的利益和被否认了的差异暴露了出来。

由于一种已成为自决权的道德的基本原理提出了一个与认识相类似的要求，因而其有效性同其产生过程就像在实用商谈中的情形那样再一次分离开来了。在一个绝对有效性之外表的后面，可以隐藏着一种纯粹的有着实现之能力的兴趣。这一外表很容易就形成了，更何况道德命令的正确性，并非像技术上或战略上建议的真理性那样，与接受者的意志处于一种偶然的关系，而是应当与这种意志合理地即内在地结合在一起。为了打碎那种有选择地被领悟的、带着关联之敏感性得到应用的普遍化之原则的虚伪的、纯粹妄称出来的普遍性之枷锁，就总是需要有——直到今天仍是这样——社会运动和政治力量，以便从痛苦的经历中，从受辱者、受伤者、被害者无法愈合的伤痛中，学到下述这一点，即绝不可以道德普遍主义的名义来排斥任何一个人——不论是无特权的阶级，受剥削的国家，受指使的妇女，还是被遗弃在社会边缘的少数民族。谁要是以普遍主义的名义来排斥拥有局外人之权利的异己，他也就背叛了普遍主义本身的理念。只有对个体的生活历史及特殊的生活形式采取一种完全开放的态度，普遍主义的对所有的人的同等的尊重、与拥有人之面貌的所有的人的团结，才能得到证实。

这一思考已经超出了个体的意志之形成的界限。至此，我们已经沿着"我应当做什么"这一传统问题的线索对实践理性之实用的、伦理的和道德的应用进行了探讨。如果现在问题之视角从第一人称单数转移到第一人称复数，则出现变化的就不只是这一思考的论坛了。到目前为止，个体的意志依其理念是在一个公开的论辩之后形成的，从内心上看这论辩仅是为意志的这一形成着想的。而在道德触及道德性之边界的地方，问题就并不在于视角的从独白式思维的内在性向商谈的公开性的转换，而在于整个问题本身的一种变化：所变化的是其他主体扮演的角色。

道德—实践的商谈的确摆脱了通向自我成就及自我生活的视角，而这一视角与实用的和伦理的思索还是紧密相连的。然而即便是对规范进行检验的理性，也会在一种表演出来的、因为是假装扩大和进行的论辩中，遇到异己仍是对手的情况。只要异己作为一种现实的对立面并带着自己的不合理的意志出现，便会产生新的问题。属于集体性意志之形成条件的，首先就是异己意志的这种现实性。

从行为者的多样性之状况，从一种意志的现实性与其他意志的现实性同时发生这样的双重不确定性之条件中，产生了另外一个问题，即对集体目标的共同追求的问题。这样一来，至此已经探讨过的有关社会复杂性之压力下共同生活的调节的问题，便以一种新的方式提了出来。只要自己的利益与异己的利益必须得以协调，那么实用商谈所能引导的便是妥协的必然性。而在伦理—政治的商谈中，涉及对一种集体同一性的阐明，这同一性必须为个体生活规划的多样性提供空间。有关道德命令的应有地位的问题，促使道德转向法律。伴随着目标与纲领的贯彻，最后又会产生政治权力的授予及中立的运用的问题。

现代的理性法律对这类问题做出了反应。当然它并没有取得集体意志之形成的那种主体间之性质，因为集体意志之形成是不可以想象为一种放大了的个体意志之形成的。我们必须放弃理性法律之主体哲学意义上的前提。从商谈理论的角度来看，在意志与利益上有着冲突的党派之间的相互理解的问题，可移置到以现实可以进行的论辩和谈判为目的的制度化了的程序和交往前提的层面上去。

只有在这样一种有关法律和政治的商谈理论的层面上，我们才可以对那个我们分析到现在突然冒出的问题期待一个答案：在实践理性从合目的性、善和正义的角度被分解为论辩的不同的形式之后，我们还能谈论一个单一的实践理性吗？当然所有这些论辩都与可能的行为者的意志相关，但我们也已看到，意志的纲领也是随着问题与答案的类型而变化的。实践理性的统一性，不能像康德那样依据道德论辩的统一性中的先验意识的统一性来进行论证。也就是说，使我们可以后退一步从而对论辩的不同形式的选择进行论证的那种纯理论商谈是不存在的。这样的话，不就要任由一个人的愿望，最好是任由他的那种前商谈的判断力来决断：我们是否打算从合目的性、善、正义的视角来把握和处理一个给定的问题？向能够看出问题究竟具有审美的还是生态的，是理论的还是实践的，是伦理的还是道德的，是政治的还是法律的性质的那样一种判断力回归这一点，肯定不会使任何一个人满意，只要他像康德那样拥有好的理由，放弃亚里士多德那含混不清的有关判断力的纲要。无论如何，在亚氏这里所涉及的不是一种将事例与规则联系在一起的反思性的判断力，而是一种对问题进行分类的鉴别能力。

正如皮尔士和实用主义正确强调的那样，现实的问题总是具有某种客观之物。我们将不得不面对发生在我们身上的问题。这些问题本身就具有一种对情境进行解释的力量，在某种程度上可以说是能按它们自己的逻辑来利用我们的精神。然而，如果它们每次总是遵循一种与其他问题的逻辑毫不相干的它自己的逻辑，则问题的每一种新的类型便会把我们的精神引到另外一个方向。在这样一种反应性的判断力的盲点上找到其统一性的那一实践理性，就不过是一种不透明的、只有通过现象学的方式得以解释的东西。

道德理论必须把这一问题搁置下来并交给法哲学来解决。因为实践理性的统一性，只有在公民的交往形式及实践的网络里才会清晰明确地发挥效力，在这种交往形式及实践中合理性的集体意志之形成的条件已通过制度而赢得了稳固的保障。

## 二、商谈伦理学诠释

### (一)理论理性和实践理性的关系

一直以来，康德伦理学中的认识论就为那些以康德所说的知性思维标准来衡量实践理性的人们所无法理解。因此，经验主义者怀疑道德问题是否能够以理性的方法来处理。一些明显的对立之处，例如规范的日常语言的使用，已经使得认识论者疑惑不解：当我们的行为不道德时，并不必然意味着我们的行为不理性。如果我们将"理性"行为理解成为机敏的、注重实用的，也就是说理解为目的理性行为的话，那么这一点就是无可争议的。毫无疑问，我们的语言使用习惯是没有责任的，因为在此之前，理性就已经被局限于目的行为的领域之内了。当然，我们不可能毫无困难地使道德观点与认识论知识相符，因为前者告诉我们应当做什么，而从严格意义上来说，只有当我们知道了事物是如何存在的之后，我们才能认识它们。实践问题看起来是不能以这样理论化的方式处理的。事实上，我们日常的道德直觉既不是根据某种伦理学理论，一般来说也不可能从中得到什么收益。但是这并不意味着，这种受直觉支配的日常知识根本就不是知识。与此相反，我们对不道德行为的谴责以及根据理由对道德问题进行争辩的习惯，都说明了我们想把认识问题与道德判断联系起来。康德也注意到"人类理性中的道德认识"并不小，并清楚地指出，"并不需要任何科学或者哲学理论的帮助，人们就可以明白应当做什么"。

然而，我们不得不反思，按照"普遍人类理性中的道德认识"，道德理论本身是否不应当受到这种限制。这种道德判断给了如威廉姆斯这样的学者以启发，去思考"哲学的界限"。他们虽然承认道德反思在本质上有认识的成分在内，但只不过是对我们每个人都生活在或者希望生活在其中的那些熟悉的情况所进行的反思确证的微薄力量的承认。这种看法与亚里士多德的研究一致，认为实践理性本质上限于伦理上的自我理解，并由此限于善的范围。亚里士多德提出，诸如"道德判断"和"道德理由"之类的表述具有一种特殊的、与经验无关的意义，并认为伦理学在严格意义上与认识无关，而是与实践考虑有关。

亚里士多德将这种"机敏"能力与强烈的"认识"要求，特别是那种关于普遍的、必然的、永恒的存在，也就是关于宇宙的"认识"的要求进行比较，最终否定它，但是他并没有彻底否认它与认识的关系。但是**现代的**亚里士多德们不能够再不加考虑援引这样一种形而上学的认识能力的对比。各门科学之可错的认识方式根本上放弃了任何形而上学的抱负，此外我们不清楚，对这种脆弱的、后形而上学的认识概念还能够进行怎样的重要削减而不伤及认识之核本身。

另外，由现代经验科学所支持的理论认识无法再在实践背景中有效运用；它使得这种目的—手段思考的、技术的、谋略的建议成为可能，而它们对道德完全不感兴趣。在这些前提之下，试图将我们的日常伦理认识视为真正的知识变得更加困难了。

现代的亚里士多德们求助于受内容限制的、幼稚的日常认识与理论上更加普遍化的反思知识之间的区别，试图以此回避这种困难。威廉姆斯发展了这种理论，认为我们能够以谈论科学知识的方式来谈论伦理认识，因为后者使我们得以适应社会，正如前者使我们能够适应一个由事物和事件构成的对象世界一样。这种伦理知识当然能够起到指导的作用，虽然只是在一种设定的与某种特定文化相适应的个人的日常实践的范围之内，而在日常生活中为错觉所欺骗的经验认识也只是在与科学反思相区别的前提之下才能够成为一种普遍的、有效的事实科学。经验科学对我们的日常直觉持一种批评的态度，而后者正是我们进行道德判断的依据。另外，如果我们试图为我们的伦理认识寻找科学证明的话，反而会毁掉它，因为这种理论性的对象化会使得它失去在生活中的恰当位置。

威廉姆斯意识到这种亚里士多德式的思考方法已经行不通了。现代生活的特征是多元化的生活形式以及各种相互对立的价值得到确认。由于这种原因——而不是出于对伦理学者空洞的怀疑——传统的、习以为常的对具体道德生活的认识陷入了怀疑旋涡之中，今天没有任何人可以逃脱。对这种可能性的意识在伦理知识中无处不在，并迫使它进行反思："对社会以及我们自身活动进行反思的要求比以前更加强烈……我们根本无法抑止。"①在这种情况之下，试图使传统力量和习俗——以盖伦(Gehlen)的方式——免受反思压力的影响，变得反动而且毫无希望。另外，决定论者将确定性规定为一种纯粹判断的功能以此回避不断困扰着价值信念的可能性问题的企图也是同样不合情理的。如同其他非认识论的建议一样，决定论也是反直觉的，因为被动性的重要因素也包含着信念——信念与判断不同不是由我们做出的。最后，如果我们不是冷笑地拒绝现象，因为它们以一种参与

---

① 威廉姆斯：《伦理学与哲学的界限》，163页，伦敦，1985。

者的方式强加给我们，而对采取观察者方式的相对主义有好感，如果我们拒绝像尼采以及历史主义者那样批判关于我们的道德感觉的清晰描述的话，我们就陷入了非常严重的困境之中：我们怎样才能将这种幼稚的、日常伦理知识变得具有批判性同时又不会在对象化中毁掉它？伦理认识从参与者的角度是如何具有反思性的？

威廉姆斯提供的答案指向道德的自我反思。正如一个个体能够对自身以及自己的生活进行反思，越来越清楚自己是什么人以及想要成为什么人，毫无疑问一个群体的成员同样可以聚在一起进行公开商议，在没有压力的情况之下，抱着对彼此之间的相互信任，向着更好地理解共同的生活方式以及共性的目标去努力。在这种伦理—政治对话中，我想要这样称呼它，参与者，不管是一个家庭的成员，一个地区的居民，还是一个国家的公民，都能够弄清楚他们是什么样的人以及想要成为什么样的人。而那种使得个人或者社会（作为一个整体）得以实现自我理解的价值判断现在还值得讨论。个人的生活经历或者普遍的生活方式形成了一种视域，在此之内参与者考虑到现有的行为可能性，才能够批判性地弄清楚它自身的来源。这种自我理解的过程指向某种有意识的决定，这种有意识的决定按照真实生活的程度来衡量自己。到目前为止，任何理论知识都对这一过程有所帮助，它被归纳为某种更普遍的治疗性的知识而不是某种哲学认识："某个存在的个体或者社会的真实状况与反思、自我理解以及批评是如何联系在一起，这个问题是哲学自身无法回答的。这种类型的问题只能在反思性的生活中得到解答。这答案必须是在一个过程中，不管是个人的还是社会的，才能得以发现或者建立，最关键的是不能够事先就已经确定了问题的答案，除非是以一种非特定的方式给出的。哲学在这一过程中能够起到一定作用，正如它在确定这个问题中能够起到一定作用一样，但是它不能够代替这一问题。"①哲学最多能够澄清道德自我反思的最普遍形态以及与此相应的交往形式。②

但是如果这就是威廉姆斯给哲学确定的任务的话，那么哲学必

---

① 威廉姆斯：《伦理学与哲学的界限》，200页，伦敦，1985。

② 同上书，170～171页。

须能够将伦理问题与道德问题区别开来，并赋予它们各自相应的地位。威廉姆斯将伦理问题限制在讨论权利和义务的问题之上，并给予伦理问题以某种特殊的地位，甚至认为这一问题更加急迫，但是他所做的区分既不明确也不有效。他并没有清楚地指出伦理问题与某种成功生活的终极目的无关，也不回答诸如，"我是什么，（或者我们是什么）以及我（或者我们）想要成为什么"这样的问题。准确地说，伦理问题关心的是另一个范畴中的问题，即我们应当按照什么样的规范来生活，实际冲突是如何在共同利益之下得到解决的。特殊的伦理问题不是从自我中心主义（或者民族中心主义）的角度来对待个人（或者群体）的生活，而是要求采取某种所有人都愿意的立场来对待人与人之间的冲突。一种伦理理论应当能够回答这一问题，而不是威廉姆斯所认为的道德理论的问题：阐明某种条件，在此条件之下参与者能够为自身找到一个理性的解释。在传统的康德学说中，这被称为伦理观点的分析，也就是说，对正义问题采取不偏不倚的立场。在伦理讨论中，正如在道德商谈中一样，必须由参与者自己去寻找特定问题的现实答案；这种答案不能是事先设定的。伦理问题，与道德问题一样，必须从参与者的角度提出，如果不想使问题和答案脱离它们的规范实体，或者切断它们之间的联系的话。因为在这两种商谈中，主张都是相同的："如果共识的达成不是出于强迫的话，那么就必须产生于人的生活之内。"①

　　然而，伦理观点要求将生活准则以及具有争议的利益一般化，以便使参与者能够超越他们的特殊的生活以及社会形式中社会的、历史的情境，采取某种所有人——只要是可能会受到影响的人——的视角来处理问题。这种概括的行为突破了具有文化特殊性的生活世界的边界，而道德的自我理解过程只能在这一边界之内才能产生。它再次使新亚里士多德主义对理论知识与日常生活实践知识的划界成为问题。道德知识早已被认为摆脱了日常生活知识的简单性，将反思包括在其中。但是伦理知识却要求普遍的有效性，将自身从那种道德认识视为基础的情境中脱离出来（当然要有所保留，这样所有

---

　　① 威廉姆斯：《伦理学与哲学的界限》，172 页，伦敦，1985。

的推论知识才能成立）。

威廉姆斯的自我矛盾的尝试与这一步骤不相符，他试图将实践知识与严格意义上的知识区分开来，正如以前"机敏"与"认识"区分开来一样。今天所有的推论知识都被认为是难免有错的，或多或少依赖于具体情境的、概括的或者严格的；与此相关的是，关于对象化的经验科学的理论知识也提出了普遍有效性的要求。逻辑学、数学以及语法学这些科学也重建了关于有能力判断和言说的主体的直觉知识。以类似的方式，伦理理论也致力于一种理性的重建，试图从日常的伦理直觉中得出一种对人与人之间的行为冲突进行不偏不倚判断的立场来。当然，在这种反思之中，它不能放弃相互影响的参与者的表述行为的立场；只有以这种方式，它才能与从社会化中获得的使伦理判断成为可能的直觉知识保持联系。在这样的程度上，与日常生活的前理论知识之间的联系保持完整。威廉姆斯没有考虑这种可能性，因为他还坚持经验主义缩小了的理论知识概念："我不认为，我们能将反思理解为一种能够用在非反思实践中获得的信仰代替知识的过程。我们必须反对客观主义者将道德生活视为取得道德真理的方式。"①威廉姆斯没有认识到，并不是所有理论都必须采取一种对象化认识的方式，这种对象化的认识从情境来解释日常实践知识，而不是利用作为基础的参与者的生成性知识来重建它。

（二）真理有效性与应当有效性的殊同

以"反思均衡"的方式，罗尔斯重构了这种与日常情境相关的伦理—正义理论。② 他还关注于理论理性与实践理性之间的关系。他虽然试图证明正义原则的合理性，但是他不是将这一个过程理解为认识论的，而是建构论的。他发展了一种关于道德命令有效性的契约理论，因为这样他可以不去考虑"道德真理"的问题，而且可以回避在关于价值问题的实在主义和主观主义之间进行二难选择。在他看来，这个二难选择是完整的，因为他将真理的属性视为作出断言命题。命题真理与事物存在的状况有关；断言命题则说出了情况到

---

① 威廉姆斯：《伦理学与哲学的界限》，152 页。

② 罗尔斯：《正义论》，美因河畔，法兰克福出版社，1975。

底怎么样。但是如果断言模式是唯一一种我们可以用来理解规范命题以及"道德真理"有效性的方式的话，那么一种对于道德的认识论的理解将会给我们提供两种可供选择的、同等的反直觉主义的解释。不管我们是必须接受诸如道德事实之类的东西并将"道德真理"理解为某种真理符合论的东西，就像命题与某种在先的、与行为者的自我理解及其需求完全无关的现存的价值客体领域相符一样，还是我们必须否认规范命题可以是真的或假的，而坚持认为在那些对道德真理的表面有效性要求背后，隐藏着一些完全主观的东西——感觉，态度，或者那些我们自身做出的决定。前者与认为我们依靠规范命题既不能表达事物的存在也不能表达它们的结构的语法直觉矛盾。而后者与另一种语法直觉矛盾：认为我们通过规范命题并不仅仅表达了我的感觉、希望、意图和倾向。罗尔斯正确地指出任何一种选择都是不可接受的，因为道德命令与断言的表达不同，它与客观世界的任何东西都没有联系，而与断言表达相同的是，它所考虑的内容中有客观的成分在内。应当的东西既不是一种实体也不是一种纯体验。

为了避免进行这种选择，罗尔斯在客观世界和主观世界之外，又引入了**社会世界**的概念——这个世界是由行为者自己创造的，但它所遵循的规则又不由行为者自身支配，这些规则以一种熟悉而严格的方式与事物的存在相关，这个世界独立于行为者："某种正义观念成立的条件并不是它符合一个在先的、被给定的命令，而是它与我们对自己内心深处的自我和渴望的了解相符，而且我们意识到，考虑到那深深根植于我们公共生活中的历史和传统，这是最合理的准则。我们不可能为我们的社会找到任何更好的基本准则了。康德的构造正义认为道德客体必须在为所有人所接受的、适当的建构性社会视角之下才能获得理解。在建构正义准则的步骤之外，没有任何道德事实可言。"① 两种关键因素——无论是理性中的被动性，还是意志中的主动性——在程序道德性的概念中都必须紧密联系起来。我们并没有规定在何种程序之中可以对规范进行判断并接受它的有效性——它们将自身加于我们之上；与此同时，程序所起的作用既

————————

① 罗尔斯：《道德论中的康德主义建构论》，载《哲学杂志》，519 页，1980(9)。

是**生产**或者建构，也是**发现**，就是说，对正确的、规范的公共生活
准则的道德认识。这种程序可以进行不同的描述，如果我们突出其
中的一个或另一个因素的话，它就会呈现出不同的意义。如果使用
个人缔约主体间共识达成的模式来理解程序的话，自愿构造的因素
就会变得引人注意，而与证明相关的商谈模式则提出了一种过于匆
忙的、对于知识形式的道德认识的吸收。

罗尔斯选择了社会契约的模式，发展出了对于正义原则的理性
生成的建构论解释："它根据适当的反思，按照公共一致的达成，重
构了传统社会契约学说的一些观点，发展出了一种关于客体和正义
证明的实践概念。目的是通过公共理性自由达成一致和和谐。"与早
期《正义论》中的一些为人所熟知的理论一样，这种有趣叙述显得模
棱两可。在传统的理性法理论中，自然法原则的证明根据对契约各
方自律的不同理解方式而呈现出不同的意义，罗尔斯的理论就与这
种理论一样具有相同的含混性。霍布斯所设想的各方只有在具有自
由选择能力的前提之下，才能够仅仅根据目的来证明契约一致的正
义性，结果造成了他们的理由与参与者偶然的利益和偏好相关。他
们所达成的一致与民法模式相同，主要是具有权力的主体的意志行
为。与此形成对照的是，康德所设想的各方具有自由意志，必须从
道德角度证明他们所达成的契约一致的正义性——于是不得不求助
于道德法则的帮助——结果造成了他们的理由与参与者的利己主义
立场完全无关，而与对允许普遍赞成的规则的发现以及支持它的共
同利益紧密相关。在这种情况之下，达成一致依赖于道德判断主体
对他们共同意愿的洞察。

在《正义论》中，罗尔斯错误地认为这两种解释是相容的，但不
久他就采取了康德的解释。实际上，他早已假借各方在原初状态下
所受到的特殊限制将实践理性判断与意志建构程序联系在一起。

然而，罗尔斯没有将他的方法与对正义原则的纯粹契约主义模
式的**唯意志论**推论证明区别开来。而后者与其说是发现，不如说是
建构，所以它所使用的方法不能在**认识论**上理解为一种发现真理的
方法。罗尔斯不仅将理性意志建构程序与理论认识区别开来，而且
将前者与真理相关意见建构过程分离开来，这种方法与新亚里士多
德主义者将机敏或者实践考虑与一般知识分离开来的方法相似。而

将他与新亚里士多德主义者区别开来的是他所采用的对实践理性的明确的、康德主义的概念；而按照他现在所采用的概念，这种方法不能再视为某种理性意志建构的程序了。他所提出的方法不再直接将自身的合理性归结为交往行为的理想化条件，在这种交往行为中，一致的达成的依据是理性的、可能的、有动机的同意，正如在《正义论》中一样。相反，这种方法假定自身的合理性来源于参与者的理性能力。结果，在证明实践理性的规范内容方面，**人的概念**起了非常重要的、解释性的作用。日常伦理直觉预先将人视为这样一种存在，他具有正义的观念，能够形成关于善的概念，将自身视为合法性要求的来源，并且认可公平合作的条件。简言之，正义证明的理论问题从探讨程序的特性转变为探讨人的品质。但是由于一种关于人的内容丰富的规范概念不能够从人类学角度上直接得到证实，所以罗尔斯在他近期出版的作品中在两种思想之间摇摆不定，不知道是否应该放弃对伦理理论化证明的要求，将其让位于某种政治伦理。他现在被普遍理解为试图依据对某种特定政治条件的自我理解来建立他的关于正义的后形而上学的、政治的概念：这种政治条件就是有两百年历史的美国立宪国家的传统。

不考虑他们究竟是如何对待这个问题的，一个新亚里士多德主义者放弃了对某种康德正义理论证明的强烈要求，而这与罗尔斯对认识论上使实践理性与理论理性相适应的担忧是一致的。但是只要我们将以理性为基础达成的一致与某种对真理的错误概念区别开来，罗尔斯的担忧就变得毫无理由了。在这里我不想去探讨自皮尔士以来就不断被提起的真理符合论。但是如果我们将命题真理理解为在断言言语行为中提出的某种要求，这种要求只有在对论辩的严格的交往预设之下才能够在推论意义上得以实现，那么在规范调节的言语行为中提出的规范正确性的要求，这种要求与对真理的要求类似，可以视为与符合论无关。关于一种**有效性要求**的概念比关于普遍性的概念在程度上更高，而且拥有对一系列不同的有效性要求进行说明的可能性。一种有效性要求是指，某种陈述——不管是  种主张还是一种道德命令——有效性的各自的条件得到了满足，它不能依靠令人信服的明证性的要求，而只能通过对命题真理或者规范正确性要求的讨论实现。关于不易直接获得的有效性条件依靠在商谈中引证的理由来理解，而与某种有效性要求的讨论性实现相关的各种理由可以帮助说明在某种给定条件下提出的有效性要求的特殊意义。正如某种断言模式可以通过宣称的事物存在状态得到解释，这种义务论模式也可以通过如下方式得到阐释，即适当的行为在于所有可能的相关者的利益的一致性。

此外，这种运用论辩逻辑对有效性概念的解释可以从认识论的思考得到支持。与提到的有效性要求的理论最相符的认识论，毫无疑问是建构性的，但是**这种**建构论的观点对实践理性和理论理性都可以适用。有关经验科学的对象化知识是视**研究者**的专家共同体的建构性的、揭示意义的成就而定的；这种成就绝不是**公民**的公共交往共同体的特权。实用主义、遗传结构主义以及认识人类学以各自不同的方式强调了在海德格尔的存在论中所描绘的现象，他将它称为提出构思中的"在自我存在之先"。理解的前结构是普遍的；在**一切**认识活动中，构思和发现的因素相互补充。在这方面，皮尔士、皮亚杰和梅洛·庞蒂都与康德、马克思和尼采相关。无疑，情况又各不相同。在某一时刻，认为世界遵照我们而行动的经验中的被动因素占支配地位，而在另一时刻，认为我们受世界影响的预期中的主动因素占支配地位；但是这两种发现的以及构成的因素互相渗透，而相关的份额也在理论理性的范围之内变化。从物理学到伦理学，从数学到文艺批评，我们的认识成就在共同的、不稳定的论辩的基础上形成了一种连续统一体——在论辩之中，有效性要求成为主题。

选译自［德］尤尔根·哈贝马斯：《商谈伦理学的诠释》，
美因河畔，法兰克福出版社，1992。
甘绍平译，李万全、艾四林校。

# ［加拿大］泰勒（Charles Taylor，1931—　）

《自我的根源》(1989)(节选)

《现代性之隐忧》(1991)(节选)

# 《自我的根源》（1989）（节选）

## 道德根源

在某种方式上，这就是问：有关善的表达的要旨是什么？在我们的文化中，（至少在学院中）我们一般有喜好表达的偏爱，所以这个问题或许看起来是不用回答的。但是，事实上，为了解救这个领域的不可表达性，仍可提出或至少提示有说服力的理由。某些事物或许应当在沉默中度过。路德维希·维特根斯坦，还有其他人，显然是这样认为的。

所以，问题需要回答。明显的起点在于，我所谈论的善只通过某种表达为我们而存在。我们在不同的文化中所看到的有关善的极其不同的理解，是与这些文化所使用的不同语言相关的。善的视野，通过以某种样式加以表达，对给定文化中的人们来说，才成为有用的。因为亚伯拉罕的上帝被述说，首先是《圣经》的叙述，还有从神学到虔诚文献的无数其他方式，他对我们来说才存在（也就是说，信仰他才是可能的）。而且还因为他在所有不同样式的礼拜仪式和祈祷中被述说。对我们来说，普遍人权的存在，是因为它们得到颁布，是因为哲学家把它们理论化了，是因为革命以它们的名义而战斗，如此等等。当然，在所有的情况下，这些表达都不是信仰的充足条件。在我们的文明中，有《圣经》所滋养的无神论者，而在现代自由的西方则有种族主义者。但是，表达是信奉的必要条件；没有表达，这些善甚至就不是可供选择的。①

　　但是，清楚的是，"语言"和"表达"（articulation）的概念，在这里是在非同寻常地广泛而包容的意义上被使用的。善的含义，不仅在语言学的描述中，而且在其他言语行为——比如前边祈祷的例子中，寻求其表现形式。而且，如果我们跟随这个例子，深入到礼拜仪式，我们将看到表现超越通常和狭义上所设想的语言界限。仪式的姿态，它的音乐，它的可视符号的展示，都以它们自身的样式，演示着我们与上帝的关系。实际上，我们可以认为，乏味的语言描述是最贫乏的手段，它难以接近把握我们以其他方式可以感觉和建立联系的东西，如否定性神学的倡导者所相信的。很清楚，西方教会几个世纪中，信徒大众赖以理解自己信仰的主要手段，与叙述同在的，就是教堂的壁画和装饰彩窗中的那些仪式和视觉展示。

　　但是，这使我们以新的形式再次提出我们的问题：为什么表达是狭义上的？试图说明奠定善的含义的基础何在？为什么要以描述的语言表达？为什么试图发现在道德思维中可以想象它的阐释？

　　当然，对这个问题有一种苏格拉底式的回答。它形成于一个特定的伦理观，或一系列的观点，这些观点按逻各斯的、语言学表达的意义，把理性看作人的最终目的组成部分。从这种观点看，在我们能够说明什么推动着我们，我们围绕什么而生活之前，我们不是完整的存在。

　　我承认，我分有着这个概念的某种变体。但是，在对这类未经考察的生活价值的更一般的问题没有偏见的情况下，我现在想考察的是，对我们关于善的含义来说，表达所具有的更为特殊的重要性。就此来说，我或许也可遵循苏格拉底的观念。这里的核心概念是，表达能使我们更接近于作为道德根源的善，能给予其力量。

　　对善作为道德根源的理解，也深深地隐藏在现代道德意识的主流之中，尽管它对古代人是最为熟悉的。在这些篇幅中我一直谈论

————————

　　①　这并不意味着这些表达是最终的。我们的道德传统总是为新的表达所改变。但是，这些发现它们的基础在于那些已经形成的，没有这点将是不可能的。

善，有时谈到强势之善，指的是在性质差别中被识别出的、具有无与伦比的优异性的东西。它可能是某种行为、动机或生活风格，它们在性质上被看作高级的。"善"在这里是在非常一般的意义上使用的，标示所有被考虑为有价值的、高尚的、值得赞赏的种种类型或范畴。

但是，在某些这类的差别中，有一些似乎值得在更充分的意义上进行追因。拿柏拉图的理论当例子：高级的和低级的行为、动机、生活方式之间的区别，取决于理性还是欲望起支配地位。但是，理性的支配地位应被实质性地加以理解。理性的，就是有理性秩序的眼光，而且热爱这种秩序。所以，行为或动机的差别按与宇宙现实、与事物的秩序的关联来说明。这是更完整意义上的善：这种秩序的关键是善的理念本身。它们与这点的联系在于，是什么使我们的行为或渴望成为善的；就是说，什么构成了这些行为或动机的善的性质。

让我们称这类实在为"构成性的善"。因而我们可以说，对柏拉图来说，构成性的善是存在的秩序，或秩序的原则，是善的理念。但是，我们马上可以明白，除构成或规定什么是善的行为之外，它还起另一种作用。善的理念也是对推动我们趋向善的行为的那种东西的爱。就我在这里想使用的术语的意义上，构成性的善是道德的根源：那就是说，它是某种对授权我们行动和行善的东西的爱。

但是，讲清楚这点，就把前几节的讨论放在一个新的角度上。在上一章的论证中，我把焦点对准行为、情感或生活方式之间的性质差别。性质差别所规定的善是善良生活的侧面或组成部分。让我们称它们为"生活之善"。但是，在柏拉图的例子中，我们现在看到，生活之善把我们指向事物存在方式的某些特征，凭借这些特征这些生活之善才是善。这些特征使它们构成为善，那就是为什么我称它们为构成性的。

构成性的善不只是规定道德理论的内容。对它的爱是准许我们为善的东西。因此，对它的爱也构成作为好人所是的内容。现在这也是道德理论的内容的组成部分，它不仅包括以特定方式行为的禁令，也包括展示某些道德特质并爱善的事物的禁令。①

　　这明显使我们远远超出了责任性行为道德的视野。那些理论甚至回避认识生活之善；它们显然根本没有为或许支撑着它们的构成性的善留有余地。我在前一章的结尾处论证，这些理论拒绝接受性质差别，尽管可以理解，但基础却是混乱的；它们自身也受这种善的激励。换言之，我论证说，它们是建立在对特定生活之善——诸如自由、利他主义、普遍正义——的未承认的信奉之上的。而且实际上，如果前一章的论证从根本上接近正确的话，这就难于理解人如何能够拥有道德理论，或者实际上，没有某种这类的信奉，人如何能够是自我。

　　有关构成性的善是否能有类似点？它们也构成未认识到的现代的，或实际上所有的，道德理论箱（baggage）的一部分？或者，柏拉图式的作为准许爱的对象的善的观念是否属于遥远过去的东西？

　　显然，并非唯独柏拉图主义以这种方式设想作为根源的构成性的善。基督教和犹太教的有神论同样如此。奥古斯丁这样的基督教柏拉图主义者，认为上帝占据了柏拉图善理念的位置，这是自然而然的。太阳的影像可用于二者，当然有重要的区别，这里准许的爱，不仅是我们对上帝的，而且也是他对我们的爱。但是，比如根据现代人道主义的观点，当我们不再拥有任何像外在于人的构成性的善这样的东西时，会发生什么？当高位者的观念是人类生活的形式，这种形式严格说来在于以勇气和清醒的神志面对祛魅后的宇宙，那么我们能够说什么呢？

　　对我来说，似乎人们仍可在这里讲道德根源。存在一个构成性的现实，即能进行这种无畏分解的存在。而我们对这些能力的欣赏

---

　　①　爱善不能只被认为偶然地有助于行善，因此仅仅是有条件地责成行善——例如，就像人们或许要论证的，假使救生员需要尽力救人，那么他就应当保持良好的身体条件。爱善不能只被认做行善的工具。这是因为行道德上的善总是对动机有某种限制。它不能**仅仅**在于行为模式，而不管为什么它得到展示。以韦伯的话说，甚至连高度因果论的"责任伦理学"，也必须就主体的动机说些什么：例如，他应当关心结果，而不是只关心他的方法的"纯正"。爱基本的善（无论怎样设想），就是恰好受那种方式的强烈推动，这种方式被规定为行善的组成部分（根据概念）。那就是为什么行善涉及爱某种东西，而不只是做某件事。

和敬畏感，就是授权我们实践它们的东西。这是某种在康德的人道主义理论中被清楚认识到的东西。一旦我们把它理解为起源于理性意志，使我们依据法则而生活的动机，就是我们在道德法则本身面前所体验到的尊严感。我们认识到，理性主体无限地高于宇宙的其余部分，因为唯独它具有尊严，与它相连的敬畏道德地要求我们。根据康德的理论，理性主体是构成性的善。

我不想在短时间内轻描淡写地谈论现代人道主义的这种内在化动力，它认为根本没有外在于我们的构成性的善。它关系到道德意识中名副其实的革命。可以把其描述为对构成性的善的绝对排斥。确实，它在传统认可的意义上抛弃了它们，对此柏拉图主义和基督教神学提供了典型的传统意义模式。

我并不假定我们这里使用什么术语才是非常重要的。我将不在意采用上述段落的惯例；除非我们冒失去对道德根源的持续作用的了解的危险。正如康德的情况所表明的，关于善的完全内在的观点，与这样一种认识可以和谐共存，即存在着某种东西，对它的沉思命令我们尊重，尊重又转而强化它。无论什么充当这种角色，都要起道德根源的作用；在康德主义者的伦理生活到柏拉图主义者的至善理念中，它具有类似的地位。趋向内在伦理的动力，并不意味着这种角色停止发挥作用。

但是，这点或许得到反对，这对康德来说都是真的——但之所以如此，只是因为他仍然不是充分现代的，还没有完全走上祛魅之路，或没有抛弃掉基督教神学和古代哲学的所有残余。[①] 我前边提到的另外的观点，即如何面对无意义的宇宙以无畏而清醒的态度看待我们的尊严呢？我的观点是，某种类似的东西仍然在这里起关键的作用。那就是，那些持这种观点的人有人的尊严感，这种感觉严格说来在于他们不受安慰和恐吓地面对漠然的无限世界，通过远离他们自身无意义的地点和存在，以这种理解它和超越它的方式，发现他们自身生活目的的能力。帕斯卡尔用他的思想芦苇的想象，早就说到这点。人可以被宇宙湮灭，但他的伟大就在于他自知地接受

---

① 尼采声称，康德仍旧太基督教和太柏拉图主义了。参见《快乐的科学》，第 355 段。

之。在这里某种东西激起我们的尊重，而这种尊重就是命令。或者，如果它不能彻底推动我们，那么它就不可能是我所接受的善的概念。人道主义离康德主义，要比想象的近。

当然，另一种重要的变化出现在内在化上：命令的动力从爱转向尊重。或许我们可以说，在亚伯拉罕的上帝所要求的爱和敬畏的混合物中，面对我们的分解力量，只剩下后者了。这是用我们词汇中的中断来标明这点的另一个理由。这还是不在乎这种中断，再次提出我们并未丧失看法的连续性。我不在乎，即使人们说现代的内在人道主义没有构成性的善的地位，像前现代理论的道德根源根本就不起作用。但是，某种东西起着类似的作用，这仍旧是真的。那就是说，有某种规定着高级行为和动机的东西相关联，即我们作为"思想芦苇"的能力；我们对它的沉思，能激发准予我们实践高级东西的动力。

但是，严格说来，在现代道德哲学的气氛中，这是我们想忘掉的东西。我们对性质差别的完整意识的遮蔽，使其忽略了我们道德思维和经验的这种整体维度。

由于这个原因，我将选择继续讲道德根源，即使在与当代内在论理论的联系中，即使关系到最严厉的那种祛魅类型。我将试图公正地对待差别，不陷入根本没有缝隙的连续性图景中。但是，考虑到所有的事情，我认为这种危险在我们的时代是较轻的一种。

如果我们回到表达性问题，我们就能看到，一种重要的非连续性是我们时常感到自己不如我们的先辈更有表达力。我在第一章提到，人们如何不知所措地说，什么支持着对人们权利的尊重感（第一章第一节），后来提到（第一章第四节）传统的框架如何对我们来说成为有疑问的，我们的表达在多大程度上是探索性的。艾丽斯·默多克为显然很多出自柏拉图的观点辩护，强调善是某种"非描述的和难下定义的"东西。①

---

① 艾丽斯·默多克：《善的权威》（*The Sovereignty of Good*）（London：Routledge，1970），74页。或者就如她后来写的，"假如有天使，他们或许能规定善，但我们不能理解这个定义"（99页）。任何读过默多克的书的人，都会看到我在这里所写的东西，从她那里受益颇多。

　　而且它也以这种方式出现，即准予的想象和故事在我们的时代起作用。其中某些最强有力的，在许多现代人所抛弃的宗教和哲学学说中有自己的根基。人们或许不能替代原初支持它们的神学的或形而上学的信念。但是，想象仍旧激励着我们。或许更好，它们继续指向某种对我们来说仍为道德根源的东西，某种对它的沉思、尊重或爱能使我的接近称之为善的东西。刚才提到的，默多克关于"'善'的支配力"的理论，是一个恰当的例子。今天无人能接受柏拉图作为关于宇宙样式的关键说明的理念形而上学。至善作为太阳的想象，我们据此能清楚地看事物并具有不带偏见的爱，对他却还起着关键的作用。它有助于规定注意和欲望的方向，他相信只通过这点，我们就能成为善的。①

　　另一个例子，这次来自犹太教和基督教的宗教传统，已由迈克尔·瓦尔策加以探讨。②《出埃及记》的故事，几个世纪以来一直激励着改革和解放运动，甚至激励着那些主张反对原来故事所宣告的神学观的运动。有时，某些明显世俗的替代性理论已取而代之，例如，马克思主义关于人类朝社会主义前进的图景。但是，这个故事对那些没有关于上帝或他们由奴役走向自由的大写历史的明确概念的人，也有巨大的影响力，这同样是很清楚的。以这种眼光看一个人的故事，可能是鼓舞人心的和给人以力量的，尽管当要求说明什么奠定了他赖以给予其意义的有关人性、上帝或历史的学说的基础时，他可能感到困惑。事实是，以这种模式看待人的生活。带有巨大的道德力量。甚至在神学失落的地方，这个故事仍在起作用。诺思罗普·弗莱证明，在西方历史中，作为整体的《圣经》如何是这类催人上进的故事的巨大根源。③

　　所以，对我们来说，善的表达是非常困难的和成问题的。那就是避免它的理由吗？在某种意义上，或许这可能是，就如我马上要提到的一样。但是，首先，似乎有非常强劲的理由支持表达性，无论在哪里构成性的善都作为道德根源起作用。道德根源给人以力量。更接近

---

①　默多克：《善的权威》，91～92 页。

②　参见迈克尔·瓦尔策：《出埃及记和革命》（New York：Basic Books，1985）。

③　诺斯罗普·弗莱：《大法典》（Toronto：Academic Press，1982）。

它们，得到关于它们的更清楚的观念，把握它们与什么相关，对于那些认识到它们的人来说，就是变得热爱或尊重它们，而且通过这种热爱和尊重能够更好地实践它们。而表达能使它们变得更近。那就是为什么词语能给人力量；为什么词语有时能有巨大的道德力量。

当然，并非所有表达都会有这样的力量。某些表达可能是死去的，或在这个地方或时间，对特定的人，没有力量。而且在最明显的例子中，力量并非仅是阐述的功能，而是整个言语行为的功能。实际上，最强有力的情况是，说话者、系统阐述和传递信息的行为全部结合在一起揭示善，就如关于福音传布的巨大而持续的力量。就其全部的内在力量，其激发我们的爱、尊重或忠诚的能力来说，当系统阐述接近根源时，当它使之清楚明显时，系统阐述就有力量。有效的表达释放着这种力量，这就是词语具有的力量。

词语或许有力量，因为它们发掘迄今为止未知的或未感受到的根源，就如我们在《出埃及记》《以赛亚书》《福音书》那里看到的；它们或者能恢复我们已经失去联系的古老源泉的力量，就如在圣弗兰西斯或爱拉斯谟那里看到的。或者它们以另外一种方式有力量，即表达我们的情感或我们的故事，以使我们同我们一直渴望的根源相连接。这或许通过用新的叙述来重新铸造我们的生活来实现，就如奥古斯丁的《忏悔录》所做的，或者通过凭借《出埃及记》的棱镜来看我们的斗争，就如 20 世纪 60 年代美国的民权运动所做的①，或在无数不那么著名和意义重大的地方，人们通过一种新故事来理解自己的生活。

某些故事的惊人力量，必须根据前面第二章第三节的讨论来理解，在那儿我谈到我们努力用以某种方式与善相联系的叙述给予我们的生活以意义。人们据此这样做的一种方式就是，把他们的故事同更伟大的历史模式联系起来，以作为善的实现，无论它是传统的基督教的救世史、全人类的进步史，即将到来的革命、建设和平世界，还是我们民族文化的复兴与延续。几乎这些图解式的历史叙述好像都有它们自己的吸引力。它们力量的秘密，在于它们给人们的

①　瓦尔策：《出埃及记和革命》，3 页。

生活赋予意义和实质的能力。给予他们什么，是一个要进一步探讨的问题。但是，某些图式，包括前边提到的在内，具有这种力量，似乎是毫无疑问的。

但是，随后我们可以很容易看到，为什么人们不信任表达，把它当作错觉的根源，把它当作亵渎而感到恐惧，就如我在前边提到的那样。这主要不是因为有那么多死去的系统阐述，那么多陈腐的模仿，尽管这是人们宁愿沉默的一个理由——卡尔·克劳斯或许是一个恰当的例子。① 最糟糕的是，整个事情可能是伪造的。这并不是说，力量本身的词语可能是伪造的。但是，它们的发声赖以释放力量的行为，可能在修辞学上是模仿的，即是为了满足我们的自负，甚至是为了更加邪恶的目的，诸如维护已经信誉扫地的现状。陈腐的公式或许与历史赝品相结合，围绕我们编织道德保障的茧衣，从而实际上把我们同真正的道德根源的能量相隔离。还有更糟的：力量的释放可能骇人听闻地被夸张为提升了恶的能量，比如在纽伦堡。为了我们生活的叙述性构建，没有必要详细谈论在这里伴随我们的错觉的可能性。

有一些应保持沉默的好的理由。但是，全面地看它们不可能是有效的。无论怎样想象，在没有任何表达的情况下，我们将失去与善的所有联系。我们将不再是人类。最严厉的沉默禁令，只能引向特定类型的表达，而必须不伤害其他的表达。问题是规定哪种。我们的问题随之回到对我们的性质差别感的平淡的描述性表达上。这些是现代道德哲学倾向于压制的表达。我们应当为了道德思想而试图恢复它们，还是最好让它们保持在内隐的忘却之中？

人们可能立即认为，我们有明显的理由，在非常现代的、善的敌对概念间冲突与困惑的困境中来表达它们。假如人们想给予它们以理由，这些理由是否必须说清它们？或否定性地说，在这个领域，非表达性不是个无力担此重任的跛脚的障碍吗？

我认为它是，而且我非常同情这个论证。但是，沉默的倡导者可能并未被说服。如果表达在最好的情况下只能是平庸化，而最糟

---

① 参见 S. 图尔敏和 A. 詹尼克：《维特根斯坦的维也纳》(*Wittgenstein's Vienna*) (London：Weidenfeld, 1973)中对克劳斯的讨论。

的情况下是为了满足我们对自我炫耀和自我幻想的热衷，那么它就不能改进我们的认识境况。与实际相比，在不足以使我们的道德困境看上去更清楚、更一致、更和谐的情况下，难道没有过快消除我们最深层的道德感中的矛盾，过快调解冲突，综合那不易结合的内容的危险？

我当然意识到这些危险；至少，我渴望认识。在另一种处境中，它们可能提供沉默的好理由。但是，我认为，现代哲学的沉默是不健康的。我在前面曾论证，它的力量部分地来自形而上学的和认识论的理由，而我相信它们是无效的，而在很大程度上来自道德或精神理由：对日常生活的肯定，以及现代自由概念，对这些理由实际上我想在某种形式下加以同意，但不是在这种形式下。理由是，这种形式在深层上是混乱的。它把对生活和自由的肯定看作与抛弃性质差别、拒绝构成性的善等有关，然而它们自身也反映着性质差别，假定了某种构成性的善的概念。最后，当这个范围的理论由超善所激励（非表达地）时，它不得不歪曲我们所考虑的处境，并在"道德"和"不道德"之间，或（在哈贝马斯的例子中）在"伦理的"考虑和那些关系到"善良生活"的事情之间划定严格的界线，这严重地堵塞了它们的联系，而且首先是，妨碍着我们询问现代道德思想的一个关键的问题：在何种程度上，"修正主义"为了超善所做的主张应当从根本上加以接受（见第三章第二节）。

这种形态的思想的存在及其在我们文化中的重要性，形成了对善的表达的压倒之势。它抑制着如此之多的问题，隐藏着如此之多的混乱，一旦人们从其符咒中逃出，即使是部分地，人们也不得不把它体验为理智上的窒息。

当然，这种复杂的状态，其部分联结得如此完善，以致形成一种堡垒，在其中不同的认识论的、形而上学的和道德的动机相互支撑，然而却隐藏着它们的联结功能，这种状态将激起许多方面的攻击。并非所有的都将与表达基础性的概念有关。现今存在着一条有影响的攻击路线，它可以宽泛地称为新尼采主义，后来米歇尔·福柯提出了它的一种有影响力的变种，这一变种有其自身否定表达的强劲理由。新尼采主义的见解，主要就程序伦理学隐含的道德激励力量①——就其为之辩护的自由概念，以及就其与超善和作为结果的激进修正主义——而攻击它。从这点看，它类似于我的批判，因为我们都力图证明，这种现代哲学有道德上的动力，而不是唯独由认识论的动力所决定的。但是，那是会聚的目标。新尼采主义形态的理论，在这种表达中，除了现代道德哲学，而且实际上是一般的道德哲学的赤裸裸的极端化的主张以外，没有看到任何有价值的东西。它认为表达本身没有任何价值。相反地，它信奉其自己形式的投射理论。遵循大部分从《快乐的科学》②引出的思维方法，如果理智见解与道德见解密切相连，那么这是因为双方都被视为我们强加在现实之上的秩序。没有任何见解比别的所有见解更正当或更不正当。所有见解最终都是建立在法令基础上的。这就是福柯所说的"真理的制度"。不用说，我发现这种观点与其经验主义远亲一样，是极其难以置信的。根据这种观点，我们或许肯定地断言，所有秩序都是同等任意的，尤其是所有的道德观念都是同等任意的，这种观点不只是适用于我们人类。它是一种自我欺骗的形式，认为我们并不根据我们认定正确的道德方向来说话。这是自我发挥能量的条件，而还是我们可以穿上或脱掉的形而上学观点。所以，新尼采主义哲学家的元说明——"就坚持我的道德见解来说，我把真理的制度强加（或在这种强加中协作）在混沌之上，而且每个人都这样做"——恰恰与经验主义的元说明一样是不可能的，后者认为，"就坚持我的道德见解来说，我把价值投射到中性的事实世界上，而且每个人都是这样做"。二者与我们不得不在构成坚持那种见解——我们的慎重考虑、我们对自我的严肃评估以及其他什么——的现实实践中理解我们自己的方式，都是不相容的。它们不是说明，你在过生活的同时，可以实际创造你的生活。换言之，它们与我们道德生活的最适用的

---

① 参见米歇尔·福柯：《什么是启蒙？》，载《福柯读本》，保尔·拉比诺编（New York：Pantheon Books，1984）；休伯特·德雷福斯和保尔·拉比诺：《什么是成熟？哈贝马斯和福柯论"什么是启蒙？"》，载《福柯：批评读本》，戴维·霍伊编（Oxford：Black-Well，1986）。

② 参见 F. 尼采：《快乐的科学》，第110、第179、第246、第265、第301、第307、第333、第344、第354、第355、第373、第374节。

情况相抵触。什么样的元考虑能够否认我们实际道德经验的最佳情形呢？正如粗糙形式的自然主义一样，新尼采主义的见解也与最佳情形原则相冲突。①

　　说来也奇怪——或令人啼笑皆非的是——新尼采主义的理论向同一类的批评开放，就如那样我们双方，它和我，都把矛头对准主流道德哲学：即对其自身的道德动机相当不清楚。只有在这里，问题不在于它否认什么，就如现代元伦理学理论声称只有认识论的基础，而在于它给予它们虚假的地位。它声称与其自身的价值承诺保持某种距离，这在于这样的事实，即对价值承诺作为构建秩序的成果的地位唯独它是清醒的，这种清醒性使它与其他观点区别开来，并赋予其自身以其他观点没有的方式摆脱了幻想的优点。当然，这与自然主义理论所提出的主张有惊人的类似，自然主义理论把价值看作"仅仅"是投射。无论以这种还是另一种形式出现，这个主张都是缺乏事实根据的，只是通过自我清醒的某种缺乏保持向上的态势，这种缺乏阻止相关的元说明与我们在实际的道德经验中不得不依据的概念相关联。

　　当然，新尼采主义的理论，正如那些责任性行为的理论，有其自身复杂的基础性的认识论和道德动机。其中一个尤其值得注意，因为它导向了某些重要的洞察。这个思潮的作者使我们特别意识到，善的视野如何可能与特定形式的支配相关。这在某些情形下是明显的，例如，武士的名望和荣誉伦理学明显抬高男人，而把次要的和大多数情况下附属的角色给予妇女。但是，各种形式的更崇高，表面上更具普遍精神的观点，可能也鼓励不平等和对设想为低级的人的压制。新尼采主义者在这里是以浪漫主义时期所发展的见解为基础的。对特定类型的超善的忠诚引向"本性"的压制，而这就把支配关系引入我们之中。② 因而这些关系就注定要在人们之间的关系中得到反映。法兰克福学派的思想家就如利用尼采那样，也利用这个根源。

---

　　① 参见我的《福柯论自由和真理》，载《哲学和人类科学》（Cambridge：Cambridge University Press，1985）。

　　② 《内在的主宰》，参见席勒：《美育书简》，第 6 封信。

就这种指责来说，非常明显的有一种极其关键性的真理。至少，理性分解式的自由和普遍正义的理想的某些变种，把男性的生存方式看得高于女性。① 我在第三章第二节中提到过另外的例子。

但是，就如在责任行为理论那儿一样，无论从其中哪种推出善的观点都纯粹是支配的事情或我们可以认定它们都是任意的选择，那都是混淆是非。这将不能认清，个人自己的见解，实际上，任何人的见解，因善的视野而得到强化的方式。

面对这两种压制性的元观点，极其需要有关善的视野的未被曲解的表达，实际上善的视野奠定着我们道德反应、共鸣和渴望的基础。它将有助于我们认清我们在不同道德视野之间不断发展着的争论方式，这争论围绕我们并经常在我们之中低声抱怨或大发雷霆。事实上，弄清主流理论和新尼采主义的性质，本身就是这个争论的进展。正如我在前边论证的，如果我们据以在实践理性中提出的方式，就是证明一个观点通过错误减少的运动从另一个中形成并取代它，那么由善的视野所激励的道德理论将再次成为绝对的，这些理论完全否认善的视野应该被取代，并趋向超越它们。将会由这点而形成的，不同形式的自然主义或尼采主义伦理学，或普遍权利的种种理论，为了它们避免这一否定所涉及的深刻的不连贯和自我幻觉，它们都将是更强劲的和更有说服力的。

但是，争论也会得以推进，因为我们能够以较少被歪曲的形态讲述其关键的和最有疑问的问题。

一方面，是我们对特定的超善，尤其是对普遍和平等以及现代自我决定的自由的要求的承诺；另一方面，是我们必须明显以它们的名义而牺牲的价值感，在二者之间紧张甚或冲突的情形下，这一连串的问题转入了现代文化。存在一系列不同的这类冲突。在某些情况下，似乎受到威胁的是社团的善；在其他情况下，友谊或我们别的什么传统认同，似乎处于危险之中。还有其他冲突的情景，好色和性满足的善与我们的高级目标处于紧张的关系中。

---

① 参见卡洛勒·吉里甘：《在不同的声音中》(Cambridge, Mass.；Harvatd University Press, 1982)，他论证说，由皮亚杰激发以及劳伦斯·柯尔伯格提出的伦理分阶段发展的概念，事实上贬低着某种伦理思维的模式，这种模式在妇女看来是比较惬意的。

　　当然，我们或许把这些体验为我们面临的所有冲突起源于不相容的善，强加给我们一个决定当作适当的"权衡"点。但是，谈论紧张时，我毋宁指现代世界中的道德观的冲突；这两种观点间的冲突：一方面，是给予超善不受挑战的首要性的观点；另一方面，是认为某种其他的、"较低的"善必须牺牲的看法是完全不能接受的观点。后一种观点起源于对日常生活的现代肯定，并发展出许许多多的形式，从浪漫主义激发的为与"自然"相和谐辩护，无论是从内部还是在外部，到尼采对"道德"的自我摧残性质的抨击（见第三章第二节）。

　　这种形式的一系列争论贯穿现代文化，一方面，表现为理性和分解式的自由，以及平等和普遍性的要求，另一方面，是本性、实现、表现完整、隐私或特殊性的要求。各种各样的争论者以极其不同的方式划分界线，而且在什么绝对不能牺牲的不同定义之间——比方说，在承认人类局限性的宗教信仰者和耽于声色的嬉皮士之间——存在着决定性的分歧；然而争论具有类似的形式，都以这种或另外的方式与近两个世纪大范围内的争论相联系，以启蒙哲学与各种形式的浪漫主义相对立。

　　现在我相信，回避对善的任何表达的道德哲学的主流形式，还有各式各样的新尼采主义思想，都妨碍对这些争论的清晰思考。主流形式无法处理超善和"普通的"善之间的抵触。倾力关注行为的原则，嗜好一元的"道德"概念，是建立在单一的标准之上的，它甚至不能想象造成冲突的某种善的多元。在那儿如果有某种关于超善的特殊地位的意识，也隐藏在道德语言的特殊逻辑性质或话语的先决条件的某种学说中。

　　对新尼采主义的观点来说，它们通过质疑超善而消解冲突。但是，它们是靠把道德观念纯粹看作强加的秩序的元学说，来做这点的。这种学说不仅是不能成立的，而且观念中隐藏着某些方式，根据这些方式对依照一种超善的要求而牺牲和致残的抗议，可能是由另一种极为不同的超善所激励的。就这个方面而言，尼采本身有一种更丰富和更可信的哲学，提供了他的超人和关于无条件持积极态度的超善的反理想。

　　关于善的表达，是清楚理解这整个系列的争论的本质条件，而这两种流行的哲学都由于它们根本上混乱的关于我们道德思维的元说明而妨碍了这点。

不只在这点上。这些哲学不仅窒息了激发它们的善，而且沿着我们可称之为主观主义的方向，造成对全部现代争论的极度歪曲。它们(未承认地)表现和推崇的善，都是以人类为中心的：自由、积极的善行、普遍的权利。但是，另外一种主要的争论盛行于我们的文化中，它有关于我们是否需要承认来自非人类的自然的要求。就如艾丽斯·默多克所主张的，我们可以置身于"野兽、飞鸟、顽石和树木的绝对异在的无意义的独立存在之中"，这种"忘我的快乐"能使我们更接近于道德的善?① 生态运动的某些派别，已经提出这个核心的问题。根据另一种形式：荒野为自身的保存对我们有企望，有要求吗? 这不是基于长远的深谋远虑，最终为人类可能遭受的报复而约束我们所热衷的赌博，而是为其自身的缘故?② 或者跳到另一个极为不同的领域，有没有使真理明了的非工具性的善? 甚至当一种事情没有可能对其他任何的善有用处时(减轻痛苦，结束非正义)，而且或许从讲述者的立场看很可能恰恰是可怕的代价，它还是要做的善的事情吗(在这里确实不适于谈论责任)? 例如，为什么我们要赞赏曼杰利什塔姆，他于 1932 年写的有关斯大林的诗，使其丧失了自己的自由，最终还有他的生命?③

---

①  默多克：《善的权威》，85 页。

②  参见阿伯特·博格曼：《技术和当代生活的特点》(*Technology and the Char acter of Contemporary Life*)(Chicago：University of Chicago Press，1984)，第 22 章。

③  曼杰利什塔姆的诗，是其未录写下的作品，1933 年在朋友间的一次很小的集会上读过，其中一个人出卖了他。诗的一部分如下：

> We live，deaf to the land beneath us，
> Ten steps away no one hears our speeches，
> All we hear is the Kremlin mountaineer，
> The murderer and peasant-slayer.
> 我们活着，却不倾听脚下的大地，
> 十步之外就无人听到我们的话语，
> 我们全都聆听克里姆林宫那位山民，
> 那位凶手和农民的屠宰者。

(这是第一种版本，它落入秘密警察的手中。)纳德茨达·曼杰利什塔姆：《无望的希望》(*Hope against Hope*)(London：Collins，1971)，13 页。

当然，我不是中立的；我接受所有这三种"超人类"的主张（以及更多的）。但是，我相信，甚至那些对这些问题持不可知论的人也会同意，我在这里所批评的哲学无可挽回地过早地对它们作了判断。它们这样做，不是因为它们由一方所激发，而是因为这种激励是隐藏的，在这里它不能因争论而出现。因而，人类中心性是不容否认的。它表现在道德理论（假定的）规定特点中，诸如最大程度的普遍幸福，或基于可以普遍化的准则之上的行为，或基于在不受约束的争论中所有参与者都能接受的规范之上的行为。非人类的要求（或至多，为非生命的）①，在这类框架中是无法听到的。

这是责任行为哲学以及我所说的新尼采理论加之于我们道德思维的另一个束缚，这点我曾在上一章的末尾（第三章第三节）谈到。一般说来，它们是妨碍我们承认善的力量的眼罩，使我们不受它们的推动，或者，即使我们被推动，也引导我们错把这点认作非道德的情绪。对善的否定性关注——视之为沉重的罪感之源，或反过来，视之为沾沾自喜的优越感之源——最终使我们不愿承认，构成性的善是如何能质问我们，推动我们，授权我们。

所有这些论述，都强烈地赞同以某种哲学的语言表达善的企图。

那就是我在随后想试图做的。但是，这样做并不容易。它毕竟不仅仅是对业已明述的立场的审查记录。有时候，这些或许是明摆着的，但时常它将是严格地表达仍然内隐的东西，表达奠定了这些特定的道德哲学基础的道德观，而这些哲学为了维持面子却不承认任何这样的观点。在这里，人们不只是记录，而是要创造语言，不如说冒昧地声称要说出比其他人真正意味的东西更好。

但是，这里有一个巨大的力量源泉，那就是历史。对善的现代理解的表达必定是历史的事业；这不是因为通常的理由而使任何诸如此类的事业有效，即我们现有状态的规定总是相关于过去的状态，把它们或当作典范，或当作陪衬。二者在现代世界有足够的证据——从相关于古代共和国和城邦而界定自身的公民人道主义传统，

----

① 因为功利主义的一派理论（以边沁的较好理由），当实施最大的幸福和最小的痛苦的命令时，把动物纳入到计算中，所以我加上了这个让步。例如，见彼得·辛格：《动物的解放》（*Animal Liberation*）（New York：Random House，1975）。

到与由宗教和传统支配的过去相对立而界定自身的启蒙哲学。这种
相关于过去而自我界定的事实，引导我们重新审查这种过去以及它
被吸收或被抛弃的方式。极其常见的是，理解这一点事实上如何发
生，能使我们对除此以外不可能流行的当代观念产生洞察力。通过
理解我们与古人的区别，我们对我们吸取他们自治的范例实际上是
为了我们，就有了更好的观念；通过更密切地考查启蒙思想恐怕要
抛弃的"传统"，考察抛弃采取的形式，我们或许能够以新的眼光理
解两种对立概念之间的差别，结果就对当代哲学持一种新的看法。①

但是，在这些压制它们自己基础性的善的视野的现代自然主义
观点的例子中，过去的力量源泉甚至是更加必要的。追溯它们从早
期宗教的或形而上学的观点到对这些观点的不公平的抛弃的发展历
程，其重要性不仅是为了更清楚地规定它们有什么样的变化。我们
还为了得到曾公开平静地承认，但现在却受到有意识压制的某种对
善的意义理解的模式，而不得不借助于这些早期的观点。例如，我
相信，现代自然主义的功利主义者对"高等级"的善的敌视，为日常
的、感官上的幸福辩护，来源于我所称的对日常生活的肯定，这在
早期现代阶段造成了对推断为"高级的"活动方式的类似抛弃，以支
持婚姻的日常存在和职业。这种肯定的原初形式是神学的，它关系
到被上帝神圣化的关于日常生活的积极眼光。这种生活本身被看作
具有上帝所授予的高级含义，而且这是此肯定的牢固基础。但是，
现代自然主义不仅不能接受这种神学的语境；它还抛弃了所有较高
价值的语言。然而，我想主张，某些这类日常的价值感仍旧激励着
它，而且为其被广泛接受提供着强有力的道德动力。为了表达这种
被压制的因素，我们被迫转向其前辈；而且也提出了这样的问题，
在什么程度上这种被声称已经完全被抛弃的前辈的精神洞察力仍旧
活着。它吸收了一些类似的精神力量，对此它本身却没有解释。它
能提供与其自身形而上学的前提相一致的论述吗？或者它真的隐蔽
地利用了某种它公开拒斥的东西吗？属于《圣经》的精神意象的力量，

---

① 在《哲学及其历史》(*Philosophy and Its History*)中我讨论过这点，载《历史上的
哲学》(*Philosophy in History*)(Cambridge：Cambridge University Press，1984)，理查
德·罗蒂、J.B. 施尼温德和昆廷·斯金纳编。

甚至存在于我们世俗文明的最现世主义的方面，这或许将引起我们的怀疑，就如尼采所做的——即使我们或许不能引出与他同样的结论来。

在任何情况下，这点证明的是，通向表达的道路必定是历史的道路。我们不得不尝试追溯我们现代观点的发展历程。由于我们不只是处理哲学家的学说，而且要处理大量未说出的东西，是这种东西奠定着我们文明中广泛流传的态度的基础，历史就不可能只是表示信仰的、哲学理论的历史，而且必须也包括所谓被称为精神状态的东西。我们必须通过这个研究，尝试开辟关于我们自己和我们最深层的道德忠诚的新理解。

我预感到，当我们进行研究时，我们将看到我们的道德处境比我们现在所面对的，不仅更复杂，而且更具潜在的冲突性。尤其是，我相信我们将发现，我们处在而且不得不处在我在前边提到的重大的内部道德争论的两个方面中，一面是赞同超善，另一面是为以超善的名义而牺牲的那些善作辩护。

这看起来或许是极其轻率的主张。更超乎寻常的表达确实能证明，我们是不知不觉地站在了两方面，然而如何能证明我们必须是这样的呢？我们难道不能以更清醒的神志选择放弃其中一种？

在这里，"必须"并非来自任何外在的论证，我已尝试证明这种论证在这里不可能有任何重要性。毋宁说它与我们的认同有关。事实上，我们善的视野与我们的自我理解是联系在一起的。在第二章第一节关于认同和道德方向之间密切联系的讨论中，我们已经看到这种关联的一个侧面。通过我们对我们处于善的何处的理解，我们理解了我们是谁。但是，这也将意味着，就如我们在以后会详细看到的，对什么是善的极其不同的理解伴随着关于什么是人类主体的极为不同的范畴，不同的自我概念。追溯我们现代善的视野的发展过程，也是追寻关于主体性和自我性质的前所未有的新理解的演变过程，就某些方面而言，善的现代视野在人类文化中是前所未有的。

事实上，第二章的讨论提示了四种范畴的关联：不仅(a)我们关于善的概念和(b)我们对自我的理解，而且(c)某种我们据此使我们的生活有意义的叙述，和(d)社会的范畴，即对人类众主体中的人类主体是什么的理解。正如我将在第二编中试图说明的，可以说，这些都在松散的"捆包"中，搅在了一起。我们的现代自我感不仅与对善的新理解相联系，并可能由后者所形成，而且与(i)新的叙述形式和(ii)关于社会纽带和关系的新理解相伴随。

典型的现代叙述形式包括线性发展的故事、历史进步的故事、通过个体生命和跨代而持续进步的故事、白手起家的故事，如此等等。它们包括对作为成长的生命的说明，不只是从儿童到青春期，而且也贯穿以后的阶段。与根据预先决定的阶段理解生命，制造一个其形式由不变的传统理解的整体不同，我们把它说成是时常趋向非前定的目标的成长的故事。这提到的只是广为人知的形式，而不是我们时代最具想象力的创新，比如普鲁斯特为自己的生活创作的通过讲述的那种整体，这种讲述深深打动了现代人想象力的心弦。当然，也有螺旋式上升的历史图景，从天真无邪到冲突，再到更高级的和谐，这是从基督教神圣历史和至福千年的曲折借来的，但经过了马克思主义和其他一大批理论的世俗化，这个图景在其对现代思想和感情的控制上有巨大的力量。

伴随这些新的叙述形式，关于社会的新理解和生活形式走到一起。与自由和分解式主体相对应的，是由并通过自由个体的同意而构成的社会观念，以及必然推出这点的，由个体权利的承担者所构成的社会概念。这或许是现代文明已使之显示出来的，最深层地牢固树立了的社会形象之一。它肇始于著名的 17 世纪的社会契约论，但它发展和变异着，特别在今天以一种或许降低了的形式，根据两个独立的人之间当代爱的"关系"的概念，浮现于人际层次上。与表现主义的自我理解相关联，是通过类似的表现根基团结起来的，作为民族的社会图景，因为这些根基规定着我们共同的人类潜在性质，也就要求我们的忠诚和热心。正如本尼迪克特·安德森已表明的，现代民族主义依次形成其自身的历史叙述形式。[①] 这些多种多样的关联是受到那些现代思维模式引出的观点压制的部分，这种模式没有为善留有空间。对我们的自我感据以与人们称为"道德地形学"的

---

① 本尼迪克特·安德森：《想象的社团》(*Imagined Communities*)(London：Verso, 1983)。

东西有密切联系并依赖后者的方式，它们毫无了解。① 它们倾向于认为，我们是以拥有心脏和肝脏的方式拥有自我的，就像随便的解释所提供的。当然，它们对所有相反的关系根本不理解。

这些关联一旦被引出，或许就不那么容易抛弃特定的道德视野。那就是说，当某人继续以某类主体规定自我时，当他说这些视野已被抛弃，这可能就是欺骗；这人仍继续依据它们而生活。当然，人们是很难坦率而真诚地以其他概念来看待自己的。这种自我感可能仍然是现有的最佳解释的组成部分，据此解释我们可以给予我们行动、感受和思考以意义。最佳情形原则也能在测试我们道德立场的真诚性上发挥作用。②

如果结果是这样的话，那么现代文化的道德冲突就盛行于我们每个人之中。除非我们更加清醒的神志能帮助我们理解达到和解的方法，那事情就是如此。如果我能表示更进一步的预感，我将说我把和谐一致看作表达的潜在目标和成果。我们必须探索这样一种方式，据此我们趋向超善的最强烈的渴望并不需要自我破碎的代价。我相信，这种和解是可能的；但其根本的条件是，我们能使自己认识到善，我们不得不对它们的全部系列保持忠诚。如果表达解放我们，使我们摆脱束缚人的压制情形，这部分是因为它允许我们认识到我们生活所依赖的全系列的善。这也是因为它能打开我们的心扉，使之面对我们的道德根源，让这些根源在我们的生活中释放能量。主流哲学那束缚人的公式，对为了另一种善而牺牲某一种善，已经表示了否定，但却凝固在逻辑模式中，这甚至妨碍了对它们的讨论。表达是和解的关键条件。

当然，假如和解是不可能的，那么表达就将把我们带入更大的内在冲突中。这或许被认为是一个危险。但是，甚至在这种情况下，我们将至少会结束精神上的窒息，结束如此之多的精神根源的萎缩，

---

① 在《自我的道德地形学》中我讨论过这点，载《解释学和心理理论》，斯坦利·麦舍尔、路易·萨斯和罗伯特·伍尔夫尔克编（New Brunswick：Rutgers University Press，1988）。

② 联系《人道主义和现代认同》中特定系列的例子，我极其详尽地论证了这点，载《现代科学中的人》，克里齐茨托夫·米凯尔斯基编（Stuttgart：Klett-Cotta，1985）。

而这是现代自然主义文化的祸根。

在任何情况下，无论结果怎么样，现在我都力图在今后的篇幅中，追溯我的四种范畴之间的某些关联的历史发展，正是这四种范畴构成了现代认同。

在某种程度上我已讨论了关于工具主义的冲突，因为几个世纪以来它处于关于现代性讨论的前沿。我的意图是靠提供在其中给予语境的对冲突的说明来阐明现代认同，而且我期待着某种借此而获得的东西。所出现的东西是对大多数占主导地位的阐释观点的批判，这些阐释太狭窄，不能对大量的善，因而还有它们所引起的冲突和矛盾给予全面的认识。

从这个讨论和前几章的讨论，也引出了各式各样的选择盲目性赖以由哲学的考虑所巩固和恶化的方式。正如我们与笛卡儿和洛克所看到的，分解的、自我负责的理性的发展力量，倾向于增加非情境化主体，甚至点状自我的观点的可信度。这来自一种非常好理解的角度：它包含解释分解的态度，靠此我们把我们自身存在的诸方面客观化，使之成为主体的本体论，仿佛我们本性上就是与仅仅给予我们的万物有区别的主体——脱离肉体的灵魂（笛卡儿），或自我重构的点状力量（洛克），或纯粹的理性存在（康德）。可以说，这个态度因此被赋予了最强劲的本体论的根据。

但是，无论多么可理解，这一招是错误的。我没有篇幅在这里纠缠这个问题，但有大量最具洞察力的 20 世纪哲学已经驳倒了这种分解式主体的图景。① 在这里要注意的重要东西是，这个图景并非只是关于主体性的错误观点；对支持自我负责的理性和自由来说，它完全是不必要的。这些理想能够而且有它们的有效性（无论怎样受其他东西限制）；甚至当我们抛弃这种站不住脚的人类学时，我们仍能认可作为现代性重大成功这种力量（在适当的范围内）的发展。

---

① 例如，见莫里斯·梅洛-庞蒂：《知觉现象学》（Paris：Gallimard，1945）；马丁·海德格尔：《存在与时间》（Tubingen：Niemayer，1927）；我认为，维特根斯坦的后期著作，也能从这个角度看；还有迈克尔·波兰尼的《个人的知识》（New York：Harper，1964）；《缄默的向度》（Garden City：Doubleday，1966）。

无论如何，这是有关当前论证责任的区分，有关我在第九章讲过的那些事实之一，即与分解式主体性相对的情况总要被更新；理解也是类似的，这种情况并不使自我负责的理性和自由失去效力（尽管它限制了它们的范围）。争论的方式正常起作用，全都太容易分化为两个阵营。一方是自我负责的理性和自由的理想的持有者，他们感到因此必须要采纳分解的人类学。这种人类学产生于他们与经验主义认识论的接触，这种认识论的权限假定了某种像洛克的主体观这样的东西。另一方是这种有点脱水的观点的抗议者，他们因此感到必须完全排斥这些理性和自由的理想。

以一种类似的——可理解但却是无效的——方式，激进的启蒙运动信奉一种否定强势评估的哲学；而且以其自身的样式，发展创造性想象力已倾向于给予主体自我实现的哲学以色彩。这些也引起两极化的争论，因此失去了重要的洞见。

这个问题全部指向上边我提到的至关重要的哲学派别，它们一直试图使我们脱离这样的偏见，即我们很容易滑入或形成情景化自由的人类学。

我提到的其他两个矛盾区域，最初不像我正在讨论的这个区域那样得到广泛的认识。毋宁说，只有通过我正在勾勒的现代认同的图景，它们的轮廓才会显现出来。

我首先列举的第一种区域包含着有关根源的问题。在此似乎不是一个重要的冲突。跨越意识形态和形而上学信念的巨大差异，我们对正义和仁慈的要求，以及它们的重要性，有着令人惊奇的一致性。存在着差异，包括有关堕胎的刺耳争论。但是，这些例子极其罕见，对普遍同意来说是有说服力的证据，可稀有使它们更显眼。为了理解我们的一致包容多广，我们只需要把我们文化中的任何派别与以前以及在它之外所持的基本信念相比较：例如，我们可能想到司法酷刑，或因偷盗罪而被砍去手足，甚或想到公开宣布的（与隐蔽的和未公开声称的相对照）种族主义。

所以，只要我们围绕规范而结合在一起，为什么要担心我们在理性上不一致呢？不一致并不是问题。毋宁说，问题是什么样的根源能支持我们对仁慈和正义的广泛的道德承诺。

在我们的公共争论中，就这些规范而提出的空前严厉的标准，并未受到公开的挑战。要我们关心地球上全人类的生活和幸福；号召我们在全球推进人们之间的正义；我们赞成关于权利的普遍宣言。当然，人们经常回避这些标准。当然，我们赞成它们时，伴有大量的虚伪和内心的保留。然而，它们仍旧是可以公共接受的标准。它们不时激励着人们的行动——就如电视激发的许多减少饥饿的运动，或临时凑成的（Band-Aid）活动。

就我们严肃对待这些标准的程度（而这因人而异）来说，如何体验它们呢？它们可能只被感受为专横的要求、标准，我们感到它们是不适当的、坏的，或因不能满足而有罪恶感。毫无疑义，许多人，或许几乎我们全部有时以这种方式体验它们。或许，从我们自身价值的意义看，或者更恰当地说，从暂时减缓我们通常难以满足它们的边缘的但却压制性的含义的意义看，当我们有时满足了那些标准时，我们就能"升华"。但是，由人明显值得帮助或得到公正对待的强势含义，即它们的尊严或价值的含义所推动，是极为不同的事情。在这里，我们得以接触到了道德根源，是它们本来支撑着这些标准。

正如我们看到的，这些根源是多元的。但是，就它们都提供这种积极的支持来说，它们有共同之处。最初的基督教圣爱概念，是上帝对人的爱，这与人们作为创造物的善良性质相联系（尽管我们不必决定，他们是因善而被爱，还是因被爱而是善的）。人通过神恩而分享这种爱。存在着对创造物的神圣肯定，这种肯定在《创世记》第一章有关每一创造阶段的重复句子中得到注意，"上帝看到这是好的"。圣爱与这种"看着好"密不可分。

各种各样的、或多或少地世俗化了的后继概念，都体现着某种类似的东西。这样，正如我在前边所论证的，启蒙的自然主义部分是由这样的意识所激励的，即为了首次公正地对待淳朴的自然欲望而排斥宗教，这反击着隐含在禁欲主义准则中的诽谤。

高级标准需要强势根源。这是因为，在支撑单纯建立在未履行责任的情感之上，建立在内疚，或其对应面，自满之上的要求方面，存在着某种道德上的堕落甚至危险。伪善并不是唯一的消极后果。作为要求仁慈的道德，导致达不到要求的那些人的自我谴责和对自我实现的冲动的贬低，人们认为利己主义为满足这个标准设置了很多障碍。尼采探讨了这个问题，并以充分的力量使一切装饰成为多余的。实际上。尼采的挑战是以深刻的洞见为基础的。如果道德只起否定作用，那就没有因作为价值存在的领受者的肯定而得到加强的仁慈，而怜悯对给予者来说是破坏性的，对接受者来说是贬低。仁慈伦理学或许实际上是站不住脚的。尼采的挑战达到了最深层次，因为严格说来他在寻求能释放这种存在的肯定性的东西。他那使人不安的结论是，正是仁慈伦理学妨碍着肯定之路。只有存在着圣爱这样的东西，或对其后继者来说所提的一种世俗要求，尼采才是错误的。

　　要求仁慈还有其他的后果，对此尼采并未探讨。无价值的危机意识也可能导致罪恶的向外喷射；恶、失败现在被等同于某些别的人或群体。我问心无愧，因为我与他们相对立，但我能做什么呢？他们妨碍着普遍利益；必须清除他们。在政治风景线的极端，这变得尤其刻毒，陀思妥耶夫斯基以无与伦比的深度探讨了这种方式。

　　就像他那个时代一样，在我们的时代，许多年轻人被推向政治极端主义，有时是出于真正可怕的状况，但也出于赋予他们的生活以意义的需要。由于无意义经常伴随着罪恶感，有时他们就呼应强势的极端化意识形态，根据这种意识形态，靠跻身于与黑暗势力进行毫不妥协的斗争的行列，人们发现着纯洁感和方向感。对对立面越是不妥协，甚至暴力地对待之，两极化就表现得越绝对，远离罪恶的纯洁感就越大。陀思妥耶夫斯基的《群魔》就是有关现时代的伟大文本之一，因为它揭露了普遍的爱和自由的意识形态赖以点燃仇恨之火的方式，这种方式向外指向无法再生的世界，产生着毁灭和专制主义。

　　由全部这点引起的问题是，就继续忠诚于我们的正义和仁慈标准而言，我们的生活是否超越于我们的道德手段？有没有对我们来说仍是可信的看着好的方法，它们有足够力量支撑这些标准？如果没有，限制它们既是更诚实的，也是更谨慎的。在这种关联中，我在第十九章简要地提出的问题就再次出现了。自然主义的看着好——它转而排斥宗教对自然的中伤——从根本上说是寄生性的吗？这或许有两种意义：不仅它通过排斥所谓的否定来获得其肯定，而且对其普遍仁慈来说，原初的模式就是圣爱。在它竭力废除了宗教

死亡时，它怎么样才能幸免于难呢？当"诽谤"过去后，肯定能否继续存在呢？

依照第二十三章第六节的讨论，问题可能以另一种形式出现：或许，原初的启蒙运动的肯定，即其确定的自信是建立在高度理想化的、直接的人之本性观之上的。但是，面对我们关于更暗的深层人类动机的当代后叔本华式的理解，这种肯定能够挺得住吗？在不必付出尼采的代价的情况下，在某个地方是否有把这些看作善的理想化的力量？

或者说，仁慈最终必定被设想为我们对自己应负的责任，它因某种方式是出于我们作为理性的、解放了的现代人的尊严所需要的，而不管领受者的(无)价值？而到如此这般地步，我们将多么接近陀思妥耶夫斯基所描绘的世界？在其中表面上的善行事实上是竞争，甚至是仇恨的表达。

或许也可在这里提出另一个问题。自然主义的肯定是根据在人类本性的健康和力量的完整性的意义上人类本性的看法而定的吗？它推动我们扩大对无可挽回的受伤害者——比如，智残者、那些在毫无尊严的情况下等死的人、带有遗传疾病的胎儿——的帮助吗？或许人们可能判定，这并不推动我们扩大帮助，而这是有利于自然主义的一点；或许不应把精力浪费于这些没有希望的事情上。但是，特丽萨嬷嬷或让·瓦尼埃的经历，似乎指向了一个不同的、来自基督教精神的类型。

在提这些问题时，我显然不是中性的。纵然在回答它们的方面我受到限制(部分上是由于棘手，而大多是出于缺乏论据)，可读者猜想我的预感是朝向肯定的，我认为自然主义的人道主义在这些方面是有缺陷的——或者，也许更好地说，与自然主义根源能有的伟大力量相比，某些有神论观点的潜能是更加无与伦比的。陀思妥耶夫斯基构造的这种视角，比我在这里能构造的要好得多。

但是，我认识到，指出的问题也能在另外的方向上提出，而指向有神论。我的目的还不是要赢分，而是识别这一系列围绕着道德根源的问题，它们或许支撑着我们对仁慈和正义的大量公开表示的承诺。这整个系列被程序主义元伦理学的支配地位所堵塞了，这使我们要经由道德责任的棱镜来看这些承诺，因此使它们的否定性更

加占主导地位和更突出起来①，并把道德根源更进一步地置于视野之外。但是，我一直勾勒的现代认同的图景，把这个系列带回到突出位置上。

现在，我想简捷地考察一下第三个区域。从工具主义批判的讨论中突现的东西，是需要认识到善的多样性，因而它们常常是冲突的，对此其他观点倾向于以使竞争中的一种善变得不合法来加以掩饰。工具主义者能够忽视表达实现和割裂与自然的联系的代价，因为他们没有认识到这些问题。现代性的批评家正是经常消解这些善，对他们说来他们是把这些善当作主观主义的幻觉来消解的。主体实现的主张者不允许任何事情妨碍"解放"。

我们刚刚完成的有关仁慈的根源的讨论，也把我们带到至关重要的冲突上，尼采和陀思妥耶夫斯基以极其不同的方式对其进行过富有启发性的探讨：仁慈的要求可能需要自爱和自我实现的代价，这种代价最终要以自我毁灭甚或以暴力来支付。

实际上，几个世纪以来在我们的文化中就有这种代价意识。对宗教禁欲要求的自然主义反叛，以及早期谨慎的个体以异教的名义对基督教的平静的拒绝，至少部分反映着这样的认识，即高得可怕的代价一直被要求着。

在我们的时代，依靠尼采的作者们进一步阐述了这种冲突。在后期米歇尔·福柯著作中可发现的重要主题之一，就是对这样一种方式的理解，根据这种方式优秀的伦理和精神理想经常与政治控制的排斥与关联相交织。威廉·康诺利非常恰如其分地阐述了福柯思想的这个方面。② 通过证明某些精神生活的概念如何把妇女排除在外，给予她们较低的地位，或假定她们是从属性的，当代女权主义

---

① 在其《伦理学与哲学的界限》（London：Fontana，1985）第 10 章中，伯纳德·威廉姆斯表明了责任概念对主导性元伦理学的核心地位。威廉姆斯的这一章题为"道德，特殊的制度"，并就其倾向提供了某种暗示。

② 参见威廉·康诺利：《泰勒、福柯和非我性》《政治理论》（*Political Theory*）第 13 卷，365～376 页，1985(3)。

批评也对这种理解做出了很大贡献。[①] 正如我在第一编（第三章第二、第三节）中论证的，超善以这种或那种方式能够使我们窒息或压制我们的意识，已经是自然主义反抗传统宗教和道德的动力之一。

就我的观点看，从这些例子浮现出一个普遍真理，即最高的精神理想和渴望也有给人类加上最沉重负担的危险。人类历史的伟大精神视野也是有毒的圣杯，是无数悲惨甚至暴行的原因。从人类历史的开端，我们与最高者相连的宗教就经常与牺牲甚至肢体残害联系在一块，仿佛只要我们想讨神的欢心，就必须撕掉我们的某种东西，甚至要杀戮。

这是一个古老的主题，启蒙思想家，尤其是那些持有"新卢克莱修主义"观点的人，对此做过很好的探讨（第十九章第三节）。但是，这悲哀的故事并未随着宗教而结束。无神论者所导致的哈尔科夫大饥荒和杀戮场，是为了试图实现最崇高的人类完美理想。

于是，随后，人们可能说，危险伴随着宗教，或其他以某种方式在把道德激情置于艰难迹象之前方面类似于宗教的至福千年式的意识形态。我们所需要的是清醒的、科学的、世俗的人道主义。

但是，尽管有丰富的，可仍旧未得到充分探讨的新卢克莱修主义的态度，但这对我来说似乎仍过于简单。而理性在于我在此一直在探讨的观点与各种自然主义和尼采对自我牺牲的批判之间的重大差异上。在特征上，作为对精神追求的驳斥，这些观点给这种追求带来自我摧毁的后果。它们再次提出，我所相信的是这样一个主要的信念错误，即如果善导向痛苦或毁灭，那它必然是无效的。

这样，启蒙的自然主义思想是通过证明禁欲主义的代价来驳斥基督教。尼采经常提供一个"道德"图景，它表明道德只是弱者或间接表示的妒忌或诡计，这就剥夺了关于我们的忠诚的所有要求。[②]福柯在其作品中似乎主张（我相信）很难对付的中立性，它清楚地认识到根本没有必须履行的要求。

---

① 参见吉恩·贝思科·埃尔施坦：《公共的男人，私下的女人》（Princeton：Princeton University Press，1981）中关于政治理论传统的讨论。

② 但是，尼采的思想与这点相比，就如所有情形一样，要更具多面性和复杂性。参见《善恶的彼岸》的"禁欲的理想意味着什么"一节。

但是，我已经论证了，这种推理方式是极其错误的。不仅某些潜在的摧毁性理想能引向真正的善；它们中的某些无疑就是真正的善。柏拉图和斯多葛派的伦理学，不能仅仅当作虚幻而被一笔勾销。甚至非信仰者，假若他们并不排斥伦理，也将感受到福音书中强有力的呼吁，对此他们将以世俗的形式加以解释；正像基督徒，除非幽闭于盲目的自信之中，他们将认识到历史上以信仰的名义带来的骇人听闻的毁灭。

那就是为什么采取赤裸裸的世俗观点——在历史上没有任何宗教向度或极度的希望——并不是避免两难困境的方法的原因，尽管它或许是生活于其中的良好方法。它并不能避免困境，因为这种困境包含着它的"支离破碎"。它包含着我们对人们所设想的某些最深刻和最强劲的精神追求的令人窒息的回应。这也是要付的沉重代价。

尽管如此，这并不是说，如果我们必须要付出某些代价，这或许并不是最安全的。持续的谨慎教导我们，要降低我们的希望，限制我们的眼界。但是，如果我们假装因此并没否认任何人性，那我们是在欺骗自己。

这就是定论吗？必须要否定某些东西？难道我们必须在各种精神切片术和自我造成的伤口之间做出选择？或许是。当然，向我们保证我们将省略掉这些选择的某些观点，是建立在选择的盲目性基础上的。这或许是在这本书中详尽阐述的主要见解。

但是，我并不以这种悲观的精神同意这点。我在这里所从事的这种研究，可以说是解放的工作。激发这个工作的，而且我重新提起的，完全是对我们的文化中倾向于窒息的精神的直觉。我们抑制精神，部分是出于我刚才所运用的谨慎，尤其是在本世纪可怕的千年至福论的毁灭经验之后；部分是出于现代自然主义的癖好，自然主义是我们占主导地位的一种信条；部分是出于周围的党派的狭隘性。我们从正式的叙述中辨识出如此之多的善，我们把它们的力量埋藏于很深的哲学原理的层面之下，因而它们处于窒息的危险之中。或者毋宁说，由于它们是我们的善，人类的善，我们就要抑制。

这部著作的意图是一种恢复，即尝试通过重新表达来发现被掩藏的善，靠重新表达使这些根源再次具有授权的力量，使新鲜空气再次进入半坍陷的精神肺腑中。

　　某些读者可能发现这有些过分渲染（尽管这些人将早早地停止阅读）。也许我对那些于外部世界并无多大影响的学院派的狭隘性作了过分的反应——虽然我认为并非如此。另外的人可能指责我，判断带有明显的内在矛盾——甚或是不负责任。如果最高的理想潜在地是最具破坏性的，那么或许谨慎的道路是最安全的，而且我们不应无条件地为授权性的善的不加区别的复兴而欣喜。稍许明智的抑制也许构成部分的智慧。

　　在两难困境不可逃避，最高的精神追求必然引向破碎或毁灭的假设基础上，谨慎的策略才讲得通。但是，如果我提出最后一个未经证实的断言，那么我想说，我不承认这是我们不可避免的命运。破碎的两难境地在某种意义上是我们最大的精神挑战，而不是严酷的宿命。

　　怎样才能证明这点？在这里，我无法做到这点（或者，说老实话，在任何场合也无法做到）。存在着很大的希望因素。那就是我所看到的隐含在犹太—基督教有神论中的（不管其历史上的追随者的记录多么可怕），以及隐含在对人类的神圣肯定的核心承诺中的希望，它比人在无助的情况下能够达到的要更完整。

　　但是，适当地说明这个问题，将需要另一本书。我在这个结论中的目标，只是要证明我的现代认同的图景怎样能塑造我们关于现时代道德困境的观点。

节选自［加］查尔斯·泰勒：《自我的根源》，
南京，译林出版社，2001。韩震等译。

# 《现代性之隐忧》（1991）（节选）

## 一、本真性之源

本真性的伦理规范是某个相对新颖的东西，它是现代文化独有的。它滥觞于 18 世纪末，以个人主义的早期形式为基础，例如笛卡儿首创的不受约束的理性观点（disengaged rationality）的个人主义，它要求每个人自负其责地为他或她自己思考，或洛克的政治个人主义，它试图使人及其意志先于社会责任。但是，本真性也在某些方面与这些早期形式相冲突。它是浪漫主义时期的一个产物，对不受约束的理性观点和不承认共同体纽带的个人利益至上主义持批判态度。

描述其发展的一个方式是去考察它在 18 世纪的一个思想中的起点，该思想认为，人类具有一种道德感，一种对是非的直感。这个学说起初的思想是去抗衡一个对立的观点，即知道对与错就是计算后果，尤其是与神的奖赏和惩罚相关的后果。而该学说的观点是，理解对与错并不是枯燥的计算，而是扎根在我们的感受之中。道德，从某种意义上讲，具有一个内在的声音。[①] 本真性概念滥觞于这个

① 我在《自我的根源》第 15 章中已经详细讨论了这个学说的发展及其与洛克理论的对立关系，弗兰西斯·哈起逊（Francis Hutcheson）利用沙甫慈伯利伯爵的著作在自己的作品中首次提出并发展了这个学说。

领域中道德重音的移位。早先的观点认为，内在声音之所以重要，是因为它告诉我们哪些要做的事情是正确的。在此，作为通向正确行事之目的的手段，与我们的道德感觉保持接触就很重要了，当这种接触具有独立的和决定性的道德意义时，我所说的道德重音的移位就发生了。它成为我们为了成为真正的和完整的人而不得不获取的东西。

　　为了看看这里有何新意，我们必须与早期道德观点加以类比，这些早期道德观点认为，与某个源头——比如说，上帝或善的理念——保持接触对于完整的存在是至关重要的。只有在现在，我们必须保持联系的源头才深藏于我们内心之中。这是当代文化的大规模主观转向的一部分，是一种新的本质形式，我们以此视自己为具有内在深度的存在物。起初，源头是内在的这个思想并不排除我们与上帝或理念的关联；它可以看成是我们通向它们的合适方式。某种意义上，它可以看成是圣奥古斯丁开创的思路的继续和强化，圣奥古斯丁认为通向上帝之路就是经历我们对自身的反思意识。

　　这个新观点的第一个变体是有神论的，或者至少是泛神论的。让-雅克·卢梭论述了这个新观点，他是推动这个变化之发生的最重要的哲学家。我认为卢梭重要，并不是因为他首发此变；相反我倒认为，他之所以得享大名，部分出自他清楚地阐述了业已发生在该文化中的某种东西。卢梭频频地将道德问题表述为我们遵从自身本性之声的问题。这个声音，总是被那些由我们对他人的依赖所诱发的激情所淹没，"自尊"或者说骄傲是这些激情中关键性的一个。我们的道德解救来自于恢复与自身的本真的道德联系。卢梭甚至为这种与自身的亲密联系取了一个比任何道德观都更为基本的名字，那就是，欢乐和满足之源："存在之感受"[1]。

----

　　[1]　"心中既无匮乏之感也无享受之感，既不觉苦也不觉乐，既无所求也无所惧，而只感到自己的存在，同时单凭感觉就足以充实我们的心灵：只要这种境界持续下去，处于这种境界中的人就可以自称为幸福，而这不是一种人们从生活乐趣中取得的不完全的、可怜的、相对的幸福，而是一种在心灵中不会留下空虚之感的充分的、完全的、圆满的幸福。"卢梭：《漫步遐想录》之"漫步之五"，载于《全集》，第 1 卷（巴黎：Gallimard，1959），1047 页。

卢梭还以一种最有说服力的方式阐释了一个密切相关的思想。这就是我想要称为自决自由（self-determining freedom）的观念。它是这样一种思想：当我自己决定什么东西与我有关，而不是被外部影响所左右的时候，我才是自由的。我不受他人的干涉，自由地做我想做的事情，因为这与我之被社会及其要求服从的法律所塑造和影响是相容的，在这里，自由的标准明显地超越我们称之为消极自由的东西。自决的自由要求我打破所有这些外部樊篱的禁锢，独自做出决定。

在这里我提到这个观点，不是因为它对于本真性至关重要。很明显，这两个观念是不同的。但是它们一同成长，有时在同一些作者的著作中得到发展，它们的关系一直是复杂的，有时是冲突的，有时紧紧地捆在一起。如同我将要论证的那样，其结果是，它们时常被混淆，而这就是本真性的异型的来源之一。我在后面将回到这一点上。

自决的自由已经成为我们政治生活中一种有巨大影响力的思想。在卢梭的著作中，按照建立在公意基础上的社会契约国家的观念，它采取了政治的形式，而恰恰因为公意是我们共同自由的形式，所以它不容忍以自由为名义的任何对立。这种观念成为现代集权主义的思想来源之一，人们或许认为它起始于雅各宾党人。尽管康德从纯粹道德方面将这个自由的概念重新解释为自律，它仍随着黑格尔和马克思而更深地退回到了政治领域。

让我们回到本真性之理想：它变得至关重要，是由于卢梭之后出现的一个进展，我将这个进展与赫尔德（Herder）联系起来——再讲一次，赫尔德是其早期主要的阐释者，而非其发明者。赫尔德提出这样的思想：我们每个人都有一个独到的做人（being human）的方式。用他的话讲，每个人都有他或她自己的"尺度"（measure）。① 这个思想已经深深进入现代意识之中。它也是时新的。在18世纪末之前，没有人认为，人与人之间的差异会具有这种道德意义。存在着

---

① 赫尔德，"每个人都有自己的尺度，仿佛能把自己的各种感受协调起来的尺度"。《历史哲学的观念》，载于《赫尔德全集》中的第13卷，291页，伯纳德·苏芬编（柏林：Weidmann，1877—1913）。

某种做人的方式，它是**我的**方式。我应该以这种方式，而不是模仿任何他人的方式去生活。而这就给忠实自我（being true to myself）赋予了新的重要性。如果我不这样，我就没有领会生活的目的，我就没有领会对**我**而言什么是做人。

这就是流传给我们的强有力的道德理想。它赋予与自我、与自我内在本性的接触以无比的道德重要性，而看来这种接触正有被丢失的危险，这部分是由于驱使我们服从外部的压力，也由于在对自我持一种工具主义态度时我可能会失去倾听这种内在声音的能力。因此，通过引入独到性原则，这个理想极大地增强了这种自我接触的重要性：我们的每个声音都有其自己的东西要说出来。我不但不应该让我的生活符合外部一致的要求；在我之外我甚至不可能找到我据以生活的模型。我只能从内部找到它。

忠实自我意味着忠实我自己的独到性，这是某种只有我自己才能够阐明和发现的东西。在阐明它的过程中，我也在定义我自己。这是对现代本真性理想的理解背景，是对自我完成或自我实现的目标（其中常常表达了这种真实性理想）的理解背景。正是这种背景赋予真实性文化（包括其最低级、荒谬或琐碎的形式）道德力量。它赋予"做你自己的事"或"找到你自己的满足"这类想法以意义。

## 二、不可逃避的视野

这是对本真性起源的一个非常粗略的描述。我在后面必须补充更多的细节。但此刻看看推论在此是如何进行的就足够了。我想着手考察我在上节结尾处提出的第二个有争议的主张。对于沉浸在当代本真性文化中的人们，你能用理性跟他们讲话吗？对于深陷于温和相对主义之中的人们，或那些除了自身发展外不忠实于任何别的事业的人——比如说，那些为了向上爬而抛弃爱情、子女、民主团结的人，你能用理性跟他们交谈吗？

那么，我们如何推论呢？道德事务中的推论总是与某个人一起进行的。你有一个对话者，你从此人所处的立场开始，或者从你们之间实际上的差异开始；你不是从头开始，仿佛是在与一个不承认任何道德要求的人谈话。与一个不接受任何道德要求的人争论对错，就像与一个拒绝接受我们周围的知觉世界的人争论经验事物一样，都是不可能的。①

但是，我们正在想象与当代本真性文化中的人们进行讨论。这意味着他们正在试图按照这种理想来塑造他们的生活。摆在我们面前的并不只是那些关于他们的偏好取向的事实真相。但是，如果我们从这个理想开始，那么我们就可以问：在人类生活中，实现这种理想的条件是什么？恰当理解的这种理想究竟提倡什么？两个问题的次序是交织的，或许互变而成一个问题。在第二个问题中，我们试图更好地定义这个理想的内容。就第一个问题而言，我们想要指出人类生活的某些一般特点，这些特点制约着这个理想或其他任何理想的实现。

接下来，我想提出两条论证，它们能够描绘出这类提问的旨意何在。论证将是非常粗略的，更多地具有建议的性质，即对怎样才像一个令人信服的证明提出建议。我的目的是维护我的第二个主张，即你可以运用理性就这些问题进行论证，然后证明，尝试更好地理解真实性取决于什么实际上是有实践意义的。

我想唤起的人类生活的一般特点是其根本意义上的**对话**特性。我们通过我们获取的丰富人类表达语言，成为完整的人类行为者，能够理解我们自身，并因此能够定义一个同一性（identity）。为此讨论计，我想在宽泛的意义上使用"语言"一词，它不仅涵盖我们说的语词，而且涵盖我们定义自身时使用的其他表达方式，包括艺术、手势、爱等"语言"。但是，我们是通过与他人的交流而接受这些表达方式的。没有任何人独自获得自我定义所必需的语言。通过与那些和我们休戚相关的他人——乔治·赫伯特·米德（George Herbert Mead）称之为"重要的他人"②的交流，我们被引导到这些语言中。人类心灵的起源在此意义上不是"独白式的"，不是每个人能够独自完成的，而是对话式的。

---

① 我在《解释与实践理性》中详细发挥了这种道德推理观，该文收在世界发展经济研究所的《更广泛的工作论文 WP72》（赫尔辛基，1989）中。

② 乔治·赫伯特·米德：《心灵、自我与社会》（芝加哥：芝加哥大学出版社，1934）。

此外，这不仅仅是一个关于**起源**的、随后就可以忽略掉的事实。我们并不只是在对话中学习语言，然后接着能够独自将它们用于我们自己的目的。在某种程度上，这描述了我们在所处文化中的处境。在很大程度上，人们期待着我们自己通过孤独的反思去发展我们自己的看法、观点、对事物的态度。但是，对于重要的题目，如定义我们的同一性，事情却并非如此。我们总是在与一些重要的他人想在我们身上找出的同一特性的对话中，有时是在与它们的斗争中，来定义我们的同一性。即使我们由于成长离开了后者——例如，我们的父母——而且他们从我们的生活中消失了，与他们的交流仍在我们身上延续，只要我们还活着。①

所以，重要的他人的贡献，即使发生在我们生活的初期，也无处不在延续。至此，有些人可能会领会我的意思，但仍然想坚持某种形式的独白式的理想。不错，我们永远不可能完全将自己从那些热爱、关怀、在生命早期塑造我们的人中解放出来，但我们应该努力在可能的、最完满的程度上独自定义自己，尽最大努力去理解并且因此抑制我们的父母施加的影响，避免陷入任何这类进一步的依赖之中。我们需要这些关系去实现自身，而不是定义自身。

这是一个共有的理想，但我们认为它严重低估了对话在人类生活中的地位。它仍想尽可能将对话局限在起源上。它忘记了，我们对生活中善事的理解乃是通过与我们所热爱的人们一起欣赏它们才有可能改变的，有些善之为我们所理解乃是通过此类共同欣赏才有可能的。由于这样，要**阻止**由我们所爱的人们来形成我们的同一性，就要付出巨大的努力，并且可能要经历许多痛苦的分裂。思考一下我们用"同一性"意指什么。它是我们之所是的那个"谁"，"我们的本原之所在"。就此而言，它是我们的口味、欲求、观点和志向得以有意义的背景。如果只有涉及我爱的人，我最为重视的某些东西才为我所理解的话，那么她就变成内在于我的同一性了。

---

① M. M. 巴克亭和使用了其作品的那些人已经探讨了这种内部的对话性。见巴克亭的著作，特别是《陀思妥耶夫斯基诗学问题》（明尼苏达：明尼苏达大学出版社，1984）；也见迈克尔·霍尔奎斯特和凯特琳娜·克拉克：《米凯尔·巴克亭》（坎布里奇：哈佛大学出版社，1984），詹姆斯·沃希：《心之声》（坎布里奇：哈佛大学出版社，1991）。

对某些人来说，这看起来像是一个人们渴望挣脱掉的限制。这是理解隐士（或者举一个我们的文化更熟悉的例子，孤独的艺术家）生活背后的冲动的一种方式。但是，从另一个角度看，我们甚至可以把这看成是对某种对话性的渴望。在隐士情形下，对话者是上帝。在孤独艺术家情形下，作品本身是讲给未来听众听的，听众或许仍是被作品本身创造出来的。一件艺术作品的形式显示其特点是**讲话式的**。① 但是，无论人们怎么想，如果不能勇敢地努力挣脱日常存在，那么，在我们的整个生命过程中，我们同一性的形成和维持仍将是对话性的。

下面我想指出，这一中心事实在正在成长的本真性文化中已经得到承认。但我现在想做的是，一方面承认我们生活中的这种对话性，另一方面承认在本真性理想中固有的某些要求，并显示当代文化的更自我中心的和"自恋的"方式显然是不充分的。我尤其想表明，选择了自我实现而不考虑（a）我们与他人关联的要求，或（b）来自多于或异于人类欲求或渴望的任何种类的要求，这些方式是自拆台脚的，它们摧毁了实现本真性本身的条件。我将用逆次序讨论这些问题，从（b）开始，从作为一个理想的本真性自身的要求开始进行论证。

当我们理解了何为定义我们的自我，确定了我们的独创性取决于什么之时，我们看到，必须将某种对重要东西的感觉当作背景。定义自我意味着找到我与他人的差异中哪些是重要的、有意义的。我可能是唯一的头上恰好有 3732 根头发的人，或者刚好与西伯利亚平原上的某棵树高度相同，但这又有什么意义？如果我说，我定义自我是通过我自己准确表达重要真理的能力，是通过我无与伦比的弹钢琴的能力，或者是通过我复兴先辈传统的能力，那么我们就处在自我定义的可承认的范围之内。

这种差别是明显的。我们立刻就明白，后一种特性对人而言是重要的，或者人们很容易看到这种重要性，而前一种特性却不是这样——那就是说，没有什么特别的内容。或许 3 732 这个数字在某个

---

① 关于这个在我们现存对话者之外的"超级讲话者"的概念，见巴克亭：《语言学、语文学和人文科学中的文本问题》，载于卡里尔·爱默生和迈克尔·霍尔奎斯特编辑的《言语游戏及其他后期论文》（奥斯汀：得克萨斯大学出版社，1986），126 页。

社会是个神圣的数字；那样，具有这个数量的头发就可以是重要的。但是我们是通过将它与神圣的东西联系起来才得到这一结论的。

我们在前面第 2 节中看到当代本真性文化是如何滑向柔性相对主义的。这进一步助长了一个一般的、关于价值的主观主义的假定：事物具有意义并不是因为它们自身，而是因为人们认为它们有——似乎人们能够确定什么是有意义的，或者通过决定，或者（或许不知情地和不情愿地）仅仅通过那样一种感觉。这种看法是疯狂的。我不可能只是**决定**我最有意义的行为是在热泥浆中搅动我的脚趾。如果没有一个特殊的解释，这就不是一个可以理喻的主张（就像上述的 3 732 根头发那样）。所以，我不知道如何理解某个宣称**感到**如此的人。这样讲的人能够表示什么**意义**呢？

但是，如果只是在有一种特别解释时这样讲才有意义的话（或许泥浆是世界精神的元素，人用脚趾与之联系），那么它就容易受到批评。如果解释是错误的、不成功的，或可以被一个更好的说明代替，那怎么办呢？人的感觉绝不是坚持自己立场的充分理由，因为人的感觉不可能**确定**什么是重要的。柔性相对主义是自毁的。

事物具有重要性是针对一个可理解的背景而言的。让我们称这个背景为视野（horizon）。那么，如果我们要有意义地定义我们自己，我们不能做的一件事情就是隐埋或否认事物对我们而言据以取得重要性的那些视野。这是一种自挖墙脚的动作，在我们的主观主义文明里被频频采用。在强调在某些可选择事物之间的选择的合法性时，我们常常发现我们使那些可能的选择丧失了意义。例如，有一些为非标准的性倾向作辩护的讨论。人们想要论证，异性一夫一妻制不是唯一的实现性满足的方式，那些倾向于（例如）同性关系的人们不应该感到自己的做法少有价值。这种带有差异、独创性的观念极为符合那种对接受多样性的本真性的当代理解。下面我将对这些关联作进一步的说明。但是，无论我们对它怎么解释，清楚的是，"差异""多样性"（甚至"多文化主义"）这些虚饰的辞藻处于当代本真性文化的核心。

但是，这类话语的某些形式滑向了对选择本身的肯定。所有可能的选择都同样有价值，因为它们是被自由地挑选出来的，而正是选择赋予其价值。作为柔性相对主义的基础的主观主义原则在此起了作用。但这隐约否认了一个先存的、有关重要性视野的存在，而在这里，在选择之前，某些事物是有价值的，另一些有较少的价值，更有一些事物根本无价值。但那样的话，性倾向的选择就失去了任何特别意义。它与任何其他的偏好处在一个层次上，像对高的或矮的性伴侣的偏好，对金发碧眼型或浅黑型妇女的偏好一样。没人会对这些偏好做出高低之辨，但那是因为它们都不具有意义。它们确实依赖于你的感觉。一旦性倾向成为与这些偏好相似的东西（当人们将**选择**当成决定性的辩护理由时，就会出现这种情况），最初的目标，即断言这种倾向的**同等价值**，就会受到微妙的挫折。被如是坚持的差异变得**无意义**。

肯定同性倾向的价值必须以不同的、更为经验的方式进行，有人可能会说，应考虑到同性和异性体验和生活的实际性质。根据凡我们选择的皆是对的，它不可能只是被设定为是优先的。

在这种情况下，对价值的肯定，由于它与另一主要思想的关系而受到了侵害，我在前面已经提到过，该思想是与本真性交织在一起的，即自决的自由。这是把选择作为一个决定性的考虑因素的部分原因，也是滑向柔性相对主义的部分原因。我在下面讨论本真性的目标如何变质时，将会回到这一点上。

但此刻，一般的教训是，本真性不可能以破坏重要意义视野的方式得到捍卫。甚至我的生活的意义来自于它之被选择——这是本真性实际上基于自决的自由的一个例子——这种认识也有赖于这样一种理解，即在塑造我自己的生活时，存在着某个**独立于我的意志**的崇高的、无畏的因此有意义的东西。这就是当人类被置于这种自我创造的选择与更容易自暴自弃、随波逐流、人云亦云等模式之间的时候，人类之所是的一个情形。对此这里会有一个说法，这种情形被视为是正确的，是被发现的，而不是被决定的。视野是给定的。

但这种支撑选择的重要性的、最低程度的给定性，作为一个视野是不充分的，如同我们通过性倾向的例子看到的那样。像约翰·斯图亚特·密尔（John Stuart Mill）在《论自由》①中指出的，我的生

---

① "如果一个人具有任何可容忍量的常识和经验，他自己展示的其存在的模式就是最好的，这不是因为它本身就是最好的，而是因为它是他自己的模式。"约翰·斯图亚特·密尔：《三篇论文》（牛津大学出版社，1975），83 页。

活是被选择的，这一点可能是重要的，但是，除非某些选择比别的更有意义，否则，自我选择这个观念就流于浅薄，并由此支离破碎。作为理想的自我选择之所以有意义，仅仅是因为某些**事务**比其他的更加重要有意义。我不能只是因为选择了牛排和薯条而不是布丁当午餐，就宣称自己是一个自我选择者，并且使用关于自我形成的一整套尼采式的语汇。什么问题是重要有意义的，我并没有确定。如果我确定了，那么任何问题都不重要。但届时**作为道德理想的**自我选择的理想就是不可能的。

所以，自我选择的理想假定了在自我选择之外还有**其他**重要问题。这个理想不可能是独立的，因为它要求一个关于重要意义问题的视野，这个视野帮助我们定义在哪些**方面**自我形成是重要有意义的。依照尼采，如果我重新制作了价值表，那么我就确实是一个真正伟大的哲学家。但这意味着重新定义与重要意义问题相关的价值，而不是重新设计麦当劳的菜单，或明年的便装。

在一种有关重要问题的视野里，必须要有那种寻求生活中的意义、试图有意义地定义自己的行为者的存在。这就是当代文化形式中的自挖墙脚之处，这些文化形式关注**对立于**社会或自然的要求的自我实现，将历史和团结**拒之门外**。像布卢姆所说的那样，这些自我中心的"自恋主义的"形式实际上是肤浅的和琐碎的，它们是"平庸的和狭隘的"。但这不是因为它们属于本真性文化。毋宁说，那是因为它们悍然罔顾本真性的要求。将自我之外的要求拒之门外恰好就是要隐埋重要性的条件，并由此招致了琐碎化。从人们正在此寻求一种道德理想的意义而言，这种自我闭塞是自愚的；它摧毁了能够实现这个理想的条件。

换言之，我只能依据那些要紧的事物背景来定义我自己。但是，排除历史、自然、社会、团结要求，排除发现自我之外的每件东西，就会消灭一切要紧事物的候选者。仅当我存在于这样一个世界里，在其中，由历史、自然的要求、我的人类同伴的需求、公民职责、上帝的号召或其他这类东西来确定有决定性关系的**事务**，我才能为自己定义一个非琐碎的同一性。本真性不是超越自我之外的要求的敌人；它以这些要求为条件。

但是，如此的话，人们就可以对那些深陷于本真性文化的更琐碎形式中的人们提出质疑。理性并不是无能为力的。当然，至此我们还没有怎么深入；仅仅是表明了**某些**自我超越的事务是不能撇开的[上述问题(b)]。我们还没有论证任一特别的**事务**都必须得到严肃的对待。到目前为止，我的论证只是一个轮廓，我希望在下面的章节中将这个论证展开（一点）。但现在我想转到另一个问题(a)，即在一个否认我们与他人的纽带的满足方式中，是否有自挖墙脚的地方。

## 三、对承认的需求

对当代本真性文化的另一个常见的核心批评是，它鼓励了对自我实现的纯个人的理解，这样使得人们进入的种种联合体和共同体纯粹因为它们的重要性而成为工具性的。从更广的社会层面上讲，这与任何对一个共同体的积极义务是对立的。尤其是，它使得拥有对政治社会的义务和忠诚感的政治公民身份越来越成为边缘性的。①从更本质的意义上讲，它培养了一种关系观，按照这种观点，人类关系应该有利于促进个人实现。关系是次要于搭档者的自我实现的。根据这个观点，绵延终生的无条件的纽带，是没什么意义的。如果一种关系继续服务于其目的，它可能会持续至死，但先验地宣称它应该如何却是无意义的。

20世纪70年代的一本书中详细地叙述了这种哲学："当你从中年旅程开始出发时，你不可能将一切带在身上。你正在远行。远离制度的要求和他人的日程事项。远离外在的评说和鉴定。你在脱离角色和走进自我。如果在这个旅程上我能给每个人一份送别礼物，它将是一顶帐篷。一顶暂时性帐篷。这种礼物是便携式的根……我们每个人都有再生的机会，**本真的唯一**，具有一种爱自己和拥抱他人的扩张的能力……自我发现的快乐总是常伴左右。尽管所爱的人在我们的生活中来来去去，爱的能力却长存。"②

本真性似乎在此又一次以一种集中于自我、使我们远离与他人

---

① 罗·贝拉等在《心之习性》中有力地提出了这个观点。

② 盖尔·西黑(Gail Sheehy)：《漂流者：成人生活的可预见危机》(纽约：Bantam书局，1976)，第364、第513页。

的关系的方式被定义。我在上面引用的批评家们已捕捉到了这一点。人们能用理性论证这个问题吗？

　　在勾勒论证的方向之前，重要的是看到，本真性理想包含了某些社会概念，至少包含了关于人们应该如何生活在一起的观念。本真性是当代个人主义的一面，所有形式的个人主义的一个特点是，它们不仅强调个人自由，而且提出社会模型。当我们混淆了我在前面区分的个人主义的两个非常不同的意义时，我们就看不到这一点。反常的和破裂的个人主义当然没有与任何社会规范挂钩；但作为道德原则或理想的个人主义，必须提出某个关于个人如何与他人一起生活的观点。

　　所以，伟大的个人主义哲学家也提出了社会模型。洛克的个人主义给我们提供了把社会作为契约的理论。后来的形式与公共主权的观念相联系。两种社会存在的模式十分明显地与当代自我实现文化相关联。第一种建立在普遍权利的观念的基础上：每个人都有权利和能力成为自己。这就是作为一个道德原则的柔性相对主义的基础：没有人有批评另一个人的价值的权利。这使得那些深受这种文化影响的人趋向程序正义的观点：对任何人的自我实现的限制，必须是对他人平等的自我实现机会的保护。①

　　这种文化着重强调私人领域里的关系，特别是爱的关系。这些关系被看成是自我探索和自我发现的主要落脚点，处于自我实现的那些最重要的形式之中。这个观点反映了一种趋向在当代文化中的连续性，这种趋向到现在有数百年历史，它把善的生活的中心，不是放置在某个更高的领域里，而是放置在我要称为的"日常生活"里，那就是，生产和家庭生活，工作和爱情生活。② 它也反映了另外的重要的东西：确认我们的同一性需要得到他人的承认。

　　我在前面写到，我们的同一性是在与他人的对话中，是在与他们对我们的承认的一致或斗争中形成的。某种意义上我们可以说，

---

　　①　罗·贝拉等。请注意在《心之习性》25～26页关于这种个人主义与程序正义之间的联系。

　　②　我在《自我的根源》中，特别是在第13章中，用很大篇幅讨论了当代文化的这种整体转向。

这一事实的当代形式的发现和阐明，是在与发展中的本真性理想密切联系中产生的。

我们可以区分两个变化，它们共同造就了对同一性和承认的不可避免的现代迷恋。第一个变化是社会等级结构的崩溃，这些等级结构曾经是荣誉的基础。我是在旧制度的意义上使用"荣誉"一词，在此意义上，荣耀是与不平等内在相连的。对于一些想要获得这个意义上的荣誉的人们来说，至关重要的是并非每个人都能获得它。孟德斯鸠在其对君主制的描述中就是这样使用的。荣誉从根本上讲是一件"偏爱"的事情。① 当我们谈到通过给予某人公共奖赏，比如说加拿大勋章，来给某人荣誉时，我们也是这样使用的。很清楚，如果明天我们决定给每位加拿大成人一枚勋章，这就变得没有价值了。

与这种荣誉观念相对立，我们有现代的尊严观念；在我们谈论内在的"人类尊严"或公民尊严的地方，我们现在是在普遍的和平等的意义上使用它。这里作为基础的前提是，每个人都享有它。② 这种尊严的概念是与民主社会相容的唯一的概念，旧式的荣誉概念被边缘化是不可避免的。但是，这也意味着，平等承认的这些形式已成为民主文化的基本要素。例如，每个人都应该被称为先生、太太、小姐，而不是有些人被称为大人或夫人，其他人仅仅直呼其姓氏，或者甚至在更贬损的意义上称呼其名。在某些民主社会里，如美国，这样做已经被认为是至关重要的。出于同样的理由，太太和小姐已在新近被转称为了女士（Ms）。民主开辟了一种平等承认的政治，在过去岁月里，这种政治采取了不同的形式，现在又已以要求文化和性别平等地位的形式重现了。

但是，对伴随本真性理想出现的同一性的理解，已经修改和强化了承认的重要性。这也成为等级社会衰落的部分衍生物。在那些早期社会里，我们现在称之为一个人的同一性的东西大都是由他或

---

① 孟德斯鸠，"荣誉的本性在于要求特权与优越"。《论法的精神》，第3卷，第7章。

② 彼得·伯格（Peter Berger）在其《论荣誉概念的废弃》中有趣地讨论了从"荣誉"到"尊严"的转变的意义，该文收在斯坦利·豪尔沃斯（Stanley Hauerwas）和阿拉斯代尔·麦金太尔编的《修正：改变道德哲学中的观点》（*Revisions：Changing Perspective in Moral Philosophy*）（圣母城：圣母大学出版社，1983）中，172～181页。

她的社会地位决定的。就是说，在很大的程度上，他或她在社会中的地位，以及与此相连的角色或活动，这一背景决定着此人将什么理解为是重要的。民主社会的到来并不能自动去除这些，因为人们仍然可以以他们的社会角色来定义自己。但是，对这种社会派生出的身份辨别予以决定性破坏的，是本真性理想自身。当这发生时，例如就赫尔德来说，本真性理想号召我去发现我自己的原创的存在方式。按照定义，这不可能是社会派生出的，而必定是内在生成的。

当然，像我在前面试图论证的那样，内在生成这种事情，如果理解为独白式的，则是子虚乌有。我对我的同一性的发现，并不意味着是我独自做出的，而是我通过与他人的、部分公开、部分隐藏在心的对话实现的。这就是为什么内在生成同一性之理想的发展、赋予了承认一种新的重要性。我自己在同一性根本上依赖于我与他人的对话关系。

我的意思不是说，这种对他人的依赖是与本真性时代同时出现的。某种形式的依赖总是存在的。社会派生出的同一性就其本质而言是依赖于社会的。但在更早的年代，承认从没作为一个问题出现。社会承认被并入到社会派生出的同一性，是基于这样一个事实：它是建立在每个人认为理所当然的社会范畴上。关于内在生成的、个人的、原创的同一性，情况是，它并不先验地享有这种承认。它不得不通过交流来赢得承认，而且它可能失败。与现代岁月一起出现的，不是对承认的需求，而是这种需求可能的失败条件。这就是为什么这种需求现在第一次得到承认。在现代之前，人们并不谈论"同一性"和"承认"，并不是由于人们没有（我们称为的）同一性，也不是由于同一性不依赖于承认，而是由于那时它们根本不成问题，不必如此小题大做。

无须惊奇的是，我们可以在卢梭那里发现某些关于公民尊严和普遍承认（尽管不是用这些词语）的新思想，卢梭是现代关于本真性的讨论的始作俑者之一。卢梭是等级荣誉或特权的尖锐批判者。在《论人类不平等的起源和基础》的一个重要段落中，他准确地指出，一旦社会转向腐败和不公、人民开始要求优先的尊重，这一时刻就是致命的。① 相反，在所有人都能平等分享公共注意力的共和社会里，他看到了健康的源泉。② 但是，早期对承认题目予以最大影响的是黑格尔。③

承认的重要性现在以各种形式得到普遍的确认；在私人层面上，我们都意识到同一性何以在我们与重要的他人之间的联系中形成或扭曲。在社会层面上，我们有一个正在发展中的平等承认政治。两者都是由成长中的本真性理想形成的，承认在围绕它出现的文化中起着根本性的作用。

在私人层面上，我们可以看出，一个原创的同一性需要多少东西，它多么受制于重要的他人给予或拒绝给予的承认。毫不奇怪，在本真性文化中，关系被看作是自我发现和自我认定的关键所在。爱的关系之所以重要，并不仅仅是由于当代文化普遍强调日常生活的满足。它们也是至关重要的，因为它们是内在生成的同一性的熔炉。

在社会层面上，理解到同一性形成于开放的对话中，它在一个预定的社会脚本中是不定型的，这使得平等承认的政治变得更为核心和急迫。事实上，其利害关系已经显著增大了。平等承认不仅仅是健康的民主社会所需要的适当方式。根据一个普遍的现代观点，拒绝平等承认会危害那些被否定了这种承认的人。将一个低级或贬损的形象投射到另一个人身上，如果这个形象到了深入人心的地步，实际上能够成为歪曲和压迫。否定承认可以是一种形式的压迫，这

---

① 卢梭描述的是最初的聚会。"每个人都开始注意别人，也愿意别人注意自己。于是公众的重视具有了一种价值。最善于歌舞的人、最美的人、最有力的人、最灵巧的人和最有口才的人，变成了最爱尊重的人。这就是走向不平等的第一步；同时也是走向邪恶的第一步。"《论人类不平等的起源和基础》（巴黎：Granier-Flammarion，1971），210 页。

② 例如，参见《波兰政府》一文中的一段，在那里他描述了古代的全体人民都参与的公共节日，见《社会契约论》（巴黎：Garnier，1962），345 页；也参见《就社戏致达伦贝尔》（同上书，224～225 页）中的对应段落。关键的原则是表演者与观众之间不应有任何分工，所有人被所有人观看。"到底这些社戏的目的是什么呢？人们在其中要表现的是什么呢？如果我们要说的话，什么也没有。……将观众投入到表演中，使他们自己也成为演员，结果是，每个人都在其他人眼中得到尊重和爱戴，从而所有人都能够更好地团结在一起。"

③ 见《精神现象学》，第 4 章。

个前提不仅加强了现代女权主义，而且加强了种族关系，加强了多元文化主义的讨论。这个因素是否被夸大是可以讨论的，但清楚的是，对同一性和本真性的理解已经将一个新维度引入平等认同的政治之中，至少就谴责他人引起的歪曲而言，平等承认的政治现在是在同某种类似于自己的本真性概念一起发生作用。

依照前两个世纪一直在发展的对承认的理解，我们可以看到为什么本真性文化终于让位于我前面曾同时提到的两种生活模式：在社会层面上，关键性的原则是公平原则，它要求每个人都有平等的机会去发展自己的同一性，这些机会包含——像我们现在可以更清楚地理解的那样——对差异的普遍承认，无论采用什么模式它都与同一性相关，无论这些模式是性别的、种族的、文化的，还是与性倾向有关的；在私人层面上，形成同一性的爱的关系具有决定性的重要性。

我在这一节中开始谈的问题，或许可以用这种方式表述：一种将我们的联合体只是当作工具、只关注自我的生活模式，能够依照本真性的理想得到辩护吗？现在我们或许可以换一种方式来表述这个问题，追问这些为人喜爱的生活模式如果凑在一起，是否能够容得下这种与别的东西脱离的存在方式。

在社会层面上，答案看起来像是明确的"是"。差异承认所要求的一切似乎是我们接受某种程序正义原则。它并不要求我们承认对公民共和国或任何其他形式的政治社会的强烈忠诚。我们可以"无所顾忌"，只要我们平等对待每个人。实际上，甚至可以认为，由于这一特别事实，任何一个建立在某种强烈的共同之善观念之上的政治社会，本身就是赞同某些人（那些支持共同之善观念的人）的生活，不赞同其他人（寻求其他形式之善的人）的生活，因此，这个社会否认了平等承认。我们看到，像这样的想法，是今天有大量支持者的中立自由主义的基本前提。

但这过于简单。牢记上一节的论证，我们不得不问，真正地承认差异到底意味着什么。这意味着承认不同存在方式的平等价值。同一性承认的政治所要求的，正是这种对平等价值的确认。但是，价值平等的基础是什么？我们在前面看到，仅有人们**选择**不同的存在方式这个事实，还不能使得它们平等；他们碰巧在这些不同的性别、种族、文化中**发现自身**这个事实，也不足以使它们平等。仅有差异本身，还不能成为平等价值的基础。

如果男女是平等的，那不是因为他们是有差别的，而是因为某些有价值的属性，共同的或互补的，压倒了差异。他们是有理性、爱、记忆或者对话承认能力的存在者。在相互承认差异的基础上走到一起——那就是，承认不同同一性的平等价值——要求我们共享比单单相信这个原则还要多的东西；我们必须也共享证明这些同一性是平等的某些价值标准。必须有某个关于价值的实质性的一致意见，否则，平等的形式原则将是空洞虚伪的。我们可能对平等承认嘴上说得好，但是，除非我们共享更多的东西，否则我们并不真正共享一个对平等的理解。承认差异，像自我选择一样，要求一个关于重要意义的视野，一个在此情形下共享的视野。

这并不表明我们必须属于一个共同的政治社会；不然的话，我们就不可能识别外人。它本身也不表明我们必须把我们所处的政治社会看得很重。我们需要填入更多的东西。但是，我们已经看到这个论证可以如何进行：如何使发展和培养我们之间价值的共性变得很重要，关键性的方式之一，就是共享一个参与式的政治生活。

怎么处理我们的关系？我们能将它们看作是满足我们的工具，进而看作是基本上暂时性的吗？这里的回答要容易些。如果它们也将形成我们的同一性，答案当然是不。如果这些强烈的自我探索关系将是形成同一性的，那么它们就不可能是暂时性的——尽管它们事实上，唉，可以破裂——它们也不可能只是工具性的。同一性事实上的确在变化，但是，我们将它们构成为一个已经过了一段生活并将完成整个生活的人的同一性。我并不为"1991年的我"定义一个同一性，而是试图将意义赋予我已经经历了的生活和我将以之为基础进一步计划的生活。原则上，我的那些定义同一性的关系，不能预先被当作可有可无的和注定压迫性的。如果我的自我探索以这种系列进行，并在原则上利用临时关系，那么，我在探索的不是我的同一性，而是某种形式的享乐。

依照本真性理想，仅仅具有工具性关系似乎是以自愚的方式行动。认为一个人可以以这种方式追求自我实现，似乎是一个错觉，就有点像是认为，一个人无须承认一个超越选择的重要意义视野，就能够选择自己。

　　无论如何，这就是这个非常粗略的论证所要表明的内容。我不能说我已经在这里确立了有力的结论，但我希望我已经做了一些事情以表明，理性论证的范围比我们常常设想的要宽广得多，因此，这种对同一性源泉的探讨是有意义的。

节选自［加］查尔斯·泰勒：《现代性之隐忧》，

北京，中央编译出版社，2001。 程炼译。

20世纪西方伦理学经典（Ⅳ）

［法］列维纳斯（Emmanuel Levinas，1906—1995）

《大全与无限》（1971）（节选）

《他人的人道主义》（1972）（节选）

# 《大全与无限》（1971）（节选）

## 结论：外在性与伦理

### （一）从相同到同一

本书所描述的并非是一种关于社会关系的心理学，这种心理学是某些基本范畴进行永恒游戏的场所，它以一种决定性的方式反映在形式逻辑内。社会关系，无限的观念，某一内容以超出容纳者能力的方式而内在于容纳者，这一切在本书中被视为是存在的逻辑动力。概念在达到它的具体时所显现出来的特殊性并不是由于某种终极的特殊差异加了进来，而是出于质料。如此地在最后的类中获得的具体性是无法被辨别的。与这种类同的具体性不同，黑格尔的辩证法完全将具体还原为概念，那是因为，用手指指出这里和当下的事实必须参照着情势（situation），必须外在地受到手指运动的规定。然而，个体的身份在本质上既不是与它自身相同，也不是由指示它的手指外在地规定，而是成为同———成为自我，内在地成为自身。从相同到同一有着某种逻辑过渡；独特性从逻辑领域内涌现，这合乎情理，因为此逻辑领域展示给观看，并在大全内通过这逻辑领域返回我的内心性，我们可以这样说，它是以从凸返回凹的方式而被组织起来的。对这一内心性的分析贯穿了这本描述此一返回之条件的书。观看的形式逻辑总是荒唐地表现了无限的观念，它用神学或心理学的语言来解释此观念（为奇迹或幻想），于是，像无限观念这样的一些关系在内心性的逻辑——在一种微—逻辑的种类中重新获得它的位置，而在内心性的逻辑内，逻辑在类同之外继续它的生机。社会关系不仅仅给我们提供一种高级的用种和属的逻辑来分析的经验质料。社会关系是关系的原始开展，它们不再将自身交给吞没对象的观看，而是在面对面(face à face)中从我到他人地获得实现。

（二）存在是外在性

存在是外在性。这样一个表达不仅是为了揭露主体的幻象，宣称只有抗拒着使独断思想迷失方向之沙阵的客观形式才配得上存在的名字。这样的一种概念最终毁掉了外在性，因为主体性本身为外在性所吞没，自我展示为一全景式游戏的时刻。外在性于是不再有任何意谓，因为内在性本身在为外在性辩护的时候已将它淹没了。

如果我们认为主体不能在客观性中得到解答，主体与外在性相对而立，那么外在性就只能是另外一番样子。外在性应该具有一种相对性的意义，就如大相对于少。然而在绝对内，主体与客体仍同属一个体系，以全景的方式互为游戏并互相提示。外在性——或者说异性性——归依了同一；在内在与外在的关联之外，应该存在着一种洞察此关联的侧视，它将拥抱并洞察（或直观）它们的游戏，它能提供一个最终的舞台，关联就在此舞台上挥洒着自身，它的存在在其中真实地尽力尽心。

存在是外在性：它的存在的练习本身属于外在性，只有受动于这一外在性时，思想才最好地服从了存在。外在性是真实的，这并非是因为一种它在与内心性对立中洞察到这外在性的侧视，而是由于一种面对面，这面对面不再完全是一种观看，它比观看走得更远：面对面从一个点来建立自身，这个点与外在性的分离是如此彻底，以至于它以自身为立足点，这便是我：这样一来，所有其他不依据此一分离的并因此是独断的（它的独断与分离以一种像我一样的积极方式互为依据）点的关系，都缺少了真理的——必然是主体性的——土壤。在他的无限异于暴力的面容内，人的真正本质展现为我的同类，而我的本质在一个我们分有同一体系的历史世界中是把握不到的。面容以它不会引起暴力的来自天上的呼唤制止和使暴力瘫痪。存在的真理不是存在的形象，不是关于存在性质的观念，而是一种置身于主观域的存在，这主观域改变着看，进而能够在外在性中充满命令和权威地、君临一切地说出自身。这种主体间性空间的弯曲反映着一种上升性的间距，它没有使存在变得虚假，而是使它的真理成为可能。

对于主观域"产生"的这种折射，我们无法"演绎"并加以"修正"。它是存在在其真理中实现它的外在性的方式本身。"完全反思"的不可能性并非是出于主体性的欠缺。在"空间的弯曲"之外的存在物所谓的"客观"性质——现象——恰恰意味着至高真理在形而上学真理的本义上的失落。必须将主体间性空间的"弯曲"与朝向显现着的客体的"观点"的独断区别开来，在主体间性的空间中，外在性实现自身为至上性（我们不会问"它出现于何处？"）。然而，作为错误与意见之源泉，引起对抗外在性暴力的独断，它是主体间性空间弯曲的代价。

"空间的弯曲"是人与人关系的表达。他者在我的上面——但如果我对他的接待为的是"发现"某种性质，这只能是一个单纯的错误罢了。社会学家、心理学家、体育学家，他们对外在性是盲目的。他为他者的人从外面触及我们，他与我们分离着，所以是圣，是面容。他的外在性，即他对我的呼唤就是他的真理。我的回应并非像一种偶然那样附加到他客观性的"内核"上，而是产生出他的真理来（他对我的"观点"不会受到取消）。"主体间性空间的弯曲"这一隐喻所欲表达的，就是真理对存在和对存在的观念的出超，它表达了全部真理的神圣意向。这一"空间的弯曲"或许就是上帝的在场本身。

面对面——这是一种最终的和不可还原的关系，任何概念都不能触动它，除非思考概念的思想者立即面对一位新的对话者——使社会的多元性成为可能。

（三）有限与无限

作为存在本质的外在性，它是多元社会对整合多数逻辑的抵抗。在这种逻辑看来，多元性是一或无限的失落，是存在的弱化，在这一观点下，多样存在的成员应跃入存在内，以便从多样回到一，从有限回到无限。形而上学与外在性亦即至上性的联系却意味着，有限与无限的关系对于有限来说不是被所面对者所吸纳，而是寓于自身存在，自存于己，在此世行动。如果我们与上帝融为一体，那么善的朴实幸福将会颠倒它的意义并导致变质。将存在理解为外在性——与存在的全景性生存，与产生这种生存的大全一切两断——将让我们能够理解有限的意义，而无须把有限理解为无限的一种不可理喻的降级；也无须将有限看作是一种对无限的乡愁，看作是一种回归的恶。将存在视为外在性，就是将无限理解为有限对它的向往，进而认识到，无限的发生对应的是分离，是我或源泉在绝对独断之意义上的发生。

分离所具有的限制以及有限的特点指的并非是一种简单的"少"，这"少"根据"无限地多"，根据无限不会减少的完满而获得理解；事实上，有限的特点是无限溢出本身的表达，具体地说，它们是在社会关系中产生的所有的善之于存在的出超的表达。从这善出发，有限的否定性就会获得理解。社会关系孕育了善对存在，多元性对一的出超。社会关系并非像《会饮篇》中的神话所说的那样，是重建阿里斯托芬讲到的完善存在的整体：既不是重新投入整体和融入永恒，也不是为了历史而去征服整体。分离所开辟的冒险绝对是闻所未闻的，它既与一的至福无关，也与以否定或消化他者来清空相遇者的著名自由不搭边。这就是在存在之外，在一的至福之外的善，它宣布了一种严肃的创造概念，这概念既不是一种否定，一种限制，也不是一种一的流溢。外在性不是否定，而是优越。

### （四）创造

神学粗鲁地用本体论的语言来论述上帝与受造物的关系。它建立在符合存在的大全的逻辑优先之上。这样它就很难明白，无限的存在何以能够任命或宽容在自身之外的事物，自由的存在物何以能够将自己的根子伸到上帝的无限内。超越拒绝的恰恰是大全，它与一种外在地包含它的观点格格不入。所有对超越的"理解"事实上都让超越者在自身之外，让它面对面地自在自为。如果大全和存在的观念总是重新返回自身内，那么超越的观念就将我们置于存在的范畴之外。在此，我们以我们的方式遇到了柏拉图关于善在存在之外的思想。超越者，就是不被包含者。对于超越的观念来说，存在着一种不运用任何神学观念的根本指示。传统神学用本体论的语言来论述创造——上帝从他的永恒中走出来创造世界——对于一种以超越为出发点的哲学来说，它以第一真理自居：能将大全与分离区别得最清楚的，便是永恒与时间的差别了。然而从一开始，在含义上是先于我之领会的他者与上帝相似。它的含义先于我对意义给予的领会。

在本体论哲学于其中真正地聚集——或理解——杂多的大全观念内，抵抗着综合的分离观念被置换了。肯定从无造有，就是肯定在永恒内存在着一个关于万物的先在团体，由本体论主导的哲学思想从这团体中使存在物像从一个共同的源泉中涌现。要描述超越所设定之分离的绝对间隔，没有比创造一词更好的词语了，在创造中，被肯定的不仅是存在物之间的亲缘性，而且是它们之间的根本异质性以及它们出自虚无的彼此外在性。我们可以用受造物来意指存在物的特点，这些存在物寓居在不自我封闭为大全的超越内。在面对面中，我既不处于主体的优先地位，也不处于以它在体系中所处位置来定义的物的地位；它是申辩，是为了家园的辩护，这是一种面对他者的申辩；他者是原始的理解力，因为他者有能力为我的自由作辩护，而无须等待某种意义给予或意义。在创造的情形中，我是不作为自因的为自己。我的意志自我确认为无限（即自由）和限制，有如依附一样。我的意志不制约他人的邻近，他人超越着，不规定我的意志。诸我不将自身构建为大全。对于这些我来说，不存在某种原则地把握自身的优先计划。对于多元性而言，无秩是本质的。无秩这样地存在着，即使没有一份大全性的共同计划，我们也还要顽强地去寻找多元性以便提供给计划，我们从不清楚在意志的自由游戏中是什么意志在控制着游戏；我们不清楚谁玩着谁。但当面容显现和要求正义的时候，便有一种原则穿透了所有这些晕眩和悚栗。

(五)外在性与语言

我们据以出发的，是存在物对整体的抵抗，是没有大全的多元性，以与同一的不可妥协性，存在物构成了这多元性。

存在之间的这种不可妥协性——这种根本的异质性——在事实

上指示着一种发生的方式和一种不等同于全景存在和它的显现的本体论。全景存在和它的显现，就它的共同意义而言，就它在自柏拉图至海德格尔的哲学上而言，意指的是存在的发生本身，因为，真理或者说显现既是存在的作为，也是它的本质力量——是存在者的存在和真理最终主导的所有人性的存在。海德格尔认为，人的全部才能在于"启蒙"（现代技术本身不过是一种对事物的提取方式或者将它们在"摆明"的意义上生产出来），这一论点的基础正是全景的首出地位。大全的显露和存在的全景结构——所涉及的是存在的去在本身，而非折射在体系中的诸存在物的共语或共塑。分析以相关的方式把意向性显示为可见物和观念的目标，这正好表明了全景作为存在的最终力量和存在者的存在的统治地位。我们坚持这种力量，尽管我们在沉思的观念中，在现代对情感，实践和生存的分析中体会到了温柔。本书的主要论点之一就是，拒绝在意向性中将意向——意向物结构视为最原始的结构（这并不等于将意向性解释为一种逻辑关系或因果关系）。

存在的外在性事实上并不是指没有关联的多元性。只有重新联络多元性的关联不对分离的深渊进行填充，相反却肯定它。在这样的一种关联中，我们承认了语言只有在面对面时才产生出来；并且在语言内我们承认了教诲。教诲是这样一种真理自我产生的方式，以至于真理与我的努力无关，我不能将它保存在我的内心里。肯定了真理的这样一种产生方式，我们也就改变了真理的原始意义，改变了作为意向性意义的意向——意向物的结构。

事实上，对我言说，我对它进行回应或询问的存在并不向我献出自身，它并不以这样的一种方式给予自身，似乎我能够保证这种显现，使它适合我内心的尺度，从我而出。如此这般地看在言谈中是完全不可能的。看在本质上乃外在与内心的某种符合：外在性在沉思的灵魂内被看所消化，它化为符合性观念，在先天地显示自身的同时表现为一种意义的给予方式。言谈的外在性不会归入内心性。无论如何，对话者都不能在一种内心中找到位置。他总是在外面。分离着的存在物之间的关联不整合这些分离者，这是一种"没有关联的关联"，任何人都无法对之加以概括和主题化。更确切地说，思考和整合这一关联的人会重新因"反思"而在存在内造成分裂，因为他还得将此大全说与某人。分离性存在的各"段"间的关联是一种面对面，一种不能还原的最终关系。一个对话者出现在把握他的思想之后，就像我思的确定性位于所有对确定性的否定之后。对我们所论述的面对面的描述在他人内实现，在重新出现于我的言谈和智慧之后的读者内实现。哲学从来都不是智慧，因为哲学刚刚网罗的对话者已经离它而去了。"全部"在其中说出自身的他者，教师也好，学生也好，在一种礼仪的根本意义上，是哲学所要祈求的。所以，言谈的面对面不将主体系在客体上，与在本质上依据符合的主题化不同，因为所有的概念都不能从外面得到把握。

被主题化的对象留在自身内，但它属于它的为我所通达的存在本质，自在之于我之认知的出超随即被知识所淹没。关于客体的知识与关于自在或客体的稳定性的知识之间的差异，随着思想的发展而减少，思想的发展在黑格尔那里就是历史本身。客观性消融于绝对的知识内，由此，思想者的存在，人的人性在大全内部以自在的恒定性来调校自身，在大全内，人的人性与客体的客观性既互相归属又互相消融。这样，外在性的超越难道不只是见证一种未完成的思想，并在大全内被克服了吗？外在性不已然归属了内心性了吗？这种外在性不已是一种恶的外在性了吗？

我们所探讨的外在性，不是存在在散失或在它的沉沦中必然地或偶尔地具有的某种形式，而是它的去在本身，这种外在性是不可穷尽和无限的。如此一种外在性在他者中开放自身，与主题化不相关。它之所以拒绝主题化，那是因为它是在一种自我表达的存在内正面地萌发出来的。与平面的显现或显现某物为某物的展示不同，在展示中，被展示者远离了它的原始性和它的闻所未闻的存在——在表达中，显现与被显现者合二为一，被显现者目睹了它自身的显现，进而挣脱了所有欲重新捕捉它的形象，并自我表现着它自己，就像一个人在自我介绍时说出他的名字以便于称呼，尽管他总留在他的亲身在场里。介绍无非是说"我，是我"，别人不会因此就想将我看透。我们将这种外在性存在的介绍称为面容，它在此世内不可能找到任何的参照物。我们对这种与面容的关系作过描述，面容在言谈中将自身表现为向往善和正义。

言谈拒绝看，因为言者交出的不是自身而是某些形象，他总亲身地寓于他的言谈内，外于所有他留下的形象。外在性在言语内自我运作，自我展开，自我作用。言者目睹着他的显现，他与听者欲像把握获得物那样把握意义无关，他处于言谈的关系本身之外，好似这种言谈性的在场可以被还原到听者的意义给予中。言语是因着意合而对意义给予的不断超越。形式地超越我的尺度的这种在场不会重新落入我的看。外在性不为总是要度量它的看所度量，外在性的这种溢出恰恰构成了高度的向度或者说外在性的神圣。神圣保留着间距。言谈是与上帝的言谈，而不是与平等者的言谈，像柏拉图在《费德诺篇》建立起来的分别那样。形而上学就是这种以上帝为对象的言语的本质，它比存在还高。

### （六）表达与形象

他人的在场或表达乃所有意涵的根源，它不凝结为一种可理解的本质，而伸展自身为言语，因此外在地自身作用着。表达或面容挣脱了在我思想内的形象，形象内在于我的思想有如它出自我一样。此溢出不可还原为一种溢出的形象，它萌发于向往和善的尺度内——或者说非尺度内，形成了我与他人在道德上的非比例关系。外在性的间距立即把自身投向高度。由于位置，眼睛得以明白高度、位置，亦即从上向下的禀赋，构成了道德的基本事实。外在性的在场和面容从来不会变成形象或直观。所有的直观都依据某种不能还原为直观的意涵。它来自比直观更遥远的地方，是唯一的远方来客。意涵不被直观还原，它受向往、道德和善所规定，善是对于我的无限要求，是对他者的向往和与无限的关系。

面容的在场或表达不与其他的可理解的显现为伍。人的作为无一例外地有某种意义，但人的存在随即就从这些作为中脱身出来并以它们来推测自己，人的存在同样将自身交给了"作为"这个连词。劳动是对别人具有意义的作品，他人可以获得这一劳动——这反映在钱的交易上——而言语却使我得以目睹我的显现，它既不可代替又醒悟着，存在于劳动和言语之间的鸿沟因此是深刻的。但这是一种由醒悟的在场所张开的鸿沟，它从不脱离表达。这种醒悟的在场不是意志的作为，它从意志的行为中脱身并承担起自己的命运，它产生了对他本不愿意的"一堆东西"的意愿。其实，这些作品的荒谬所涉及的不是形成这些作品之思想的过失；它涉及的是这种思想随即陷入其中的匿名，是引起这一本质匿名的工人的误解。让克列维奇有理由认为，劳动不属于表达。① 在获得劳动成果的同时，我将生产它的邻人驱逐出神圣领域。只有在表达中，人才能真正是独特的和不可概括的，因为在表达中，他能够向自身的显现"伸出援手"。

在政治生活中，人类畅通无阻地以自己的作为来理解自身。这是一种可彼此互换之人的和有来有往的人性。这种越俎代庖式的代替是不尊重的根源，它使剥削本身成为可能。在历史——国家的历史——内，人的存在显现为他的所作所为的总和——活着，他成了他自己的遗产。正义的本质就是使表达重新成为可能，在表达的非相互性内，人表现为独一无二者。正义是一种言谈性的权利。这可能就是宗教得以开放自身的天地。它远离哲学并不必然地投身政治生活。

（七）反对中立哲学

我们因此相信切断了与中立哲学的关系：切断了与海德格尔的存在者之存在的关系，布朗肖对之进行过的批判为走出无人格的中立性做出了重大的贡献，我们也相信与黑格尔的无人称的理性切断了关系，这种理性对人的意识显示的只是它的伪装。中立哲学，不管它的思想运动在根源上和在影响上多么不同，都一致地要宣布哲学的终结。他们高举没有面容命令的服从。沉迷于在前苏格拉底的哲学家们那里显示过自身的中立内的欲望，或者，被解释为需要，进而被引入到行动的本质暴力中的欲望，它驱除着哲学，它只在艺术和政治中自我陶醉。对中立的高举可被解读为我们之于我的在先，处境之于处境性存在的在先。本书对快感之分离的坚持正是要从处境中将自我解放出来，哲学家们渐渐地将自我融化进处境中，它的极端方式便是黑格尔的将主体装进理性的唯心主义。同样，唯物主义所发现的也不是感觉性的首要功能，而是一种中立的首要性。将存在的中立置于存在者之上，存在以某种方式神不知鬼不觉地决定着存在者，将本质事件不知不觉地放到存在者的头上，这就是在宣

---

① 《严肃和道德生活》(1969)，34 页。

扬唯物主义。海德格尔的后期哲学就是这种耻辱的唯物主义。对于这一哲学来说，存在的开启发生于人在天地间的居住，发生于对诸神的等待并在人的陪伴内，这种哲学用风景或"死的自然"来解释人的源泉。存在者的存在乃一没有人言的逻各斯。从一种作为诸意义的根源的面容出发，从绝对裸赤的，在头内表现出无家可归的可怜相的面容出发，就是承认，存在自娱于人与人的关联内，是向往而不是需要在命令着行为。向往——形而上学的——不是出于欠缺的渴望——向往着某种人格。

（八）主体性

存在是外在性，外在性产生于它的真理，产生于一种主体域，其目标是分离的存在。分离积极地实现自身为存在的内心性，这内心性自我参照，自持于自身内。直到无神论！自我参照具体地说就是，自我构建和自我实现为快乐和幸福。这是一种本质的自足，它在陶醉——在知识——内把握到了它的根源处，而对知识的批判（重新把握它本身的条件）开展了终极的本质。

在形而上学的思想内，有限拥有无限的观念——根本的分离和与他人的关联产生出来了，我们在这种思想内保留了意向性，"对……的意识"这个词语，它是言谈性的意向或者对面容的接待，是好客而不是主题化。自我意识并不是我对他人的形而上学意识的一种辩证反驳。与自身的关联不首先是关于自身的表现。比所有的自我之看都更加古老，自我意识以自持的方式自我实现着；它自我培植为身体，它自持于自己的内心性，自己的家内。自我意识正是这样正面地实现了分离，而又没有被还原为一种它与之分离的存在的否定。它因此具有了接待的能力。主体是一个主人（hôt）。

主体存在从分离中接受它的轮廓。其同一性吸干了本质存在的内在认同，而同一的认同，亦即个体化不会侵犯这类被称为分离的关系。分离是个体化的行为本身，以一种普遍的方式，它是一种自设于存在内的实体的可能性，此一自设于存在内的实体并不以参照大全来定义自己，或者以它在体系中的位置来确认自身，而是依据于自我。依据自我的事实亦即就是分离。然而，依据自我的事实和分离本身，只有在打开内心性向度的同时才可能发生于存在内。

（九）主体性的持在、内心生活的现实和国家的现实、主体性的意义

形而上学或与他人的关联实现自身为服务和好客。由于他者的面容让我们与第三者发生了关系，我与他者的形而上学关联展开在我们的形式内，它催生了国家、机构、法律这些普遍性的根源。但自治的政治在其自身内具有僭政的性质。政治改变了将它产生出来的我与他者，因为它以普遍的法则来判断我与他者，就像审判缺席被告那样。在对他人的接待中，我接待的是人的自由所依存的至高者，但这一依存并非是不在场：它作用于我的道德创造的所有的个人作为中（如果没有道德创造，判断的真理就不可能产生出来），作用于对作为独一性和面容的他者的等待中（但愿政治的可见性松开对不可见者的手），只有在我的独一性内，他者才会出现。就这样，主体性在真理的作为中被恢复了名誉，它不是拒绝伤害它的体系的自我主义。与这种主体性的自我主义的保护相反——与这种对第一人称的保护相反——黑格尔现实的普遍主义或许不无道理。然而，如何将这些普遍原则——可见之物——与他人的面容对立起来，而同时不在非人称之正义的残酷前退却呢？如何能在一开始就不引入我的主体性这个善的唯一可能的源泉呢？

形而上学因此将我们带入了作为独一性之我的实现内，与我的实现相比，国家的作为应得到安排和节制。

我的不可代替的独一性以对立于国家的方式而立，它实现自身为一种繁殖性。但这不属于某些主体性事件，这些事件会迷失在受到理性现实嘲笑的内心性沙堆里，我们称呼它们时总要强调它们在人格上之于国家普遍原则的不可还原性，我的不可代替的独一性属于一种向度，属于一种超越的观点，此观点与政治的向度和观点同样的真实，甚至更真实，因为在超越的观点中，自我性的申辩隐而不现。由分离开启的内心性不是地下式的不可磨灭，而是繁殖的无限时间。这种繁殖性使当下成为将来的寄存处。它让地下从存在中走出，一种所谓的内心的和唯一主体的生活就隐藏在这地下内。

主体性显示给真理的判断，因此不简单地还原为一种外在的、无力的、地下的、不能预料的和不可见的保护，与大全性和客观的大全化相反。但是，它在存在的入口只有分离受到中止时才成为一

种在大全内的整合。繁殖性及其打开的观点证实了分离的本体论特征。但繁殖性在一种主体的历史内不会流变为破碎大全的片段。繁殖性开启一种无限的和不连续的时间。它将主体从人为性中解放出来，置于人为性不能超越的并以之为条件的可能之外；它将天命的最后痕迹提升到主体内，允许主体成为一他者。主体性的根本要求存于欲爱——但在这异在性中，自我性是恩典，它缓和了自我主义的沉重。

### （十）别于存在

主题化穷尽不了与外在性关联的意义。主题化或客观化不单被描写为一种绝情的沉思，而且是一种与生硬者，与物这样的自亚里士多德以来被称为存在类比之项目的关系。生硬者走向的结构不是由直观它的观看的绝情，而是由它与它所经历的时间的关系所强加的。客体存在乃空之时间的失去与填充，在其中没有对终结之死亡的任何安慰。如果外在性在本质上不表现为主题，而将自己交给向往，那么，向往外在性的分离存在的生存就不再为存在而忧心。去存在具有某种异于大全之失却的意义。它能在存在之外行动。与斯宾诺莎的传统相反，对死亡的这种超越并非产生于思想的普遍原则，而是产生于多元性关系，产生于为他者的存在之善，产生于正义。存在之于存在的超越——与外在性的关系——不为绵延所规定。在与存在自我超越的他者的关系内，绵延本身变得可见起来。

### （十一）被赋予的自由

外在性在言语中的在场从面容开始，它的出现并不是其形式意义不再发展的肯定。与面容的关系现出自身为善。存在的外在性乃道德性本身。自由，这一在独断中的分离事件构建成了我，自由同时保持着与外在性的关系，这一外在性在道德的意义上抵抗着所有在存在内的从属和大全化。如果自由置身于此一关系外，那么在多元性内所有的关联就只能通过某一他者或它们对理性的共同分有而把握一种存在，在理性中，任何存在都看不到他人的面容，所有的存在都处于自身的否定中。知识和暴力在多样性内显现为实现存在的事件。普遍知识走向统一，或者导向一种理性体系出现在存在的多样性内，存在者在理性的体系中是些对象，它们在这些对象内将找回自身的存在。或者导向通过暴力而在体系外粗暴地对存在物进行征服。无论是在科学的思想或是在科学的对象中，还是最终在被当作理性的显现的历史中，暴力在此历史内将自身表现为理性——哲学都表达自身为存在的实现，表达为取消多样性的解放。知识就是这样一种通过把握，通过作为先于把握之把握的看的对他者的取消。形而上学在本书中具有一种新的意义。如果形而上学的运动所走向的是如其所是的超越者，那么超越就不是指与所是者的契合，而是对它的敬重。真理是对存在的敬重，这便是形而上学真理的意义。

　　如果我们不同意传统将自由作为首出者，作为存在的标准，如果我们反对看在存在内的首出性，反对人努力达到逻各斯的企图，那么我们并不因此远离理性主义和自由的理想。我们既不是非理性主义也不是神秘主义者，在怀疑权力与逻各斯的同一上亦不是实证主义者。我们不反对自由，我们是为自由寻找正当性。理性和自由在古老的存在结构中表现为基础，它们的形而上学的运动或者说敬重，正义——等同于真理——描绘着原始的联系。我们所做的就是将概念颠倒过来，因为它把真理建立在自由之上。能为真理申辩的，不是完全独立于外在性的自由。如果具有正当性的自由应该简单地表达出理性秩序强加给主体的必然性，那么事情确实如此。但真正的外在性是形而上学——它不对分离存在产生压力，它像对自由者那样命令这分离的存在。本书的目的就是描述这种形而上学的外在性。这一观念所导致的结晶之一乃是，将自由设定为正当性的诉求者。自由以真理为基础设定的是一种由自身申辩的自由。对于自由来说，存在着一种比发现自身为有限这事更大的公愤。不能选择自身的自由，这是存在最大的荒谬和最大的悲剧，它是非理性的。海德格尔的被抛存在标志着一种有限存在，进而标志着非理性者。与他者的相遇在萨特那里意味着对我之自由的威胁，意味着我的自由因他人的自由而减少。这就清楚地表明了，存在与真正的外在者是格格不入的。它更向我们提示出了自由的正当性问题：他人的在场难道没有对自由的幼稚合法性提出疑问吗？自由在自身内没有表现为一种羞愧吗？在还原为自身之时，它不是一种越位吗？自由的非理性关涉的不是它的局限，而是它独断的无限。自由应该获得正当性。当它向自身还原的时候，它自身并不实现为高高在上，而是实现为独断。自由在它的完满中所应表达的存在，它通过自由恰恰表现为——不是由于它的有限——在自身内没有理由可言。自由的正当性不是因为自由。将存在的理由或存在加给真理，它既非理解也非被……把握，而是不变态地，即在正义内与他人相遇。

接近他人，就是质疑我的自由，我生存的自发性，我之于物的从属，这是一种"发动"的自由，一种猛烈的冲动，这样的冲动使什么都成为可能，甚至谋杀。"不可谋杀"刻画在他者出现的面容内，它将我的自由置于判断之下。在笛卡儿看来，对真理的自由承认，认识的活动，自由的意志，这些东西在确定性中从属于某种清晰的观念，它们从一开始就关联着一种与清晰观念的光明不重合的和自明的理性。一种因其自身的明晰性而矗立起来的清晰观念，关联着严格地属于个人自由的事务，一种不可悬疑的唯一自由，但这种自由最终必会走向失败。只有在道德中，这样的自由才被质问。道德因此主导着真理的作为。

可以说，是对确定性的彻底质疑使我们去寻找另外一种确定性：自由的正当性以自由为自我参照。这是显然的事。因为正当性不可能进抵非确定性。但事实上，自由的道德正当性既非确定性亦不是非确定性。它没有一种结果意义上的法律地位，但却实现自身为运动和生命，它的本质在于将自己的自由交托给无限的需要，在于对自身自由的彻底不宽容。自由的正当性不可从确定性的意识中导出，而要到一种之于自身的无限需要中，到对所有良好意识的超越中寻找。但这种之于自身的无限需要——因着它质疑我的自由，将我放到一种我不是单独的和我作为被判断者的处境里。这便是原始的社会性：人与人的关联属于判断我的正义的严肃，而不属于为我开脱的爱。此判断事实上不会像一种中立的东西到我这里来。面对中立者，我本能地是自由的。而面对面的二元性就发生在之于自身的无限需要内。我们无法证明上帝，因为这涉及一种先于证明的和本身就是形而上学的处境。伦理在看和确定性之外如实地描述了外在性的结构。伦理学不是哲学的一个分支，而是第一哲学。

（十二）存在作为善，我，多元主义，和平

我们将形而上学定义为向往。我们将向往描述为无限的"尺度"，无限既不是目标，也是不会提供给满足（因为向往不是需要）。生殖——死与繁殖性——使向往走出自身主体性的囚穴，中止了它身份的单一结构。将形而上学视为向往，就是将存在的发生——产生向往的向往——看作是善和幸福的彼岸；就是将存在的产生视为为他者的存在。

然而，"为了他者的存在"并非是对作为普遍性大海之深渊的我的否定。普遍性的法律本身以面对面为参照，在面对面中，所有的外在的"观点"都被排除在外。说普遍性参照面对面的情形，就是反对（与所有的哲学传统相反）存在自我产生为某种全景，并因之作为一种面对面之样板的共存。本书自始至终都反对这样的一种概念。面对面不是既不共存的一个样板，甚至也不是（本身是全景性的）词语可从他者身上获得的知识，而是存在的原始发生，所有词语的可能共语都要回溯到此一存在的原始发生。第三者的启示在面容内是不可抗拒的，它只在面容内出现。善所照耀的不是某种团体的匿名，这一团体以全景的方式交出自身以便将自身消融于其中。这里所涉及的是这样一种存在，这存在显现自身于面容内，但正由于这样，它不拥有没有开始的永恒。它是原则，根源，我的命运，它是主体。善既不受制于原则，这些原则包含在某种将善显现出来的特殊存在的性质中（如果这样的话，善仍然出于普遍性而非是对面容的回答），也不局限在国家的法律内。善所到之外，任何照明性的——全景性的——思想都不会先到，善到了它也搞不清楚的地方。善以一种原始冒失的方式进行冒险，它是超越本身。超越是我的超越。只有我才能回应面容的命令。

我因此内在于善，尽管它对体系的反抗不表现为主体性在自我主义上的呼叫，这样的主体性仍然对它的幸福或者克尔恺郭尔(Kierkegaard)式的拯救耿耿于怀。把存在视为向往，就是同时排斥孤立主体的本体论和实现自身于历史内的无人称理性的本体论。将存在视为向往和善，不是要将我先在地孤立起来，好似这我随后扑向某种彼岸。它肯定的是一种内在的自我把握——自我产生为我——这种自我把握着的是已经朝向外面的同一种姿态，它也已是外渗和显现——已回答了它的把握之物——已是表达；意识已经是言语；言语的本质是善，是友情和好客。他者像黑格尔所认为的那样是同一的否定。同一与他者在本体论上的分裂的根本事实是同一与他者的非变态关联。

超越或善自我产生为多元主义。存在的多元主义并不自我产生为一种展示于可能之观看前的星系多样性，因为它总已大全化，总已消融于整体中了。多元性完成于善内，这善从我出发而达于他人，作为绝对异他的他人只能自我发生在善中，它的条件是，对此运动的环视不能从中推导出一种高于发生在善本身内之真理的真理来。只有通过言语（它是善的发生场所）并永远留在外面，我们才能进入这样的多元社会；但我们走出多元社会并不仅仅是为了内在地观看自己。多元性的统一是和平，而不是构成多元性之成分的共同存在。和平因此不等同于斗争的终结，斗争的结束总是由于没了斗争者，总是由于胜败已成定局，或者说，总是由于一切都归于死寂，未来成了普遍性王国。和平应是我的和平，它存在于一种从我到他人的关系中，存在于向往和善中，我在善中既自持于自身又非自我主义地存在着。和平根据一个保证着道德和现实之交汇的我来理解自身，或者说，它的依据是一种无限的时间，透过繁殖性，这无限的时间就是和平的时间。在真理于其中公开自身的判断前，我将依然人格地存在着，此判断由人格之我从外面而来，而不是来自某种非人格的理性，这理性用人格来加以伪装，在人格的不在场中宣示自身。

我在其中将自身置于真理之前同时也就将它的主体性道德纳入它繁殖的无限时间内的处境——父性的无限与情爱的时刻在其中相遇的处境——具体化为家庭的美妙。它不单导致一种对生命力的理性统治，也不单标志着朝向国家匿名普遍性的一个阶段。它外在地从国家中获得身份，尽管国家给它保留某种范围。作为人的时间的源泉，这一处境让主体性置身于判断之下却又不损害言谈。这是一种在形而上学的意义上不可抗拒的结构，国家既不能开除它，像柏拉图所认为的那样，也不能像在黑格尔那里一样，让它存在，以便使它自行消失。繁殖性的生物学结构与生物学现实不相关。在繁殖的生物学事实中，通常意义的繁殖被描写为人与人，我与自身的关系，它与国家的制度结构不同，它属于一种既不像工具那样从属于国家，也不代表国家的演绎形式的事实。

　　与寓于繁殖的无限时间内的生活主体形成对照的，是国家以它的男性力量产生的孤立的和英雄式的存在。它以纯粹的勇气走近死亡，而无视所死为何。它承担起有限的时间，承担起死亡—终结或一种以中断的方式而在存在内连续着的死亡—过渡。英雄式的生存和孤立的灵魂通过为自己寻找永生来拯救自己，这就好像是他的主体性能够在一种连续的时间中以返回自身的方式而避免了自身冲突，就好像是身份本身在连续的时间内不承认自身为某种被纠缠(obsession)，就好像是在发生着巨变的身份内，"敌人，这一习得不死的忧郁的乏味之果实"永远无法胜出。

　　选译自［法］列维纳斯：《大全与无限》，"结论"。 谭立铸译。

# 《他人的人道主义》（1972）（节选）

## 意涵和意义

### （一）意义与伦理

作为（Oeuvre）的礼仪性意义与需要无关。需要对应着一个为我的世界——它总是返回到自身内。诸如拯救这样的崇高需要，也依然是乡愁，是返回的恶。需要是返回本身，是我对自我的焦虑，是作为身份化（同一化）原始形式的自我主义，这种自我主义欲通过与世界的融合来达到与自我无碍的幸福。

瓦雷里在他的《柱之歌》中谈到一种"非欠缺的欲望"（désir sansdéfaut）。这肯定与柏拉图有关，柏拉图曾对某些纯粹的快乐做过分析，从中发现了一种不是先在欠缺造成的意欲。让我们重新探讨欲望这个主题。为了分别出对他者的欲望，有必要提到一种返回自身的主体，按斯多葛派的说法，该主体的特征是冲动，它具有持存于自身存在内的倾向，关于这一主体，海德格尔写道："它从存在本身向自身存在运动"，因此可以说，规定此主体的，是它的自我关切，是它在幸福中追求它的为自己，与此不同，对他者的欲望源自一种已然完满的存在，因此它独而立之，没有为自己的念头。这是一种对不再有需要者的需要，是对作为异他的他者的需要，而这异他既不是我的(在霍布斯与黑格尔意义上的)敌人，也非我的"补充"，而柏拉图的共和国正是建立在"补充"意义上的，在他看来，共和国之所以必要，乃是因为每个个体在其实质内缺乏某些东西。对他者的欲望——社会性——出自一种没有任何缺乏的存在，更确切地说，它之所以如此，正是因为没有什么再能够使它产生缺乏和满足。在这样的一种欲望中，我朝着异他，并因而冲破我与自我的至高同一，而对自我的需要不过是乡愁，需要的意识不过是自我的预演罢了。向异他的运动既不带来对我的填充，也不把我容纳在他之内，这运动使我触及某种可以说不关涉我，对我漠不关心的时机：我在这种刑罚内到底寻找着什么？当我在异他漠然的眼光中走过的时候，对我产生的唐突从何而来？与异他的关系将我变成了问号，使我从自我中抽离出来，它不断地抽空我并使我发现某些总是常新的源泉。对此丰富性我闻所未闻，也无权保留它。对他者的欲望是一种欲念还是一种慷慨？但这样的一种可欲望者不但不平息我的欲望，反而加深它，在某种意义上可以说，它把我养育在某种新的饥饿之内。欲望揭示着善。在陀思妥耶夫斯基的《罪与罚》中有一个场景，写到索尔娅失望地看着拉斯科尼科夫，陀思妥耶夫斯基对此用了这样一个词："无法满足的同情"，而不是"无法穷尽的同情"。这样一来，索尔娅对拉斯科尼科夫的同情似乎像饥饿一样，她越是因拉斯科尼科夫的在场而啜饮，就越是觉得有无限的饥饿。

　　我们在最平常的社会经验中感受到的对异他的欲望，乃是基本的运动，是纯粹的交流，绝对的方向和意义。在对语言的所有分析中，当代哲学有理由强调它的解释学结构以及自我表达着的肉身存在的文化努力。我们是否忘记了某种第三向度：向着异他的方向，这异他不仅仅是我们表达之文化作为的合作者和邻人，不仅仅是我们艺术作品的买家，而更是对话者，因为，正是在对话者身上，表达才表达着，正是为了对话者，庆祝才庆祝着，这对话者同时是表达之所向和原始意义。换言之，表达，在它成为存在的庆典之前，乃是一种与某人的联系，我是向着他作表达，他的在场早已注定，否则我表达的文化姿态就是不可理解的。使我面对的异他不会被限制在所表达之存在的整体内。它涌现于存在之聚集的背后，如同我的表达所向之表达者。我与异他面对面。他既不是一种文化意涵，也不是某种单纯的材料。他是首先性的意义，因为他将意义借给了表达本身，因为只有通过他，诸如意涵的现象才在存在内自在地涌现出来。

对欲望进行分析的重大意义首先在于，它被从需要中分别出来并在存在内描述着某种意义，这种分析直接通往对欲望之所向的异在性的考察。

初步地看，异他现象的发生方式无疑与意涵（signification）的发生方式相符。异他存在于某一文化整体内，并通过该整体而显现出自身，就像文本与它的语境的关系一样。整体的现象支持着它的存在。它因世界之光而显出自身。对异他的理解因此是一种解释学，一种释经学。异他在其内在的整体之具体中给出自身，就像我们在本书第一部分曾广泛引用的梅洛-庞蒂所做的著名分析所指出的那样，文化的创造——身体的，礼仪的或艺术的姿势——是在整体中表达着和展示着的。

然而，异他的显现包含着一种自身的含义，它与从世界而来的意义无涉。异他不仅仅通过语境而来到我们这里，他更在中介之外自我意指着。以某种方式，文化的意义水平地自我显示，它从其所属之历史世界出发进行自我显示，与此同时，它也揭示了现象学所说的世界的地平线——这个世界的意义，这种文化的意义受到了另一种抽象的（或者更确切地说绝对的）和不容于世界的在场的干扰。这种在场的本质在于临于我们，在于造成入口。可以这样说：作为异他显现的现象，也就是面容；（为了显明这一在内在和现象的本质历史性中常新的入口）也可以这样说：面容的显现就是看见。现象，不管它是何种，已经是形象，已经被纳入了平面的形式和暗哑的图像内了，与之相反，面容的显现却是鲜活的。面容的生命在于对形式的挫败，所有的存在者，一旦进入了内在，也即当它自我展现为主题的时候，便已然消失在形式中。

异他在面容内自我标示着，它在某种意义上突破了自身的平面本质，如同一已打开绘有自身形象的窗户的存在。异他的在场就是要摆脱已然将他显现出来了的形式。他的显现是一种发生在现象不可避免的萎缩中的过分。这就是我们通过下面这个表达要说的东西：面容讲述着。面容的显现乃最原始的言谈。讲述，在万事万物之前，在以表面和形式的到来方式之前，乃一开放中的开放。

面容的看见因此不是一个世界的展现。在世界的具体中，面容既抽象又裸赤。它与自身的形象分离。因面容的裸赤，自我的裸赤只在世界内才成为可能。

面容的裸赤是一种不附有任何文化装饰的剥夺——一种绝对——一种在形式的产生内对形式的摆脱。面容进入世界，依据的是一种绝对陌生的层面，或者确切地说，依据一种作为固有陌生之名的绝对。面容在它的抽象中的含义就是文学意义上的异乎寻常，就是之于秩序和世界的异乎。如此这样一种发生如何可能的呢？异他的来临，面容的看见，绝对如何可能不自我转变为启示，它到底是象征还是暗示？面容如何能够不仅仅是他者在其中抛弃其异在性的真正表象？为了对此做出回答，我们有必要研究一下痕迹的例外含义，研究一下使这一含义得以可能的人格"秩序"。

在此首先看一看面容的抽象或者说裸赤所具有的意义，因为这面容的裸赤，世界的秩序受到了突破，符合这"抽象"的意识受到了干扰。由于从它的形式本身剥离，面容在它的裸赤中变得麻木。它是一可怜者。面容的裸赤坦然地说就是一种针对着我的正直的恳求。但这恳求是一种要求。谦虚与高度与此相连。也是在这里，看见的伦理向度显露了。真正的表象寓于表面的可能性内，遭遇了思想的世界无法反抗自由的思想，这思想能够自我逃避于自身内，或者确切地说，它能在面对真实中仍作为自由的思想，能返回到自身内，能对自身进行反思，能自我先于它所接受的东西，能通过回忆来掌握产生回忆之物，自由的思想仍然是同一者，与之相反，面容压迫着我，使我无法对它的呼唤充耳不闻和将它忘记掉，使我无法放下对它的可怜的责任。意识于是失去了它的原始地位。

面容的在场因此意味着一种不可推却的命令，一种中止意识天然本能的律令。意识受到了面容的质疑。此质疑不会重新成为对质疑的意识。"绝对的他者"不被意识所反省。它抵抗着这样的反省意识，以至于此抵抗本身也不会落入意识的内容。看见的本质在于扰乱作为返回基础的我的自我情节。面容使针对它的意向性落空。

这里涉及的是一种对意识的质疑，而不是一种质疑的意识。我失去了与自我重合的主权，失去了它的身份化(同一化)，而意识正是在此同一化中自我回归，以便栖息于自身内。面对异他的要求，被从此栖息赶出来的我不是某种对这流放的胜利意识。所有的回味都将摧毁伦理运动的正直性。

然而，对这自保，对这为自己的天真自由，对自避于自我的安全的质疑，它与某种否定性的运动无关。对自我的质疑恰恰就是对绝对者的接待。绝对他者的显现是面容，在面容内并通过它的裸赤性，异他对我当头棒喝，向我指示出一种命令。面容的在场也就是一张要求回答的传票。我不仅仅意识到这回答的必要性，就如它关涉的是某种强制或某种必须做出决定的特殊义务。而且，我完完全全就是责任或助手，如以赛亚第 53 章所云。

成为我，意味着回避责任的不可能性，就好像全部的受造都压到了我的肩上。然而，把我从帝国主义和自我主义（包括拯救的自我主义）抽离出来的责任性并不因此走向某种普遍的秩序，它赋予我以单一性。我的单一性意味着，任何人都无法替我负起责任。

在我之内发现如此一种向度，就是将我与伦理合而为一。我对他人有无限的责任。在意识内激起伦理运动的他者，扰乱同一与它本身重合的他者，包含着一种与意向性格格不入的超出。欲望的意义就在于此：它是一团燃烧着的火，却与因着满足而得以平息的需要不同，它是一种思想，却与我们的所思和所想不同。由于这种无法领会的超出，由于这种彼岸，我们将连接着我与异他的这种关系称之为无限的观念。

无限的观念，就是欲望。它的本质在于悖论，它比包容性的思想想得更多，进而在它之于思想的无尺度中，进入了与不可把握者的关系内，同时却丝毫不损害不可把握者的不可把握性。就无限的观念而言，无限在所有的相关性之外，此一观念不是某种在客体内可获得实现的意向性。无限之于有限思想的卓越乃是对意向性之扰乱，是对作为意向性之光的渴望的扰乱：与意向性因之回落的满足相反，无限使它的观念落空。与无限有着关系的我，是一种脚步停止向前的不可能性，是一种抛弃柏拉图在《斐多篇》中说的职责的不可能性：在文学的意义上就是，没有时间回头，没有可能逃避责任，没有内心洞穴可供隐藏，也就是勇往直前不顾身后。这是一种之于我之需要的增生：我越是面对我的责任，我就越是感到更多的责任。

"无为"之为——这就是我们所说的对意识的质疑，是对与显现泾渭分明之关系的时机性进入。

就这样，方向的正直或者说意义的树立存在于与面容的关系——伦理的关系内。哲学家的意识在本质上是反思性的。至少，对于哲学家来说，意识是在它的返回中被把握到的，而这返回亦即是意识的发生本身。就在它的本能的和前反思的运动中，意识已经盯上了自身的起源，已经熟悉了所经之路。这就是它的原始本质：自我批判，自我控制，对所有超出自身的意涵进行分析和解构。然而，责任心既不盲目也不健忘；通过它借之展开的思想的全部运动，责任心为一种绝对的急迫性所把握，或者确切地说，它与这一急迫性合而为一。被描绘成"没有时间回头"的东西，并非是某种愚拙或不幸的意识，好像这一意识"应此不彼"或者"不知所措"，而是一种非反思态度的绝对的刚直不阿，一种原始的正直，一种在存在内的意义。1957年，在讨论胡塞尔关于现象学还原的理论时，梅洛-庞蒂问雷若蒙特道："非反思对反思的抵抗从何而来？"我们对意义的分析或许回答了这个基本问题，梅洛-庞蒂并不同意将问题简单地归结为主体的有限性，归结为主体反思全体的无能。柏拉图的良言"全心全意地归向真理"并不止是一种善良教育，宣扬努力和真诚。它针对的难道不是灵魂最难以启齿，隐蔽得最深的东西？这灵魂在善的跟前避免考虑自己，同时中断了向异他的运动。"非反思对反思的反抗"的力量难道不是先于又后于所有的表象的意志本身？意志因此难道不是在本质上更是谦下而非权力？这谦下与含糊的自我否定不相关，自我否定在它的力量之内已经起了骄傲，以至于它在反思中很快又认回了自己。这是一种"没有时间"回头自顾，根本无心"否定"自我的谦下，它是从他人进入无限之事业的直线运动的忘我本身。

肯定如此一种向度和意义，指出一种高于又低于所有反思的意识，在我的深处突然发现一种毫不含糊的真诚，一种任何先验方法都无法中断和概括的仆人式的谦下，也就是确认作为"此世之彼岸"的必要条件，"此世的彼岸"嵌入——在激发意义的隐喻内——语言卓绝的意涵内，哲学的语义分析不断地揭示着"动词的原始性"却不因此摧毁渗透其中的清晰意向。不管它的心理的、社会的或哲学的历史是什么，由隐喻而产生的彼岸具有一种超越此历史的意义；语言具有的迷幻能力应该得到承认，光亮并不消除彼岸的这种迷幻性。这无疑就是反思的作用，它将意涵带回到它的主观的、元意识的、社会的和动词性的根源内，并建立它们的发明性的先验。但是，摧毁威信的合理方法已经对某种本质后果产生了先入之见：它事先已在意涵内禁止了所有的超验指向。在研究之前，全然的他者已因此方法而从属了同一，与此相对，反思，在它所做的清理工作中，将要利用这些不具有"不回头意识"的真诚与正直的观念——内在对之设身处地的彼岸的观念——此反思不可能有任何的意涵。任何崇高的东西都与心理的、社会的，或者动词性的源泉脱不了干系——崇高本身除外。

然而这种"不反思"的意识并不是某种自发的、单纯前反思的和幼稚的意识——它不是前批判意识。在伦理关系中发现方向和唯一的意义，确切地说就是将我看做是因所欲之异他产生的质疑，进而，将我视为在他运动的正直内产生的批判。这就是为什么，对意识的质疑根本上不是一种质疑的意识。对意识的质疑乃质疑意识的条件。如果他者，外在不进行质疑，自发的思想如何返回自身？而且，在由反思实施的彻底批判的关切中，带来原始天真之反思的新的天真如何能涌现出来呢？在向我要求比天真更多的他者面前，我侵蚀着我的教条式天真。

如此这样一种运动的"目标"同时既是批判的又是自发的，严格地说，它并非一目标，因为它不是一种终结，而是激起某种不求回报之作为的原则，是某种不再可称为存在的礼仪。或许正是在这里，我们得以发现了这样一种必要性，在这种必要性中，哲学的沉思获得了诸如无限或上帝这样的观念的支持。

(二)先于文化

我们可以做出结论说，意涵先于文化与美学而从属于伦理，伦理是所有文化与意涵的基础。道德不下属于文化：道德有权审判文化，它揭示出高度，是高度安排了的存在。

高度将某种意义引入存在内。这高度透过人的身体经验而被体验到。它把人类社会带到祭坛前。人将自己置身于高度的标志前，并不是因为人由于他的身体而有眩晕感：事实上，正是由于存在授命于高度，人的身体才被置入到有上下之别并头顶天空的空间内，而这天空对托尔斯泰的安德烈公爵来说——任何字眼也道不出其中的颜色——乃纯粹的高度。

指出意义之于文化符号的先在性，是非常重要的。将所有的意涵都归于文化，对意涵与文化表达，意涵与作为文化表达之延伸的艺术不作区别，这就等于承认，所有的文化人物都被授予了精神的佩戴。从今而后，所有的意涵都不能从文化的汪洋大海中蒸发出去，对文化的审判也是不可能的。从今而后，普遍性，用梅洛-庞蒂的话说，只能是单边性的。这一普遍性的本质在于，它将从一种文化渗透进另一种文化中，就如我们从母语出发来学习某种外语一样。应该放弃某种普遍语法以及建立在此语法架构上的算法语言。因为，与观念世界的任何直接的或有特权的接触都是不可能的。这样一种普遍观在整体上根本反对烙印着今日世界的文化的殖民扩张。文化与殖民在根本上是风马牛不相及的。我们将处于与布朗希维克（和敌视诗人的柏拉图）之教导的对称点上：西方意识的进步不再在于从文化积淀和语言的地方主义中提纯思想，语言的地方主义并不意味着理智使童真永存。只有布朗希维克才能告诉我们一些有别于慷慨的东西；但对他来说，此慷慨和西方世界的尊严在于从它的文化前设中解放真理，以便与柏拉图一起，走向与成长分离开的意涵本身。这样一种观念的危险性是显然的。精神的扩张可使剥削和暴力得以张目。哲学应该抛弃含糊其词，阐明埋在文化层内的意涵以及有文化和历史方面前提的西方文化的精髓。哲学因此应该与当代的人种学合作。这才是胜利的柏拉图主义！但它的胜利却是因着西方思想的慷慨本身，这思想在人中发现抽象之人的同时，宣布了人格的绝对价值，并直至在人格得以安身立命的文化内尊重这种价值。柏拉图主义的获胜多亏了源自他的普遍思想所提供的方式本身，作为西方文明的这种普遍思想知道怎样去埋解各种各样的无法进行自我理解的地方文化。

然而，多种多样并彼此相当的文化的喧闹游戏，在各自以自身语境做出辩护的同时，也创造了一个无疑是非西方化的，同时又迷失方向的世界。在意涵中发现一种先于文化的处境，从他者的启示中发现语言，就是以一种新的方式回归柏拉图主义，他者的启示与道德的诞生是同时的，它产生于人被人看作抽象人的目光，这人在他面容的裸赤中超越了所有的文化。如此也意味着，伦理有权对文明做出审判。意涵——可理解性——对存在意味着，自身显示于它的非历史的单纯性中，显示于它的绝对无法估量和无法还原的裸赤性中，意味着先于"历史"和先于"文化"而存在。柏拉图主义——作为对人的肯定，离不开文化与历史——为胡塞尔固执地重拾，他在先验的和原始的意识内建立了现象学还原和文化世界（至少在权利上）的根本准则。我们没有必要追随胡塞尔所开辟的重溯柏拉图主义的道路，我们确信有另一条道路可通达意涵的正直。但愿理智现象出自道德和作为的正直，但愿它指出了关于世界的历史理解的局限并主张回归希腊的智慧，尽管这种回归总是受到当代哲学发展的中介作用。

能够关联绝对形式的，既不是物，也不是直观的和科学的世界。文化的作为浸泡在历史内。但道德的形式没有被装入历史和文化。它们甚至不是历史和文化汪洋中的岛屿，因为正是由于这些道德形式，包括文化在内的意涵才成为可能，并使文化受到审判。

（三）痕迹

从面容的显现发展出来，并使我们得以说"先于文化"的这种意义观念，碰到了一个问题，对此我们将做出一个初步的回答并以之结束本文。

出自面容并将意识系在正直上的"彼岸"难道它本身不是某种被理解了的和展现了的观念吗？

如果进入和看见的异乎寻常的经验保留着它的含义，那是因为，彼岸并非面容借之激动我们的简单背景，并非此世之后的"另一世界"。彼岸确切地说乃"世界"的彼岸，也就是说，它外在于所有的展现，如同《巴门尼德篇》里作为第一设定的太一，超越所有的知识，不管这知识是象征的或者是意指性的。对于这太一，柏拉图说它"既非相似亦非不相似，既非同一亦非不同一"，它排除了全部的启示，哪怕是间接的启示也好。象征仍然将所象征之物带回到它在其中显现的世界。那么，与这一根本摆脱了显和隐的不在场（absence）的联系能是什么呢？这不在场使看见成为可能却又不被还原为遮蔽，因为它包含着一种他者不从属于同一的含义，这样的不在场到底是什么呢？

　　面容是抽象的。这抽象肯定与经验主义者的纯感性材料无关。它也不是时间"碰触"永恒的瞬间连接。瞬间是世界的关节；瞬间是一种没有血的连接。面容的抽象却不同，它是看见和干扰内在却又摆脱世界视域的到来。面容的抽象的产生，并非依据某种从存在的实体出发，从个体到普遍的逻辑秩序。相反，面容的抽象向着存在而去，同时又不与之同流合污，它对存在虚位而待。它的卓绝在于它来源的他处，在那里它虚位着。但此他处的到来并不是说，他处是一象征性的出处，像一个目标那样。面容自我呈现在它的裸赤性内：它不是一种隐藏的形式，却因此道出一种基础来；也不是某种隐藏的现象，却因此背叛了自在之物。如果不是这样，面容将与恰恰是它使之可能的欠缺混为一谈。如果意指与揭示具有相同的意义，那么可以说，面容是没有意指的。萨特用一种巧妙的方式说，异他是世界的一个纯粹的洞穴，可惜他没有进行更深入的分析。异他出自绝对的不在场。但异他与其出自的绝对不在场的关系并不揭示和启示这种不在场，与此同时不在场却在面容内具有一种意涵。这种意涵对于不在场来说并非一种在面容的在场中抽空地自我给予的方式，如果是这样，我们还是没有走出展现的方式。从面容走向不在场的关系与所有的启示和隐蔽都没有关系，它是排除了这些矛盾的第三条道路。这第三条道路是如何可能的呢？然而，我们难道不仍然是把面容的后果当作气氛、地方，当作世界来寻找吗？我们是否已经足够注意到了不要到世界之后去寻找彼岸的禁令了？存在的秩序于是又返回到前提里，这秩序的天职在于启示和隐蔽，别无其他。在存在内，一种被启示出来的超越认祖归宗于内在，异乎寻常者与秩序重结连理，他者为同一所淹没。对于他者的在场，我们是否满足了这样一种"秩序"，它的含义不可逆转地作为干扰，作为绝对完成了的过去？这样一种含义便是痕迹（trace）。面容属于不在场的痕迹，这不在场已然绝对地解决了，绝对地过去了，它属于瓦雷里所说的"总是不够深的深度"，对此深度，所有在自身内的回溯都无济于事。面容恰恰是唯一的开放，超越者的含义在此开放中并不取消超越，并没有把它放入到内在的秩序中，相反，作为超越者总是已完成了的超越，超越总拒绝着内在。所指与意涵在痕迹中的联系并非是关联性，而是非还原本身。符号与意涵之间中介的和非直接的联系属于相关性的秩序，因此它仍属于还原和磨平超越的展现。痕迹的含义将我们带到一种"单边的"的关系内，这种关系抗拒着还原（这在存在和展现的秩序中是难以想象的），属于某种不可前来的过去。没有任何回忆可追溯这痕迹里的过去。这是一种不可回忆的过去，或许也就是其含义落回到过去的永恒。永恒是时间的不可逆转本身，是过去的源泉和居所。

如果说痕迹的含义没有马上转变为依然作用于符号（它启示着并将被意指的不在场置于内在之中）的正直，那是因为痕迹意指存在的彼岸。面容在其中压迫着我们的人格秩序别于存在。存在的彼岸乃一第三者，这第三者并不自谓是自我本身、自身。它是根本不可还原的第三种方向的可能性，摆脱了内在与超越所扮演的双簧戏，在这存在的把戏内，内在总是要压倒超越。不可近前的过去通过痕迹造成的侧影，就是"他"的侧影。面容所出自的彼岸因此属于第三人称。代词"他"表示的是无法表达的不可回溯性，也就是说，它摆脱了所有的启示以及所有的隐蔽，因此可说是绝对的不受包容或绝对，是在某一绝对过去内的超越。第三人称的他者性乃不可回溯性的条件。

这第三人称在面容内与启示和隐蔽都无涉，它已然过去，与面容所进入的世界相比，他者性并非一"之于存在的少于"；所有的巨大性，所有的无度，所有的绝对他者的无限都无一例外地摆脱了本体论的制约。面容的至高在场与造成看见的卓绝本身的至高而不可回溯之不在场是分不开的。

如果痕迹的含义在于意指却又不显现，在于建立一种与他者性的关系——人格的和伦理的关系，义务——却又不使他者性露面，如果因此痕迹并不属于现象学，不属于对显现和自我隐蔽的理解，那么我们至少可以通过其他途径来接近它，从它所中止的现象学出发去把握它的含义。

痕迹不是像其他什么的符号。但它却也具有符号的作用。它可被把握为某种符号。由于罪犯有意或无意的举动，侦探可以把犯罪现场留下的痕迹作为线索；猎人追踪野兽的痕迹，从痕迹去发现所追目标的活动；历史学家对前世留下的古迹中进行考察以便探究作为当代地平线的古代文明。所有的一切都被安排在一个秩序，一个世界内，每一事物在其中无一不指示着他者或从他者那里获得揭示。对于如此理解的符号来说，痕迹相对于其他符号仍然有它的例外之处：它意指着，却无意作为符号，它摆脱了以它作为目标的所有计划。在"用支票结算"的转账中，我们在票据上留下一种痕迹，此痕迹属于世界的秩序本身。与之相反，真正的痕迹干扰着世界的秩序。它"在迭印中"到来。它的原始含义铭写在印迹内，有如某位罪犯，由于害怕罪行暴露，总是以擦掉此印迹为快。留下又抹去痕迹者什么都不想说，也不愿意留下的痕迹现出什么动静。它以不可恢复的方式干扰了这个世界。因为它已绝对地成了过去。存在作为留下痕迹，就是过去，出发，就是免除。

就此而言，所有的符号都是痕迹。此外，就符号所意指之物来说，它乃写下符号者的过去。痕迹的含义使得用于交流之符号的含义具有双义性。符号存身于痕迹内。如果我们用文字作例子，可以说，该含义就栖居在此文字的书写和它的风格内，就在于这样一个事实：在我们根据此文字的语言和它的真诚所把握到的信息的传播中，某人正纯粹地离开着。此痕迹可重新被把握为某种符号。一个书写学家，一个风格专家或者某位精神分析学者，他可以对此痕迹的独特含义进行解释，以便从中发现作者的隐秘的和无意识的，但却是现实的意向。然而自始至终，痕迹通过文字的字体和风格而具体地留下的，丝毫不指示着这些意向和品质，它既不昭示也不隐蔽。某一绝对地完成了的过去在痕迹中已成了过去。它的不可近前的完成在痕迹中自我烛现着。展现建立世界并落回到世界内，它是某种符号或某种意涵的本义，这展现在痕迹内遭到了废除。

然而自始至终，这痕迹难道不是存在本身在它的行动和语言之外的压力吗？这压力并不出自它进行世界化的在场，而出自它的不可唤回性，它的绝对。痕迹是存在的不可磨灭性本身，是它之于所有否定性的全能，是它无法自我容纳的巨大性，因为在某种意义上说，它对于保密、内在性和自我都过于巨大了。我们确实可以这样说，痕迹与少于存在者不会发生联系，但它却在无限和绝对他者的眼光里命令着。这最高级的至高性，这高度，这力量的永远上升，这夸张或者无限的竞价，用我们的话说，这神圣，它与从存在到存在者的演绎，与存在的启示（它与某种隐藏性同构），与"具体的绵延"都搭不上边。它们的含义源自过去，在痕迹中，过去既不指示，也不标明，在它还扰乱着秩序的地方，它既不与启示，也不与隐蔽为伍。痕迹是空间对时间的突入，是世界倒向过去和某种时间的点。时间乃他者的退隐，为此它无论如何都标志着完全包含在回忆内的绵延的沦落。至高性不会存在于某一世界性的在场内，它寓居于一种不可近前的超越中。它不是存在者的存在模式。作为他和第三人称，它在某种意义上摆脱了存在与存在者之间的分别。哈有超越世界的存在——一种绝对的存在——能够留下痕迹。痕迹严格地说来从不在那，总是过去者的在场。在普洛丁那里，源自太一的开展既不触犯太一的永恒性，也不改变它与太一的绝对分离。痕迹的意外含义在世界中刻画出来的，正是这样一种首先是纯粹辩证的和几近动词性（verbale）的处境（这种处境在关于理智和灵魂的讨论中获得重述，灵魂在它的高级部分与原则相伴，它只是因为其仍然还属于肖像学的低级部分才会发生动摇）。"至于先于存在物的原则，亦即太一，它总是在自身内；由于它在自身内，它与在自身内创造万物者并无丝毫不同，它自己便足以创造万物……在此，太一的痕迹产生了本质，存在不过是太一的痕迹"。

　　在经验过程的每个痕迹中，在该过程能成为的符号之外，痕迹的独特含义所保存的东西只有因着它在超越之痕迹内的处境才是可能的。在我们称为他者性的痕迹内的这种形势，不会从事物中开始，事物不会因自身而留下痕迹，它们产生后果并留在世界内。一块石头划伤另一块，此划迹无疑可被看做作痕迹；确实，若没有拿着石头的人，这划伤不过是一种后果罢了。如同把木头上的火看作是灰烬的痕迹，这种划伤几无痕迹可言。因为时间而导致分离的原因与结果从属于同一个世界。在事物内的一切无一不被展现出来，甚至包括它们的未知部分；铭刻这些事物的痕迹乃这种完全在场的一部分，它们的历史没有过去。痕迹之为痕迹不仅仅导向过去，而且就是过去本身，这过去比任何的仍然联系着当前的过去都更过去，比任何的未来都更未来，这过去朝向的是他者的过去，在那里，作为聚集所有时间之绝对过去的永恒自我标示着自身。

　　能对他者在场之绝对做出解释的，乃是他在用你称呼（tutoiement)的例外正直中的表现，他不是万物亦在其中的在场。万物的在场仍然属于我的生活的当下(présent)。所有一切使我的生活连同它的过去和未来得以可能的东西，都聚集在事物在其中到达我内的当下中。至于面容，它只在他者的痕迹内才发出亮光来：在面容中现出的，是那些正在我的生活中逝去，像绝对那样看着我的东西。某人已然过去了。它的痕迹不意指它的过去，就像它并不意指它的作为或者它在世界中的快乐那样，它是表达着某种不可推却之重力(或者自重)的扰乱本身。

这他的他者性并非我们能及之物的此，对此，布伯(Buber)和马塞尔(Gabriel Marcel)有理由选择你来描写发生在人之间的相遇。相遇的运动并不多于不运动的面容。它就在这面容的本身内。面容在自身内乃看见和超越。面容既完全地开放又同时在自身内，因为它是他者性的痕迹。他者性是存在之异在性的根源，客观性的自在分有此异在性并因此背弃存在。

过去了的上帝不是面容会因之成为肖像的型式。成为上帝的肖像并不是说成为上帝的画像，而是说在它的痕迹内。犹太—基督教的灵修所揭示的上帝在他的不在场中捍卫着完整的无限，这无限在人格的"秩序"本身内。上帝只痕迹地现身，像出埃及记第33章所写的那样。走向上帝，并不是去追踪这一作为非符号的痕迹。而是走向在他者性痕迹内的他人。是通过这他者性而走出存在因之有意义的经济和世界内的斤斤计较和礼尚往来。这是一种没有目标的意义。

既没有目标，也没有归宿。对绝对他者的欲望不会像在某种幸福中灰飞烟灭的需要那样出现。

选译自［法］列维纳斯：《他人的人道主义》，

Fata Morgana，Paris，1972。　谭立铸译。

[法]利科（Paul Ricœur，1913—2005）

《如同他人的自我》（2002）（节选）

# 《如同他人的自我》（2002）（节选）

## 自身与伦理目的

我们已经研究了自身性的语言、实践和叙述方面，接下去的三个研究将一起展开一个既属于伦理也属于道德（伦理和道德通常被认为是同义的，而我们将对此作些区别）的新的方面。但这一新的方面在方法上与我们曾涉及的方面并无任何中断关系。

我们在序言中曾说过，本书在通向第十研究前可分四个部分，它们分别对应"谁"的四个问题：谁在说？谁在做？谁在叙述自身？谁是归罪的道德主体？只要我们还没有走出谁的问题，我们就仍然处在自身性的问题中。我们在此要展开的第四部分与前三个部分一样，须遵循从分析向反思的基本法则：这样，针对行为的谓词"好"（bon）和"应尽"（obligatoire），它的作用就像推论性命题那样，与在讲话中自身指示着的讲话人不可分，或者像行为句那样，与能动主体的姿态不可分，最终也像叙述结构那样，与叙述身份的建构不可分。行为在伦理和道德上的判定在此将被看做是某类新的谓词，它们与行为主体的联系也将被看作是一种新的通向自身的中介。

在休谟看来，应然与实然是互相对立的，它们之间没有过渡可言，在由他开始的这种思想传统内，将行为判定为诸如"好"和"应当"则代表着一种与先前的根本中断。在这种认识中，规范与描述完全不同。对于这种二分法，我们在前面的研究中已提出了反驳的理由。

　　首先，我们所思考的"存在者"是特殊的存在者：是讲话者和行动者；这就触及了行动的观念，触及了格言，这些格言以建议、劝言、教导的方式告诉人们如何把事情做得成功，做得更好。当然，并不是所有的格言都是道德性的：它们可以是技术性的，策略性的，审美性的等；无论如何，道德规范所属的范围要比格言更广泛，在根本上，格言所针对和引导的是实践。

　　其次，叙事理论位于行为理论和道德理论的接合点上，这样，叙述就成了规范与描述的自然转换；所以在上一研究的结尾部分我们看到，叙述的身份观念如何成了实践域的主导观念，而超越了行动分析理论所描述的简单行为；为丰富的叙述虚构所重塑并因此预演了伦理特点的，正是这样的一些复杂的行为；就像我们看到过的那样，叙述为思想经验打开了一个想象的空间，在其中道德判断以假设的方式实现着自身。

　　那么伦理与道德的区别到底是什么呢？词源学及其应用史并不提供这样的区别。一个源自希腊语，另一个来自拉丁语；两个词在内涵上都与**道德风气**的直观思想有关，对此，我们决定将这种内涵一分为二，一方面指**好感**，另一方面指义务性的**要求**。在一种约定的意义上，我用伦理来指一种生命实现的目的，而道德指的则是此一目的在某些**规范**（normes）上的落实，这些规范同时具有追求普遍性和约束力之特点（对于两者之间的关联容后论述）。关于目的与规范之间的对立，我们很容易就会想到两种思想遗产，一种来自将伦理放在**目的论**内来考察的亚里士多德，另一种来自康德，他将道德纳入到一种规范的义务内，所以是一种**义务论**的观点。我们可以把亚里士多德或康德的正统性问题放到一边，将注意力集中到这两种传统开创者的文本上，并提出：（1）伦理对于道德的优先性；（2）伦理目的经由规范的必要性；（3）规范诉求于目的的合法性，当规范在实践上遇到麻烦的时候。在我们如今进行的新的思考中，关于自身性的思想会再次面对这些困境。换句话说，在我们的假设中，道德只是伦理目的的有限实现，尽管它是合法的和不可或缺的，在这种意义上，伦理包含了道德。所以在我们看来，康德不会因为作为一种可尊重的传统而取代亚里士多德。在这两种思想遗产中，一种同时具有依附性和互补性的关系将建立起来，最终，伦理作为道德最后的依据会得到加强。

然而，存在于目的论与义务论之间的关联在什么地方触及了我们对自身性的考察？目的论和义务论的关联首先表现在行为的谓词层面上——"好"和"应当"——并最终在自身受命的层面上找到答案：正是在伦理的目的内，我们称为自尊的东西与义务论上的自重(respect de soi)发生了对应。就我们的论点而言，它应该是：(1)自尊比自重更根本；(2)自重是自尊在规范内显示的一个方面；(3)在义务发生疑难的某些情形中，其时任何规范之于尊重的**当场和现时**实践已无计可施，此时，自尊就不单体现为自重的源泉，而且成了它的依据。这样，在自身性向前开展的前沿阵地上，自尊与自重携手同行。

如果要对以下将展开的三个研究作一概括，可以这样说，关于伦理与道德所做的区别回答了休谟的问题，在他看来，在规范与描述之间，在应然与实然之间存在着一种逻辑上的断裂。我们将会看到一种用来描写伦理目的的概念，这种概念以直接的方式将伦理纳入到一种被叙述理论扩展了的行为理论中。实际上，目的论的观点表现在某些直接针对行为的评价内。与之相反，作为某种义务道德之表达的义务性谓词却具有强迫性，它以一种我们称为道德禁令之类的东西从外而内地——自上而下地——加到行为主体的身上，在这种认识下，关于应然与实然之间的不可解决的冲突便言之有理了。然而，如果我们最终能说明义务论观点依附于目的论观点，那么，比起描述与规范之间的直接对立来，或者用更通俗的说法，比起价值判断和事实判断之间的对立来，应然与实然之间的对立就不会更难被超越了。

(一)对"美好生活"的追求

本研究旨在表明伦理对道德的优先性，或者说，目的对规范的优先性。接下来我们要给道德规范一个合适的定位，同时又不至于把它视为终极的东西。

探究抽离于义务论的伦理目的，是否意味着要放弃所有的理性话语，任由"美好"情感驰骋？非也。通过联系的观点，我们在下面展开的研究得出的是一个相反的结论。我们认为，"美好生活"是：**在正义**

的体制中通过与他人并为他人追寻"美好生活"。这句话包括三个重要部分，对此我们将逐一分辨。这三个部分在接下去的两个研究中将继续作为我们思考道德规范与伦理目的之关系的出发点。

把"美好生活"的观念作为伦理问题的入口的好处在于，我们不必从自尊入手直接进入自身性问题。如果自尊在实际上是从自反性运动中获得它的原始意义，而对被认为是好的行为的评价总是关联着行为者，那么只要对话结构还没有确立，只要他人还没有介入，这种意义就总是抽象的。同样，如果没有正义机制的保证，对话结构也就不完满。在这种意义上，只有伦理目的的三个部分都达成的情况下，自尊才会获得它的完满意义。

伦理目的的第一因素乃亚里士多德所谓的"活得美好"，"美好生活"：用普鲁斯特的话说就是"真正的生活"。"美好生活"是应当首先命名的东西，因为它是伦理目的的对象本身。不管人对生命实现有什么认识，这种实现始终是他在行为中追求的最终目的。在此应该知道，亚里士多德对人所追求的美好与柏拉图的善作过区别。亚里士多德的伦理学告诉我们，可以探问的只是与我们有关的美好。这种涉及我们的相关性并不意味着它是任何具体美好事物的内容。不如说，它并不拥有全部的美好。所有的伦理都不能完全占有"好"这个谓词。

话语是否还会陷入信息的危险？不会。我们从亚里士多德那里得到的第一个伟大教导就是，唯**实践**才是"美好生活"之目的的落脚点。①第二个教导是，在具有"美好生活"之目的结构的原则内建立一种内在于**实践**的目的论。在这点上，我们无法确定亚里士多德是否解决了有关实践的表面悖论，因为在他看来，一方面，**实践**，起码是好的**实践**，

---

① 《尼各马可伦理学》卷1一开始就向我们指明了方向：所有的技艺，所有的方法，以及所有的行为和所有的偏爱都以他认为的某种美好为目标。这样我们就可以说，美好是万物所追求的目标。在此，我们可将美好和幸福的同等关系放到一边，只看一看这些具有目的性之活动的科目，这些科目的边界并不明确。首先说到的是技艺，它与理则是一个对子，这样，具有普遍性的实践就与普遍理论有着对应关系；接着，技艺与实践和偏爱被认为是一种简单的并列关系，其中没有等级结构。此外，实践这时还没有与诗（poièsis）发生对立。实践，确切地说"实践科学"与"诗学"的对立只在卷Ⅵ中才出现；而我们知道，实践是这样的一种活动，它并不产生与主体有分别的作为，它的目的就是行为本身，是"好的实践"，好的实践本身就是它的目的，而诗（及所对应的诗学）"有一个别于自身的目的"。

本身就是自己的目的；另一方面，又要面对一个外在的目的。要解决这个悖论，必须找到一种等级性的原则，在这一原则中，诸种目的以某种方式彼此包含，高级者是低级者的扬弃。然而，在《尼各马可伦理学》之后，并没有出现对这些行为的等级和相应的目的的连贯分析。大多数注释者看到了存在于卷Ⅲ和卷Ⅵ中的不一致。他们中有人认为，这种不一致是不可克服的，也有人认为是可克服的。其中的不一致在于：正如我们在第四研究中曾看到过的那样，在卷Ⅲ中，偏爱与权衡的关联是一个总的出发点。但该书所提供的一种权衡模式又似乎将权衡置于目的秩序之外。将权衡视为手段的说法在书中重复过三次："我们所权衡的不是诸目的本身（请注意它的复数形式），而是达到目的的手段。"我们由此可以确定，所有我们无能为力的，都不属于权衡的范围：其中既有永恒的实体，也有不依我们的意志为转移的事件。但就此将并不由于我们的事物而被归为手段，我们必须对下面的事例有个说法：医生不问自己是否应该治好，演说家不问自己是否应该说服听众，政治家不问自己是否应该建立良好的法律。人一旦有了自己的目的，他就会去考虑如何和用什么手段去实现它，权衡所涉及的正是什么是最适当的手段问题。在权衡的问题上，亚里士多德过快地将手段的选择与几何构图看作是同一回事，这样，所要画的图对于中介行为来说就成了目的了。

对于亚里士多德的这种模式选择，我们当然能够理解：如果权衡针对的是我们力所能及的事物，那么用于目的的手段自然应是我们最得力的东西；这样，目的就属于愿望之类，它所意愿的是我们无能为力的事物。而且更关键的是，"如果我们凡事都权衡，就会没完没了"。这是否意味着，"应在某处停下来"，或者说，幸福就是某种停住愿望的脚步呢？这点并不十分清楚：亚里士多德是不是没有看到，人可以在某种情况下去选择当医生而不是当演讲家或政治家呢？对行为的选择是不是一种对目的的选择，它考虑的是不是关于某种生活理想，或者说，关于人以为使他自己幸福的东西，是他对"美好生活"的理解的或远或近的切合性呢？我们对此疑难将会作进一步的研究，现在想表明的是，手段—目的的模式并不适用于整个行为领域，它只针对技艺问题，事实上，这就是亚里士多德在卷Ⅵ论及明辨时所思考的问题。而且更糟的是，手段—目的模式走在一条错误的道路上，它在完全工具性的关系内来思考次要目的与终极目的之间的关系。①

卷Ⅵ所探讨的美德更具判断性，与卷Ⅱ-Ⅴ所探讨的（勇敢，节制，自由，正义）在特征上截然有别，它提供的权衡模式也更具体。在此，权衡指向的乃是明辨，是实践的智慧，更确切地说就是明辨之人所遵循的生活之路。② 这里的问题似乎是：最合于终极目的的计划由谁说了算？在这点上，卷Ⅵ的最大贡献在于，亚里士多德就明辨与贤人建立了一种密切的联系，对于他来说，只有贤人才能同时确定规范和事例，并且在他的完全个别性中认识了处境时，明辨与贤人之间的联系才有意义。对明辨的这一应用，将在第九研究中进一步探讨，我们将在某些特殊的从未碰到过的情形中追究道德规

---

① 某些注释者力图淡化这一难题，他们对将古希腊语 pros to télos 译为"手段"怀有疑义；在他们看来，此词应译为"与目的有关的东西"，这样一来，它的意义就是多样的了。D. Wiggins（《权衡与实践理性》，*Deliberation and practical reason*，见 A. O. Roty 编，《论亚里士多德的伦理学》，*Essays on Aristotle's ethics*，University of California Press，1980，222～225 页）认为，与目的有关的不仅有行为的手段，而且还有目的本身的构成因素。亚里士多德选取的例子有误，因为他将 pros to télos 用在一个目的已经确定的典型的情形中，如此，特殊的东西，如医生的目的，演讲家的目的，政治家的目的就有了一种分配性的意义。一句话，医生已经是医生，用不着每日都问自己为什么当医生和还在当医生，亚里士多德担心的是，对目的进行来回权衡的人会没完没了。对于亚里士多德来说，一个像哈姆雷特那样不断地追问自己的人不是一个好的医生，一个好的建筑家，一个好的政治家。所以应当认为，这些典型的例子并没有说尽 pros to télos 的意义，权衡的可能性依然存在，它的作用在于：谁能向我描绘出我生活目的的适当蓝图？如果这是问题的关键，那么权衡在意义上就与手段的选择完全不是一回事；它的目的在于将"美好生活"的模糊性明朗化，从而使之变得具体，使之在实践上更清晰可辨。

② 在卷Ⅵ，5，1140 a 24—28 可读到："我们可习得实践智慧之本质的方式就是考察谁是所谓的贤人（明辨者）。贤人通常被认为是那些能为自己辨别好歹的人，这种辨别针对的不是片面的东西（例如何事何物有益于身体的健康或力气），而是全面的东西，是那些导向幸福生活的事物。在此，我们也称那些在某一特定方面明辨的人为贤人，他为一个值得报酬的具体目标做出了正确的权衡，其中的问题已不再是技艺的问题；所以说，在通常的意义上，贤人是那些能够权衡的人。"还有卷Ⅵ的 5，1141 b 8—16："实践的智慧（明辨）关联着人事及那些需进行权衡的事；因为贤人的主要工作就是做出正确的权衡；但我们对那些不能不是的东西从不进行权衡，对那些没有任何目的可言的东西也不会伤神，目的总包括某一可实现的善。绝对地讲，一个好的权衡者所努力达到的，是以理性的方式去实现人类可及之善中的最善者。"

范到伦理目的的往返运动。①

通过对这些方案及其存在的问题的描述，并在重温上一研究所谈论的行为概念的前提下，我们如果不是要解决亚里士多德文本——在考古学或语文学上——的难题，至少也要将它们与当代思想的关系作个交代。

在叙述理论的指导下，我们不但拓展了行为的概念，而且将之进行了等级化，如此，该概念就被引入了实践的层面，结果是实践和生活计划，这些因预演生活的叙述性统一而联系在一起的东西，在实践的等级中具有了不同的高度。我们着重探讨了符合各种实践体的整合原则。对于这种实践的等级，我们将在"美好生活"的理想所要求的伦理整合下进行重新审视。

某一实践——职业、游戏、艺术——的整合原则不单涉及协调，甚或依附或插入的逻辑联系②，也不仅仅在于作为结构性规则而起作用，像某种伦理在其中是一种中立性的东西的游戏理论和话语的行为理论那样。事实上，是结构性规则观念的意蕴开创了意义的空间，在这种意义空间内，伴随着如何正确行动之格言的，具有评价（以及外在规范）特征的尊重得以展开自己。格言的真正伦理特征体现在麦金太尔(MacIntyre)所谓的"优秀标准"中，这些优秀标准被用来判断一个医生，一个建筑师，一个画家，一个棋手的好坏。这些优秀标准是一些用于各种情形中的比较规则，它们在某一共同体内

---

　①　让我们先看一下卷Ⅵ，9，1142 a 22—23：亚里士多德毫不迟疑地在明辨的意义上将选择的具体性与知觉性的东西在理论的层面上放在一起。其中的论据有惊人之处："因为我们同样应止步于这一方向。"实践智慧于是显出两种有限性来：对上止步于幸福，对下止步于具体决定。

　②　协调和依附在一种实践的逻辑联系内互相关联着，这种关联可让我们对亚里士多德谈及的实践与诗的联系做出某种谨慎的解释。从线性的协调来看，这种关联更像亚里士多德所说的诗，在他认为，行为具有某种不属于行为者的结果，因为结果外在于行为者力所能及的阶段。从依附上来看，这种关联又更像实践，因为劳动总具有某种目的，然而，只要农民不问自己为什么选择这一职业，从事农业就是一种"为自身"的行为。如果我们的分析是对的，那么没有任何一种行为仅仅是诗性的或实践性的。它应是以实践为目的的诗。此判断将使关于诗与实践之间的区分变弱，这在亚里士多德那里并没有得到充分的论述：叙述英雄行为的史诗与将史诗搬上舞台的悲剧难道其形式不是诗吗？

被一直认为是完美的典范，并由某些大师和德高望重者所内化。推出优秀标准十分重要，这样我们就有理由在我们的行为理论反对将自尊作自身主义的解释了。与麦金太尔一样，我们认为实践是一种合作性的行为，它的结构性规则由社会而立；这些适合不同实践的优秀标准的根源不在于孤独的实践者。实践的共生性和传承性特征不但不排除，而且激起了许多讨论，特别是在对优秀标准的定义上，因为这些标准是一种历史性的东西。同样真实的是，针对理想标准而存在于实行者与讨论之间的竞争只能在实行者因共同的文化而达成的某种一致内进行，这种一致作为成功和优秀的标准具有长期的有效性。

那么优秀达到标准是怎样与美好生活的伦理目的产生关系的呢？关系的方式是双重的。一方面，在将实行者判断为好之前，优秀标准使实践的**内在之善**的观念获得意义。内在之善构成了内在于行为的目的，就像利益和满足的观念在现象学上那样，它们与快乐的观念是不同的。在麦金太尔那里具有重要意义的这一内在之善的观念，为自尊的反身性提供了首要证据，因为，正是在对自身行为的尊重中，我们才作为行为者而尊重自己。另一方面，内在之善的概念必须有所保留，使随后重拾道德的规范性概念成为可能，这样，命令范畴的空洞形式才能获得内容。在这种意义上，内在之善对于我们的研究来说有着某种双重性的策略作用。

与这一实践的内在之善的观念相当的，是局部行为在更宽广的**生活计划**中的整合作用。我们曾看到，叙事理论是如何将不同的行为较高程度地整合进某些全面性的计划中，从而将专业生活、家庭生活、休闲生活与社会政治生活融为一体的。此外，这一观念让我们再回到《尼各马可伦理学》所碰到过的难题之一，即，目的—手段关系的有效性问题。依据该模式，医生已经是医生，他不再问自己是不是愿意继续当医生这样的问题；他的选择只属于手段问题：护理或是做手术，催泻或是切除。然而，在选择担当医生职责上情况又是如何的呢？在此，目的—手段的模式无法再回答这个问题。这时，他就得利用我们在上面曾指出过的，超越了目的—手段模式的**理智（明辨）**了，他得利用明辨来对涉及他整体的"美好生活"的理念作一清理。作为生活计划的行为之塑形建立在一种往复性的运动内，这种运动涉及了对未来目的所进行的当前清理，以及对所制订的生活计划在实践上进行的优缺点的衡量。伽达默也是在这种意义上理解亚里士多德的**理智**的。

还应对"生活计划"这一表达有所解释。"生活"这个词的出现值得思考。这个词不单具有一种纯粹的生物学意义，更有一种伦理—文化的意义，这点在希腊人那里就是如此，对于他们来说，生活中值得尊重的是那些诸如娱乐生活，积极的政治生活，沉思生活等更根本的选择。"生活"这个词关涉的是人的完整性，而不是片面的实践。为此亚里士多德——又是他——问道，是否存在着某种使人之为人的 ergon，某一功能，某一工作，就像存在着一种音乐家的工作，医生的工作，建筑家的工作那样……作为一个独一无二的词，"生活"从人之为人的 ergon 中获得了尊重和评价的意义。在作为整体的生活中，ergon 就是一种特殊实践的理想样式。

正是由于存在于人的 ergon——我们称之为"生活计划"的东西——与被每一实践所具体化的理想样式之间的这一联系，前面在《尼各马可伦理学》中碰到的那个难题就迎刃而解了，那个问题是：为什么我们既可以说每一实践都有一个"自身目的"，又说所有的行为都倾向一种"终极目的"？正是由于实践与生活计划之间的这种联系，不同的目的发生了融合；选择一旦确立，某种职责就将赋予实施此职责的行为以"自身目的"的特征；但我们会不断地修正我们最初的选择；有时候我们甚至从头再来，当问题已不再在于所选择之实践的实施计划，而在于所选择的实践与我们的生活理想不再适当，生活理想尽管十分宽泛，但有时候它具有的命令性是某一职业的游戏规则所无法比拟的，以至于我们会认为它是没有商量余地的。在这种情况下，明辨引起了一种殊为复杂的权衡，而比起这种权衡来，理智的明辨并不会更轻松些。

对于麦金太尔赋予存在于实践与生活计划间的"生活的叙述性统一"的地位，以及亚里士多德关于美好生活的意义，我们在此不作论述。"生活的计划""生活的叙述性统一""美好生活"体现了生活这个词的三方面，它既指生活的生物学根源，也指人的完整统一，后者关联着人的自尊。这就是为什么苏格拉底说，一种不经考察的生活算不上是生活。至于"叙述性统一"这一表达，与其说是一种聚集性的功能，一种我们所强调的**实践**的等级的巅峰叙述，不如说是一种联结，此一叙事性的联结，既触及了针对行为的尊重，也深入到了行为者的自尊内。生活的叙述性统一这一观念表明，伦理的主体不是别的，而是叙述将一种叙述性身份所赋予的人。生活的计划观念强调的是意志方面，甚或意志主义之类，如萨特说到生存计划时所指的东西，而叙述性统一的观念指的则是存在于叙述中的意向，原因和偶然间的整合作用。在叙述中，人既完全是遭受者，也完全是行动者，他活在偶然性之下，诚如优秀的希腊专家和哲学家努斯波姆在那本应译为人的行动之善的脆弱的《善之脆弱性》中所写的那样。

在上面数次提到的"美好生活"的观念中，我们所考察的中介环节如果不是已臻于完成，至少也是达到了一种视野，或者说，达到了一种限制性的观念。在实践理论内，这种观念的地位和包含的内容不可轻视。

在内容上，"美好生活"对每个人而言都是些模糊的和有待实现的梦想与理想，就其是理想来说，生活又总是或多或少实现和未实现的事物。这是一幅已失去时间和重新寻回时间的蓝图。在此意义上，我们说，行为既是自身的目的，又向着"目的物"运动。然而这样的一种目的上之目的不会摧毁实践的自足性，只要它们的目的已经确定和有待确定；这种开放因我们怀疑我们的生活目标而打开自身封闭的实践，它常常在实践的整体结构的封闭与开放中产生一种私人性的和启发性的张力。在此被思考的，是一种高级目的的观念，它永不间断地内在于人的行为中。

关于那视野或限制性观念的认识论地位，乃在于，它决定性地使上面提到的**明辨者**与**明辨**之间的关联发生了作用。用一种很现代的语言说，是在对行为和自身的不断解释中，我们努力在人生的整体视景中被认为是最好者与主导我们行为的偏爱间进行调和。就这种最后阶段来说，可采取的解释学方法是多种多样的。首先，在"美好生活"的目的与具体选择之间存在着某种解释学循环，它在"美好生活"的观念与最影响我们的生存选择（职业，爱情，娱乐等）之间来回运动。这就像一个文本那样，部分与整体互相根据对方来理解自身。其次，解释的观念将某人的意义观添加到意义的简单观念上。对行为的文本进行解释，就是行为主体的自身解释。在此我同意泰勒(Ch. Taylor)在他的那本《哲学教本》中表达的一个重要观点：**人是一神自我解释着的动物**①(self-interpreting animal)。这样，从行为的文本解释与自身解释的关联中，自身概念被大大地丰富了。在伦理的层面上，自身解释成了自尊。相应地，自尊遵循着解释的道路。如同解释一样，自尊在实践判断过程中会引起讨论、质疑、对立，这就是所谓的解释的冲突。就是说，生活的理想与至关重要的选择之间符合与否，与观察科学所能达到的证实是不一样的。解释性的符合与某种判断的练习有关，这种判断在他人看来，起码能很好地对可靠性做出估计，即使在行为主体看来，他的信念来自某种经验性的自明，在《尼各马可伦理学》卷Ⅵ中，这种经验性自明使明辨与觉知产生了比较。此自明是一种具有证实特征的新形式，因为从他自身的话语和从他自身的行为中，行为者的明确带来了判断正确和行动正确的自信心，这是一种对美好生活的暂时的和当下的接近。

（二）与他人并为他人

在本研究的开篇，我们针对伦理的观点说过：**在正义的体制中通过与他人并为他人追寻真正的生活**，这唯一特点表面看来没有连续性可言。接下去我们要思考如下的问题：伦理目的的第二部分，也就是我们美其名为**关怀**的东西，是如何与第一部分发生联系的？当我们将伦理目的的自反方面描述为自尊时，问题就陷入了悖论的循环并引起了争论。因为自反性似乎包含着一种返回自身，一种自我封闭的危险，它抵抗着向更广阔之物，向"美好生活"的**地平线**开放。这一危险尽管是事实，但我坚持这样的一种论点认为，关怀并不是自尊的身外之物，它将自尊开展为对话性的东西，但这一方面至今仍未被论述。就像我在其他地方说过的那样，开展确实包含着一种在生活和话语内的中断，但此中断却使某种连续性在第二层次上成为可能，如此一来，自尊与关怀就只能以对方来确立自身，以对方来思考自身。

悖论的这种解决方式并非是**不可想象的**，这是我们在上一研究

---

①　查尔斯·泰勒：《哲学论文集》，第 2 卷，剑桥大学出版社，1985；同书卷 1，《人类主体与语言》，第二章，45 页。

中所能达到的全部论断。

我们首先应注意到，如果我们总是说自尊，而不是说对我的尊重，这并非偶然。**说自身与说我并不是同一回事。**我性以某种方式当然包含在自身性内，但自身性向我性的过渡总伴随着"在每一次"这一话语，海德格尔所要做的，就是将它与我性的立场联系起来。他认为，自身在每一次都是我的。① 如果他人不是未被说出的参照，那"在每一次"的根基何在呢？就此一"在每一次"的根基而言，我对我的经验的拥有在某种意义上是分配性的，它涉及所有的语法人称。但为什么他人不是我的复制品，另一个我，而是事实上的一异于我者呢？就此而言，自尊所根据的反身性仍流于抽象，它依然弄不清楚我与你的区别。

还有另一个基本的观点：如果我们问，凭什么自身说自己受到了尊重，回答应是，受到尊重在原则上并不是由于他的某些实现，而是在根本上出于他的能力。关于能力的真正意义，有必要看一看梅洛-庞蒂（Merleau-Ponty）的"我能"，并从物理方面到伦理方面来理解它。我是这样的一种存在，他能评价他的行为，视某些行为的目的是好的，能够自尊，自己认为自己是好的。"我能"的话语必定是一种针对**我**的话语。其中的重点是动词，是能—为，在伦理的意义上对应这一能—为的就是能够—判断。所以问题在于弄清楚，他人的这一中介是不是包含在现实化能力的轨道上了。

此问题与任何修辞无关。一如泰勒所看到的，这是政治理论的要害所在。某些研究自然权利的哲学设定了这样一种完全主体，此一主体在进入社会前就具有各种权利。这样，这一主体对公众生活的参与在原则上便是偶然的和可以免除的，个体——在此假设的意义上应称为人格——须从国家那里得到在他之外建立之权利的保障，而又不使他感到这是一种内在的义务，必须参加为社会的完美而制定的规章制度。先于所有社会联系而建立的这一权利主体是无法驳倒的，除非我们斩断此主体的根。在它的根上，他人作为能力与现实化的**中介**作用被错过了。

---

① 海德格尔：《时间与存在》，第 25 节。

亚里士多德在论友爱(philia,《尼各马可伦理学》，Ⅷ-Ⅸ)时，所涉及的恰恰是这种中介作用。① 为此，我愿意沿着这条亚里士多德式的研究之路走一趟。这样的选择是切题的。首先，在亚里士多德那里，友爱是一条通道，一方面连接着在表面上看似是孤独美德的自尊所反映出来的"美好生活"的目的，另一方面连接着具有政治特征的作为人类大众美德的正义。其次，友爱在根本上并不是一种关于情感和对他人忠诚的心理学(亚里士多德也论及此)，而是一种伦理学：友爱是一种在选择的权衡中起作用的美德——一种优点——它能将自身提升为习惯，同时又不断地在现实中加以练习，如果没有这种练习，友爱就不再是一种活动了。最后更加关键的是，表现为自恋，看似与某种自身主义形式脱不了干系的友爱，以一种出人意料的方式获得了解决："幸福的人需要朋友"。这样，一直隐藏在友爱中的异他者的权利显现了出来。正是在与能力和现实化，最终与**力量和行为**②的关联中，**欠缺**，以及通过缺乏作中介的**他人**的地位显了出来。那个著名的难题：我们是否应爱自己，以便去爱那不是自己的他人，不应骗过我们的眼睛。这个疑难实际上直接指向了自身与别于自身的他人的问题。③ 对于这个已成为大众口头禅并为文学家(荷马，修昔底德，悲剧作家……)津津乐道的问题，我们可在学院的范围内，从由柏拉图的《李思篇》(Lysis)及其继承者开始到学院派的主流人物的争论来展开。在此应该首先提出两个论点。

第一个论点，应以亚里士多德的定义作坚实的出发点，这个定义恰好将他与他的前辈和对手在伦理上区别开来：亚里士多德开篇就说，友爱并不具有单一的意义；它在本质上乃是多义的，我们只有通过询问使它产生的事物的种类，它的"对象"，亦即友人，才能

---

① 关于亚里士多德的友爱哲学在古典哲学中的地位问题，参见 J.-C. Fraisse：《古典哲学的友爱观》，Paris，Vrin，1984，189～286 页。

③ 在卷Ⅸ，第 9 节中，对友爱的分析与一个极为艰难的问题联在一起，这个问题涉及的是力量与行为，活动(énergéia)与具有丰富意义的行动(entéléchéia)，我们将在第二部分的第十研究直接地面对这一难题。

③ 我们对此需格外小心，因为在代词他(autos)与常倾向于宾格和间接形式的他的自反形式 héauton(他自身)，héautou(从他自身)，héautô(在他自身)间，存在着一种完全制约性，十分微妙的游戏。

明白它的所指。对此须区分三种友爱："好"的友爱，"实用"的友爱，"快乐"的友爱。就"自身主义"的著名疑难来看，我们最好不要过于看重在对象一目的上的这三种区分。正是由于爱自己的"对象"方面，自恋——使每人都是自己的朋友——从来都不是一种没有经过自身中介的喜欢，而是一种指向榜样之善的意欲。

第二个论点是：无论自恋在友爱的发生上起什么作用，友爱都完全表明自身是一种相互性。相互性是友爱之为友爱最基本的东西，它一开始就将关于自恋的首要地位的讨论包含在内。自恋与其说是有关意义的产生方面，不如说是一种关于各种相互情感的编年史。我们将看到，这种相互关系最终指向"共同生活"（vivre-ensemble），渗透到亲密关系内。

在本探讨中，第二个论点与第一个同样重要；这不仅因为友爱作为美好生活愿望的最先开展而在事实上属于伦理，更由于友爱最先触及了相互性的问题，这样，我们就可以在一种次级的辩证法内深入如其所是的异他问题①，这一辩证法上承柏拉图关于"伟大的类"——同一与他者——的辩证法。事实上，相互性的观念有着自身的要求，这种互相性无论在胡塞尔那里由同一推出，还是在勒维纳斯（Lévinas）那里由他者推出，都是不完全的。按照这种相互性，每个人都要爱**如其所是**的他人。而实用的爱就不是这样，在那里爱他人是为了希望得到好处，快乐的友爱则更是如此。这就是相互性在伦理领域的必然性，它在道德的层面上体现在金规则内，表现为尊重的绝对命令。② 此"如其所是"（如他人之所是）预示了后来所有自身论的偏差：它的结构是相互性。反过来，这种相互性又总是在自身内，在朋友内，在友爱内与善发生关联时才被思考，尽管自身的

---

① 卷Ⅷ，2，1156 a 2—5 所给出的暂时定义表明，友爱的这两种特征：作为美德的友爱之于实用友爱和快乐友爱的首出地位，以及与关怀情谊（在此基础上亚里士多德还将非—无知加了进去，我们将探讨它与良知的关系）的相互关系，在伦理领域中彼此相关："必须存在着某种相互关怀，每个人都愿意他人是好的；对自己好的人不应该对此关怀一无所知；就其中的原因，我们曾谈过其一"。

② 令人惊奇的是，对自反代词的第一次运用居然联系着经过善的中介作用的相互性："所以，将相互的友爱视为有利可图的人并不是为了他们自身而彼此相爱，他们是想从别人那里获得好处。"这种非自反词与自反词之间的游戏在卷Ⅷ和卷Ⅸ中一闪而过。

反身性并未被取消，而是为相互性通过谓词"好"一分为二，这谓词"好"既可应用于行为者，也可应用于行为。①

另外，通过相互性，友爱与正义有了关系；古谚"友爱—平等"确切地说出了这样的一种关系：朋友间彼此平等对待。友爱并不总是正义，因为正义属于制度，而友爱属于人际间的关系。居于此，正义与为数众多的公民有关，而友爱则只涉及一个数量有限的伙伴性团体；另外，对于正义来说，平等在本质上是一种比例性的平等，它容许贡献上的不平等，友爱则不同，它要求朋友间的关系是平等的；所以，平等是友爱的前提，而它在城邦中是一个有待实现的目标。这就是为什么只有友爱才能触及某种共同生活的亲密关系(sunèthéia)。

为了要成为他人的朋友，是不是先要成为自己的朋友，为回答这个微妙的问题，我们作了诸多准备。由传统遗下的这一难题的关键在于，对于朋友间彼此表达出来的祝愿而言，好的标准何在。因为，我们所爱的自身，是自身中的卓越者，是被称为思想、理智、灵魂者，它在自身中最持久，最稳定，最不为情绪和愿望所动，不为命运的偶然所移。在进入这个论题之前，亚里士多德就说过，朋友间极力追求的是对方的如其所是，而不是上帝之类；他补充说："朋友甚至有可能不希望对方拥有所有最美好的事物，因为，凡是人总是因自身才希望好的事物。"善人的自爱与柏拉图在《李思篇》中主张的无私并不矛盾，因为人们在自身内所爱的，并不是产生实用友爱或快乐友爱的意欲部分，而是自身中的卓越部分。②

这一理性的固定部分将自身甚至隐藏在后悔和补过内，它向我们显示它的非脆弱性和坚固性，而我们对人的身份进行反思时常强

---

① "完美的友爱是那些具有美德，在美德上彼此相似的人的友爱；因为这些朋友，因着他们是好的，他们因他们自身而是好的，就都不约而同地彼此愿意对方是好的"(Ⅷ，4，1156 b 7—9)；他之后又写道："在爱他们朋友的时候，他们所爱的是对他们自身是好的事物，因为一个好人，当他成为朋友时，就成了他朋友的善。"(Ⅷ，7，1157 b 31—32)

② 我们将关于友爱的决疑论放到一边，这一决疑论贯穿《尼各马可伦理学》论述友爱的两个部分。亚里士多德的思想游移于各种界限之间，或者涉及平等者间的友爱，或者涉及不平等者间的友爱，或者对无私，自利，快乐的边缘处境展开论述。我所感兴趣的是自身与他人的辩证法，此辩证法由刻画好(善)人之间的友爱之某些**概念**的使用表达出来。

调的是他的脆弱性和易受伤性。当我们谈论将自身引向他人的需要和缺乏时，我们马上就能看出这种说法是有局限的。但无论如何，正是由于自身内这一卓越部分的固定性，我们才有朋友是"另一个自身"这个著名的表达。① 这一表达从此成了纯粹的学院性问题，亚里士多德以此还引出了其他一些问题，即，人是否应该爱自己胜于爱他人。他的用意很明确：如果自恋指的是友爱的实用或快乐方面，那么反对自恋的人就是有道理的；但如果他们不知道每人身上所可爱的乃是自身中的卓越者，思想部分，是理智，那么他们就搞错了。亚里士多德在此暗示出，尽管他似乎没有将之上升为问题，自反性从属于理性，因为事实上"理智总是选择对自身是最优秀的东西"；这一论据仅仅要求，反身性应在自身与他人之间被平等地分有。如此，友爱就可以是无私的，直到牺牲自己，因为根据卓越的理智与反身性的原始关系，无私已经根植于自身与自身的联系内。如有不足之处的话，那就是亚里士多德没有追究自身与自身之间是否存在友爱这回事；关于这个问题，亚里士多德这样说："我们暂且将这问题放到一边。"要找到真正的回答，就要回过头来重新考察一个前所未有的更加根本的问题："幸福的人是否需要朋友。"（Ⅸ，9）

这个问题一点都不次要，因为正是通过对它的解决，亚里士多德展开了关于友爱双重特点的最精彩的论述。② 由于需要和缺乏，"另一个自身"的异他性走到了前台。作为另一个自身的朋友，他能帮助我们解决自身的无能为力之处。我们惊奇地读到："拥有朋友总是被看作是外在的最伟大的财富。"亚里士多德对这问题的解决令人瞩目，他运用了他在形而上学上的最犀利的武器，亦即关于行为与力量的区别，并从中导出了具有决定意义的拥有观念。

如果善人和幸福的人需要朋友，那是因为友爱是一种"活动"，而活动显然是某种"成为"，因此是力量的不完全的现实化。相对于

---

① 我们再一次看到了非自反的我与自反的我之间的微妙游戏，它表达在这句话里："应成为自身的朋友"。

② Tricot 与 Gauthier-Jolif（卷Ⅱ，注释第二部分）罗列出不下于十个"原始三段论"和"论据"或推理（G.-j.）在该处亚里士多德说他将"尽可能接近地触摸事物的本质本身"；G.-j. 则译为："更加进入到我们本质的深处。"

作为"隐得来稀"的行为而言，友爱是有欠缺的。这样，对论述至今的友爱的理智主义概念进行修正就被提了出来。于是，活动与生活，最终幸福与快乐在需要内结成了某种关系。友爱最终要达到的，正是属于它的内在之善和固有快乐内的生活的实现。此外还应该走得更远：直到生活的观念和活动的观念，以及意识的观念。① 意识不单是对知性和活动的意识，也是对生活的意识。就生活意识一开始就是快乐而言，我们可以说自恋的深度感乃是意欲：善人的自在本身对他来说就是可意欲的；同样，他朋友的存在本身对于他来说也是可意欲的。就这样，活动与生活，意欲的与快乐的，存在的意识与存在意识的快乐彼此关联着，对此，亚里士多德在对他的复杂的推论作小结时这样说："在这些状态下，对于我们每个人来说，他的存在本身就是他所意欲的，在同样或几乎同样的意义上，他朋友的存在本身也是他所意欲的。"他还说："我们认为，使他的存在成为意欲对象的，乃是他对自身拥有一种美好的意识，这种意识就自身而言是快乐的。为此，他需要与他朋友对自身存在的意识有一种共通感。"这必须实现在一种"共同生活"内。

　　这个拐弯抹角的推论在何种意义上回答了所提出的问题，即人为什么可成为自己的朋友？回答，起码是部分的回答可见于刚才的那个断言："善人的存在本身对他是可意欲的。"可以说，这种对自身的意欲与幸福之人对朋友的需要是相通的。这种需要不仅仅表现为对共同生活的参与和这种参与的不完全上，而且也是走出自身与自身生存之间存在的欠缺或不足的途径。对于在纯粹理智上分享意见和思想的友爱来说，稳定性的保证是必不可少的，然而这种保证却因意欲、快乐、生存以及生存意识的介入而在暗地里受到的威胁，这些都是共同生活的基础所在。**所以说，欠缺就在最牢固的友爱内。**

　　我们愿意承认，在亚里士多德那里并不存在某种关于异他性的清晰概念。基督教的**圣爱**是否赋予这概念十足的意义了？还是应等待一种斗争的概念，这种概念从政治领域回到人际领域，就像黑格尔在《精神现象学》一书中所表达的那样，使意识分裂为两种自身意

---

① 所运用的 sunaisthesthai 这个词，确切地说就是拉丁语 con-scientia 的前身。

识并彼此冲突着？或只能在今天出现在诸如勒维纳斯这样的思想家那里，他大胆地推翻了："没有自身，就不会有异于自身的他者"。并颠倒过来说："没有召唤责任的他者，就没有自身。"对于被柏拉图称为"伟大的类"的同一与他者的问题，我们将在第十研究对伦理—道德的探讨作总结时加以论述。

与亚里士多德一道，我关注的是一种互相性的，分享性的，共同生活的伦理。"卷Ⅸ，12"在对亲密关系的论述中结束，它将两种彼此冲突的解释搁置起来，我们将会回到这两种解释上。至于那种认为只有自身才能拥有一异于自身的他者的观点①，在我看来与我们前面所作的探讨是一致的；它的合理性在于，自尊是美好生活目的的原始自反时刻。在自尊中，友爱悄然无声地进入其中。友爱所

---

① 我同意 Rémi Brague 在《亚里士多德与世界问题》上所做的某些分析，我将在第十研究花更多篇幅来谈这本书。该书的作者试图以海德格尔的眼光来揭示亚里士多德本体论中的未明言部分，他认为，与存在于世界内的封闭结构比较，自身具有一种开放的功能。一切都是自身的事。Rémi Brague 在亚里士多德的我们没有涉及的很多章节中找到了这种自身的中心特点，但他有将作为现象学论题的**自身**与作为人类学论题的人混为一谈的嫌疑。我将会说明我为什么不能同意 Brague 的这种相反中介作用的二分法，我认为，这种中介作用体现在所有涉及自身进程的客体（推论性谓词，实践，叙述，规范）上。我非常欣赏作者所作的精确分析和到位的翻译，尤其是涉及自身的句子。为了使他的译文清晰化，他引用色诺芬的一句话说："我知道我自己"，在这句话中，非反身的 autos 说的是"在本人内"或"本人地"，意同德文的 Selbstgegebenheit，"自身给予"。为了世界的出现，我应作为本人在那里，同时自身与世内的万物又不混同。从这点看，对友爱的论述与对明辨的论述是联系着的（《尼各马可伦理学》，Ⅵ）。也正是在这点上，我们能看到这样的句子："知道对自身[是好的]事实……"。明辨是某种"自知"，意即："知道关于自己的……"。所以当亚里士多德将自身的好处视为友爱的基础，并且与道德意义的无私没有任何抵牾的时候，Brague 丝毫不感到意外。追根究底，他者只能是自身，因为他是另一个自身，像我们自身一样，也是自身："我们希望好的东西都归属我们，因为以决定的和不可变更的方式我们都是某一'我们自己'。"为什么是这样？因为我们不可能成为他人，无法否认这一原始事实。"'我是一个他人'对亚里士多德来说是一个不可能的表达。"我同意 Braque 的看法，认为亚里士多德并没有让我们理解在何种意义上"理智是自身，甚至是人的自身主义"，进一步我也同意说，人之于自身是最亲近者，他正在成为他自己的朋友。我相信，对这个难题的部分回答可在自身具有意欲自身存在这样的观点内找到。如果亚里士多德没有完全回答这些问题，难道真的是因为人的人类学概念窒息了自身的现象学概念，而只有一种忧虑的本体论才能建立该概念？

增加的，是自尊的人在彼此交流中的互相关系观点。至于相互关系的后果，如平等，它促使友爱向正义发展，在正义中，小团体式的生活共享让位于一种多元性的分配，从而进入到一种历史政治的团体内。

回顾与亚里士多德一起走过的路，我们得问一下，我们赋予了关怀什么样的为友爱所未曾表明的特征？

我们马上转入到古典的友爱的特征上，与此有关的，与其说是概念的分析，还不如说是一种思维方式的历史，例如友爱与休闲——它是自由公民的特权，奴隶、贱民、妇女和孩子被排除在外——的关系，以及把共同生活归入为共同思想，并导向智者的沉思，这就是《尼各马可伦理学》最后一卷的观点。正是从他(autos)与他自身(héauton)的关系出发，我建立了一种关于关怀的包容性概念，这概念的基础在于**给予**(donner)和**接受**(recevoir)之间的互相性。[①] 友爱，即使摆脱了友爱的社会文化的限制，在我看来依然是唯一的十分脆弱的平衡点，在这个平衡点内，给予和接受以推定的方式互相平等。事实上，当亚里士多德对友爱的**互相**特征进行定义时，他追求的正是这一平等关系。这个平衡点可以说是一种幽灵性的处所，在那里彼此对立的极端在给予和接受之间互相转化，自身的一极与他人的一极在交流的主动作用中彼此消长。

让我们首先看一看第一个假设。他者在人与人关系中的首出性是全部勒维纳斯哲学的根本所在。坦白地说，他者的这种首出性建立不了任何关系，因为，从处于分离状态的我出发，他者是一绝对的外在性。在此意义下，他者与任何关系都没有瓜葛。这一非关系规定着外在性本身。[②]

由于这种非关系，他者在他面容内的"现身"反抗着所有的形式直观甚或倾听。事实上，面容是不显现的，它不是现象，而是神显。但这面容为谁而显？《大全与无限》的令人叫绝的分析，以及《异于存

---

① Peter Kemp,《伦理与医治》。

② 这里对勒维纳斯一笔带过，在第十研究讨论异他性时我们还要受益于他，我们在上面曾指出，异他性涉及的是一种哲学上所谓的"伟大的类"的研究，此研究联结着伦理学和本体论。

在或别于本质》都告诉我们，面容乃是正义之主的面容，这个正义之主**教育**人且只以伦理的方式进行教育：他禁止谋害并命令正义。那么这种教育，这种命令与友爱有何关系？让我们首先感到诧异的是，友爱的互相性与命令的非平等性形成了反差。自身确实因为他者而被"委以责任"。但由于命令的首出是因他者使然，自身只能以**宾格的形式**联系着命令。责任的委派所面对的因此只能是受召之我的被动性。问题的关键在于弄清，为了听到和接受，命令不应该要求某种回答来作为面对面的非平等性。从字面的意义上说，不可补偿的非平等性中断了给予和接受之间的交流，使教育因面容而与关怀无涉。如果交流中的给予能力受制于他者的首出地位，这样的教育又如何能反映在给予和接受的辩证法内？如果**善**不是根源，那根源又能是什么呢，这善只能来自这样一个人，他不至于讨厌自己以至于听不见他人的命令？令我们惊奇的是，这里所说的善实际上在许多语言中既指行为目标的伦理质量，也指人向着他者的伦理质量，就好像行为不能被认为是好的，如果它不是为了他人，为他人**着想**。我们现在当考察的，就是这一**着想**观念。

要深入此观念，就得回到我们关于伦理之于道德具有首要性这一假设上，这假设一直指引着本研究并继续指引下一个研究。从这点来看，诸如委派、命令这样的词汇可能已经太"道德"了，在这个名目下它与战争①、与恶纠缠不清；所以，在《异于存在或别于本质》中登上前台的，以正义之主或以受迫害者面貌出现的他者，不得不要求加强对一分离之我的辩护。但我们已经处于命令和规范的领域内。我们唯一的希望在于使义务的根基发生动摇，使没有被规范淹没的伦理意义浮出水面，因为在面对某些意识无法决定的情形时，规范就不再起作用，不能再是参照物了。为此，我们必须赋予关怀一种地位，此一地位比对义务的服从更根本。② 这种地位就是**关怀的本能**，它直接联系着内在于"美好"生活目的的自尊。正是在这种关怀本能的深处，接受在责任的委派中和给予有了平等的关系，因

---

① 战争这个词出现在《大全与无限》序言中的首页上。

② 在下面的研究中，我们将金规则视为是关怀与绝对命令的一种过渡，金规则将人在我与他人的人格内看作是目的而不仅仅是手段。

为自身认同了更高的权威，此权威将正义嵌入了他的行为内。① 当然，这样的一种平等与友爱内的平等是不同的，在友爱的平等内，给予和接受通过推定彼此处于平衡的关系。通过认同的返回运动，这种平等对最初的非平等性起到补偿作用，最初的非平等性源自他人在教育中的首出地位。

以正义之主现身的他人所对应的是教育，那么，在关怀幽灵般的另一个极端内，与教育相反的情形是什么呢？这回作为补偿的新的不平等是什么呢？命令的相反情形是**遭受**。他人在如今的情形下是遭受的存在者，我们的行为哲学对它的地位问题进行了不懈的探讨，在这种哲学中，人既被认为是行为者，又是遭受者。遭受不单指身体上的苦痛，甚或思想上的苦恼，也指与自身整合相关的行为能力，做事能力的衰弱甚至毁灭。在此，就主动者确切地涉及做事能力而言，它似乎仅仅返回到给予同情和共苦的自身内，同情和共苦有与他人一起分担苦难强烈的意愿。在与这种善行或善意的对照中，他人似乎被单独地看作接受者。在某种意义上，这确实如此。正是以这样的方式，患难与共在最初的接近中与责任通过他人声音的委派相反。换言之，在这种情况中，作为遭受的他人不期而至地引发了一种平等作用，正是由于作为遭受者的他人，同情抗拒混同于单纯的怜悯，因为在怜悯内，自身窃喜于自身所储蓄的知识。而在真正的同情中，自身，它的行为能力在开始时比他人强大，受到了作为遭受者之他人回馈的感染。因为他依据作为遭受者的他人来给予，此给予的不可穷尽性确切地说不是由于他行为或生存的能力，而是由于他的无力本身。这或许就是对关怀的最终考验，通过一种真正的交互作用，能力的不平等在关怀内获得了补偿，在临终的时候，这种交互作用体现为喃喃地安慰或已失去了力量的手拉手中。或许正是在这点上，过分关注作为美德的友爱与作为实用和快乐友爱之分别——这种分别对于以智慧为目标的理智性友爱来说是必不可少的——亚里士多德将另一种非对称性搁置起来了，而恰恰是在这种非对称性上，勒维纳斯建立了一种遭受与享受相反对的伦理学。

---

① 关于权威与对更高者认同的联系，参见伽达默尔：《真理与方法》，见前，118 页以后。

共患难与同欢乐是不对称的。[①] 所以说，哲学不应被悲剧牵着鼻子走。"净化""恐惧"和"怜悯"的三分法是快乐友爱的次范畴所无法涵盖的。"善的脆弱性"——对努斯波姆的这一恰当表达[②]，我们将稍后讨论——如果在正面的意义上不是反驳，也是对主张自恋的稳定性和长久性的更正。比起精疲力竭时将脆弱显示于朋友，处于必死状态之脆弱性中的自身更能接受他朋友的脆弱。在此，高尚——笛卡儿所推崇的希腊美德——应是一面高高挂起的旗帜。在第十研究里，我们将在与他者这"伟大的类"的关系中来探讨情感存在的范畴。就我们在此所处的现象学层次来说，情感被认为是某种身体性感动，这种感动伴随着属于亚里士多德称为禀赋的动机，后来在康德那里，禀赋又转变成了 Gesinnung。在此我们要做的就是，将情感——作为感动的最终结果——放到关怀内来考察。由于道德的命令来自他人，他人的遭受在自身内引起的，乃是本能地向着他人的情感。[③] 我之所以选择"关怀"这个词，正是由于在关怀的伦理目的与情感的肉身性感动之间存在着一种密切的统一关系。

作为总结，让我们对展开在责任委派的两种极端之间的态度做一概述，在责任委派中，主动者后于他人，后于对作为遭受者的他人的同情，主动者后于处于爱中的自身，在这种情形下，友爱是自身与他人在平等中表达共同生活意愿的处所。然而在友爱中，平等是首要的，就命令是来自他人而言，这种平等只能建立在自身对他人的在上权威的承认上；就同情是从自身向着他人而言，这种平等

---

① 亚里士多德确实将同甘共苦放在共同生活内（Ⅸ，9）。他甚至写过："友爱的本质与其说是被爱，还不如说是爱。"（Ⅷ，8，1159 a 27）

② M. C. Nussbaum，《善的脆弱性——希腊悲剧和哲学中的运气与伦理》（*The fragility of goodness：Luck and ethics in Greek tragedy and philosophy*），剑桥大学出版社，1986。

③ 就此而言，曾为英语哲学所重视的怜悯、同感、同情问题值得重新研究。在开创的意义上，舍勒（Marx Scheler）对同情、怨恨与爱的研究是独一无二的，它在原则上涉及了同情与情感混合物的根本分别，并探讨了爱中的间距和亲近之间的关系。顺便说一句，在 Stephan Strasser 的那本大著《情感》（*Das Gemüt*，Utrecht，Vitgeverijet Spetrum，1956）中，现象学家们对情感的描述不够，他们担心会陷入**情感谬论**。殊不知，情感同样在语言的研究力量内，它同样具有思想之于文学的高度。

的确立又只能以承认脆弱性并最终承认有死性为条件。①

正是在不平等中追寻平等，使我们能够确定关怀在伦理轨迹中的位置，这不平等或者源自特殊的文化和政治状态，就像在不平等者间的友爱那样，或者在结构上由于自身和他人在关怀的动力中的原始地位。在作为"美好生活"意愿的自反时刻的自尊中，关怀在本质上是对缺乏的补充，我们需要朋友正是因为我们是缺乏的；在关怀向自尊回归产生的惊醒中，自身发现自身如同在他人当中的他人。这就是让友爱成了**相互性**的，亚里士多德的"彼此"的意义。这一发现可分解为三个因素：**可逆性，不可代替性，同时性**。关于可逆性，我们在交谈性的语言中找到了它的雏形。人称代词的互换堪为典范；当我对另一个人说"你"时，他理解为自身的"我"。当他以第二人称对我说话，我知道对我来说便是第一人称；可逆性同时针对讲话者和受话者的角色，它涉及一种自我指涉的能力，这种能力既属于受话者，也属于讲话者。然而可逆的仅仅是**角色**而已。唯有**不可代替性**的观念触及扮演这些角色的人。在某种意义上，不可代替性同样是话语实践的前提，但其方式与在交谈中的情形不同，它们的差异表现在"我"所起到的锚定作用上。②"我"的锚定使我用不着离开我的所在，使我不取消此与彼的区别，通过想象与同情，我为别人设身处地。语言确切地教训为实践的东西，实践予以证实之。行为的主体和受体处于互相交流的关系内，这种交流有如语言那样，将角色的可逆性与当事人的不可代替性交织在一起。关怀引入了价值的向度，这向度令我们每个人因情感和评价而成为**不可替代的**。就此而言，正是在对所爱之人的不可挽回的丧失的经验中，我们从进入我们内心的他人那里知道，我们的生命是不可替代的。我之所以不可替代，首先是由于他人。在这种意义上，关怀实现了他人对我自己的评价。然而，如果这种实现不是以一种本能的方式，关怀又如何能够不成为某种灰色

<hr>

① Werner Marx,《伦理与生活世界——作为大众的同情能力》(*Ethos und Lebenswelt. Mitleidenkönnen als Mass*), Hambourg, Felix Meiner Verlag, 1986。我们也可以说，只有在戏剧性作品中才有至上正义这回事，这种正义承认每个主角都有他的真理，并同时对他们同等视之。

② 参见第二研究，65页。

的义务呢？

　　在角色的可逆性和当事人的不可代替性——上升至不可替换性——的观念之上，便是**同时性**了，同时性是友爱的清醒剂，就我们说过的方式而言，它存在于自身与他人间的所有原始的不平等形式内。同时性乃自尊与关怀他人发生交流的后果。这种交流使我们可以说，除非我将他人视为**如同我自己**，否则我无法尊重我自己。如同我自己意味着：你**也一样**，能在世界内着手某事，能按照理性办事，能将你的愿望分出轻重缓急，能尊重你的行动目标，如此，你也就是在尊重你自己，如同我尊重我自己一样。"你也一样"与"如同我自己"两者是等价的，这种等价源自我们对证实的信心，我们总是依据某种实证性而相信和愿望。上面所提及的所有伦理情感无一例外地都从属于"你也一样"和"如同我自己"这样的一个现象学。因为这些情感都指明了包含在那等价中的悖论：交流发生在不可代替性的内部。这样，**他人如同自身一样**地自尊与**自身如同他人一样**地自尊在根本上就是等价的了。①

选译自［法］保罗·利科：《如同他人的自我》，

吉福德演讲，1986。 谭立铸译。

---

　　① 这是否就是那个悖论命令的秘密所在："你当爱你的邻人如同爱你自己一样"？ 如果我们像罗森茨威格（Rosenzweig）在《救世之星》所作的那样，将表现在诗篇中的爱者致被爱者的那个"爱我"的命令视为先于和高于所有的法律，我们就可以说，这一命令与其说是属于道德，不如说是属于伦理。

［法］利奥塔（Jean-François Lyotard，1924—1998）

《后现代道德》（1993）（节选）

# 《后现代道德》（1993）（节选）

## 制度的幻想

### (一)围墙、海湾和制度

我想利用这次报告的机会评估目前的历史形势有什么样的地位。在 20 世纪五六十年代，当我们在这种理论"研究院"发挥作用时，我们每个人都相继想到致力于题为"形势分析"的危险工作。大家记住了那些似乎对当时的历史背景有头等重要性的事件，大家因此对它们作了分析，并且从这些分析出发，大家设法确定关于当代世界及其未来的尽可能充分的描述。

然而，这个艰苦工作的目的不仅仅是为了尽可能好地理解"现实"，而且是为了限定我们借以打算引导复杂而动荡并构成为上述形势的力量游戏的活动。理论分析曾总是与实践方案紧密联系在一起。我们力求客观地、毫无偏见地认识事物，这不是为了满足起批判作用的理智的愉快，而是为了正确无误地提出问题：在这种形势下有什么合适的做法吗？这个问题实际上意味着：在我们的范围内，我们怎样才能帮助那些在争取解放时受剥削和异化的人们呢？此时此刻，凭借哪种干预，我们才能做到这一点？

我并不因完全的怀旧而让人想起"形势分析"的古老经验。对它的回忆帮助我估计今天的情况有多不同，我们目前能期待这个实践发生多大变化。显然，我们并非一个批判实践研究院，因而我们并不需要勾画出政治方向路线。我们提出的干预限于论文和文集的出版。这并不意味着这种活动是次要的。它是有所不同的。差异并不取决于由我们组成的批判小组的名称，而是产生于一种影响历史形势本身并同时影响了批判性质的变迁。

为了快点讲，真想不到至少在我们国家里战斗实践已成了一种防御实践。我们必须经常不断地重申少数民族、妇女、儿童、同性恋者、南方、第三世界、穷人等的权利，公民权、教养权和教育权、动物权和环境权，（当然）我列举的权利并不完全。我们必须签署请愿书，撰写作品，组织讨论会，参加某些小社团，从事选举咨询，出版书籍。如做到这一点，我们就承担起通常与知识分子地位相联系的责任。这里所讲的"通常"，指这些实践受立法的授权甚至支持，或至少受成文和不成文规则的许可和鼓励，而这些规则则决定这种地位。社会允许我们、要求我们这样行动：我们有序地为全球体制的发展做贡献是社会的需要。

凭此方式，我们就能使我们为争取解放而作的战斗所继续追求的情感富有生命力。这一点也不假。然而，有直接的迹象表明，战斗本质上发生了变化，即我们付出的代价降低了，我指的是：我们必须用于批判实践的精力消耗和时间消耗减少了。这种减少无疑表明了我们的战略已从进攻过渡到防守。依据克劳塞维茨所说，用于攻击的时间量和能量是防守所需的七倍。在现实条件下，在规模上，解放战争让我们付出的代价要比以前减少百分之八十，但结果可能是相同的……

实际上，结果并不等同。解放不再是唯一可替代现实的方法，诚如一种征服现实并向现实强加外衣的理想。还不如说，解放是制度设法在自己的一个或另一个区域内达到的目标之一，这些区域有劳动、税收、市场、家庭、性、学校、文化、通信。这个目标任何地方都到不了，它遭到了内部和外部抵抗。可是，针对该目标的这些相同的抵抗促使制度复杂化和更加开放，推动新的事业。解放变得可捉摸了。制度真正的运作方式从此包含种种规划，这些规划不仅仅准备用于使现存的一切处于最理想的状态，而且还是些冒险的计划，"用以观察"的探索，它们产生了更多的复杂性和更"灵活的"惯例。

这里是一幅有很强田园味的图画，我知道这一点，并且大家感到在政治话语、商业信息和行政关系中这幅画一再重复以至于令人生厌。批判的任务恰恰是发现并揭露体制在解放方面的完全无能。但值得注意的是，这个任务的前提是：解放从今以后由体系本身来承担，具有某种应有的本质的批判是体制所要求的，目的是为了更有效地履行这个职责。我想说如果体制仍处于争议中，如果仍有争端，那么批判就这样有助于改造争端。

观察者和评论家们可从这种形势得到自信，即启蒙运动的大叙事最终战胜了有关大写的人和历史的描述，这些描述为了反对大写的人，已设法获得了有关人类事务的理论和实践指导方向。侵入西柏林商店的东德人群提供了证据，即自由的理想，至少是自由市场的理想，早已萦绕在苏联人的所有头脑中。

当我于1989年6月和12月在东柏林时，我已可观察到东德知识分子曾多么关心保护甚或设计这样一个立场，它使我们能继续批判西方自由主义，犹如批判东欧的政体，这里讲的我们包括他们在内。对一种在激进主义传统内形成的思想而言，这种要求的提出，犹如呼吁重新开始我们曾在20世纪五六十年代做过的工作：边引导对于"晚期资本主义"的批判分析，边引导对所谓"共产主义"的社会作批判分析。这个设想的确动人。

无疑，我们总是可以依据资本主义的跃进和后斯大林主义官僚体制与组织的衰落来了解西欧和"东"欧(实际上，宽泛讲来指中欧)的局势。但有个角色必定不会出现在画面上，这就是无产阶级。就其严格的词义而言，无产阶级不应与工人阶级混为一谈。阶级曾是一个社会实体，依据社会学和文化标准，阶级在不同程度上是可辨认的；它的概念曾属于人类学。而无产阶级之名，则指证着现代史对真实进行设想的理念。该主体只曾拥有劳动力作为唯一的财产：依据马克思主义，资产阶级的剥削对象曾是整部人类历史的真正动力。资产阶级剥夺了无产阶级对这种劳动力的使用权，目的是为了把无产阶级奇特力量的成果占为己有：创造出比劳动力消耗多得多的价值。这是"有益的生产率"的典型范例。

　　各种劳动阶级被设计成了解放的无产阶级：基于身受资本主义
关系束缚的多种劳动者共同体，形成一个唯一的、有觉悟的和自主
的集体主体，该主体有能力把全人类从伤害中解放出来。在这种看
法中曾有某种悲剧性的事情：社会受躁狂症的折磨，经受可怕的净
化。因为社会所受罪行的伤害并不是一种人们通过法庭前的诉讼能
弥补的损失，而是一种伤害，并且未曾有法院可公正地倾听两个当
事人的声音，即劳动者和资产阶级。劳动者的权利实际上是人类的
自治权。阶级斗争的真正赌注是这个权利："阶级反对阶级"，不考
虑民族、性别、种族，也不考虑宗教信仰。

　　典型的旧角色身上存在的体制已只能以角色的名义模仿辛辣的
诙谐。他们依次死亡，毫无例外。大家都担心，这个过程将花上数
年并且如果没有剧烈的动荡会毫无进展。但我们还没有发现有什么
能抗拒这个过程。在这个完全是"实践的"批判的出乎意料的诉讼中，
作为这样的劳动阶级没有起作用并且将来也不会起任何作用。国际
工人运动已消失在局部的团体中，这些团体除了旨在保护某类劳动
者的利益以外再也没有其他目的了，而阶级斗争与其他要素一起一
直是反对对制度的发展进行抗拒的力量。然而，我已说过，制度的
发展需要这样的障碍来改善其性能。

　　因而，人们说有关解放的"资产阶级"话语和与"晚期资本主义"
时期联系在一起的共同体组织类型使一场两个世纪的战斗产生了得
胜者。其他阅读和处理历史的种种方式设法强加什么，这是徒劳的。
制度似乎拥有充分理由呈现在唯一捍卫权利和自由的人那里，包括
批判家的权利和自由在内。如果批判、询问和想象真的要求一个社
会的和精神上开放的空间，如同卡斯多里亚弟和勒福尔所表明的，
如果惟有制度才能保证这个开放（因为它需要开放），那么怎样才能
满足像我们的东德同事们提出的这样的激进批判要求呢？

　　柏林墙的倒塌是一个极富意味和包含历史后果的事件。诚如人
们所看到的，柏林墙的倒塌还具有关于批判家地位的决定性内涵。
当我写这本书时海湾危机仍处于悬念阶段（1990年10月），但海湾危
机一样意味深长，只不过有所不同罢了。整个西方制度检验着它的
帝国主义政策的直接和间接效果，这并非第一次，并且可能也不是
最后一次。显然，伊拉克的独裁产生于由西方列强两个世纪以前在

近东造成的局势。依据各自的利益和权力关系，这些西方列强被分配到这个地区，这些权力关系把它们相互联系在一起，同时，它们凭着这种瓜分政策设法"解决"它们的内部矛盾，尤其当在第一次和第二次世界大战期间发生的漫长经济危机存在时更是如此。萨达姆·侯赛因是西方大使馆的产物和大商号的产物，如同希特勒、墨索里尼和佛朗哥，第二次世界大战得胜者则向他们强索被他们践踏的"和平"，还给他们的国家。萨达姆依然更露骨和更无耻。但伊拉克的独裁像其他独裁一样，产生于资本主义制度的疑难转移到更不发达或简单说来更不具抵抗力的国家这个过程中。

在萨达姆·侯赛因的体制与我已引证的其他人的体制之间存在的差异中，我将提到两个差异，它们特别涉及我的意图。第一个差异存在于正当西方制度的扩张达到史无前例的比例时，伊拉克对西方制度突然发出了挑战。在这点上，萨达姆·侯赛因似乎并未采取措施推翻象征着柏林墙倒塌的世界格局。相反，两次世界大战期间意大利和德国所遭受的经济危机仍然影响了美国和欧洲其他国家。

第二个差异则不太合时宜，我将更多地停留在它上面：它与目前思考的一般方向联系在一起。使得上面提及的独裁成为可能的，首先是打击经济生活和社会生活的苦难，回想这一点是毫无用处的。这种苦难使人感到羞耻，它激起了怨恨，并且正是在此存在着种种情感情绪，其中大多数精神在当代西方几乎并不拥有表现，因为它们并不拥有表现的经验。人人都受了羞辱，因为人人都估计自己所属的共同体和文化同支配者所属的相比较同样杰出，而非差得远。当涉及一种偶然而新近的失败时，羞辱就仍然是次要的，而怨恨就被克服了。如统一的德国，这就是我们所期盼的。

然而，近东的情形就并非如此了。生活在近东的阿拉伯人几个世纪来已经历了世界上最辉煌的文明之一。伊斯兰教传统把这当作记忆加以保存。但这些阿拉伯人也知道，几个世纪以来，阿拉伯的伊斯兰教文化已遭受西方列强的使人蒙羞的统治。无疑，"沙漠盾牌"策略不会忽略唤醒在这些地区的人群中猖獗的一种怨恨。虽然它在西方人已虚构的国家与国家之间被分隔，但它肯定像一个祖先的共同体的唯一后代那样抵抗和将会抵抗，伊斯兰教的乌姆就是该共同体的后代。这种文化被用来熏陶所有的人即天生的阿拉伯人，他们都知道让人了解伊斯兰教的名誉和乌姆的名声，并恢复其在全世界的荣誉。

正是在这里，而非在其武装力量中，存在着萨达姆·侯赛因的力量。如果一场世俗阿拉伯运动的领袖、复兴党的领袖毫不犹豫地诉诸乌姆来报复对伊斯兰教圣地的侵犯，这并非出于偶然。海湾危机的真正赌注仍存在于此。从眼前来看，巴格达的独裁者无疑会战败，失败的方式尚不可确定。同样无可置疑的是，从中期来看，包括黎巴嫩、巴勒斯坦和以色列在内的近东地图应被修订。真正的问题是在将来：伊斯兰教能继续用日常生活的每个细节都表明和认可的灵修或象征体系来对抗在西方社会和被同化的社会中盛行的完全世俗化的生活方式吗（这里的灵修或象征体系以自己的一种远胜于特殊宗教信仰的总体文明之名存在的）？我的意思是：一种人类一体化的方式，西方方式对此是完全陌生的。如同从前被亚伯拉罕和穆罕默德所倾听的声音，穆安津的声音回响在城区和沙漠上，以便提醒众人除了由这种声音宣布的戒律以外，在人类事务中没有其他权威。

如果人们想鉴别在近东对峙的两个政党并确定在部队和宣言那边的真正冲突的赌注，那么，这个权威问题就可充当试金石。在现代制度下，更在后现代制度下，权威是受争论的问题。可以这样说，权威向来只是归于并让予个人或团体的，个人或团体只在一段有限的时间内占据着权威场所。这个场所原则上是空闲着的。权威是由一个契约确定的，虽然权威的话起最终决定性作用，并且戒律是用这种话表达出来的。

这就是民主政体的悖论，以致涉及共同体的最迫切要求、"基础"和诸决议都产生于共同体的一个决议。如此，依附于戒律理念和最高法庭理念的超验性或相异性仍然内在于共同体的同一性。权威场所的空闲是这种"空白"或这种虚空的典型范例，开放的制度在自身内部保留着这个虚空，以便有能力批判、纠正并调整自己特有的性能。就权威人物与圣父这样的角色相似而言，我们可以说在这里"圣父"是被子孙共同体选定的，是在子孙共同体内选定的。

在伊斯兰教传统中（或犹太教传统也一样），圣父挑选其子民，任何他们的代理人、先知，并向他们口授其戒律。只有通过阅读由最早的见证人在"圣书"中记录下来并世代相传的书信，我们才能理解这种超验的、深不可测的戒律。权威与其说是一个要加以争论的问题，还不如说是一个要加以解释的问题，这种完全特殊的解释对书信没有什么补充，却只是尽力"填补"把书信分隔开来的那些空白，诚如人们在犹太教法典的读物中所看到的……

我们从这个过于简短和过于雄心勃勃的描述至少可以得出这样一个否定性的结论，即目前由海湾危机所表明的历史局势如同被纯粹自由主义的解释忘记了。西方毫不羞愧地宣告萨达姆·侯赛因是一个暴君，揭露了阿拉伯人歇斯底里的狂热崇拜并利用萨达姆对国际法的践踏进行干预，好像西方本身不曾干过同样的坏事，（实际上）这并没有过多么长的时间。

在制度与制度间的竞争中，决定性的行动是它们在自己的运转方式中保存的开放度、"间隙手法"。这个结论引起了两个问题。首先，是它的前提问题：对局势的思考应依据有效力量，不管人力或物力采取什么样的形式。我们只有在力量关系方面，即从动力学的观点来分析当代世界吗？其次，诸制度为什么须处于竞争中？莱布尼茨的形而上学也是一种关于体系(制度)的理论，但那里的单子并不引发争夺统治权的战斗。竞争过程的进行出于何种必然性？

对形而上学的问题作形而上学答复吗？这有必要吗？众所周知，形而上学方法是没有出路的。它至多是批判的对象。然而，使这种批判成为可能的，是开放制度在自身内部保留和保护的内部空闲的空间。这个制度不需要一种形而上学的合法性，它需要这种自由空间。在这种条件下，批判总是可能的和令人想望的。但它的结论也同样总是如出一辙：没有结论，必须进行意见不同的总结，"空白"总是存在于"本文"中，这里的"本文"是就人们使用这个词的含义上而言的。空白是批判的源泉。空白是开放制度张贴在精神作品上的商标。

可是，除了批判以外，空白还准允想象。例如，空白允许人们随心所欲地叙述故事。我从未以这样一种方式描述目前的局势，即一点不具批判性，完全是"表现性的"，参考要甚于反思，因而是素朴的，甚至是幼稚的。除天才以外，还有点像伏尔泰风格的故事。我的理由是我的故事一般在非常严肃的环境里流传，在物理学家、生物学家和经济学家中流传。所采取的方式的确非形象，甚至可怕，好像这个传说是后现代世界为自身设想的不可明言的梦想。总之，故事曾是大叙事，在大叙事明显失败之后，后现代世界坚持叙述关于自身的大叙事。的确，这里有不合逻辑的地方，对此有很多话值得一说——但这个不合逻辑并不在于传说中的主角不再是大写的人这个事实。不过，还不如倾听这个传说……

(二)后现代传说

"当人类及其大脑在地球毁灭之前永远离开地球时，他们能类似什么呢，故事并未道出这一点。"

我们将要倾听的传说就是这样结尾的。

太阳快爆炸了。包括小行星地球在内的整个太阳系会变成一颗巨大的新星。自这个传说讲述时起，至今已过了45亿太阳年了。从这时起，历史的末日早已被预见到了。

这真的是一个传说吗？一颗恒星的寿命在科学上是可确定的。恒星是空间中的炭火，它在被燃烧时改变了要素。唔，实验室也是如此。炭火在熄灭时燃尽。炭火的光芒可得到分析，炭火的成分能被限定。当炭火将要熄灭时，我们可以这样说。名叫太阳的恒星就有这样的炭火。有关地球末日的叙事本身并非虚构，还不如说是现实主义的。

让人想象这个故事的决定性言论的，并非地球会随太阳消失，而是某个东西应避开太阳系的大火及其灰烬。还因为传说犹豫不决地命名应继续存在的东西：这是人类及其大脑或大脑及其人类吗？最终，必须怎样领会"应避开"？这是一种必然性、必要性、可能性吗？

这种不确定性与期限的预言同样注重现实。

人们看到了巨大的工场，在太阳灭亡前几千年间这个工场将是地球。人类，也许那时仍称作人类，详细地准备用于逃难的宇宙飞船。人类已在整个郊区发射了充当驿站的周围站。人类用火箭瞄准。人类在近许多个世纪来精心安排了大火的活动。

人们能看到许多人的这种忙碌与某种现实主义联系在一起，因为在传说被叙述的时候，某些手段早已是可实现的。剩下，只剩下几十亿个太阳年使其他手段变得现实了。尤其是，使得今日所说的人类能够使其他手段变得现实。尚有许多事要做，人类更应有所改变以便做到这一点。传说认为人类可以做到这一点（可能性），人类被迫这样做（必然性），人类的旨趣在于这样做（必要性）。传说没有说那时人类将变成什么。

以下就是传说所叙述的内容：

"在浩瀚的宇宙中，盲目地以微粒形式分布的能量有可能在这儿和那儿全体集中在一起。这些全体构成了孤立的体系、银河、星际。它们拥有有限数量的能量。它们用这种能量使自己在稳定的体系中保持原状。它们不停地转换作为它们的组成部分的微粒，同样也释放新的微粒，尤其是光子，也释放热量。可是，因失去了输入的能量，这些体系就注定要消失殆尽。能量碰巧缺乏。因以一种递减的方式被分布在这些体系内，以便使得转换工作和整体的生存都有可能，能量就被分解了，恢复到它最可能的状态即混沌，并且在空间中盲目传播。这个过程以熵的名义被鉴别已有很长时间了。"

"在浩瀚宇宙的微不足道的部分，有一个名叫银河的极微小的银河系。在构成为银河的几十亿颗星星中间，有一颗星名叫太阳。如同所有的封闭体系，太阳朝天体、行星方向发射出热亮、光亮和射线，太阳在天体、行星上面施加自己的引力。如同所有的封闭体系，太阳的平均寿命受制于熵。当传说被叙述时，太阳差不多过了一半寿命。在消失前，太阳尚有 45 亿年的寿命。"

"地球是行星中的一颗。在地球表面可能发生了某件意想不到的事。多亏了各种形式的能量的接合——这些能量有地球元素的构成分子，尤其是水，被大气过滤的太阳辐射能，环境的温度——最复杂和最不可能的体系、细胞，才可能在分子体系的基础上被合成。这是最初的事件，它令人迷惑的变故应影响历史的结果，甚至同样影响叙述的可能性。上述'有生命的'细胞的形成实际上表明了某个种类已分化的体系、矿物界在某些当时存在于地球表面的条件下可产生高级种类的已分化的体系，最初的藻类。因此，与熵截然相反的过程是可能的。"

"由诸单细胞表现出来的特别明显的复杂化征兆就是它们通过分裂成两个与原型相同但又独立的部分体现的繁殖能力。所谓的分裂生殖似乎通常能保证单细胞体系永远存在下去，尽管个体会消失。"

　　"这同样因为与生死有关。与分子相反，生命体系被迫以固定的方式（新陈代谢）在消耗掉外部能量后继续存在。一方面，这种依赖性使生命体系极其脆弱，因为它们的生存因缺乏适合于它们的新陈代谢的能量而受到威胁。另一方面，凭着外部能量的这种汇集，生命体系就逃脱了可预见的消失殆尽这样的命运，而孤立的体系却受到这种命运的打击。生命体系的平均寿命可被'协商'，至少在某些范围内是如此。"

　　"另一个事件影响着生命体系，即，有性繁殖的生殖过程比生殖分裂更不可能，而且它还使得传种者的后代比传种者更有所不同，因为个体发育源于两个不同的遗传密码或多少的偶然组合。不确定性的边缘就这样代代变宽了。意外事件有更多的发生机会，尤其是，双亲密码的'误读'可导致遗传突变。"

　　"至于这个故事的下述序列，有一个叫达尔文的人早已叙述了。他所说的进化惹人注目之处在于，进化并不假定任何合目的性，而只是假定了最'适应的'体系机械选择的原则。这与（曾引导物理学到生物学的）先前的序列没有什么不同。新的生命体系是盲目出现的。它们处于与早已存在的体系的比对之中，因为两者都要获得继续存在的能量。由于有益的能源在数量上是有限的，所以体系间的竞争就难以避免。这样，战争就发生了。最有能力的体系最有机会被选中，这在力学上是如此。"

　　"这同样因为在某段时间（非常简单地说，天文学时钟）以后，所谓的人的体系发现被选择了。这是一个极其不可能的体系——恰恰依据的是他是两只后脚掌直立着的四足动物。这一直立的直接内涵是众所周知的：双手解放了，可用来攫握，颅骨在椎骨轴上得到了重新平衡，更重要的容量在大脑里出现了，大多数皮层神经元增加和多样化了。与人们所谓的人类语言的象征技巧同时发生，复杂的形体技巧，尤其是手工技巧出现了。这些技巧是灵活而有效的假器，它们使如此不可能和如此不确定的人类体系（système Homme）能面对自己的对手弥补其缺陷。"

　　"随着这些技巧，发生了某事，它与单细胞的出现一样出乎意料。单细胞被赋予自我繁殖的能力。同样，幸亏其循环性，象征语言有能力在继续产生含义，即继续发人深思和催人行动的同时，组成其音素，直至无限。作为自我参照的，象征语言还有能力把自己当作对象，因而有能力自我记忆和自我批评。由于受这些语言特性的支持，形体技巧该遭受一种变化：这些技巧可自我参照并改善自己的性能。"

"语言还使人类能改变初看僵硬的(几乎本能的)形式，人类是依据这些形式一起生活在原始共同体中的。这种生活方式是不太可能组织起来的，并且人与人之间彼此不同。他们在竞争。如同整个生命体系，人类的成功依赖于他们发现、获得和保护他们所需能源的能力。在这方面，两个重要的事件记录了人类共同体的历史：一是新石器时代的革命，二是工业革命。两者都发现了新的能源或开采新能源的新手段，甚至用这种方法影响了社会制度的结构。"

"在长时期内(如果人们在人类年代算起)，集体的技巧和惯例是盲目出现的。因而，作为人类群体的不可能的和脆弱的体系的残存不是它们所能控制的。这同样因为更矫揉造作的技巧有时会被视做好奇心并被忽略得到了遗忘的程度。与政治或经济方面的共同体最能区别的共同体有时也会因最简单但最有力的体系而解体(诚如生物物种之间的情形)。"

"正如象征语言的特性使形体技巧能被保存、改正，并使这些技巧的效能最优化，社会组织的模式也是如此。确保共同体残存这样的任务需要有能力控制外部或内部的事件，这些事件可损害共同体能量的供给。负责这个控制的权威当局出现在社会、经济、政治、认识和文化等领域中。"

"过了某个时间以后，冠以自由民主的体系有可能显得最适合于实施这些调节。实际上，这些体系任凭公开的控制计划处于争论中，原则上使每个单元都能发挥决定的功能，从而使有益于体系的人类能量达到最大限度。久而久之，这种柔韧性被证明比稳定的等级制度中严格的角色规定更有效。与人类历史进程中偶然发生的封闭体系截然相反，自由民主在自身内部容有一个体系单元间相互竞争的空间。这个空间有利于新的形体的、象征的和共同体的技巧的诞生。的确，对这些体系的续存来说，从中产生了经常性的危机和偶尔的危险。但总的说来，这些体系的操作性增强了。这个过程被称作进步。该过程导致我们对人类体系史作一种末世学的描绘。"

"久而久之，在地球表面的战斗中，开放的体系取得了对所有其他的体系（人类的、生物的和物理的体系）的完全胜利。似乎没有什么能阻止甚至引导开放的体系的发展。尤其在获得新能量和确立对新能量的开采的新控制的同时，危机、战争和革命都有助于加速开放的体系的发展。为了保存名叫灾难性失调的整个生态系统，开放的体系甚至必须抑制自己对其他体系的胜利。"

"只有整个太阳系不可避免的消失才似乎应能完全控制发展的谋求。为了答复这个挑战，太阳系（在传说叙述时）早已置身于在源于太阳的能源消失后发展出假器，太阳能源有助于生命体系尤其人类体系的出现和续存。"

"在这个故事被叙述时，那时所有的研究都在进行中，即都杂乱无章：逻辑学、经济计量学和货币理论、信息论导体物理学、天体物理学和宇宙航行学、生物学和医学、遗传学和饮食学、灾变论、混沌理论、战略和弹道学、运动技巧、系统论、语言学和潜在文学，事实上所有这些研究都或多或少致力于检验并改造所谓的'人类'，或者取代'人类'，以致大脑借助于宇宙中可自由使用的唯一的能源仍能起作用。这样，远离地球的 néguentropique 体系的最后逃难即将来临。"

"当人类及其大脑永远离开地球时，人类及其大脑或者不如说大脑及其人类能类似什么呢？故事并未道出这一点。"

现实主义是创造现实的艺术，了解现实的艺术和知道创造现实的艺术。大家刚刚倾听的故事认为这种艺术还因此将大有长进。现实将发生变化；创造、了解和知道创造都将发生变化。在现在的我们与最后逃难的未来角色之间，现实和现实的艺术至少将像其曾从变形虫变到我们人类那样变形。传说是现实主义的，因为它叙述的故事有一种创造、破坏和重塑现实的力量。传说是现实主义的，还因为传说注意到事实即这种力量早已大大改变了现实及其艺术，并且除了灾难以外，这种改变应继续进行。传说是现实主义的，还因为它承认继续进行改变、太阳系的终结会有一个难以避免的障碍。最后，当传说预言这个障碍将被克服并且力量将避开灾难时，传说还是现实主义的吗？

传说叙述关于影响能量的两个过程之间的冲突的故事。第一个过程导致地球上和太阳系中存在的所有体系、所有物体(无论有否生命)的毁灭。在这个熵过程内部，在这个连续而必然的熵过程内部，另一个偶然而间断的过程至少在很长时间内因这些体系的日益分化而在相反的方向上起作用。这后一个运动不能阻止前一个运动(除非人们在使太阳碳化时能为太阳提供什么)，可是它在放弃自己的宇宙位置——太阳系时能避免灾难。

在地球上，如同在别处，熵把能量引导到最可能的状态，一种微粒浓汤，一种冷却的混沌。相反，负熵则在最复杂的(我们说最发达的)分化体系内与它相结合。发展并非人类的发明创造。人类是发展的发明创造。传说的主角并非人类，而是能量。传说叙述一系列插曲，这些插曲时而表明了最可能的成功即死亡，时而表明了最不可能、最不确定而且也是最有效的成功即情结。这是能量的悲剧。如同"俄狄浦斯王"，它结局糟糕。如同"俄狄浦斯在科洛纳"，它允许作最后的宽恕。

主角并非主体。能量这个词什么都没有表达，除非存在着力量。能量上发生的事、系统的形成、系统的死亡或续存、最最分化的系统的出现，能量对此一无所知并且什么都不期望。能量服从盲目的和局部的法则，服从偶然性。

人类并非传说的主角。人类是一种复杂的能量组织形式。如同其他形式一样，人类大概也是暂时性的。其他更为复杂并且占据人类上风的形式终会出现。人类也许是这些形式中的一种，它准备从传说被叙述时起经历科技发展。这就是传说为什么不能开始鉴别将成流亡主角的体系。传说只能预言如果主角成功逃脱了太阳系的毁灭，那么主角就应比当传说被叙述时人类未成其为所是更复杂，因为人类那时并不拥有逃难手段，尽管人类与人们所了解的宇宙中其他能量相比，是最复杂的能量组织。

主角应更为复杂，因为它应能在地球背景毁灭后继续存在。在与地球上发现的特殊能量即人体共生时，一个生命有机体继续使这个系统尤其大脑继续存在下去，这将是不充分的。主角应能直接利用宇宙中可自由使用的物理能量的唯一形式、未经事先组织的微粒。这就是为什么传说示意，注定在地球生命毁灭后继续存在的主角不会是一个简单的幸存者，因为主角将不在我们所理解的意义上生存。

　　这个条件是必需的，但在传说被叙述时，没有一个地方能说出该条件将被如何满足。在这个故事中存在着不确定性，因为负熵以偶然的方式起作用并且最复杂的系统的出现仍是无法预见的，尽管研究和控制本身是系统的。人们可使这种出现变得容易，但并不是支配它。让便于最复杂的组织出现的不确定性空间处于开放状态，这是传说所说的"自由民主"的开放系统的特征，而这在所有的领域中都是一样的。我们所说的研究是这些发明和发现的自由空间的一个情形，它已变得平淡无奇了。这个情形本身标志着一种高级发展，必然性和偶然性不仅按认识论程序相互结合在一起，诚如莫诺所看到的，而且用普利高津和斯滕格的话说，必然性和偶然性还在一种新结合的现实中相互结合在一起。这种新结合并非客观和主观的结合，而是规则与机缘的结合，或者连贯性与间断性的结合。

　　假如能量故事中不存在这样的不确定性区域，那么叙述这个故事的传说本身就是不可能的了。因为传说是一个言语组织，而言语是一个非常复杂的能量状态，一个象征性的技术器官。不过，虚构要求展开一种时空的和形体的空虚，语言能量在这种空虚中并不直接受制于人们在创造、认识和展示才干时对能量的开采。

　　在传说中，语言能量耗费在想象上。因而，传说成功塑造了一个现实，一个传说叙述的故事的现实，但当涉及人们对现实作认识的和技术的使用时，这个现实就被悬置起来了。现实从反思的角度被利用，即在言语里反映出来，以便言语与其意图相关联（这就是我正要做的）。这种悬置把实践诗学与实用诗学区分开来了。虚构把这个现实保留起来了，并使它远离在系统内的利用。这个现实被称作想象出来的事物。想象中的现实的存在在所处的系统内预先假定了这样一些区域，对于上述系统的操作所具的仅仅是现实主义的束缚来讲，这些区域可以说是中立的。在一般情况下，像反射弧这样严格的系统，甚或一个本能的程序（以我们了解的生物为例）都禁止变形虫、埃及无花果或鳗鱼去虚构。

　　现实主义承认甚至要求想象中的事物呈现出来，并且，想象中的事物对现实来说远非陌生，它处在一种状态下，新生的状态下。科学和技术本身同样不虚构，科学和技术与绘画、文学或电影一样是诗化的。它们相互之间的唯一差异在于假说之证实、证伪的约束。

传说是一种摆脱了这种约束的假说。

大家已听到的传说既不是最新的，也不是独创的。可我把它视作后现代的。后现代的并不意味着最新的。后现代指的是，就广义的思想和行动而言，书写在遭受现代性沾染并试图自愈之后如何确定自己的位置和时间。不过，现代性也不是最新的。现代性甚至也不是一个时期。从广义上讲，现代性是另一个书写状态。

在由塔尔斯的保罗、接着由奥古斯丁完成的工作中，我们可以看到现代性的最初特征出现了，奥古斯丁从事这一工作是为了使古典的异教传统与基督教末世学相互适应。现代想象物的一个独特要素是历史性，这恰恰是古代想象物所缺乏的。现代人使人们称之为欧洲或西方的集体主体的合法性取决于历史时期的展开。与希罗多德和修昔底德、弟德—利韦(Tite-Live)和塔西佗一起，古代人的确已发明了历史，并以之来对抗其他种类的叙事：神话和史诗。而与亚里士多德一起，古代人已详述了 telos 的概念(意在终极)和目的论思想。但是，正是由保罗和奥古斯丁重新思考的基督教才把确切意义上的末世学引入西方思想的中心，才将支配具历史性的现代想象物。末世学叙述一个受失误影响的主体所具有的体验，并预言这个体验将因对邪恶的宽恕、死亡的毁灭和天堂的回归(即回到意味深长的圆满)而在末日完成。

与这个末世学相联系的基督教希望在源于异教古典主义的合理性中重新得到奠基。希望变得合乎情理。反之亦然，希腊理性发生了变化。希腊理性不再是城邦居民在对在悲剧命运、政治动乱或思想混乱等体验中必须加以思考和行动的事情作商议时相互间论战的公平分配。现代理性则是与他人(不管是奴隶、女人，还是移民)分享每个人特有的有罪体验和应无罪获释的体验。美德伦理学褒扬古代的理性活动，而宽恕伦理学则褒扬现代的理性活动。古代信仰与震撼奥林匹斯神山的狂热无序发生冲突。现代信仰则放心大胆地把自己的命运托付给了一位独特的、遵守教规的和仁慈的神甫。

这种描述显得过于基督教式。但是，通过无数的插曲，世俗的现代性坚持这个世俗的部署，一个"大叙事"的部署，如同人们所说的，该部署最后使主体能与自身调适并消除其分离。尽管被世俗化了，但启蒙运动的叙事、浪漫主义的辩证法或思辨的辩证法和马克思主义的叙事都展开了与基督教相同的历史性，因为它们都保留了末世学原则。总是被排斥的故事的结尾与他者的法则确立起一种完全而整体的关系，如同这种关系一开始时那样：基督教天堂里的上帝法则，由卢梭幻想的自然法中的大自然法则，由恩格斯想象的在家庭、财产和国家之前存在的无阶级的社会。这始终是一个古得无法追忆的过去，被允诺为最终目的。在把自己的合法性建立在一已失落的起源上时，事先规划自己的合法性对于现代想象物来说是重要的。末世学需要一种考古学。这个循环，作为解释学循环是历史性刻画为现代时代的想象物。

我们听到的传说的确是一个叙事，可它叙述的故事并没有提供历史性的主要特征。

第一，这是一则物理故事，它只涉及能量和作为能量状态的物质。在这个故事里，人被视做一个复杂的物质体系，意识被看作言语的效果，而言语则被视做一个非常复杂的物质体系。

第二，在这个故事中起作用的时间只是一种历时性。系列被切割成时钟单元，在被假定为等速而规则的物理运动的基础上，这些单元被任意限定。这个时间并非一种有关意识的时间性，该意识要求在过去和未来不在场的情况下，过去和未来仍能与现实同时被视作"现在的"。传说只允许拥有象征语言的体系具有这样一种时间性，这些体系实际上使有关不在场的熟记和期待，即现今化成为可能。至于对虚构的能量故事进行强调的那些事件（"有时会……"），该故事并未加以期待和研究。

第三，这个故事最终并未接近解放的境域。的确，传说的结尾叙述了关于一个已非常分化的体系的拯救，一种超级大脑的拯救。超级大脑之所以能预料这个出路并准备这个出路，事实上是因为它必定会拥有一种象征语言，不管这种语言是什么，如果不是这样，那么它就不如我们的大脑复杂。合目的性的效果或情感源于象征体系的这种能力。的确，象征体系更能控制根据已突然发生的事情而突然发生的事情。然而，传说与其说是一个解释学循环，还不如说传说把这个效果描述为固定的控制论日趋封闭的结果。

第四，传说在过去叙述的（并非盲目）、对我们今天而言的未来并非希望的目的。希望是故事主题的希望，该主题指望或被允诺一个最终的完善。后现代传说叙述完全不同的事情。人类或其大脑是一种非常不可能的形体构成(即能量构成)。这种构成必定是短暂的，因为它依赖地球生命的状况，而这些状况并不是永恒的。如果人类或大脑应在这些状况消失后继续存在，那么称之为人或大脑的构成就应被另一个更为复杂的东西所超越。人类或大脑曾经只拥有在分化与熵之间存在的冲突中体现出来的一个插曲。复杂化的谋求并不要求人类的完善，而是要求人类为了性能更优的体系改变自己或使自己失败。有人错误地认为人类炫耀自己是发展的动力，人类把发展与意识和文明的进步混为一谈。人类是产品、工具和见证。即使人类对发展及其不平等、不规则、命定性、非人道能提出反对的批评也是发展的表现并有助于发展。革命、战争、危机、磋商、发明和发现都不是"人类的作为"，而是复杂化之效果和状况。对人类而言，它们总具双重性，它们为人类带来了祸与福。

无须深入讨论，我们就可充分认识到传说描述现代"大叙事"的特征。传说并不答复宽恕或解放的要求。由于缺乏末世学，由传说叙述的故事所具的纯机械性和随之而来的偶然性任凭思想受合目的性的悬置。这种悬置是思想的后现代状况，是此时此刻适于唤起其危机、苦恼或忧郁的东西。传说并未为这种状况带来任何纠正办法，只是对这种状况做了说明。说明既非合法性，也非斥责。传说忽略了善与恶。至于真与假，它们是依据所谓的现实主义体制下当人们作出判断时有效与否而得以确定的。

传说的内容说明了危机，虚构的叙事本身是这种危机的体现。该叙事所谈论的内容和含义意味着希望的终结(对现代性而言，意味着地狱)。叙事的形式把这个内容记录在叙事本身上面，同时以简单传说的名义打乱内容。传说既不受争论，也不受证伪。传说甚至也不是一种批判话语，而仅仅是想象。这是因为传说利用了由体系向假设性思想敞开的不确定性空间。

这同样是因为传说习惯于表达当今思想的危机，这几乎是幼稚的表达：现代性的危机，它是后现代思想状况。因在认识上和伦理—政治上表现出谦逊，传说赋予自己一种诗性的或美学的地位。传说只有忠于后现代情感即忧郁才是有价值的。传说首先瞎吹的是动机。但整个传说同样也是忧郁的，因为它取代了现实。

　　我们可以说，我们听说的传说是比后现代人所能掌握的要悲观得多的话语。后现代人只是继续说着伽利略、达尔文和弗洛伊德的话语：人并不是世界的中心，并不是最初的（却是最后的）创造物，并不是话语的主人。无论如何，为了形容悲观主义者的传说，必须拥有一个关于绝对的恶的概念，独立于由人类体系产生的想象。

　　但毕竟，这个传说并不要求被人相信，只是要求被思考。

节选自［法］让－弗朗索瓦·利奥塔：《后现代道德》，
第二章，上海，学林出版社，2000。 莫伟民等译。

---

## ［法］福柯（Michel Foucault，1926—1984）

---

《关于伦理学的谱系学——工作进展访谈录》（1983）

《作为自由实践的自我关怀的伦理学》（1984）

# 《关于伦理学的谱系学——工作进展访谈录》*（1983）

这是福柯 1983 年 4 月在伯克利用英语所做的访谈录。福柯读法语译文的时候，重新作了修订。

## 一、计划的历史

问：《性史》第一卷发表于 1976 年，然而至今为止其他卷还没有出版。您是否仍然认为对性的理解在理解我们是谁中占据着中心的地位？

答：我必须承认，我现在对自我技术以及类似问题的兴趣要多于对性问题的兴趣……性问题有些令人厌烦。

问：似乎希腊人对性不是太感兴趣？

答：是的。他们对性不是太感兴趣。比如，和他们所说的有关食物和饮食的话比较起来，性不是重要的问题。我认为观察从食物享有重要地位（这在希腊是占压倒地位的）到性更受关注这样一个缓

---

\* 以下是 1983 年 4 月福柯在伯克利所作的一系列讲座的结果，这些讲座由 H. Dreyfus 和 P. Rabinow 主持。虽然我们保留着访谈的形式，但内容却是进行了修订的。福柯很慷慨地允许访谈者以最初的形式发表它们。由于这是口头访谈和自由讨论的结果，因而缺乏福柯文字作品中那样的精确和学术化。——英文版注

慢的变化过程是非常有意思的。在基督教的早期阶段，食物仍然比性重要得多，比如在僧侣的戒律中，食物总占有重要的地位。你会看到，在中世纪这慢慢地有些变化，食物和性处于一种均势状态……不过，17世纪之后，性就占据优势了。[在弗朗索瓦·德·塞勒斯那里，食物充当着色欲的隐喻。]①

**问**：然而，实际上，《性史》第二卷《快感的享用》却几乎完全是关注于性的。

**答**：确实如此。这本著作对我来说之所以如此困难的诸多原因之一就在于，我先写了一本关于性的书，随之我把它放在了一边；然后我写了一本关于自我观念及自我技术的书，在其中性消失了；后来，我被迫第三次写一本两者之间保持着平衡的书。你可以看到，我在《性史》第二卷中是想表明，总的来说，公元前四世纪和帝国之初，医生和道德学家的禁令和禁规是一样的。[通过对性史的研究，我感到惊奇的是，在时间之中，各种禁令和禁规是相对稳定的。人们并不是不创造自身的快乐而更多地制定禁令。]②但是我认为它们把这些禁令纳入到自我关系中的方式却是完全不同的。我不认为人们可以，比如说斯多葛学派的道德中发现任何规范化[人们可以称之为"规范化"的痕迹]。个中原因在于这种道德的主要的、根本的目标属于美学的范围。首先，这种道德只是个人选择的问题。其次，它只是少数人的道德，因此这不是要给出一种适于所有人的行为模式。这是一种只涉及少数精英的个人选择。人们做这种选择的原因就在于期望有一种美好的生活，期望他人回忆起他们的美好生活。我看不出人们能够说这种道德是一种民众规范化的企图。这种道德主题的连续性非常令人惊奇，不过我认为在这种连续性之后和之下存在着一些我试图表明的改变。[这种改变触及了道德自我构成的模式。]

**问**：因此您是从性的研究转到自我技术的研究来使您的研究保持一种平衡的吗？

---

①　福柯这篇访谈录的法文本有两种，其间有内容和文字上的差异。我先以一个版本译出，然后把另一版本的不同之处译出，并放入方括号之中。

②　同上。

**答**：我思考的是存在于基督教之前，且基督教的自我技术从之而来的自我技术是什么，以及古代文化中流行的性道德是什么。在完成了《肉体的忏悔》之后，我被迫重新审视我在《快感的享用》的前言中就所谓的异端道德所说的话。因为我所说的话只是来自二流作品的陈词滥调。因之我第一次意识到了异端的道德并不是像人们所认为的那样是自由的，宽容的，再者，几乎从一开始，基督教的苦行主题就已经非常明确地存在了，但是异端文化的主要问题不是要系统化苦行的诸法则，而是确定自我的技术。

通过对塞涅卡、普罗塔克及其他作者的阅读，我发现有许多涉及自我、自我伦理、自我技术的问题及主题，并且产生了这样一个想法，就是写一本研究古代异端自我技术诸方面的书，它包含有一系列独立的研究。

［我试图围绕一个简单的问题重新使我的计划保持一种平衡，即为什么人们把性行为看成了一个道德的问题，而且是一个特别重要的问题？在人类的行为当中，很多是道德关注的对象，很多是依"道德行为"而构成的，但并不是所有的都被关注、被构成，也不是都以同样的方式被关注、被构成的。我刚才谈到了食物：以前这是重要的道德领域，现在却是医疗卫生的对象，或者至少是医疗卫生的道德反思的对象。我们还可以举节俭、慷慨、花费等例子，或者愤怒的例子。因此，我想研究性行为怎么成了"道德问题"，以及通过自我技术，这怎么能保证对快乐和欲望的控制。］

**问**：它们的题目是什么？

**答**：《自我关怀》。对性史的这一系列研究中，第一卷是《快感的享用》，其中有一章论述了自我的技术，因为我觉得，如果不触及自我的技术，就不能很好地理解希腊的性道德；第二卷是《肉体的忏悔》，这是讨论基督教的自我技术；最后是《自我关怀》，这一卷不是性史的一部分，它讨论自我观念的发展，并且评论了柏拉图的《阿尔基比亚德》，在《阿尔基比亚德》中，我们看到了对自我关怀观念的最初反思，看到了为构成自我而对演说、写作地位进行的最初反思，也许还有对自我医学经验问题的反思等。

［**问**：您作品的各章节是怎么分配的？

**答**：第一卷的题目是《快感的享用》，这是讨论古希腊思想中涉及食物的性行为问题，然后是《自我关怀》，这是讨论帝国之初两个世纪中这些主题的重建，最后是《肉体的忏悔》，这是讨论 4 至 5 世纪基督教中的性行为问题。]

**问**：以后会有什么呢？您写完这三卷之后，还会有关于基督教的书吗？

**答**：我首先要关心自己！……我就 16 世纪性道德问题写出了一份提纲，即第一稿。在 16 世纪的天主教和新教中，自我技术的问题，对自我进行审视，灵魂的责任都是非常重要的。使我感到惊讶的是，在希腊的道德中，和宗教问题比较起来，人们更加关注于他们的道德行为，他们的伦理，以及和自我和他人的关系问题。让我们举几个例子：死后会发生什么事情？神是什么？神干预否？对他们来说，这些问题是无足轻重的，而且并不直接地和道德或道德行为有关。随之，这种道德和任何制度及社会体制无关，至少和任何法律体制无关。例如，反对不当性行为的法律几乎没有，而且极少具有强制性。最后，他们最关注的问题，他们最重要的主题是建构一种生存伦理的道德。

因而，我在思考我们现在的问题是否从某种意义上不同了，因为我们大多数人不认为道德可以建立在宗教之上，而且我们也不愿意法律体制干预我们的道德，干预我们个人的私生活。最近的解放运动就受困于找不到新道德可以建立于其上的原则。他们需要一种道德，但是除了建立在所谓的自我、欲望、无意识等科学知识之上的道德之外，他们没有找到任何其他的东西。

**问**：您认为希腊人提供了另外一个诱人的和可能的选择吗？

**答**：不。我从来不试图寻找另外一种答案。人们不能在另外的人，在另外的时代所提出的另外的问题的答案中发现自己问题的答案。我想说的是，这不是一个各种答案的历史。我不接受"另外选择"的原因就在于此。

我想做的是构建出问题及问题域的谱系学。我并不是说所有的都是坏的，而是说所有的都是危险的。危险的和坏的并不是一个东西。如果所有的都是危险的，那么，就一直有事情需要我们去做。因此，我的看法不是导致不动情感，相反而是导致一种激进的战斗精神、一种悲观主义。

我认为我们应该一直做的伦理—政治选择是，确定什么是主要的危险。比如罗伯特·卡斯特尔对反精神分析运动历史所做的分析（《危险的控制》）。我完全同意卡斯特尔所说的，但是却并不像一些人所认为的那样：精神病医院比反精神病学更好。我认为做这很值得，因为危险就是这些医院。现在的危险不是同样的了，这一点非常明显，比如，在意大利，人们关闭了所有的精神病医院，并且那里现在有许多诊所。不过这又出现了一些新的问题。

［我认为人们应该做的就是质疑、永远地质疑。阻碍思想的是或明或暗地接受一种质疑的形式，并且寻找一种可以代替他所接受的答案的答案。然而，如果思想之作用有一种意义的话，有一种不同于对各种机构和法规进行改革的意义的话，那就是从根本上重新触及人们质疑他们行为的方式，比如他们的性行为，他们的惩戒活动，他们看待疯子的态度等。人们有时把这种质疑的努力看作是一种"反改革主义"。这种对改革的反对是建立在认为"没有任何东西会改变"的悲观主义之上的。实际上却完全相反，人成为一个思想的存在者，在其最不引人注目的活动中都是一个思想的存在者就正是由于此，而思想不是使我们相信我们所想的，也不是接受我们所做的，而是使我们预见到所有常规中的危险，以及质疑可靠的东西。思想的"乐观主义"，如果我们想使用这个词的话，就是知道并不存在一个黄金时代。］

**问**：依据这样的考虑，您写一部生物权力的谱系学不就顺理成章了吗？

**答**：现在我没有时间做这件事。不过，也许会做的。实际上我应该写的。

## 二、为什么说古代社会虽然不是黄金时代，然而仍然还是我们可以从之汲取一些教益的时代

**问**：这样，希腊人的生活并不是绝对完美的，然而，和基督教无休止的自我分析相比，它似乎仍然是一个有吸引力的选择。

**答**：希腊道德本质上是一种雄性化的社会道德。在这种社会中，女人是受压迫者，女人的快乐没有任何重要的地位，她们的性生活

完全是由她们的妻子身份所决定的。

**问**：因此，女人是被统治者。然而，那时同性恋比现在多一些。

**答**：人们可以这样认为，因为有很多重要的作品论及了希腊文化中的男童之爱。一些历史学家说道："喏，这就是他们喜欢男童的证据。"然而我认为这恰恰证明男童之爱对他们是一个问题。因为，如果这对他们不是一个问题的话，他们就会像谈论男女之爱那样谈论这种爱。问题在于，他们不能接受一个原则上要成为自由公民的人可以被当作快乐的对象而使用和受控制。女人、奴隶可以是被动的，这是他们的本性和身份。对男童之爱的所有反思，所有哲学思考总是得出同样的结论：请你不要像对待女人那样对待男童。［对男童之爱的所有反思，所有哲学思考，以及他们所展示的主体的实践证明了他们实际上不能把这种实践置入他们的社会角色中。］这句话表明，实际上他们无法把这种实践置于他们的社会"自我"之中。

从普罗塔克那里，我们可以看到［普罗塔克的《论爱情》表明］希腊人甚至不能设想男人和男童之间相互的快乐。如果普罗塔克发现男童之爱是一个问题，这完全不是因为男童之爱是违反自然之类。他说过："在男人和男童之间身体的关联中，不可能存在任何快乐的相互性。"

**问**：在此就特别关涉到了友爱。这似乎是亚里士多德所谈论的希腊文化的方面，这是您没有谈及，然而却是特别重要的方面。在古代的作品中，友爱是相互交往、相互认知之处。传统不认为友爱是一种最伟大的美德，然而在亚里士多德和西塞罗那里，我们可以看到这是最伟大的美德，因为这是非自私的，能够长久的东西，因为人们不能轻易地买到它们，因为它不拒绝世界的有用和快乐，尽管它寻求一些其他的东西。

**答**：不过，你不要忘记《快感的享用》是一本关于性道德的书，而非一本关于爱和友爱或相互之爱的书。当柏拉图试图把男童之爱和友爱融合为一的时候，他被迫把性关系排除出去。［意味深长的是，当希腊人试图把男童之爱和友爱融合为一的时候，他们被迫把性关系排除出去］这非常重要。友爱是不同于性关系的一种相互性的关系。在性关系中，你可以是进入者或被进入者。我完全同意你刚才就友爱所说的，不过，我认为它也正好证实了我就希腊性道德所说的，即如果你和某人有友爱，那么和他有性关系就是困难的事。对于柏拉图来说，相互性对友爱是极其重要的，然而，在身体的层面我们却找不到它[在《斐德罗》中，柏拉图认为存在着身体欲望的相互性，然而这种相互性却导致一种双重的放弃]。人们需要构造哲学体系，构造能够为这种爱进行辩护的哲学体系的原因之一，正是他们不能接受身体相互性的观念。比如在色诺芬的作品中，苏格拉底说道，很明显在男人和男童的关系中，男童仅仅是男人快乐的旁观者。希腊人就这种奇妙的男童之爱所说的话隐含着男童的快乐是不应该得到考虑的。再说，男童在和男人的关系中感到身体的快乐是一件丢人的事。我想提的问题是：今天我们是否能够有一种有关快乐和行为的道德，这种道德将会考虑他者的快乐？他者的快乐能否包括在我们的快乐之中，而不用关涉到法律、婚姻及其他我所不知道的东西？

**问**：您说得非常好。我承认对于希腊人来说非相互性实际上构成了一个问题，然而，这个问题似乎是人们可以解决的问题。为什么这一定是男人的问题呢？为什么不用彻底改变社会的整体框架而考虑女人和男童的快乐呢？然而，难道这不正是一个并非微不足道的问题吗？因为如果你引入他者的快乐的概念，整个伦理和等级制度就会崩溃？

**答**：当然。希腊的快乐道德是和这样一些东西相关联的，即男性社会、不对称观念、排斥他者、强制进入、精力丧失的威胁等。这些东西都非常令人讨厌。

**问**：我同意您的说法。然而，如果性关系对希腊人来说既是非相互性的，又是一个问题，那么至少自我的快乐似乎不是一个问题。

**答**：在《快感的享用》中，我曾试图表明，在快乐和健康之间存在着一种越来越紧张的关系。如果你观察一下医生所说的东西，然后观察一下所有对节食的关注，你首先就可以看到，总的来说这些主题在几个世纪之中还是相同的，然而性是危险的观念在二世纪要比公元前四世纪强烈得多。比如，我可以表明性行为在希波克拉底那里已经是危险的了。他认为应该特别小心，不要一直有性活动，而应在某些季节才有性活动……然而在公元1世纪和公元2世纪，对于一个医生来说，似乎性行为构成了精神气质的形式[性行为似乎多少是危险的]。我认为最根本的转变就在于：公元前 4 世纪性行为是一种主动的活动，而对于基督教来说，性行为则是一种被动的行为。圣奥古斯丁对勃起的分析非常有意思，也非常典型。对于公元前 4 世纪的希腊来说，勃起是一种主动的标志，是真正主动的标志，而对于圣奥古斯丁和基督教来说，勃起不是主动的意愿，而是被动的标志，是原罪的惩罚。

问：因此，希腊人对健康的关注更甚于对快乐的关注？

答：是的。我们拥有非常多的希腊人认为应该怎样饮食才能保持健康的文献。相比较而言，对何为做爱所必不可少的东西却没有多少文献。就食物而言，这是同气候、季节、空气的干湿有关，也同食物是否为干有关。对于如何烹调食物我们没有多少资料，但却有许多关于食物质量的资料。这不是烹调的艺术，重要的是选择什么东西。

问：因此，不论德国的希腊学者说了什么，古希腊也不是一个黄金时代。然而我们能否从之得到某些教益呢？

答：我认为在别的社会中不存在一种榜样的价值……不是要回到原先的状态。然而，我们却拥有一种伦理经验，这种经验包含着这样的意思，即快乐和欲望有一种非常紧密的关系。如果我们把我们的经验和这种经验进行比较，我们就可以想想这种分离是否不是一个历史事件，不是既不是必然的，也不同人类本性相关联，不同人类学中某些必然的东西相关联的历史事件。而在我们的经验中，所有的人，包括哲学家和精神分析学家都认为欲望是重要的，快乐则微不足道。

问：然而，在《性史》中您已经通过反对我们现代的性科学以及东方的性爱艺术对此作了解释。

答：在这本书中，我犯的错误之一就是，我谈论了这种性爱艺术。我把它同性科学对立起来了，然而却应该说得更准确些。和中国的性爱技巧相比，希腊人和罗马人是没有任何性爱艺术的，或者说在他们的文化中这并不特别重要。他们拥有一种生活技术，在那里快乐的经济学占据重要的地位。在这种"生活的技艺"中，应该完全地控制自己的观念很快变成了一个中心的问题。基督教的自我解释学构成了这种技术的新形式。

问：然而，在您谈论了非相互性，谈论了对健康的担忧之后，我们能从这第三个观念中得到什么呢？

答：我想表明，希腊最根本的问题不是自我的技术，而是生活的技术，是生活技术，是生活方式。苏格拉底、塞涅卡以及普林尼都不关心死后会发生什么，不关心神的存在与否。这一点非常明显。对他们来说，这不是什么严重的问题。问题在于为了如我们所应那样而生活，我们应该采取什么样的技术。我认为古代文化最伟大的进步之一，就是这种生活技术越来越变成了自我的技术。第五世纪或第四世纪的希腊公民可能会认为，其生活的技术在于关心城邦，关心同伴。但是对塞涅卡来说，根本的问题在于关心自我。在柏拉图的《阿尔基比亚德》中，这特别地明显。他说你应该关心自己，因为你应该管理城邦。然而对于自我关怀的关注只是从伊壁鸠鲁学派开始的，并由于塞涅卡、普林尼等，自我关怀变成了一个特别普遍的事情。希腊道德的重心在于个人选择及生存美学的问题。对我来说，美学艺术作品内容的生命概念是极其令人着迷的。道德可以是和专制体制、司法制度、惩罚组织无关的生存之极其稳固的结构这样一个观念同样也极令人着迷。

（在这种生活技术的观念中有许多我感兴趣的东西。一方面是这样一种观念，有待于我们去创造的作品不仅仅，而且原则上不是一种我们将其留在我们之后的东西，比如，物体、文本、财富、发明、机构等，而就是我们的生活和我们自己。在我们看来，作品和艺术中有些东西超越了其作者生命的有限性。相反，对于古代人来说，生活技术应用到了流转变化的事物之上，而这种事物就是在较好的情况下，以在自我之后留下名声的痕迹或标志使其存在的人们的生活。由于生命是要死的，所以什么样的生命成为艺术作品就是一个极其重要的主题。

另一方面，我觉得生活技术主题在古代有一种演变的过程。苏格拉底已经表明，这种技术首先应该由"自我关怀"支配。然而，在《阿尔基比亚德》中，"关怀自己"却是为了能够成为一个好公民，为了能够统治他人。我认为这种自我关怀通过成为自身的目的而完成及独立。为了最终能够关心自己，塞涅卡期望着快点变老。）

问：那么，希腊人是如何对待反常的呢？

答：希腊人的性道德中，最大的不同不是那些喜欢女人或男童，或者以这种方式或那种方式做爱的人之间的不同，而是一个量的问题，是主动和被动的问题：你是自己欲望的奴隶或是自己欲望的主人？

问：他们怎么看待那些如此做爱以至于损害了其健康的人？

答：这是自傲和过度。这不是反常的问题，而是过度和节制的问题。

问：他们怎么对待这些人呢？

答：人们认为他们是令人讨厌的，并且他们的名声也不好。

问：他们没有试图对他们进行治疗，或者说改变他们吗？

答：存在着一些目的在于达至自我控制的锻炼。爱比克泰德认为：你应该有看着漂亮的女孩或漂亮的男童而不产生欲望的能力。你应该完全地成为自己的主人。

希腊社会中性欲的节制是一种方式，一种哲学活动，教养程度极高的人们所从事的哲学活动［一种奢侈，一种哲学的讲究，有极高教养的人们所奢侈的、讲究的］，而这些人试图使他们的生活更加强烈、更加美好。从某种意义上说，在20世纪，人们为了过一种更加富裕，更加美好的生活，而试图摆脱社会和童年施加的性压抑的时候，事情同样如此。纪德在希腊就可能会是一个禁欲的哲学家。

问：希腊人寻找美好的生活，因而节制，今天我们则借助于心理学而实现自己。

答：确实如此。我认为完全没有必要把道德问题和科学知识联系起来。在人类文化的创造中，存在许多极有价值的方法、技术、观念、机制，它们不是能被恢复的，但是，它们至少构成或有助于构成一种看法，而对于分析我们现在周围所发生的事情，并且改变它们来说，这种看法是极其有用的。

我们并不是必须在我们的世界和希腊的世界之间做出选择。然而，由于看到，在某个给定的时候，我们道德的一些重要原则是和一种生存美学相关联着的，因此，我认为这种历史的分析是有用的。在许多世纪之中，我们都抱有这样一种信念，认为我们的道德，我们个人的道德，我们日常的生活同政治、社会、经济的宏大结构有一种必然性的关联，我们对之所做的任何改变都会使我们的经济、我们的民主处于危险之中，比如对我们的性生活、对我们的家庭生活所做的改变。我认为我们应该放弃这种认为在道德和社会、经济、政治的结构之间存在着分析性的和必然性的关联的观点。

问：我们认识到道德和其他结构只有历史的关联，而没有必然的关联，那么，现在我们可以构建一种什么样的道德呢？

答：使我震惊的是，在我们的社会中，艺术不再同个体或生活相关，而是成为仅仅同客体相关的某种东西，艺术还成为专业的艺术家所构造的特殊领域。然而，每个人的生活就不能成为一件艺术作品吗？为什么一盏灯或一所房屋可以是艺术作品的对象，而我们的生活却不是？

问：当然，这种企图在伯克利这类地方是非常明显的。在伯克利，人们认为从吃早餐到做爱及度过一天的方式，所有这些事情都应该是完美的。

答：然而恐怕这些例子的大多数情况中，人们是认为，如果他们做他们所做的，如果他们就像他们生活那样生活，那是因为他们对欲望、生活、自然、身体等有真正的认识。

问：如果人们建立自我的时候，不应该诉诸知识，诉诸普遍的法则，那么您的概念同萨特存在主义的概念的区别又在哪里呢？

答：从理论方面看，我认为萨特拒斥那种自我是某种给予的东西的观念，然而，由于诚实的道德概念，他又退回到我们应该是自己，以及应该真正的是自己的观念。在我看来，萨特所说的东西唯一可接受的实践结果只在于，应把他的理论发现关联于创造的实践，而非诚实概念。我认为这种自我不是预先给予的观念只能有的实践结果是，我们必须把自己构成为艺术作品。在他对波德莱尔的分析中，很有意思的是我们看到，萨特把创造工作归之于和自我，也即和作者的某种关联，而这种关联采取了诚实或不诚实的形式。我想说的却正好相反：我们不应该把个体的创造活动同他与自身所保持的关系连接起来，而应该把人们所能具有的这种同自我的关系同创造活动联系起来。

**问**：这使我们想到尼采在《快乐的知识》中所做的评论。在其中尼采说过应该通过长期而耐心的锻炼，以及日常活动而给予生活一种形式。

**答**：是的。我的观点更接近尼采而非萨特。

### 三、作为伦理问题之欲望的谱系学（谱系学解释的结构）

**问**：在《性史》第一卷之后，《快感的享用》和《肉体的忏悔》怎样纳入到您谱系学的计划中？

**答**：存在着三种可能的谱系学领域。首先是我们和真理相关的历史本体论，这种真理允许我们把自己构成为知识的主体。其次是我们和权力场相关的历史本体论，在这里我们把自己构成为正在作用于他者的主体。最后是我们和道德相关的历史本体论，这种道德允许我们把自己构成为一个道德的行为者。

因此，谱系学可以有三个轴心。在《疯癫的历史》中，这三个轴心都出现了，虽然出现的形式有些混乱。在《诊所的诞生》和《知识考古学》中，我研究了真理之轴，在《规训与惩罚》中，我研究了权力之轴，在《性史》中，我研究了道德之轴。

这本研究性的书的总体框架是围绕着道德的历史而展开的。我认为应该区分道德历史中的道德法则和道德行为。道德行为是人们面对强加于他们的道德法则所持的态度。我认为应该区分两种法则，一种法则确定什么样的行为是被允许的，什么样的行为是被禁止的，另一种法则确定各种可能态度具正面价值或具负面价值。（比如你不能同妻子之外的人发生性关系就是这种道德法则的基础。）然而道德法则还存在着另外一方面。通常来说，这一方面不是孤立的，而且非常重要。这是我们应该具有的同自身的关系。我认为这种关系是道德的关系，并且它规定个体应该怎样把自己构成为自身行为的道德主体。

这种自我的关系包含四个重要的方面。首要的方面是对如下问题的回答：和道德相关联的行为和自我是什么？比如，人们可能会说，通常情况下，我们的情感是我们社会主要的道德领域及我们的自我中同道德关系最密切的（如果你和妻子感情非常好，你就可以在大街上或任何地方同女孩谈恋爱）。相反，很清楚按照康德的看法，动机要比情感重要得多。然而，按照基督教的看法，重要的是欲望［这并不是说行为是不重要的］——当然，这是可以讨论的，因为中世纪的欲望和 17 世纪的欲望并不是一个东西。

问：然而，总的来说，基督教关注的是欲望，康德关注的是动机，我们今天关注的是情感吧？

答：是的。人们可以这么说的。也就是说，我们的行为及我们自身中和道德相关的东西并不一直是同一个东西。我把这个称之为伦理实体。

问：伦理实体是道德将要认真对待的东西吗？

答：是的。比如当我就性行为进行写作的时候，我想表明希腊人性行为的哪个部分不同于贪欲或肉体。对希腊人来说，伦理实体是和快乐、欲望相关联的各种行为，［是他们称之为的性］。这和基督教的"肉体"观念非常不同。性是第三种伦理实体。

问：肉体和性的伦理不同是什么呢？

答：我无法回答这个问题，因为这要求极其细致的分析。在对希腊或希腊罗马道德进行研究之前，我无法回答什么是希腊罗马道德的伦理实体这个问题。由于对他们所理解的性进行的分析，现在我觉得我知道何为希腊的伦理实体了。

对希腊人来说，一个哲学家喜欢一个男童，却没有碰他是值得赞赏的。问题在于：他是否碰了这个男童？因此，伦理实体就是和快乐和欲望有关的行为。在圣奥古斯丁那里，很清楚，当他回忆起 18 岁时和一个年轻男友的关系时，使他感到烦恼的恰恰就在于他对他有何种欲望。因此，你就会看到伦理实体并不是同一的东西。自我关系的第二个方面是我称之为服从方式的东西，即让人们认识到自己道德义务方式的东西。比如，这是文本所启示的神的律法吗？这是在每种情况下，对每个人都是同一的普遍命令的自然法吗？这是理性的法则吗？这是赋予我们生活以一种更美好形式的期图吗？［这是生存美学的法则吗？］

［我想举个简单的例子。当哲学家喜欢一个男童，却没有碰他时，其态度就具有极高的道德价值，其行为的伦理实体就是和快乐、欲望有关的行为。对于圣奥古斯丁来说，很明显，当他回忆起和青

年男友的情感关系时，使他烦恼的恰恰就是知道他所经历的真实欲望。这完全是另外一种伦理实体。]

**问**：您说"理性"的时候，指的是科学吗？

**答**：不是的，而是指康德意义上的普遍性。比如，我们可以观察斯多葛学派怎样慢慢地从生存美学走向这样的观念，由于我们是理性的存在，所以我们应该如此这般地行为，以及我们应该作为人类共同体的成员而行为。在伊索克拉底那里，我们看到一篇非常有趣的对话，而这篇对话被认为基本为塞浦路斯的统治者尼古克勒所信守。他这样解释他为什么一直忠实于妻子："因为我是国王，统治着他人，所以我应该证明我可以控制自己的。"很清楚，这一忠诚的法则和斯多葛学派的普遍完全不同：由于我是一个理性的存在者，所以我应该忠实于妻子。在前一个例子中，忠诚的原因却是因为我是国王。因此，我们看到，同样一个法则，但它被尼古克勒和斯多葛学派所接受的方式却是不同的。这就是我称之为服从方式的东西，也即道德的第二个方面。

**问**：当国王说因为我是国王的时候，这是否是美好生活的标志或象征呢？

**答**：这是生活的标志，这种生活既是美学的又是政治的，因为，如果我想要人们把我当作国王来对待，我就要拥有一些还能在我之后而存在的荣耀，而且这种荣耀不能脱离开美学的价值而存在。因此，在给定的时候，政治权力、荣耀、不朽及美好等都是相互关联着的。这是一种服从的方式，是伦理的第二个方面。

伦理的第三方面是：为了成为道德的主体，我们能够依之而改变我们的方法是什么？

**问**：那么，我们如何对待这一伦理实体呢？

**答**：我们不论做什么事，不论是为了克制我们的行为，或是为了认知我们是何，或是为了抑制我们的欲望，或是为了满足我们的欲望，以便实现某些东西，比如生孩子等，所有这些自身构建的目的都是伦理的。为了忠诚于你的妻子，你可以以不同的方式对待自己。这是伦理的第三个方面，我把它称为自我的实践和禁欲主义，不过这种禁欲主义是宽泛意义上的禁欲主义。

伦理的第四个方面是：我们道德地行为时，我们期望自己成为什么样的存在呢？比如，我们是否应该成为纯粹的、不朽的、自由的、自身之主人的存在？这是一种目的论。在我们称之为道德之中，存在着人们的有效行为，存在着各种道德法则，存在着包括我前面所说的四个方面的与自我的关系。

问：它们之间能完全不相互依赖吗？

答：在它们之间既存在关联，又存在某种程度的独立。如果你的目的在于绝对纯粹的存在，你就能非常清楚地看到，你必须运用的自我实践的技术以及禁欲主义的技术就不同于想成为你自己行为的主人时所要运用的技术。首先，你将会倾向于辨识的技术或纯粹化的技术。

现在，如果你把这种普遍的框架应用到异端的道德或基督教初期的道德那里，你会说什么呢？首先，如果你观察道德法则，也即什么是被禁止的，什么是不被禁止的，你就会看到，至少在行为的哲学法则中，有三种重要的禁令或规定。第一个涉及的是身体，也即你应该非常小心地对待你的性行为，因为这是非常珍贵的，因此你的性行为应该尽可能地少。第二个规定是这样：如果你结婚了，你就应只同自己的妻子发生性关系。第三个规定，一定小心不要同男童有关系。［如果你把这种普遍的框架应用到异端的道德或基督教初期的道德那里，我觉得你就会看到一些非常重要的差别。第一，如果你只考虑法则的话，也即什么是引入的，什么不是引入的话，你就会看到道德学家和哲学家给出了三种重要的规定。一种涉及身体，也即要节制性行为，并且尽量少地发生性关系，因为性行为构成了重要的消耗，第二种规定涉及的是婚姻，即只同合法的妻子发生关系。就男童而言，要尽可能不同他们发生关系］。在柏拉图、伊索克拉底、希波克拉底、后期斯多葛学派那里你都可以发现这些，而且你还可以在基督教中，甚至在我们的社会中发现这些。因此，我认为我们可以说法则本身并没有改变。当然，有些禁令改变了，有些禁令在基督教那里比在古希腊那里严格得多，然而主题还是同样的。因此，我认为希腊社会、希腊伦理、希腊道德与基督教看待自身的方式之间最重要的变化并不是发生在法则之中，而是发生在我称之为自我关系的伦理之中。在《快感的享用》中，我通过节制法则的三个主题，即健康、妻子或女人、男童来分析自我关系的这四个方面。

**问**：是否可以这样认为，由于您认为道德的诸法则是相对稳定的，所以，您并没有构造"道德的谱系学"，而是构造了一个伦理的谱系学？

**答**：是的。我在写一部伦理学的谱系学、伦理行为主体的谱系学或作为伦理问题的欲望的谱系学。如果我们观察古希腊哲学中的伦理学或医学伦理学，我们会发现什么样的伦理实体呢？这是性，同时即为行为、欲望、快乐的性。服从方式又是什么呢？这是应使自己的生存成为美好的存在的观念，这是一种美学的方式。你看到我试图表明这样一个事实，在古代伦理中，人不是必须如此这般地行为，如忠诚于妻子，不接触男童等。但是，如果他们想要过一种美好的生活，如果他们想有好名声，如果他们想有能力统治别人，他们就必须如此这般地行为。因此，他们是为了生活的美好和荣耀而有意识地接受这些义务的。但是，他们完全期望成为的存在就是彻底地成为自我的主人，这是他们的目的。他们因之而接受这种生存方式的美学和政治的选择就是服从的方式。这是一种个人的选择。

在后期斯多葛学派那里，当他们说"你必须如此地行为，因为你是一个人"的时候，有些东西就改变了。这不再是选择的问题了——你必须如此行为，因为你是一个理性的存在者。这样，服从的方式就处在改变当中了。

在基督教时代，有意思的是，性行为的法则是通过宗教而合法，规定性行为法则的是宗教机构，然而，义务却采取了法律的形式。在基督教中宗教法律内在合法化了。比如，决疑论就是一种典型的法律实践。

**问**：在启蒙运动之后，宗教影响消退了，不过，这种法律仍然保留下来了？

**答**：是的，18世纪后，这种司法机构部分地消失了，后来在医学、科学道路及这种司法机构之间出现了一种没有结果的竞争。

**问**：您能对这些作个总结吗？

**答**：我们认为，希腊的伦理实体是aphrodisia(性)，服从方式是一种政治—美学的选择。禁欲的形式是所使用的技术，在其中我们发现比如身体的技术，或法律的经济学，由这种法律他们把自己定

义为丈夫，或者把好色定义为一种男童之爱中的自我禁欲等，把目
的论定义为对自我的控制。这就是我在《快感的享用》前两部分所描
述的情况。

　　然后这种道德发生了一些变化。这一变化的原因是男人社会角
色的变化，既包括家庭中和妻子关系中角色的变化，也包括在政治
领域中角色的变化，因为城邦不存在了。由于这些原因，男人们能
够把自己看作政治行为、经济行为主体的方式也改变了。我们基本
上可以说，随着这种社会学的改变，古典道德也发生了某些变化，
特别是人们构建自我关系的方式。［由此，自我关系构建的目标和形
式也就改变了。总的来说，我们可以说，长期以来自我控制仍然和
想影响他人的意志相关联着。在最初两个世纪的道德思想中，自我
控制的目的越来越在于确保面对外在事件及他人权力时自己的独
立。］然而，我认为这种变化对伦理实体却没有什么影响：它仍然是
由性所构成的。这种变化导致了服从方式的某些变化，比如当斯多
葛主义者把自己看作是普遍存在的时候。我们也在禁欲的形式，以
及人们为了自我认知，为了把自己构成为道德的主体而运用的技术
中发现了一些非常重要的变化。最后，目标也改变了。在我看来，
古代观点的不同在于，成为自我的主人意味着首先不是考虑他人，
而是考虑自己，因为成为自己的主人就意味着有能力统治他人。因
此，控制自我直接就和本质上是不对称的与他者的关系联系在一起
了。成为自我的主人就意味着活动、不对称和非相互。

　　再后来，由于婚姻、社会及其他的一些变化，成为自我的主人
并不首先和支配他者的权力联系在一起了：如果一个人是自我的主
人，这并不是像阿尔基比亚德或尼古克勒那样，仅仅是为了统治他
者，而是因为他是一个理性的存在者。在这种自我控制中，人们是
同那些也是自身主人的人们联系在一起的。由于同他者的这种新型
关系，非相互性就减弱了。

　　这是一些正在发生着的变化，是我试图在《快感的享用》的第四
部分，即后三章所描述的变化。我在这里重拾了同样的主题，即身
体、妻子、男童，并且表明这三个节制主题和一种部分为新的道德
相关联着。我说"部分"是因为这种道德的某些要求还是一样的，比
如性。另外一些要求则改变了，比如各种技术。按照色谱芬的说法，

成为好丈夫的唯一方法是清楚地知道自己在家庭内外所扮演的角色，知道他应该对妻子行使什么样的权力，以及知道他期待于妻子的是什么。这些考虑给出了需要遵守的行为规则，而且规定了人们应该对待自己的方式。相反，在爱比克泰德和塞涅卡看来，要成为自我的主人并不需要知道其在社会或家庭中的角色，相反而应该两天或三天不吃东西，以便确定自己能够控制自己。这样，比如如果有一天你入狱了，就不会因为没饭吃而痛苦。因此，对所有的快乐都应该如此。这是人们在柏拉图、苏格拉底、亚里士多德那里都找不到的一种禁欲形式。

各种技术和目的之间并不存在一种完全的和持久的关联。我们可以在不同的目的之中发现同样的技术。不过，每一目的都有一些对其来说是重要的关系、重要的技术。

在基督教之卷中，我是说在讨论基督教的卷中，我试图表明这一道德是如何变化的。在基督教中，目的本身改变了：不朽、纯洁等成为目的。禁欲的形式也改变了，因为从此以后，对自我的审视采取了自我辨识的形式。服从方式也由神之法律所构成了。我甚至认为伦理实体也改变了：它不再由性所构成，而由欲望、淫欲、肉体等构成。

［在这一系列研究中，我想表明的是规则、准则、自我关系形式、自我实践中所存在的变化。这是一个道德主体的历史，而非道德法则的历史。我们可以看到，从古典时代到帝国时代的希腊罗马思想中，尤其是，服从方式发生了改变（尤其是以同样的方式强加于所有人之上的斯多葛学派的普遍法则的出现），道德目的论的定义也发生了改变。然后，从希腊罗马哲学到基督教哲学，我们看到了伦理实体改变的新趋向，从之以后，伦理实体由色欲所定义，同时针对自我的行为方式也改变了，比如纯贞、欲望的消除、自我的辨识及解释等。

简单地说，我们可以说在不同的文化中，行为、快乐、欲望这三者的地位是不同的。在希腊那里，以及广而言之，在古代社会中，行为构成了最重要的东西。人们应该控制的就是行为。人们应该确定它们的量、节奏、时机、境况。在中国的性爱中，如果我们相信范·高罗佩的话，重要的是快乐，应该延迟行为，以便获得尽可能持久和强烈的快乐。① 欲望是伦理中根本性的时刻：辨认出它，控制它，及尽可能地消除其根源；至于行为，甚至应该没有快乐——尽可能消除快乐——而行为。〕

**问**：因此，我们似乎拥有一个使欲望成为伦理问题的可理解的图式？

**答**：是的。我们有这样一个图式。如果我们通过性行为来理解行为、快乐、欲望这三极，我们就会有对前两者而言是同一的希腊的说法。在希腊的说法中，"行为"扮演着重要的角色，而快乐和欲望则是从属的：行为—快乐—（欲望）。我把欲望放在了括号里，这是因为我觉得随着斯多葛主义道德的兴起，欲望开始受到谴责了，是应被消除掉的了。

中国的方式则是快乐—欲望—（行为）。在那里行为被放在了一边，因为你应该节制行为，以便获得最恒久、最强烈的快乐。

最后，基督教的方式是通过压制欲望而强调欲望。基督教认为行为应该成为中性的，其唯一的目的在于生育或者说完成婚姻的义务。不论在实践中还是从理论上，快乐都被排除在外了。这给出的是（欲望）—行为—（快乐）这样的方式。欲望在实践上被排除了——应该使自己的欲望保持沉默——然而在理论上它却特别地重要。

我觉得现代的方式是欲望。由于说我们应该解放我们的欲望，欲望在理论上受到了重视，在实践上得到了接受。相反，行为不是非常重要的，而快乐则成为没人知其为何的东西。

## 四、从古典自我到现代主体

**问**：在您的《自我关怀》中您决定分而对待的自我关怀是什么呢？

**答**：在希腊文化中，在始于公元前 4 世纪而终于二三世纪的希腊罗马文化中，我感兴趣的是这样一个训诫，对希腊人有一个专门术语：epimeleia heautou（自我关怀），它意味着自我关怀。这并不是简单地对自我有兴趣，也不意味着关注自我或自我着迷的倾向。

① 范·高罗佩：《中国古代的性生活》，Louis Évrard 译，巴黎，伽利玛出版社，1971。

epimeleia heautou 是希腊语中一个有极强表达力的词，它意味着作用于某种东西或关注于某种东西。比如，色诺芬就用这个词来描述农业活动（描述对家产的关注）。君主对其臣民所负的责任是 epimeleia（关怀），医生照顾病人时所做的事情也是 epimeleia，因此，epimeleia 是一个适应范围很大的词。它描述一种活动，蕴涵着注意、知识、技术[活动]等。

**问**：然而，自我技术和应用知识难道不是现代的发明吗？

**答**：在古代的自我关怀中，知识扮演着一个不同的角色。在科学知识和 epimeleia heautou 的关系中，有很多非常值得研究的有意义的东西。在可以通过科学知识来认知的东西之中，自我关怀的人只应该选择那些和他及他的生活有关的东西。

[不，知识问题是自我关怀中首要的问题，不过是以不同于内在探究的形式存在的。]

**问**：因此，理论和科学的理解就是第二位的，是由伦理和美学的考虑所驱动的吗？

**答**：他们的问题及他们的讨论只涉及对 epimeleia 来说是必需的知识的有限范畴[问题在于确定对自我关怀来说什么是必不可少的知识范畴]，比如，在伊壁鸠鲁主义者看来，对于自我关怀，世界、世界之必然性的普遍知识，以及世界、必然性、神之间关系的普通知识都是极其重要的。因为这是首先需要思考的东西：如果你能真正地理解世界的必然性，那么你就能够非常好地控制各种激情，以及其他。因此，在伊壁鸠鲁主义者看来，在可能的知识和自我关怀之间有一种一致的关系。人们需要掌握物理学和天文学，就是因为人们应该自我关怀，而对于斯多葛学派来说，真正的自我只是由我可以控制的东西所规定的。

**问**：因此，知识是从属于控制实践的目的吗？

**答**：在这一点上，爱比克泰德说得非常清楚。他建议每天早上到街上逛逛作观察。如果你遇到一个执政官，你会说我能控制执政官吗？不能，所以我没有什么可做的。如果我遇到了一个漂亮的女孩，我会想所关注的是她的美丽，她的魅力吗？对于基督教来说，事情完全不同。基督徒认为，撒旦有可能进入你的灵魂中，并给予你一些思想，然而你却不能认出这是撒旦的思想，而认为它们来自上帝，这导致对发生在你灵魂中的东西产生怀疑。如果没有解释的工作，你就不能认识到你的欲望的真正根源。

**问**：那么，基督教在什么程度上发展出了新的自我控制的技术？

**答**：古代自我关怀概念中使我感兴趣的是，我们可以在其中看到一些禁欲技术的产生和发展，而通常人们是把它们归之于基督教的。人们常常责备基督教用一种充满着忏悔、禁令的严厉的生活方式代替了希腊罗马宽容的生活方式。然而，我们可以看到，在这种自我对自我的活动中，古代的人们已经发展出了一系列的禁欲实践，基督徒们就直接从之汲取了许多东西。我们看到这种活动逐渐地和某种性的禁欲联系在一起。基督教伦理就直接对之进行修正而采用了它。这涉及的并不是宽容的古代和严厉的基督教之间的道德断裂。

这种对自我的严厉并不是通过民法或宗教义务而加诸个人的，而是一种个人所做的选择。人们自己决定他们是否应该关心自己。

**问**：人们又是以什么名义来选择接受这种生活方式呢？

**答**：我不认为这和达至死后的永生有关，因为对此他们并不特别关心。相反倒是涉及赋予他们的生活以某种价值，比如追随一些榜样，身后留下美名，以及使其生活尽可能地辉煌；涉及使其生活成为知识、技术和艺术的对象。

在我们的社会中，人们应该应用美学价值的主要领域是人们自身，是人们的生活，人们的存在这样一种观念几乎不存在了。它后来在文艺复兴那里以一种多少有些学院的方式出现，后来又在19世纪颓废艺术那里出现——不过，这仅仅是一段插曲。

**问**：不过，希腊人对自我的关怀难道不是我们现在的自我中心的最初形式，而这种自我中心又被认为是我们社会的一个中心问题吗？

**答**：有许多主题表明（当然我不是想说应以这种方式中性化它们），我们从之得到我们道德的许多非常重要和永恒要素的文化中，存在着一些非常不同于我们文化的自我实践以及自我概念。在加利福尼亚的自我中，人们应该通过把真我从可能掩盖它或异化它的东西中分离出来，通过运用被认为能告诉你什么是你的真我的心理学或精神分析学而辨识出其真实的存在，从而发现其真正的自我。因此，我不仅没有把古代的自我文化和可以称之为加利福尼亚式的自我等同起来，而且认为它们是相反的。在它们中间发生的恰恰就是古代自我文化的颠倒。这发生在基督教时期，这期间放弃自我的观念取代了应该把自我构造成或建立为艺术作品的观念，因为依恋于自我就是违背上帝的意志。

［在人们可以称之为当代的自我崇拜中，重要的是通过把真我从可能掩盖它或异化它的东西中分离出来，通过心理学的知识或精神分析的工作辨识出其真实的存在，从而发现真正的自我。因此，我不仅仅没有把古代的自我文化同人们可以称之为当代的自我崇拜等同起来，相反我认为它们是直接对立的。］

**问**：我们知道《自我关怀》的研究之一和自我形成中写作的角色有关。那么，柏拉图又是如何提出自我和写作之间的关系问题呢？

**答**：首先，为了引入人们提出写作问题时常常忽略的一些历史事实，就应该重新审视著名的 hupomnêmata（记事本）问题。现在的解释在《斐德罗篇》的 hupomnêmata 批判中看到了一种写作的批判。写作是保持记忆的材料。实际上，hupomnêmata 有一种特别确定的意义。它是一个记事本，一个笔记本。更确切地说，在柏拉图时代，这种记事本在公务和个人的生活中流行起来了。这种新技术是和计算机引入个人生活中一样的一种革命。在我看来，自我和写作的问题应该在它被提出的技术和物质的框架内提出。

其次，这一著名的写作批判是和《斐德罗篇》中的记忆相对立的，对于它存在着解释的问题。如果你阅读《斐德罗篇》，你就会看到，比之于别的，比之于根本的，也即和贯穿于整个作品的主题相关的段落，这个段落是次要的。作品是口头的或是文字的并不重要，重要的是知道讨论是否能达至真理。因此，和真理问题相比，写作或口头的问题是第二位的。

最后，我觉得值得注意的是，这种新工具立即被用来和自我本身建立一种永恒的关系——人们应该像统治者统治其臣民，企业主统治其企业，家庭的主人统治其家庭那样控制自我。按照这种新观念，美德的根本在于完全地控制自己，也即像君主使反抗彻底消失那样地完全控制自己。这一观念在基督教之前的许多世纪之中都是非常重要的。因此，我们可以说，hupomnêmata 问题和自我文化问题互为基础之处非常引人注目地和自我文化把完全控制自我作为其目的的时候相重合。这是自我与自我之间的一种恒久的政治关系。就像政府、企业领导利用登记簿进行管理一样，古代人利用这种记事本来实践这种政治。在我看来，写作正是以这种方式和自我文化的问题关联起来了。

问：您可以对 hupomnêmata 作进一步的阐明吗？

答：从技术的意义上，hupomnêmata 可以是用做备忘记录的会计本，公务登记簿，个人记事本等。有教养的人们更常用 hupomnêmata 作为其生活之指导，作为行为的指南。人们在这种记事本中记录他们所见到的或所读到的一些作品，以及他们所听到的或进入其心灵中的沉思和论证。它们构成了被读到、听到、想到之物的物质形态的记忆，并且使这些记忆成为后来的沉思或重读的宝库。它们也构成了更系统地写作的原初材料。在这种写作中，人们给出一些反对这种或那种缺陷（比如发怒、忌妒、嚼舌、谄媚）的根据和方法，以及超越困境（比如悲伤、流放、衰老、灾祸）的根据和方法。

问：然而，写作怎样同道德及自我关联呢？

答：没有任何技术，没有任何职业的技巧能够不经由实践而获得。没有应被看作是自我训练的苦行，人们也不能掌握生活的艺术，掌握 takhnetou biou（生活技术）。这是毕达哥拉斯主义者，苏格拉底的门徒，犬儒主义者长期以来都极其重视的传统原则之一。在这种训练所采取的形式中（包括节制、记忆、反省、沉思、沉默、倾听），似乎写作（包括为自己写作和为他人写作）扮演足够重要的角色已是很晚的事了。

问：当这种记事本在古代后期变得很重要的时候，它所扮演的特殊角色是什么？

答：不论如何个人化，hupomnêmata 都不能被看作是后来人们可以在基督教文献中看到的一些内心隐秘的日记和心路历程的记叙，比如诱惑、搏斗、堕落、胜利。它们不构成“自我的记叙”，其目的也不是揭示意识的晦暗之处，而对之所做的忏悔不论是口头的或是文字的，都具有一种纯化的价值。它们试图实现的活动就是后者的颠倒：这不是要追寻难以理解的，揭示隐藏的，言说不能言说的，相反却是汇集已经说出的，汇集人们可以听到和可以读到的，而这些的目的最终来说就在于自我的构成。

Hupomnêmata 应该被重置于这一时期极其敏感的处境之中。在传统、已被说出的受到认可的价值、重现的话语、年纪和权威有重要影响的社会中，正在形成这样一种道德，这种道德非常明显地由自我关怀所引导，其目的在于回到自身。Hupomnêmata 的目的在于：使教育、倾听、阅读所传达的对逻各斯的片断回忆成为一种和自我建立尽可能充分和完满的关系的手段。

**问**：在观察这种记事本在基督教初期扮演什么角色之前，您能否告诉我们希腊—罗马的严厉和基督教的严厉之间的不同是什么吗？

**答**：在斯多葛学派的道德中，"纯洁"问题实际上是不存在的，或者确切地说是不重要的。这一点很重要。只是对于华达哥拉斯学派以及新柏拉图学派来说，纯洁才是重要的，并且由于他们及宗教的影响，纯洁变得越来越重要了。在某个时候，生存美学问题被纯洁问题所掩盖了，而纯洁问题是另外一种东西，因而必然需要另外一种技术。在基督教的禁欲主义之中，纯洁问题变得越来越重要。人们应该控制自身的原因就是因为要保持纯洁。在基督教中，贞洁问题，女人的"贞洁"成为极其重要的问题。但在希腊—罗马的禁欲主义那里，贞洁问题实际上和性道德没有任何关系。他们的问题是自我控制。这是一种男性模式的自我控制，一个脾气暴躁的女人对于自己也是男性化的。经由纯洁、贞洁主题，性的自我节制模式变成了女性化的模式，而纯洁、贞洁的主题是建立在身体的贞洁之上的。身体的贞洁而非自我控制变成了重要的了。这样，生存美学的道德问题就被纯洁问题掩盖了。

基督教的这种新的自我要不断地接受审视，因为在其中栖藏着肉体的欲望和欲念。从之以后，自我不再是应构建的东西，而是应抛弃的东西，应辨识的东西。因此，异教和基督教之间的对立不在于宽容和严厉，而在于一种严厉和生存美学相关联，另一种严厉和通过认出自我的真实存在，从而必然放弃自我相关联。

**问**：因此，尼采在《道德的谱系》中认为基督教禁欲主义使我们成为"可以许诺的创造者"的时候，他应该是错了吧？

**答**：是的。我认为他错误地把我们所知的从公元前 4 世纪到 4 世纪异端道德的发展变化归之于基督教了。

**问**：当使用记事本把自我和自我联系起来的技术被基督徒接过

来用的时候，它的角色发生了怎样的变化呢？

答：非常重要的一个变化是，依阿塔纳斯就圣安东尼的生活所说的话，记录内心的活动显现为精神战争的武器：当恶魔是一种骗人的力量，并且使人在自我是什么上受骗的时候，（《安东尼的生活》的很大部分就用于这种策略），写作构成了一种考验，构成了一种基石：为了揭示思想的各种活动，写作消除了内在的黑暗，敌人的阴谋就在这种黑暗之中形成。

问：这样一种彻底的变化是怎样形成的呢？

答：色诺芬的 Hupomnêmata 只是要记住节食的要求，圣安东尼的 Hupomnêmata 则是描述幽暗的诱惑，它们之间确实存在着巨大的差别。梦的描述似乎是技术变化的中间阶段存在之地。几乎从一开始，人们就应该在床边放一个记事本来记录自己的梦，以便或是第二天早上自己对之进行解释，或是展示给他人让其解释。由于这种幽暗的描述，对自我的描述就迈出了重要的一步。

［人们可以认为自我技术的发展过程中有一个中间阶段，即记录他们梦的活动。塞尼西乌斯说应该在床边放一个记事本，在上面记录自己的梦，以便自己对之进行解释，也即成为自己的预卜者。］

问：不过，在柏拉图那里，对自我的沉思可以让我们消除阴暗而达至真理的观念已经存在了。

答：是的，不过这是一种本体论的，而非心理学的沉思。至少在某些作品中，特别是在《阿尔基比亚德》中，这种自我的本体论知识是以著名的眼睛隐喻术语说出的，显现为灵魂对灵魂的沉思。柏拉图问道：眼睛怎么能看到自己呢？表面上看答案非常简单，实际上却非常复杂。柏拉图认为，人们并不能简单地从镜子中观看自己。人们必须观看另外的眼睛，也即自身存在的眼睛、他人的眼睛。在他人的眼球中，人们最终会看到自己：眼球是镜子。

以同样的方式在其他的灵魂中或在其他灵魂的神的成分中，沉思的灵魂将会认识到其自身的神的要求，而其他灵魂就像是镜子一样。

这样你就看到，人们应该自我认识，也即获得灵魂存在方式的本体论知识和人们可以称之为的自我锻炼没有任何关系。当你认识到了自己灵魂的存在方式之后，就不需要询问自己作了什么，自己想的是什么，自己的观念及表象可以是什么，以及自己和什么东西关联着了。你可以通过把他者的灵魂当做对象而运用这种沉思技术的原因就在于此。柏拉图从来没有谈论过反省，从来没有！

　　［我认为对灵魂的柏拉图式沉思是非常不同于比如斯多葛学派的实践的。在斯多葛学派的实践中，人们试图记住一日中做了什么事，人们应该记住的行为准则，以及人们应该克制不做的事情等。当然，对此应该说得更准确一些，也即存在着相互影响、相互交叉的情况。"自我技术"是一个巨大的、复杂的领域，应该写一部关于它的历史。］

　　问：在文学研究中，通常认为蒙田是第一个伟大的自传作家，然而您似乎把自我写作的源头推到了更远的地方？

　　答：我觉得，在 16 世纪的宗教危机中，在对天主教忏悔活动的激烈拒绝中，一种新型的自我关系出现了。我们可以看到古代斯多葛学派的一些实践活动复活了。比如，在我看来证据观念从主题上接近于我们在斯多葛学派那里发现的东西。在斯多葛学派那里，自我经验并不是要发现隐藏于自身的真理，而是试图确定在人们所拥有的自由限度内，什么是可以做的，什么是不可以做的。在天主教和新教那里，这种采取了基督教精神活动形式的古代技术的复活是很明显的。

　　让我们以爱比克泰德所建议的散步为例。每天早上，在城市散步的时候，我们都应该确定我们对每种事物的动机是什么，比如这或是一个官员，或是一个漂亮的女人，那么，我们是受他们影响，被他们吸引呢，或是能够控制自己而不动心？

　　在基督教那里也有同样的东西，不过它们是用来检验我们对上帝的依赖的。我记得曾在 17 世纪的文献中发现一种令人想到爱比克泰德的练习。这是一个年轻的修士在散步的时候做的一种练习，这种练习以某种方式证明每一事物对上帝的依赖，从而使其认出神意的存在。在爱比克泰德的例子中，人们散步的时候，每个个体通过表明他不依赖于任何东西而确定自己至高无上，而在基督教的例子中，年轻的修士却以某种方式表明自己什么也不是：在散步的时候，每看到一个东西他都会感吁道："上帝的善是多么伟大呀！他创造了这一切，他以其万能的力量支持着这一切，尤其是支持着我。"就此而言，它们是相辅相成的。

［系统地比较一个天主教和新教的精神锻炼同古代所进行的精神锻炼是很有意思的一件事。这样我想到了一个具体的例子。在《对话录》中，爱比克泰德建议做一种"沉思—散步"的实践。当人们在街上散步的时候，碰到什么东西或人的时候，就应该进行自我审视，以便知道自己是否受到了执政官的权力或女人的美丽吸引、影响，灵魂受到了震动。在17世纪天主教的精神活动中，我们发现了同样的实践，即散步，观看周围的事物。然而，这种散步却不是要证明自己的至高无上，而是要在其中认出上帝的万能，认出上帝对万物和灵魂所行使的至高权威。］

**问**：因此，话语占有重要的地位，然而却总是服务于其他的实践，甚至在自我的构成中也如此。

**答**：我觉得，如果人们不把所谓的"自我"文学，比如私人日记，自我叙事等放入到自我实践的普遍的和丰富的背景中，那么它们就是无法理解的。人们写自己已有两千多年了，但非常明显的是，人们不是以同样的方式写作的。我有这样一个印象，也许是错误的印象，即存在着把写自我和描述自我看做是现代欧洲特有的现象的倾向。我并不想否认这是现代的现象，不过它同样也是写作的最初应用之一。因此，说主体是在象征体系中构成的并不能令人满意。它是在真实的实践中，在可以历史地分析的实践中构成的。有一种自我构成的技术，它通过利用各种象征体系而穿越它们。主体并不仅仅是在象征的活动中构成的。

**问**：如果自我分析是文化的发明，那么为什么我们会觉得它既自然又令人高兴？

**答**：起初，这也许是一个非常痛苦的练习，在最终成为一种肯定性的活动之前，它必然要求许多文化的评价工作。我相信我们可以在所有的文化中发现不同形式的自我技术。就像必须研究和比较物质生产同以政府形式进行的人对人控制的不同技术一样，人们也必须探究自我的技术。使自我技术的分析变得困难的原因有二：首先，自我技术不需要物质生产那样的物质工具，因此它常常是不可见的技术。其次，它常常同控制他人的技术相关联着，比如，如果我们以教育机构为例，我们就会看到人们是在引导别人，是在教他们学会自我控制。因此，人们拥有一种看起来是和控制他人的技术相关联的自我技术。

［首先，我看不出为什么"文化的创造"就不能是"令人高兴的"。自我的快乐完全可以采取文化的形式，比如音乐的快乐。我们应该清楚地认识到，这涉及的是和人们称之为自私或利己主义不同的东西。观察从18世纪到19世纪，在资产阶级中"自私"道德如何被提出，被灌输是很有意思的。毫无疑问，这种道德是同艺术—批判之中所存在的自我技术相对立的。"艺术家"的生活、"颓废主义"构成了同典型的资产阶级文化的自我技术相对立的一种生存美学。］

问：让我们转到现代主体的历史上。古典的自我文化完全消失了呢，还是相反被基督教的技术融合和改变了呢？

答：我不认为自我文化消失了或被遮掩了。我们可以发现许多被基督教直接地融合、改变、再利用的东西。就 epimeleia heautou 基本上变成了 epimeleia ton allon（关怀他者），而关怀他者恰恰就是牧师的工作来说，从其被基督教利用之始，自我的文化就被用来服务于牧师的权力，但是，由于个人的得救至少在一定程度上要通过关注灵魂的教会，古典的自我关怀就消失了，也即其存在的自主性几乎都消失了，都融入其他之中了。

有意思的是，在文艺复兴时代，我们看到一些被证明在中世纪已经存在的宗教团体反对牧师的这种权力，并要求确立自己特有地位的权力。按照这些团体的看法，个体应该独立于教会、牧师而担当自己得救的责任。因此，从某种意义上说，我们看到的不是自我文化的重现，因为它从来没有消失，而是对其自主性的重新肯定。

我们同样看到，文艺复兴时代的英雄就是其艺术作品，我这里想着的是布克哈特生存美学的著名著作。毫无疑问，人们可以使自己的生活成为艺术作品的观念对中世纪来说是陌生的，并且只是在文艺复兴时代才重新出现。

［应该写一部现代的生存美学和自我技术的历史。我刚才提到了在19世纪占有重要地位的"艺术家"的生活。而且，我们还可以把大革命不仅仅看成是政治的运动，而且看作是生活方式的变革，是其美学，其禁欲，其特有的和自我及他人关系的变革。

一句话，人们习惯于从人类存在的各种条件出发来写人类的历史，或者说，寻找这种生存中可以揭示历史心理进化的东西。然而，我认为同样也可以写这样一部生存的历史，这种生存是作为艺术和生活风尚而存在的。生存是人类艺术中最脆弱的原初内容，并且是最直接的材料。〕

**问**：到现在为止，您谈论的是古代自我控制技术的不同程度。在您的著作中，您总是强调文艺复兴和古代之间存在着重要的断裂。那么，它们的自我控制与其他社会实践的关联方式是不是也有同样重要的变化？

**答**：这是一个非常有意思的问题，不过，我并不想立即回答你。我们以这种说法开始吧：蒙田、帕斯卡和笛卡儿之间的关系是可以按照这一问题而被重新思考的。首先，帕斯卡仍然处于自我实践、苦行实践关联于世界知识的传统中；其次，不要忘记笛卡儿写了《沉思集》，而诸沉思就是一种自我的实践，不过笛卡儿著作中最不同寻常的东西却是，他成功地用知识实践的基础主体代替了自我实践所构成的主体。

这非常重要。即使真的是希腊哲学建立了理性，它也总是认为，如果一个主体不首先在自身之上实践某种使其能够认识真理的活动，比如净化活动，以及通过对灵魂的沉思而引起灵魂的转变，主体就不能达到真理。我们还有斯多葛学派的主题，它认为主体首先会确定其存在的自主和独立，但是这种确定是以非常复杂的方式确定的，它和世界知识的关系非常复杂，因为正是这种知识允许主体确定自己的独立，同时也正是这种确定的独立才使得按照其呈现出来的样子认识世界的秩序成为可能。直到 16 世纪，在欧洲文化中，这一问题仍然是："为了能够达至真理，以及配得上达至真理，我应该对自我做些什么呢？"换句话说就是，真理总是有代价的，不进行艰苦的工作就不能达至真理。在西方文化中，直到 16 世纪，苦行和达至真理是隐隐地联系在一起的。

我认为笛卡儿说"为了达至真理，我只需是能够清楚明白地认识存在的主体就可以了"就割断了这一关联。在主体和自我、他者及世界关系的连接处，证据代替了苦行。为了进入和真理的关系中，主体和自我的关系不再需要苦行了。同自我的关系只需向自我揭示我所看到的东西的确定真理，从而确定性地认识它们就可以了。这样，我可以是不道德的，却认识了真理。我相信这是所有古代文化都多少明确地拒绝的一种观念。在笛卡儿之前，人们不能同时既是不道德的、邪恶的，又是认识了真理的。在笛卡儿那里直接的证据就足够了，在笛卡儿之后，非苦行的主体出现了。

很明显我这里是概略地描述了一个极其漫长而又非常根本的历史。在笛卡儿之后，出现了一个知识主体，它向康德提出了道德主体和知识主体的关系问题。在启蒙时代，人们进行了许多讨论以求知道这两个主体相同与否。康德的解决是找到一个普遍的主体，这一主体就其为普遍而言，能够成为知识主体，然而，它又要求一种伦理的态度，这就是康德在《实践理性批判》中所提出的同自我的关系。

问：您是否想说笛卡儿把科学理性从道德那里解放了出来，而康德却又把道德作为理性过程的应用形式重新引入了？

答：正是如此。康德说："我必须把自己看作是一个普遍的主体，也即在我所有的行为当中都使自己服从普遍的法则，从而把自己构成为普遍的主体。"这样一来，古老的问题就重新出现了："我怎么能够把自己构成为伦理的主体？怎么能认识到我是伦理的主体？我需要苦行吗？或者说这种康德式的同普遍的关系通过使我服从实践理性而使我成为道德的？"这样，康德在我们的传统中开辟了一条新的道路，由于这条道路，自我不仅仅是给定的，而且是通过与主体自我的关系构成的。

选译自［法］福柯：《关于伦理学的谱系学——工作进展访谈录》，
与 H. Dreyfus 和 P. Rabinow 的谈话录，G. Barbedette 和 F.
Durand-Bogaert 法译。载 H. Dreyfus 和 P. Rabinow：《米歇尔·福柯：
超越结构主义和解释学》，第二版，1983。关群德译。

# 《作为自由实践的自我关怀的伦理学》
（1984）

**问**：首先我们想知道您现在关注的东西是什么？我们追踪了您思想最近的发展，特别是您在 1981—1982 年的法兰西学院讲座中关于主体解释学的思想。我们想知道您现在的哲学活动是否仍然由真理和主体性这两极规定着？

**答**：实际上，这也是我自己的问题，尽管我是以多少有些不同的方式来提出这一问题的。我试图知道人类主体是如何进入到真理的游戏之中的，而不管这种真理游戏是具有科学的形式，或是来源于科学的模式，或是人们在控制实践或机构之中可能遇到的。这是我的《词与物》的主题。在其中我试图找到在科学的话语中，人类主体如何会把自己定义为言说的、生存的、工作的个体。正是在法兰西学院的讲座中，我使这种或然域从其普遍性中显现了出来。

**问**：那么，这岂不是说，在您原先的问题域和主体性、真理的问题域之间存在着一种断裂吗？尤其是从"自我关怀"概念开始？

**答**：直到那时为止，对待主体和真理之间的关系问题，我或是从一些强制性的实践出发，就像精神病学及惩戒制度的情况那样，或是从一些理论的或科学的活动形式出发，就像对财富、语言及生命存在的分析那样。然而，在法兰西学院的讲座中，我却是试图通过人们可以称之为自我实践的东西来理解这一问题，而自我实践在我看来，自从希腊罗马时代以来，就是我们社会中的一个极其重要的现象，尽管它没有得到很好的研究。这种自我实践在希腊罗马文明中占有比后来重要得多和自主得多的地位。后来它从某种程度上被宗教、教育机构或医学及精神病学所控制。

问：因此，现在存在着一种转变：真理游戏不再关注于强制的实践，而关注于主体自我构成的实践。

答：是这样。这就是人们可以称之为禁欲实践的东西——如果给禁欲主义一种宽泛的意义，即不是戒弃意义上的禁欲主义，而是自我锻炼意义上的禁欲主义，通过这种锻炼，人们试图建立、改变及达至某种确定的生存方式。这样，我是在比马克斯·韦伯所给予的意义宽泛得多的意义上看待禁欲主义的。不过，我的理解仍然还是同一方向之上的理解。

问：自我对自我的工作是否就可以被看作是一种解放，一种解放的过程？

答：对此我倒是想谨慎一些。对于解放的普遍主题我一直抱有某种怀疑，因为，如果人们不小心地对待它，不在一定限度内对待它，那么就有回到这样一种观念的危险，即认为存在着一种人性或人的本质，这种本性或本质由于各种历史、经济、社会的过程，而被掩盖在、异化在或禁锢在各种机制之中，并且是被压迫机制所掩盖、异化或禁锢的。在这个假设中，要回到自身，重新发现自己的本性或重新触及自己的根基，以及恢复与自身的完全的和肯定性的关系，人们只要超越这些压制性的束缚就可以了。我认为这是一个不进行研究就不能被接受的主题。我不是说没有这样或那样形式的解放：当殖民地的人民试图从殖民者那里解放自己的时候，它确实是一种严格意义上的解放实践。然而，我们清楚地知道，在这种情况下，这种解放的实践不足以定义自由的实践，而这种自由的实践对于这些人民、这个社会，以及这些个体能够确定其生存，或确定其政治社会可接受的形式却是必不可少的。这就是为什么在解放的过程和自由的实践之间我更强调自由的实践。再说一遍，解放的过程有其自身的地位，但是，在我看来，其自身却不能独自规定所有形式的自由实践。这涉及的正是我在性那里所遇到的问题：说"解放我们的性欲"是否有意义？这一问题是否更多的是试图规定各种自由的实践，而通过这种实践，人们能够确定何为性快感，何为与他者的情、爱、欲的关系？在我看来，这一确定自由实践的伦理问题要比重复的断定性欲和欲望应该得到解放重要得多。

问：自由实践不就是要求某种程度的解放吗？

答：是的，绝对是的。正是由此才应该引入统治的概念。我试图进行的分析从根本上是建基于权力关系之上的。通过这我想指某种不同于统治状态的东西。在人类关系之中，权力关系的范围极其广泛。然而，这并不是说政治权力到处存在，而是说，在人类的关系之中，总是存在着权力关系。它们在个人之间，在家庭之中，在教育关系之中，以及在政治团体之中起作用。对权力关系的这种分析构成了一个极其复杂的场域，它有时遇到可以称之为统治状态或统治事实的东西。在这种统治状态中，权力关系不是变动的，不是让不同的参与者有改变这种状态的策略，而是固定的和不变的。当个人或社会团体运用经济的、政治的或军事的手段封滞了权力关系场域，使其成为不变的和固定的，并且不允许任何可逆的活动时，人们就面对着可以称之为统治状态的东西。确实，在这样的状态中，自由实践是不存在的，或者只是片面地或极其有限地存在着。因此，我首先同意你的看法：解放有时是自由实践的历史或政治条件。在性的例子中，可以肯定的是，应该有某种与男性权力有关的解放，应该从既涉及异性恋，又涉及同性恋的压制性的道德之中解放出来，然而这种解放并不导致一种幸福的、充满着性的存在，而在这个存在那里，主体可以达至一种完全的和满足的关系。解放开启的是一种新的权力关系场，一种由自由实践所控制的权力关系场。

问：解放本身不能成为自由实践的形式或方式吗？

答：在许多情况下这是可以的。实际上，在有些情况下，解放和解放的斗争对于自由的实践来说是必不可少的。例如，就性而言，存在着赖希方案。这种方案来自于对弗洛伊德的阅读。它认为性的问题完全属于解放的领域。简单地说，存在着欲望、冲动、禁忌、压制、内在化等。正是通过消除这些禁忌，也即通过自我解放，人们可以消除这个问题。在这里我不进行争论，因为我不想争论，我认为争论在大多数情况下是无意义的。我知道我在这里过于简单化了许多作家非常有意思的和精妙的说法，但我仍然相信他们漏掉了自由实践的伦理问题：即人们如何能实践自由？在性领域中，很明显人们通过解放其欲望将学会在和他者的愉悦关系中伦理地行为。

问：您是说应该伦理地实践自由？

答：是的，因为伦理如果不是自由的实践，如果不是有意识的自由实践，那它会是什么呢？

问：这是否意味着你把自由看成了本身已是伦理的存在？

答：自由是伦理的本体论条件，而伦理则是自由有意识采取的形式。

问：那么，伦理是在对自我的探究或关怀中所实现的东西吗？

答：在希腊罗马世界，自我关怀是一种存在方式，在其中个体的自由，或者，在某种程度上，公民的自由被当作是伦理的存在。从柏拉图最初的对话录到斯多葛学派的伟大作品，比如爱比克泰德、马克·奥勒留的作品，你可以看到这种自我关怀的主题真的贯穿于所有道德反思之中。相反，在我们的社会中，从某个时候起，自我关怀变成了某种令人可疑的东西。知道这些是一件有意义的事情，但是确切地知道什么时候变成了这样却不是一件容易的事。从某个时候起，自我关怀被当作是一种自爱、一种自私自利或一种个人利益的东西，它同人们应该具有的利他精神或必要的自我牺牲相对立。这些都发生在基督教时代。然而，我并不想说这完全是由于基督教。问题要复杂得多，因为在基督教中，拯救也是一种自我关怀的方式，然而基督教的拯救却是通过放弃自我而实现的。在基督教中自我关怀具有悖论的性质。不过这是另外一个问题。回到你刚才谈的问题。我相信在希腊人和罗马人那里，尤其是在希腊人那里，要恰当的行为，以及实践应有的自由，人们就应该自我关怀、自我关注，同时人们为了自我认识、自我构成、自我超越以及克制自身之中那些可能完全支配我们的欲望，也必须自我关怀、自我关注。对于希腊人来说，个体的自由是一些极其重要的东西。这和那种多少来自黑格尔的陈腐说法相反。按照这种说法，在城邦伟大的整体面前，个体的自由是无足轻重的：不作（其他城邦、我们周围的人、统治我们的人以及自身热情的）奴隶是一个绝对根本的主题。在古代整整八个世纪的文化中，对自由的关注是一个根本的、永恒的问题。那里有一个以自我关怀为中心的伦理。这种伦理赋予古代伦理以特有的形式。我不是说伦理就是自我关怀，而是说，在古代，作为有意识的自由实践的伦理是围绕着"关心你自己"这样一个绝对命令而转的。

问：这隐含着道德和真理为一的命令吗？

答：当然。人们不认识自己就不能关怀自己。自我关怀就被理解为对自我的知识，这是苏格拉底－柏拉图的看法。不过它也被理解为对一些行为规范或原则的知识，这种规范或原则既是真理，又是规则。自我关怀就带有真理：伦理在此就同真理的游戏联系在一起了。

问：您说这涉及真理被认识、记忆，并且逐渐地应用到在您之中高高在上进行控制的准主体之上。那么，这个准主体占有什么样的地位呢？

答：在柏拉图的思想中，至少在《阿尔基比亚德》①的结尾部分，对于主体或个体灵魂来说，问题在于把眼睛转向自身，从而在其所是之中认识自己，并且通过在其所是之中认识自己，从而回想起来自于他的，以及他可以思考的真理。相反，在人们可以宽泛的名之为斯多葛主义的思想中，问题则在于通过教育而认知某些真理、学说，其中有些是根本的原则，有些则是行为的规则。这是要如此这般，以便这些原则告诉你们在每种情况下，你们应该如何行为，以及你们在某种程度上自发地依规则行为。在这里我们遇到了一个隐喻，不是来自斯多葛学派，而是来自普罗塔克的隐喻："你应该以一种如此确定的方式学习这些原则，以便当你的欲望、欲念以及恐惧就像汪汪叫的狗那样醒来时，逻各斯会像仅用一声喊叫就会使其狗安静下来的主人那样的声音说话。"②在这里我们得到了逻各斯的观念。这种逻各斯以这种方式起作用，没有它，你什么也做不了。这样你就将会变成逻各斯，或者逻各斯将会变成你。

问：我们想回到自由和伦理关系的问题上。您说伦理是自由有意识的部分，这是否意味着自由可以意识到自己是伦理实践？比如说自由是否即刻以及总是道德化的自由？或者说为了发现自由的这

---

①　柏拉图：《阿尔基比亚德》，M. Croiset 译，109～110 页，巴黎，美文出版社，1925。

②　普罗塔克：《灵魂的平静》，J. Dumortier 和 J. Defradas 译，收在《道德作品集》中，第 7 卷，99 页，巴黎，美文出版社，1975。

种伦理维度，应该有一种在自我之上的工作？

**答**：实际上，希腊人问题化了他们的自由，以及个体的自由，从而使它们成为一个伦理问题。但是这种伦理是希腊人所理解的伦理：精神气质是存在及行为的方式。这是主体的存在方式，对他人来说是可见的某种行为方式。某个人的精神气质通过其服饰、举止、走路的方式，以及他用以回应所有事件的平静表现出来。对于希腊人来说，这是自由的具体形式。他们就这样问题化了他们的自由。一个具有高尚精神气质的人，能被当作榜样来赞扬及推荐的人是以某种确定的方式实践自由的人。我不认为要把自由看作精神气质，就需要一种转变。自由即刻就被问题化为精神气质了。然而，为了使这种自由的实践在善的、美的、令人尊敬的、值得记忆的精神气质中，以及在可以作为典范的精神气质中存在，就应该有自我对自我的工作。

**问**：您是否把对权力的分析置于此呢？

**答**：我认为，就自由对希腊人来说意味着非奴役而言（这和我们现在的自由定义非常不同），这一问题已经完全是政治的了。它是政治的就在于不受他者奴役是伦理的一个条件：一个奴隶是没有伦理的。因此，自由本身就是政治的。就自由意味着不是自身及自身欲望的奴隶而言，它随之也具有一种政治的模式。这意味着人们就自身而建立一种统治和控制的关系，建立一种人们称之为 archê（始基原则）的东西，即权力、命令的关系。

**问**：您曾经说过，自我关怀在某种程度上也就是关心他人。在这个意义上，自我关怀总是伦理的。它本身就是伦理。

**答**：对于希腊人来说，自我关怀是伦理的并不是因为它关心他人。自我关怀本身就是伦理。不过，就自由精神气质同样也是一种关心他人的方式而言，它隐含着和他者的各种复杂的关系。这就是为什么对于一个如其所应那样行为的自由人来说，知道如何控制其妻子、子女、仆人是非常重要的原因。这也是一种统治的艺术。就自我关怀能够使人在城邦、团体或个体的关系之中占据其适当的位置——不论这是作为官员或是作为朋友——而言，精神气质同样也隐含着一种同他者的关系。随之，就为了更好地关心自己，应该倾听教师的言说而言，自我关怀也还隐含着一种对他者的关系。人们需要导师、建议者、朋友，以及会告诉你真理的任何人。因此，和他者的关系问题贯穿于自我关怀的整个发展过程之中。

**问**：自我关怀的目的总是他者的幸福，它期望以一种非支配的方式控制存在于所有关系之中的权力空间。在这种情景中，哲学家能够占有什么样的位置呢？那些对关怀他者进行思考的人又能占有什么样的地位呢？

**答**：我们以苏格拉底为例。他以这种方式在路上给人们，在体育馆给年轻人打招呼："你是否关心自己？"神授意他这样做。这是他的使命。即使面对着死亡的威胁，他也没有放弃这一使命。他真的是对关怀他人进行思考的人：这恰恰就是哲学家的位置。不过，简单地说的话，我认为在自由人的情况下，这种伦理的规定是一个如其所应那样关怀自己的人会通过这同一行为，在和他人的关系中及为他人的关系中如其所应地行为。一个其所有人民都如其所应那样关怀自己的城邦将会是发现永恒伦理原则的地方。不过，我从来不认为人们能够说，关心自己的希腊人应该首先关怀他者。我觉得，这一主题是很晚才出现的。不应置关怀他者于关怀自己之前；自我关怀是伦理地在先的，因为和自我的关系是本体的在先的。

**问**：这种具有正面伦理意义的自我关怀是否能够被看作是对权力的一种颠倒？

**答**：是一种颠倒。这实际上是一种控制或限制的方式。因为，如果说希腊自由所反对的最大危险是奴役这件事是真的，那么，还存在另外一种乍眼一看就像是奴役之颠倒的危险：即权力的滥用。在权力的滥用中，人们超出自己权力的合法使用，从而把自己的幻念、欲望、欲念强加于人。我们在其中可以发现专制的形象，或直接是有权势的人和富人的形象。他们利用自己的权势和财富来欺压别人，并把一些不合理的权力强加到别人的头上。然而，我们看到这些人实际上是自己欲望的奴隶——希腊哲学家常这样说。好的统治者是那些如其所应那样行使自己权力的人，也就是说，同时也在自身之上应用自己的权力。正是自身之上的权力将会控制、调整对他者的权力。

**问**：脱离了关怀他者的自我关怀不是有导致"专制"的危险吗？

这种自我关怀的专制不是会变成一种控制他人意义上的对他人行使权力吗？

**答**：不会，因为控制他人及对其行使一种独裁权力的危险只来自这样一个事实，即人们不关怀自己，并且成为自己欲望的奴隶。不过，如果你如同所应的那样关怀自己了，也即如果你从本体上知道你之所是，如果你还知道你之所能，如果你知道作为城邦的居民对你意味着什么，作为家庭的主人对你意味着什么，如果你知道何者是应该怀疑的，何者是不应该怀疑的，如果你知道什么是可以期望的，以及相反，什么是与你完全无关的，最后，如果你知道不应该害怕死亡，这样，你就不会滥用你的权力对待他人了。因此，这里并不存在危险。这一观念在很晚以后，在自爱成为可疑的，并被当作各种道德缺陷可能根源之一后才出现。在这种新的境域中，自我关怀的最初形式就是自我放弃。在戈雷瓜·德尼斯的《论纯真》之中可以非常清楚地看到这些。在其中，自我关怀的观念被定义为对所有尘世关系的放弃。这是放弃所有那些成为自爱的东西，放弃所有那些对尘世自我的爱恋。① 不过，我认为在希腊罗马思想那里，自我关怀自身不会走向这种会忽视他人，或者更糟的是，会对他人滥用权力的极端的自爱。

**问**：那么，这是说自我关怀通过考虑自身而考虑他人吗？

**答**：是的，完全是这样。那些清楚地知道作为家庭的主人，作为夫妻，作为父亲有何职责的人将会具有他所应具有的同妻子、子女的关系。

**问**：但是，人类的有限性不是扮演着一个特别重要的角色吗？您曾经谈到了死亡：如果你不害怕死亡，您就不能对他人滥用权力。在我们看来，这一有限性的问题极其重要；对死亡、有限、被伤害的恐惧处于自我关怀的中心。

**答**：当然。正是在此，基督教通过引入超出生命之外的得救，从而在某种程度上动摇了，或者说搅乱了自我关怀的整个主题系统。

---

① 戈雷瓜·德尼斯：《论纯真》，第 8 章，"开始于摆脱婚姻的自我关怀"，303c—305c，M. Aubineau 译，巴黎，du Cerf 编，《基督教资料集》，第 119 集，423～431 页，1966。

我再说一遍，尽管寻求得救也完全是一种自我关怀，然而，实现得救的条件恰恰却是进行放弃。相反，在希腊人和罗马人那里，由于人们在自身的生活中关心自己，而且人们唯一关心的身后之物是将要留下的名声，因此，自我关怀可以完全关注于自身、关注于自己所做的以及在其他人那里所占的位置，可以完全关注于对死亡的接受(这在后期斯多葛学派那里非常明显)，关注于甚至是对死亡的渴望。同时，如果这不是关心他人，至少也是将会有益于他人的自我关怀。比如在塞涅卡那里，我们看到了这一主题的重要性。这很有意思。他说让我们快点变老吧，让我们快点走向结束吧，这样我们就可以重新回到自身那里。这种死亡之前的时刻，这种不会再有什么事情发生的死亡不同于人们在基督教中所看到的对死亡的渴求，因为基督教对死亡的渴求期望的是死后的得救。这就像一种匆匆走向其生存的一个过程，它走到了在生存之前没有别的，而只有死亡可能性的地方。

问：现在我们想转到另一个问题上。在您的法兰西学院的讲座中，您曾谈到权力和知识之间的关系，现在您谈论的是主体和真理之间的关系。那么在权力/知识和主体/知识这两对概念之间存在着互补吗？

答：就像我开始所说的那样，我的问题总是主体和真理之间的关系问题：即主体是如何进入真理的游戏之中的？我最初的问题是：从某个时候起，以及经历了随之而后的过程之后，癫狂被问题化为和医学相关的一种疾病。这是怎么发生的呢？癫狂的主体又是如何被置于这种由知识或医学所定义的真理的游戏中呢？正是通过进行这种分析我意识到，不同于早期非常流行的实践，人们不能仅仅通过谈论意识形态就可以充分地解释这种现象。实际上存在着这样一些实践，即从17世纪初发展起来，并得到广泛应用，以及置这种癫狂的主体于真理游戏中的拘禁。这种拘禁把我更多地带回到权力机构的问题，而非意识形态的问题。就这样我被带到了提出知识/权力的问题。对于我来说，这一问题不仅是根本性的问题，而且也是使分析主体和真理游戏关系问题成为可能的工具，一种在我看来是更加精确的方式进行分析的工具。

问：然而，您原先不是一直"禁止"人们对您谈论普遍的主体吗？

**答**：不，我从来没有"禁止"过。也许我原先的表达不太恰当。我所拒绝的是人们首先给出一种主体的理论（比如就像现象学和存在主义那样），并且从这种理论出发，从而提出知识形式如何可能的问题。我试图表明的是，主体通过一些真理游戏实践、权力实践等，如何以这种或那种特有的方式把自己构成为癫狂的或理智的主体，有罪的或无罪的主体。为了能够分析主体的构成或主体的各种形式同真理的各种游戏、权力的各种实践等等之间可能存在的各种关系，我就必须拒斥先验的主体理论。

**问**：这意味着主体不是一个实体？

**答**：主体不是一个实体，它是一个形式，一个并不总是自身同一的形式。当你把自己构成为将去投票或去集会作演讲的政治主体的时候，以及当你寻求在性关系中实现自己的欲望的时候，你和自己并不具有同一的关系。毫无疑问，在主体的这些不同形式中存在着各种各样的关系和牵连，但是我们面对的不是同一的主体。在每种情况下，人们都同自身建立，即构成不同的关系。我所感兴趣的正是同真理游戏相关的主体的不同形式的历史构成。

**问**：癫狂的、病态的和有罪的主体，也许还包括性的主体是理论话语之对象的主体，是一个我们称之为"被动"的主体，而这两年您在法兰西学院讲座中所谈论的主体却是一个"主动"的主体，一个政治上主动的主体。自我关怀关注于所有政治实践、统治活动等问题。似乎在您那里存在着一种非视角的，而是问题域的变换？

**答**：如果癫狂主体的构成真的可以被看作是压迫机制的后果（这是被动的主体），你就可以清楚地看到癫狂的主体不是一个不自由的主体，而且精神病患者正是相关于、面对于声称他们是癫狂的人而被构成为癫狂的主体的。在我看来，在 19 世纪精神病及精神病院的历史上占有非常重要地位的歇斯底里是主体被构成为癫狂的主体之方式的一个形象的说明。而且大多数歇斯底里现象正是发生在最具强制性地迫使个体把自己构成为癫狂的地方。这不是一个完全偶然的现象。相反，我想说，如果现在我实际上感兴趣的是主体以一种主动的方式，并通过诸种自我实践而自我构成的方式的话，然而，这种实践却不是个体自身所创造的。这是他在自身的文化中所发现的模式，是由他所处的文化、社会及社会团体向他提出、建议及强加的模式。

问：似乎在您的问题域中缺少某种东西，即抵制权力的概念。这假定非常主动的，非常关怀自我和他人的主体在政治和哲学上是有能力的。

答：这把我们带回到了我所理解的权力问题上。我从来不使用权力这个词，如果我有时使用这个词，这也总是我经常所使用的权力关系的简化说法。存在着一些现成的模式：当人们谈论权力的时候，人们立即就想到一种权力的结构，想到政府、统治阶级以及主人和奴隶等。我谈论权力的时候所思考的完全不是这些。我想说，在人类的关系之中，不论这是什么样的关系，不论涉及的是就像我们现在所进行的语言交流，或涉及的是情爱的、制度的或经济的关系，权力总是存在的。我想说的是这样一种关系，在其中人们想要控制他者的行为。因此，这是人们可以发现的具有不同层次、不同方式的关系。这种权力关系是可变的关系，也即它们能够被改变，它们不是一劳永逸地给定的。比如，我可能年纪更大一些，谈话开始的时候你们可能会有些惶恐，但随着谈话的进行，面对着年龄更小的人，我却可能有些惶恐了。因此，这种权力关系是可变的、可逆的及不稳定的。同时也应该清楚地意识到，只有主体是自由的时候，权力关系才能存在。如果两者之一完全受他者控制，成为他者的所有物，成为他者可以没有限制地施加暴力的对象，其中就不存在权力关系。因此，为使权力关系起作用，就应该有两个至少具有一定自由的存在。即使在权力关系完全失去平衡的地方，即使人们真的可以说一个人完全拥有对他者的权力，权力的行使也只有在这样的情况下才有可能，即后者仍然可以自杀，可以越窗而逃，可以杀死他人。这意味着在权力的关系中，必须存在着反抗的可能，因为，如果没有反抗的可能，如果没有可以进行颠覆的暴力的、逃避的、计谋的、策略的反抗，就完全没有权力关系。由于这一普遍形式，我拒绝回答人们时常向我提出的问题："如果到处都存在权力的话，那就没有自由了。"我的回答是，如果权力关系贯穿于整个社会场，这是因为到处都存在着自由。现在确实存在着统治状态。在许多情况下，权力关系是如此固定，以至于它们总是不平衡的，并且只允许极其有限的自由。我们举一个毫无疑问是非常典型的例子。

人们不能说在18世纪和19世纪传统的婚姻结构中，只有男人才有权力，实际上女人可以做许多事情的，比如欺骗男人，从他那里弄些钱，以及拒绝和他性交等。然而，她们仍然处在被统治的地位，因为这些还只是一些计谋，只是一些无法颠覆处境的计谋。在这种控制中，不论它是经济的、社会的、制度的和性的控制，问题实际上都在于知道，这种反抗将会走向何处，比如在将要进行政治反抗的工人阶级那里，这会是以工会还是以政党进行反抗呢？以及进行反抗的形式是什么？以罢工，总罢工，革命，议会斗争的形式吗？在这种统治状态中，应该以一种特有的方式，即以统治所特有的形式、类型来回答所有这些问题。然而，在我看来，仅仅断定"你在所有地方都看到了权力，所以就没有自由的位置"是绝对不够的。人们不能把这样一种观念归之于我，即认为权力是一种控制了所有的东西，并且没有给自由留下任何位置的统治机制。

**问**：您刚才是把自由人和哲学家当作两种不同类型的自我关怀的典范来谈论的。哲学家的自我关怀具有某种特殊性，不能混同于自由人的自我关怀。

**答**：我想说这涉及的是自我关怀的两种不同位置，而非两种不同形式。我认为关怀的形式还是一样的，但是对自身而言却有强度和热心程度的不同，以及随之对他者而言的热心程度的不同。哲学家的位置是不能混同于自由人的位置的。

**问**：是否正是在此人们可以设想哲学和政治之间有一种根本的关联？

**答**：当然。我认为哲学和政治之间的关联是根本的和永恒的。在希腊自我关怀的历史中，这种关联就非常明显，而且具有非常复杂的形式：一方面是苏格拉底，以及《阿尔基比亚德》①中的柏拉图，《回忆苏格拉底》②中的色诺芬。苏格拉底这样给年轻人打招呼，他说："你想想，你想成为政治家，你想成为城邦的管理者，因此，你

---

① 柏拉图：《阿尔基比亚德》，M. Croiset 译，巴黎，美文出版社，法国大学丛书，1925，124b，92 页，127-e，99 页。

② 色谱芬：《回忆苏格拉底》，第 3 卷，第 7 章，第 9 节，E. Chambry 译，巴黎，Garnier 出版社，"Garnier 丛书"，412 页，1935。

想照顾他人，然而，你却甚至没有照顾自己。如果你不照顾自己，你就不会是一个好的统治者。"按照这种看法，自我关怀是作为好的统治者之构成的教育的、伦理的以及本体的条件出现的。把自己构成为进行统治的主体隐含着把自己构成为自我关怀的主体。然而，另一方面，在《苏格拉底的申辩》中，苏格拉底说过："我向所有的人说"①，因为，所有的人都应该关心自己。然而，他又立即补充说："我这样做是对城邦的最大帮助。你们不应惩罚我，相反，你们对我的奖赏应该比对奥林匹克运动会优胜者的奖赏更多。"②这样，在哲学和政治之间就存在一种牢固的关联。当哲学家不仅关心城邦居民的灵魂，而且也关心君王灵魂的时候，这种关联就会进一步地发展。哲学家成为君王的顾问、教师、精神指导。

问：自我关怀的问题域是否能够成为一种新的政治思考的中心？成为一种不同于我们今天所认为的政治的中心？

答：我承认在这方面我没有做多少事。我更想回到更现实的一些问题，以便找出在现实政治的问题域中，人们都能够做些什么。不过，我有这么个印象，即在19世纪的政治思想中，也许还应该追溯得更早，应追溯到卢梭和霍布斯那里，人们基本上是把政治主体看作是法律的主体，不论这是自然法或人为法。相反，在我看来，伦理主体的问题是一个在当代政治思想中没有多少地位的问题。最后，我不喜欢回答我没有研究过的问题。然而，我却非常喜欢能够回到我通过研究古代文化所涉及的问题上来。

问：哲学的道路和精神的道路之间会有什么样的关系呢？而哲学的道路通向的是自我认识。

答：我把精神理解为主体达至某种存在方式，以及主体为达至这存在方式自身应该做的改变。我不能肯定这是否是人们在很长时间内都可以持有的定义。我认为在古代精神那里，哲学和这种精神是同一的，或者说几乎是同一的。总而言之，哲学所最关注的是自我，而关于世界的知识是晚于，并且在很大程度上是为这种自我

---

① 柏拉图：《苏格拉底的申辩》，30b，M. Croiset 译，美文出版社，法国大学丛书，157 页，1925。

② 同上书，36c-d，166 页。

关怀服务的。读笛卡儿的书时，令我感到惊讶的是，我们在《第一哲学沉思集》中发现了同样的精神关怀。这种关怀是要达至一种存在方式，一种不再有怀疑，以及人们终于可以认知的存在方式。① 然而，这样定义哲学通向的存在方式，人们就会看到这种生存方式完全是由知识所定义的。而哲学则完全是由达至认知主体或达至使主体成为认知主体的东西所定义的。按照这种看法，我觉得哲学是把精神的功能叠放在了科学之基础的理想之上了。

问：我们是否应该把这种古典意义上的自我关怀观念现实化，以对抗现代思想中的自我关怀？

答：当然应该。不过我这样做并不是为了说："我们很不幸地遗忘了自我关怀，而自我关怀却是一切的关键。"再没有比这样一种观念更陌生于我了：它是说在某个时候，哲学迷失了道路，遗忘了一些东西，在哲学历史的某个地方存在着一种原则和基础，存在着应该重新被发现的原则和基础。我认为所有这些分析的意义都不大，不论它们采取极端的形式，说从一开始哲学就被遗忘了，或者采取更加历史的形式，说："在这种哲学中，有些东西被遗忘了。"我们无法从中得到什么重要的东西来的。然而，这并不意味着和这些哲学的关联不能导致某些东西，而是应该强调这种东西是新的东西。

问：就是这促使您问道我们今天为何应该达至真理的吗？达至政治意义上的真理，即政治策略意义上的真理，而这种策略是反对关系体制中各种各样的权力"障碍"的？

答：这确实是一个问题。为什么要认识真理呢？为什么人们对真理的关心更甚于对自我的关心呢？为什么人们只是通过对真理的关心而关心自我呢？我认为这触及了一个根本的问题，而且我愿意称之为西方的问题：西方的整个文化都围绕着这样一个认识真理的任务而转，而真理又采取了各种各样的形式，这是如何发生的呢？事情摆在那里，至今没有何者能够表明我们可以在这种关注之外定义一种策略。正是在认识真理这样一个义务的范围内，人们有时能够以这种或那种方式来反对统治的各种结果，而这种结果也许和真

---

① 笛卡儿：《第一哲学沉思集》，1641年，收在《全集》中，巴黎，伽利玛出版社，253～334页，1952。

理的结构或承担着真理的各种机构相关联。用极其简单的话说，人们可以发现许多例子的：存在着一种所谓的"生态"运动，这是一种非常古老的运动，并不仅仅是在 20 世纪才出现。这种生态运动从某种意义上常常是和科学对立的，或者总是和以真理的名义所保证的技术相对立的。然而，实际上，这种生态学也谈论真理：人们所做的批评是以自然知识的名义，以生命过程的平衡的名义做出的。因此，人们并不是通过进行一种和真理游戏完全无关的活动而躲避真理的统治，而是以另一种方式，或者说以另外的方法进行其他的活动、其他游戏来逃避的。我认为在政治领域内事情同样如此。在政治领域内，人们可以从不合理的政治所导致的统治后果出发进行批评，不过却只能通过某种真理的游戏，通过表明其后果，通过表明还存在其他一些合理的可能性，通过告诉人们他们所不知道的有关他们的处境、工作条件和受到的剥削的情况来进行。

　　问：就真理游戏和权力游戏的关系而言，您难道不认为人们可以在历史上发现真理游戏的某种特殊模式，而这种模式就其和真理及权力游戏的其他所有可能性而言，具有一种独特的地位，并且其特征在于本质上的开放，及对所有权力障碍的反对。而这里权力是统治－服从意义上的权力？

　　答：当然可以发现。然而，我谈论权力和真理游戏之间关系的时候，我绝对不是想说，真理的游戏只是这种及那种人们想掩盖的权力关系。这会是一种极端的夸张。就像我已经说过的那样，我的问题是认识真理的活动怎么能够建立起来，以及它如何和权力关系相关联。比如，人们可以表明癫狂的医学实践，也即围绕着被认为是疯子的医学知识，是和给定时期整个社会及经济过程相关联着的，而且和权力实践和权力机构相关联着的。这一事实一点也没有损害科学的有效性或精神病学的治疗效果：它不保证这种有效性，同样也不宣称它无效。数学和权力结构的关联同样如此，尽管其关联方式同精神病学的关联方式完全不同。这与它被教授的方式，通过数学家们达成一致的方式有关。而这是在一个封闭的圈子里起作用，它有自己的价值标准，并且决定什么是数学中的真（好）和假（坏）等。这完全不是想说数学仅仅是一种权力游戏，而是说数学的真理游戏是以某种方式和权力组织及权力游戏相关联着的，没有这种关联就没有它的有效性。很明显，在许多情况下，人们可以写一部完整的数学史而不用考虑这种关联，然而，这种问题域却总是有意思的东西，现在甚至数学史家也开始研究其结构的历史了。最后，很明显，权力和数学真理游戏之间可能具有的关系完全不同于精神病学那里的关系；总而言之，人们不能说真理的游戏仅仅是权力的游戏。

**问**：这一问题又把我们带回到主体的问题了，因为在真理游戏这里，这一问题是以知道谁在言说真理，他是怎样言说真理，以及他为什么言说真理的方式而提出的。因为在真理的游戏中，人们可以游戏地言说真理，即有一种游戏，人们游戏真理或真理是一个游戏。

**答**："游戏"一词有可能会使你弄错：当我说"游戏"的时候，我说的是产生真理的整个规则系列。这不是模仿或逗乐意义上的游戏……而是导致某种结果的整个过程，按照其程序原则和规则，这个过程可以被看作有效或无效，输了或赢了。

**问**：然而总是存在着"谁"的问题：这是一个团体呢？或是一个机构呢？

**答**：这可以是一个团体，一个个体。确实，这是一个问题。就各种各样的真理游戏而言，我们可以看到，自从希腊时代以来，表征我们社会的是这样一个事实，即我们没有一种排除了所有其他东西的有关真理游戏的精确的和绝对的定义。在某一给定的真理游戏中，总是有可能发现一些其他的东西，总是有可能或多或少地改变这个或那个规则，有时甚至改变整个真理游戏。毫无疑问，这是给予西方社会各种发展可能性的东西，并且是别的社会所没有的东西。谁在言说真理呢？这是一些自由的个体，他们形成了某种一致的意见，并且处于某种权力实践及强制组织之网中。

**问**：因此真理不是一种建构？

**答**：这以情况而定。存在着真理是建构的真理游戏，也存在着真理不是建构的真理游戏。例如，我们可以有这样一个真理游戏，其目的在于以这种或那种方式描述事物：对一个社会进行人类学描述的人不是在建构，而是在描述。然而，他也有一些历史地变化着的规则。这种规则如此变化，以至于人们可以说，与其他的描述相比，这也是一种建构。这并不意味着没有任何东西存在，并不意味着所有的东西都是来自某个人的大脑。就真理游戏的这种变化而言，有些人认为我说什么都不存在，人们认为我说癫狂是不存在的。然而问题却完全相反：这涉及的是知道，在某个特定的时候，即：在人们所能给之于它的各种定义之下，癫狂怎样能够被置于制度化的场域中，而这个场域则把它构成为在其他疾病之旁占有某种特殊位置的精神疾病。

问：然而，归根结底，在真理问题的中心还存在着交往的问题，存在着话语透明的问题。有能力说出真理的人也有一种权力，一种能够言说真理，以及如其所愿而表达真理的权力。

答：是的。然而这并不意味着像大多数人认为的那样，他所说的不是真的。当我们让人们看到权力和真理之间可能存在一种关联的时候，他们总是说："喏，这不会是真的！"

问：这整个地同交往问题相关联，因为在一个交往非常透明的社会中，也许真理的各种游戏会非常不依赖权力的结构。

答：你所说的是一个非常重要的问题。我想你向我提出这个问题的时候可能想到了哈贝马斯。我对哈贝马斯的工作很感兴趣，尽管我知道他完全不同意我所说的，而我则有点同意他所说的。不过，有些东西对我来说却总是问题，即他给予交往关系以如此重要的地位，特别是给予它一种我愿意称之为"乌托邦"的功能。在我看来，认为可以有一种交往状态，在其中真理游戏可以没有障碍、没有强制地自由地传布的观念是一种乌托邦的想法。这恰恰就是没有看到，权力关系并不是本身就是恶的，因而必须被消除掉。我认为不可能存在一个没有权力的社会，如果人们把权力关系理解为诸个体试图引导、控制他人行为的策略的话。因此，问题并不在于试图把它们消融于完全透明交往的乌托邦里，而是给出各种法律规则，管理技术，以及伦理道德、精神气质、自我实践等，给出这些将使权力游戏尽可能不具统治的东西。

问：这样您离萨特就非常远了。他说过："权力就是恶。"

答：是的。人们经常把这一观念归之于我，而它实际上却和我的思想相距甚远。权力并不是恶。权力是各种策略游戏。我们清楚地知道权力并不是恶！比如性和爱这样一种关系，它是在开放的策略游戏中对他者行使权力，这种行使关系还可能会颠倒过来。这种行使就不是恶，它构成了爱、激情和性快乐的一部分。让我们再举一个常常是合理的批评对象的例子，即教育机构的例子。我不认为这样的实践活动是恶的，即在给定的真理游戏中，某个人比别的人知道的更多一些，从而告诉别人应该做什么，并传授给他以知识，教会他一些技术。问题在于知道在这种实践中，人们将怎样避免统治的结果。这种结果会使儿童屈从于教师专断和无用的权威，使学生屈从于独断教授们的控制之下。在这种实践中不可能不行使权力，而且权力也不是自身就是恶的。我认为应该以法律规则、合理的统治术、精神气质、自我实践、自由实践来提出这一问题。

问：我们是否可以把您刚才所说的理解为您曾称之为的新伦理学的基本准则？它是要尽可能少的控制……

答：我认为这实际上是伦理思考及寻求尊重权利的政治斗争之间的关联点，是反对政府滥用技术的批判性思考和寻求给个人自由以基础的伦理探究之间的关联点。

问：当萨特说权力是最大的恶的时候，他似乎暗指着权力在进行统治这样一个事实。您也可能会同意萨特的说法的。

答：是的。我认为所有这些概念都没有得到恰当的定义，所以，人们并不非常清楚地知道自己在说些什么。我不敢肯定在关注权力问题之始，我对它的说明是否非常清楚，以及是否使用了恰当的语词。现在我对这一问题的看法清楚多了。我觉得应该把权力关系区分为自由和统治状态这样两种策略游戏。前者让一些人试图控制他者的行为，而他者则以试图不让别人控制自己的行为，或者反而试图控制他者的行为作为回答。而后者则是人们常常称之为权力的东西。在两者之间，在权力游戏和统治状态之间，人们有一些统治的技术。这是非常广泛意义上的统治技术，既是人们统治自己的妻子、子女的方式，也是人们统治一个机构的方式。对这种技术进行分析是非常必要的，因为统治状态就常常是通过这种技术而建立起来，并得到维持的。我对权力的分析包括三个层次：策略关系、统治技术及统治状态。

问：我们发现在您有关主体解释学的讲座中有这么一段话，在其中您说对政治权力最初的和有用的反抗只存在于自我同自我的关系中。

答：我不认为自我和自我的关系是唯一可以对政治权力进行反

抗的地方，这里政治权力被理解为统治状态。我说统治性隐含着自我和自我的关系。这正好意味着通过这个统治性概念，我想指人们可以用来构成、规定、组织及工具化各种各样策略的所有实践。而个体可以通过自身的自由来运用这些策略相互控制。正是自由的个体试图控制、决定、限制他人的自由。为此，他们拥有一些控制他人的工具。因此，这些的基础就在于自由，就在于自我和自我的关系，以及自我和他者的关系。这样，如果你不想从自由、各种策略及统治性出发，而从政治组织出发来分析权力，你就只能看到作为法律主体的主体。这样您就有一个有权利或没有权利的主体，一个从政治社会组织那里得到权利或失去权利的主体。由此我们回到了法律主体的概念。相反，我认为统治性概念允许主体的自由同他者的关系凸显出来，也即允许构成了伦理内容的东西凸显出来。

**问**：您认为哲学能对这种期望控制他人行为的倾向说些什么吗？

**答**：这种控制他人行为的方式会由于社会的不同而采取非常不同的形式，引起各种强度非常不同的欲望和欲念。我对人类学所知甚少，但是我可以设想有这样一些社会，其中人们控制他人行为的方式是如此提前就规定好了，以至于在某种意义上说，所有的活动都是完成了的。相反，在我们这样的社会中，游戏可以非常多，因此想控制他人行为的欲望也就非常强烈，这在家庭关系中、性关系中及情爱关系中非常明显。人越是自由，人控制他人行为的欲望越是强烈。游戏越是开放的，它就越是有趣，越是吸引人。

**问**：您认为哲学的任务就在于提醒权力的危险吗？

**答**：这一直是哲学的重要功能。就哲学的批判倾向而言，我是从广义上理解批判的，哲学恰恰就是质疑所有的统治现象，不论这种统治处在什么层面，采取了什么形式，不论它是政治的、经济的、性的，及制度化的。哲学的这种批判功能从某种程度上来自于格拉底的命令："关心你自己。"也就是说："通过控制你自己，从而把自己置于自由的基石之上。"

这是福柯与 H. Becker，R. Fornet-Betancourt 以及 A. Gomez-Müller 在 1984 年 1 月 20 日所作的访谈录。 选译自 *Concordia：Revista internacional de filosophia*，第 6 期，1984。 关群德译。

## ［法］德里达（Jacques Derrida，1930—2004）

《给予死亡，恩惠的伦理与恩惠的思想》(1992)（节选）

# 《给予死亡，恩惠的伦理与恩惠的思想》（1992）（节选）

## 给予谁

*Mysterium trementum*：令人恐惧的神秘，令人战栗的秘密。

战栗。当我们战栗的时候，我们做什么？是什么令人战栗？

秘密总是令人战栗。战栗不仅仅是战抖或打哆嗦，有时候也可能会这样。战抖无疑也昭示害怕、焦虑、对死亡的预感，这属于对将来之物的预表，一种提前的紧张。但它同样也可能是一种轻快的欢叫，是高兴或快感带来的激动。这是一种过渡，被吸引住的时刻。战抖并不总是那么严重，有时候它遮遮掩掩，让人刚能觉察又稍纵即逝。战抖所预感到的事大多没有发生。这就像煮水，烧开前就开始骚动，我们把这叫作吸引：这是一种肤浅的前沸腾，一种预示性的搅动。

就像在地震中或我们全身发抖的时候，战栗至少在作为标志或症状的意义上已经发生。它不再是一种预示，即使令人战栗的事件在震动的同时将一种不由自主地战抖印在身体内，但事件继续显示着和威胁着。暴力会重新发作，创伤持续着重复自身。殊为不同的是，在震动中，恐惧，害怕，焦虑，恐怖，恐慌或担忧已经开始，引起这些现象的事件继续或威胁着继续令我们战栗。我们常常不知道或看不到降临到我们身上的事件来自何处——所以是秘密。我们因怕而怕，因焦虑而焦虑——我们战栗着。我们在这种陌生的重复跟前战栗，它将一种不能追溯的过去（某种打击已然发生，某种创伤已然埋在我们身内）与一种不能预示的未来联结在一起，这是一种已被卷入却又无法预示的未来，一种被领会着却又恰恰不知所云的未来，这就是为什么存在着一种未来，它像不能被预示着，不能被预言者那样被领会，像不能被靠近者那样被靠近。尽管我们相信自己知道那将要到来者，但顷刻之间，那已然到来者的到来仍然在根本上未被触及，不可把握和无法触摸。在那不可预言者的重复中，我们首先感到战栗的是不知道这已经遭遇的打击来自何方，它从哪里产生（无论它是好的或是坏的打击，甚或是亦好亦坏的打击），也不知道，作为双重秘密，它是不是要继续下去，重新开始，持续不断，重复自身：是否，怎样，哪里，何时，以及这一打击的理由。于是我战栗于我继续怕着的那令我曾怕的东西，而我却看不见也预见不到。我在超出我的视力和理解的东西面前战栗，而这东西却渗透到我的内心，就像俗语说的那样，直入灵魂和骨髓。战栗将我们引向挫败我们的看和知的东西，它是一种关于秘密或神秘的经验，但这是一种非同寻常的秘密、谜、神秘，它在揭示一种不能触摸之经验的同时，将某种更的印记添加到战栗[战栗的拉丁语 *tremor* 与希腊语一样，指我战栗，**我被战栗地激动**；希腊语中还有 *tromeô*：我战栗，我哆嗦，我害怕；而 *tromos* 则是战栗，害怕和恐惧。*mysterium trementum* 中的拉丁词 *Trementus*，*Trementum*，（*tremo* 的动形词）指令人战栗者，令人胆战心惊者，令人不安者，令人毛骨悚然者]。

　　这个额外的印记来自何方？我们不知我们为何战栗。知识的局限在此不再只涉及原因或事件，不再只涉及不可知者，不可见者，或者令我们战栗的根源。而且我们也不知道为什么会发生这种症状，为什么身体会不由自主地颤动，身体的各部分为什么会不听使唤，肌肉为什么会不断地战抖。为什么这种不由自主会采取这样的方式？为什么恐惧让人发抖，冷不是也令我们发抖吗？但这些身体的类似现象所得出的经验和后果起码在表面上截然不同。像泪水一样，这种症状也是一个谜。即使我们知道我们为什么哭，知道它的情境和所指（我因失去亲人而哭泣，小孩因被打或受冷落而哭；他因别人的缘故而自我折磨，埋怨自己，自艾自叹)。但这也解释不了为什么泪腺会淌出这些水珠子，它为什么偏偏从眼睛而不是从嘴巴，从耳朵流出。必须为身体的思想开辟出一条同时兼顾言谈各方面[思想，哲学，生物—遗传—精神分析学，叶子，以及本体发生]的新路来，以便有朝一日接近那令人战栗者，那令人痛哭者，那不是我们称之为上帝或死亡的终极理由(上帝是令人战栗的理由，而已宣布的死也总让我们战栗或痛哭)的理由，亦即最切身的理由：不是周围的理由，而是我们最切身的理由，是那令我们战栗和痛哭者，而不是其他的什么东西。那么在此进入隐喻和形象的是什么呢？当我们认为能够谈论身体，言辞和修辞的时候，身体意指何物呢？

在令人战栗的神秘中是什么东西让我们发抖的呢？是那无限之爱的恩惠(don)，是那存在于注视着我的神圣看顾与对这一注视者盲目的我之间的遥不可及，是那不可代替者所经历和表现出来的死，是那存在于无限的恩惠与我的有限之间的不对称，是作为罪、恶、拯救、忏悔与牺牲的责任感。就像克尔恺郭尔《恐惧与战栗》一书的书名所表示的那样，令人战栗的神秘至少在间接的意义上与圣保罗有关。在腓立比书中，保罗要求他的门徒们为他们的得救战战兢兢地工作。他们应该为他们的得救而工作，尽管他们完全知道上帝决定着一切：他人无法向我们提供任何理由，提供任何帮助，我们分享不了他人的任何理由。我们恐惧和战栗，因为我们在上帝的掌握中，虽然能够自由自在地工作，但却是在上帝的掌握和看顾下进行的，对于上帝的看顾，我们却看不见，所以我们既看不到上帝的意志，也看不见他要作的决定以及他愿意这样和那样的理由，我们看不见我们的生或死，丧失或得救。我们在上帝那不可捉摸的秘密跟前战战兢兢，他决定着我们而我们却要负责，却要自由地作决定，工作，自由地承担我们的生和死。

保罗的话，与我们论及的某种"永别了"(adieux)有关：

"这样看来，我亲爱的弟兄，你们既是常顺服的，不但我在你们那里，就是我如今不在你们那里，更是顺服的，就当恐惧战兢，做你们得救的工夫。"

对恐惧和战栗的首先解释是：门徒们被要求为他们的得救工作，不是出于师傅的在场，而是出于师傅的不在场；在不见也不知的情形下，在听不到法律或不知法律理由的情形下。我们被交付给了绝对的孤独，既不知事物的来处，也不知我们的去处。谁也不能告诉我什么，谁也不能为我说什么，我们当好自为之，各自面对自己（海德格尔就死亡，就我们的死亡，就那谁也不能为我设身处地的，总是"我的死"如是说过）。然而在战栗的深处有某种更严重的东西。如果保罗说"永别了"，在自己不在场时要求服从，真正地下了服从的命令（我们不是被要求服从，而是被命令服从），那是因为上帝本身不在场，就在该服从他的当时，他隐匿了，他进入了沉默、分离，成了秘密。上帝不提供他的理由，他随心所欲，他说出他的理由，他与我们没有什么可分享的：既不与我们分享他的动机，即使他有，也没有商量的余地，也不说出他的决定。否则他就不再是上帝了，对于像上帝这样的他者，或者在作为**绝对他者**的上帝那里，我们是完全无为的。如果他者跟我们坦白他的理由，向我们说明他的理由，如果他对我们总是毫无保留他的秘密，他就不再是他者，我们也就与他处于一种同质性中了。言谈就是这样一种同一性。我们不与上帝，不在上帝内说话，我们不像与人那样与上帝，不像在人类内那样在上帝内说话。保罗对此说过：

"因为你们立志行事，都是神在你们心里运行，为要成就他的美意。"①

克尔恺郭尔在他的书中选中了一位伟大的犹太人改宗者的言论，这是可以理解的。当保罗默想和体验那位依然具有犹太色彩的，处于隐匿、秘密、分离、不在场或神秘中的上帝，一位决定着却又不说出理由的上帝的时候，我们就禁不住要想到那发生在亚伯拉罕身上的最为残酷，最为不可能，最令人难以置信的一幕：他将他的儿子作为牺牲献给上帝。这一切都在秘密中发生。上帝对他这样做的理由保持沉默，亚伯拉罕也一样，那本书没有署名克尔恺郭尔，而

---

①　所引为 Grosjean 和 Léturmy 译本（Gallimard，Bibliothéque de la Plèiade），它有时被附注上希腊语或拉丁语。这里被译为"他的美意"的，并不是指上帝有什么快意，而是指他的至上意志，这意志不向任何人咨询，就像国王那样，怎样想就怎样做，而不会说出他这样做的隐秘理由，既没有解释也没有必要让别人理会。这里涉及的是意志而不是快意，这是一种根据他的乐意去判断好的纯粹意愿。

是西伦齐奥·德·约翰。

　　这位托名者保持沉默，他谈论着被保持的沉默。像所有的托名者那样，他似乎努力将姓氏真名隐藏下去，甚至将父亲的名字，也即父亲的父亲的名字隐藏起来。克尔恺郭尔众多托名中的这一托名，让我们触及一种将秘密的问题与责任的问题联系起来的思想，这一思想所考虑的是作为游戏入口的名字和署名。关于责任，我们常常认为它的本质在于**用本名**行动和签署。一种对责任的负责的思想首先感兴趣的是在托名、借名、同名内以名字的方式完成者，**一个真实名字**所能成就者。在秘名中，我们追求的是更加有效，更加真实，所以我们**叫自己秘名，我们自己给自己起秘名，我们倾向于给自己起秘名**，比起公开姓氏的法定正名，这个托名更具**命名的力量**。

　　《恐惧与战栗》中的战栗似乎是一种关于牺牲的经验。牺牲的意义首先不是希伯来语 Korban 所表达的，这个词的大意是指接近，译成牺牲显然太过了，它所表达的牺牲乃是一种独一无二的丧失，所丧失的是他的唯一者，不可代替者，最可珍惜者。因此其中涉及的是不可能的替代，替代的不可能性，同时却也是动物对人的替代，进而在这种不可能的替代本身内，涉及了那使神圣联系牺牲，牺牲联系秘密的东西。

　　克尔恺郭尔告诉我们，当以撒问到哪里能找到作牺牲的羔羊时，亚伯拉罕的回答令人惊异。我们不能肯定地说亚伯拉罕没有做出回答。他对以撒说上帝自会安排。上帝将为燔祭带来羔羊。亚伯拉罕因此既回答了以撒，又保持了他的秘密。他不是闭口不说，也没有撒谎。他没有说假话。在《恐惧与战栗》中，克尔恺郭尔思考了这一双重秘密：这秘密既在上帝与亚伯拉罕之间，同时也在亚伯拉罕与他本人之间。对上帝单独对他发出的命令，他只字不提，既没有对撒拉和厄利泽说，也没有对以撒说。他得保守秘密（这是他的义务），但这也是一个他应持守的秘密，这里存在着一种双重的必要性，因为在深处，他只能保守它：他不认识这一秘密，尽管他清楚秘密是有的，但他对此秘密的意义和最终目的一无所知。他持守秘密，因为他也处于秘密之中。

　　在如此的不道破中，他触犯了伦理的秩序。在克尔恺郭尔看来，伦理的层次低于我与我的邻人以及熟人的关系。在保守秘密的同时，亚伯拉罕违背了伦理。他保持沉默，他不泄露被要求做的牺牲的秘密，这肯定不是为了救以撒。

显然，亚伯拉罕在某种意义上又说话了。他说得很好。他可以说出一切，只要他对唯一的一件事保持缄默，这样我们就可以说他什么也没有说。这样的缄默胜过了他所有的话。所以说，他说了又没有说。他回答了又没有回答。他在回答的同时却又没有回答什么。他从侧面回答了。他所以说，正是为了在根本上保守秘密。说了又什么也没有说，这是保守秘密的最好方法。然而，亚伯拉罕在回答以撒时所说的，并不单单是为了什么也不说。他说了一些，所说的并非空洞无物，并非是假的。他说了一些并非非真实的话，他说了一件**他尚不清楚的**，但将会大白于天下的事。

就他没有泄露玄机，没有道破上帝与他之间的秘密的意义来看，亚伯拉罕没有说，他承担了责任，与这责任有关的总是独自的个人，是做决定时的个体性。就像谁也不能代替我去死一样，谁也不能代替我去做决定，去做称为决定的东西。当我们说话的时候，当我们进入语言的时候，我们便失去了个体性。我们也就失去了决定的可能性或权利。所有的决定都是如此，它在根本上同时是单独的、秘密的和缄默的。克尔恺郭尔注意到，言语会使我们安静，因为它向普遍性"转变"。

语言的最初后果或目标就是：将我们从个体性中剥夺出来或解放出来。我的个体性在言语中被封存之时，就是我让出我的自由和责任之时。一旦我开口说话，我就不再是我自己，不再是单个的和独一的。无限的责任关联着缄默和秘密，这是一种令人惊异的，悖论的同时也是可怕的契约。这与我们平常所想到的和哲学的通常看法相左。人们的共识和哲学的观点告诉我们，与责任相关的是公开性，是非秘密，是可能性，甚至是在他人跟前说明、辩护或者承担行为和言语的必要性。而这里正好相反，具有必然性的似乎是，我行为的绝对责任，就它是属于我的、个体的而谁也代替不了我去做而言，它关联的不仅仅是秘密，而且也是：不说与他人，我意料不到，我什么也没有回答，什么也没有在他人跟前说过或回答过。这既是义愤又是悖论。在克尔恺郭尔看来，伦理的要求以普遍性为根据；所以它所定义的责任与讲述息息相关，也就是说，这种责任以普遍性为依据，以此进行自我辩护，以此认清他的决定和满足他的行为。然而在这种对牺牲的接近中，亚伯拉罕告诉我们些什么了？但愿这不是对责任的担保，因为从伦理的普遍性中生长出来的恰恰是一种非责任性。它教给我们的是怎样说话、怎样回答、怎样认识，进而怎样将个体性从概念中分离出来。

　　责任性的疑难在于：为了**界定**责任，我们往往总是无法得出一个关于责任的概念。因为责任（我们不敢再说责任的普遍概念）一方面既要求认识，要求在普遍性中的自我满足，要求在普遍性跟前的普遍满足，要求替代，另一方面又诉诸唯一性、绝对的个体性，诉诸非替代、非重复，诉诸缄默和秘密。在此，凡可对责任说的话同样适合于决定。伦理如同言语那样，教给我的是替代。悖论的蛮横无理就在这里：克尔恺郭尔宣称，对于亚伯拉罕来说，伦理是**诱惑**。应当抵抗住这诱惑。他沉默为的正是要挫败道德的诱惑，这诱惑以责任和自我辩护为招牌，目的是让他失去自己，失去他的个体性，他的根本责任，他的不可辩护性和秘密，以及他在上帝面前的绝对责任。伦理意味着无责任性，它是无法解决的矛盾，因此是**普遍**责任与**绝对**责任的悖论。绝对的责任并不是一种责任，无论如何不是普遍责任和具有普遍性的责任。它自身绝对地和卓越地该是例外的和非同寻常的：就好像是绝对的责任，它不再涉及一个责任的**概念**，因此成了不可领会的东西，成了不可思量的东西，以便使它成为它的应是：因此成了非责任，以便绝对地负起责任。"亚伯拉罕不能说；因为他不能给出最终的解释［……］最终的解释涉及一种考验，请注意，这是一种伦理借之作为诱惑的考验"（201 页）

　　伦理因此可致使非责任性。应当拒绝伦理的诱惑，拒绝伦理的方便之门，因为责任没有账可算——没有属于人的、人类的、家庭的、社会的、同胞的、我们自身的账可算。这样的一种责任保守着它的秘密，它既不能也不当诉诸大众。它野蛮地和妒忌地拒绝在暴力面前自我展示，这暴力一直想把一些账目，一些理由弄到手，一直想拖到人的法律跟前。它热衷于时时进行自我辩护的自传，一种**自我称义**。亚伯拉罕确确实实**自荐**了，但他自荐于上帝，自荐于唯一的、妒忌的、秘密的上帝跟前，正是对这个上帝他说了"我在此"。故此，他得抛弃对自己的忠诚，这是一种伪誓，拒绝将自己托付给人。他不再对他们说些什么。牺牲以撒所透露出来的正是这样一种思想。

在从柏拉图到黑格尔的伦理学，哲学还是辩证法内，这种秘密是不可容忍的。

"如此这样的伦理是普遍的，它在最后仍然显示为普遍。被定义为直接地是感性的和心理的存在物，个体是隐匿着的存在。他的伦理努力因此在于将自身从他的秘密中抽离出来，以便为普遍所看见。一旦他欲留在隐处，他就犯了罪，陷入了只有通过公开才能自拔的危机。"

"我们仍然处在同一个观点内。如果如其所是的个体高于普遍的事实不能证实存在着一个隐藏的内心，那么亚伯拉罕的行为就是无法加以辩护的；因为他不顾伦理的间接诉求。但如果存在着一种内心性，那么我们就处于不能还原为中介的悖论内。黑格尔的哲学排斥这一隐匿的内心和奠基于权利的不可公度性。其后果就是导向显现，但当黑格尔的哲学将亚伯拉罕视为信仰之父并离开信仰时，它并不处于真实中。"

在绝对一致的范式下，黑格尔的哲学表达了一种关于显现、现象化展开的不可推诿的诉求；这样我们就可以认为，是对真理的追求在哲学和伦理极具力量的东西内赋予了哲学和伦理以生命。对于哲学、伦理学或政治学来说，不存在本质的秘密。显现比秘密更有价值，普遍性高于个体的个体性。不存在不可还原为权利和为权利所证实的秘密，不存在"奠基于权利"的秘密，权利的诉求应当附加到哲学的和伦理的诉求上。所有的秘密都是不合理的。然而信仰的悖论在于，内心性"不为外在性所度量"，任何的显现都无法将内心性外在化，或者将隐匿者显示出来。信仰的骑士既不能说给别人听，也不能让人理解自己，他不能求助于他人。绝对的义务是对上帝的义务，它无法拥有我们称为义务的普遍形式。如果我服从我对上帝的义务（绝对的义务）**仅仅是由于义务**，那么我与上帝就不再相干了。要想完满我之于上帝本身的义务，就得使这不是出于义务，不是出于我们称为义务的通常具有中介性和可传达性的普遍形式。将我在信仰内联系上帝本身的绝对义务，应当自持于所有的义务外或者相反所有的义务："义务在被导向上帝时成了义务，然而在义务本身内，我与上帝没有关系"。康德曾说过，道德的行为就是"因义务"的行为，而不仅仅是"符合义务"的行为。在法律普遍意义上的"出于义务"的行为中，克尔恺郭尔看到了绝对义务的缺乏。正是这个原因，绝对义务（它面对上帝并处于信仰的个体性内）包含着某种恩惠或牺牲，这牺牲在债和义务之外，在作为债的义务之外导向信仰。在名之曰为"给予死亡"的向度内，绝对的义务得到了回答，因为"给予死亡"位于人的责任性和义务的普遍概念的彼岸。

　　与人的普遍性秩序相通的是一种恨的义务。克尔恺郭尔引了一句路加福音书中的话说："人到我这里来，若不爱我胜过爱自己的父母，妻子，儿女，弟兄，姐妹和自己的性命，就不能做我的门徒。"在承认这"话冷冰冰的"同时，克尔恺郭尔对它的必要性表示了认同。他没有设法让这话变得少些义愤或悖论，而是强化了它的严肃性。然而，亚伯拉罕对伦理，对自己的所有（家庭，朋友，邻人，民族，某种意义上的人类全体，种或类）的恨应该绝对地包含着痛苦。如果我将我所恨的置于死地，这并不是牺牲。我应牺牲的是我的所爱。我应该恨我的所爱，这爱与恨处于同一瞬间，处于杀死的同一时刻。我当恨并背叛我的所有，将他们像牺牲那样杀死，这并不是我恨他们，若那样也就没什么难办的了，而是出于我爱他们。我当像爱他们那样去恨他们。恨所恨者，这太容易了，但它不再是恨。要恨要背叛的应是那最可喜欢者。只有在爱内将爱当作牺牲，恨才是也才可能是恨。对于我们不爱的，我们用不着去恨他，去以伪誓来背叛他，去杀死他。

　　既异端又悖论，这信仰的骑士是一位犹太人，是基督教徒还是一位犹太—基督—穆斯林教徒？以撒的牺牲属于我们刚好敢称为共同财富的东西，令人**战栗的神秘**的可怕秘密属于这三种被称为书的宗教，它们都是亚伯拉罕子民的宗教。这种极端的要求和严厉令信仰骑士去说了和做了那些令人难以忍受（并**终将成为存在**）的事情。这些事情不顾普遍的道德诉求，不顾犹太—基督—穆斯林道德或具有普遍性的爱之宗教的道德诉求。然而或许正如帕托卡所言，基督教还没有就自身的本质思考过，没有就那些使犹太教、基督教和伊斯兰教得以立足的无可置疑的因素思考过。我们不能对《创世记》关于以撒的牺牲和《路加福音》上的那句话视而不见或抹杀它。应该采取行动，这就是克尔恺郭尔劝我们去做的。亚伯拉罕恨他的亲近者并对他们沉默不语，他恨他唯一的和可爱的儿子并接受将他杀死。他恨他当然不是出于恨，而是出于爱。然而他为此却不少恨他。亚伯拉罕爱他的儿子，这爱绝对地是为了将他儿子杀死，为做伦理称为恨和杀害的事。

如何恨亲近者？克尔恺郭尔抛弃了大众对爱与恨的区分，他认为这种区分既自私又没有意义。他将这一区分放到悖论中重新加以解释。如果亚伯拉罕对他的儿子没有一种绝对的、独一无二的、不可衡量的爱，上帝也就不会令他杀死以撒，用以撒之死来作为给自己的牺牲：

"……因为亚伯拉罕对以撒的爱就是那与爱上帝产生悖论和对立的，因而导致他做出牺牲行为的东西。然而这种悖论所引起的失望和不安绝对地让人们无法理解亚伯拉罕。这仅仅是一个时刻，在这时刻亚伯拉罕的行为与他牺牲以撒的心情绝对冲突着；然而他行为的现实乃是他借之从属于大众的东西，在大众的眼光下，他是而且总是杀人犯。"

我对**时刻**这个词作了强调。克尔恺郭尔说："决定的时刻是疯狂。"悖论在时间中并通过中介，也就是说在语言中并通过理性是无法把握到的。这就是恩惠和"给予死亡"，它不会成为当前，不会进入在场或公开，它要求一种时刻的时间性。可以说，它从属于一种没有时间的时间性，一种不可把握的历程：对之我们不能留住，不能建立，不能领会，既不能把握也同样不能**理解**，对之知性，通感和理性都不能**理解**、把握、领会、明白、思考，因此也就不能否定或否认，不能将之纳入一种否定性的工作，它在工作之外：**在给予死亡**的行为中，牺牲中止了否定性的工作，狭义的工作，甚至哀悼的工作。悲剧英雄招来哀悼。但亚伯拉罕既不是一个悲剧英雄也不是一个戴孝的人。

要对绝对义务承担绝对责任，要实现—或试验—他对上帝的信仰，他就当在实际上背着杀人犯的骂名，因为他接受了杀害。概括和抽象地说，义务、责任和当然的绝对必定要求我们违背伦理的义务，但在违背的同时，我们继续从属于并承认伦理。冲突和悖论在同一时刻内起作用。这两种义务必定互相矛盾，其中一种会从属于

（根植于，潜伏于）另一种内。亚伯拉罕负起绝对责任去牺牲他的儿子，去牺牲伦理，但为了牺牲的发生，伦理应该保持它的所有价值；对儿子的爱不应有什么折扣，人的义务秩序应该继续使它的权利有效。

关于以撒牺牲的叙述可以读解为对悖论的叙述，这悖论带有义务的概念或绝对的责任。这概念将我们与绝对的他者，与名为上帝的他者的绝对个体性发生了（非关联性的并在双重秘密意义上的）关系。不管我们信还是不信《圣经》的叙述，不管我们把它当真还是当假，不管我们怀疑它还是改变它，这叙述都有一个道德问题，甚至我们把它当作寓言读也是这样（将它读做寓言，这仍是使它迷失在哲学或诗的普遍性中；是将它与历史的事件性脱离）。寓言的道德性欲指出的是道德本身，在那里，给予死亡的恩惠进入了游戏。义务和责任的绝对同时要求我们抛弃，拒绝和超越所有的义务，所有人的责任和法律。它要求我们背叛所有显现在普遍秩序内的东西，所有具有普遍性的显现，显现的本质和秩序本身，甚至本质本身，与在场和显现不可分割的普遍本质。绝对的义务要求我们以不负责的（不守信用的和发伪誓的）方式行事，同时承认、肯定、重新肯定我们所牺牲者，甚至伦理的秩序和人的责任性。一句话，伦理可因义务而被牺牲。这是一种可出于义务而不遵守伦理义务的义务。以义务的名义，以无限义务的名义，以绝对义务的名义，我们当以非伦理的方式、非负责的方式，而不仅仅是伦理的方式和负责的方式来约束自己。这个总是独一无二的名字不是别的，就是作为全然他者的上帝之名，上帝的无名之名，正是作为他者的上帝的这个不能发出声音的名字将我束缚于绝对的和无条件的义务，一种不可比较的和没有商量余地的义务。他者是绝对的异他，是上帝，这他者面对询问，面对他所规定的和要求保守秘密的秩序，永远超越着、隐匿着、缄默着，对爱忌妒着。对于作为牺牲性的责任的绝对责任来说，秘密在此是根本的。

在道德的道德性上，我们在此要强调的东西，就是道德的道德主义者和好心人信心十足地每天早上和每个星期都在报纸上、周刊上、电台和电视台上反复地念叨伦理和政治责任时总要忘记的东西。人们常常这样说，那些不写伦理著作的哲学家缺乏义务感，哲学的第一义务就是思考伦理，在他的每本书中加入伦理的章节，为此最常见的就是回到康德那里。这些好心骑士看不到，"牺牲以撒"在一种极为朦胧的神秘中将那责任的最日常和最共同的经验揭示了出来。历史或许是暗示性的，闻所未闻的，仅能思考的：一个父亲准备杀死他的爱子，将他不可替代的爱置于死地，这样做乃是出于他者，那伟大的他者要求他或命令他这样做却不跟他说出任何理由；一个杀婴之父对他的儿子和亲人隐瞒他要做的事，而连他也不知这是为什么，以爱的眼光来看，以人的、家庭的和道德的眼光来看，这是件多么令人唾骂的罪恶，多么令人不寒而栗的神秘！

然而，这难道不也是最通常的事物吗？这难道不就是对责任概念最少省察所必定证实的东西吗？义务或责任将我与他人联系起来，与作为他者的他人联系起来，它在我绝对的个体性内将我联结于作为他者的他人。上帝是作为他者和唯一者（亚伯拉罕的上帝是至一的和唯一的）的绝对他者的名字。一旦我与绝对他者有了关系，我的个体性就以义务的方式与这绝对他者的个体性发生了关系。我在作为他者的他人跟前是有责任的，我对他负责，我在他跟前负责。显然，在我的个体性中，在他者的绝对个体性中赋予我如此关系者自然地将我投入到绝对牺牲的境地或危险中。有许多他人，数也数不清，将我与这些无数他人的共同性联系起来的是同一种责任，一种共同的和普遍的责任（克尔恺郭尔称之为伦理的秩序）。我不能回答呼唤，请求，义务，如果我不向他献出他者的他人。**所有的他人是完全的他者。**异他性和个体性的纯粹概念在结构上既与义务的概念，同时也与责任的概念相连。它们在先验上将责任的概念，决定或义务的概念建立在悖论、义愤和疑难之上。而悖论、义愤或疑难不是什么，就是牺牲：概念性的思想在此显出了它的限度、死亡和有限性。一旦我与他人，与眼光、请求、爱、秩序、他人的呼唤发生了关系，我就知道我注定要牺牲伦理才能做出回答，也就是说，我得为此牺牲我以同一种方式，在同一个时刻被要求回答其他他人的义务。我杀害，我发伪誓，为此我不需要到摩利亚山去对我儿子举起刀子。无论是夜晚还是白日，在任何时候，在世界所有的摩利亚山上，我都在做着这事，对我所爱的，所应当爱的，对他人，这样或那样当绝对忠诚，无法加以比较的他人举起了刀子。亚伯拉罕要忠诚于上帝，就只能发伪誓，就只能背叛他所爱的人，放弃他所拥有的独一无二的东西，对于他来说，也就是放弃他最疼爱的独生子；要是他选择忠于他所爱的，选择他的儿子，他只能背叛绝对的他者：他可以背叛上帝。

无须寻找其他例子，这些例子数不胜数，凡有人烟的地方都有。出于志愿，我将时间和精力都投入了我的工作，投入了我的公民事业，我的专业的和讲坛的哲学事业，用一种正好是法语的公共语言写作和讲述，在这种意义上我尽了我的义务。但在每时每刻，我都在牺牲和背叛我的所有其他的义务：许许多多其他的我或认识，或不认识的人在看着我，成千上万的同类（且不说那些作为人类之他者的动物）在饥饿疾病中死去。我背叛和失忠于其他的公众，那些不说法语因此我也就既不能对他们说也无法回答他们的人，那些在听我的课读我的书而我却不能回答他们甚至不能以自己的方式，也就是说以我的个性来回应（我牺牲了我的私人空间以合乎公众场所的要求）他们的人，还有那些我在私下里爱着的亲人、家庭、我的子女，他们每个都是我唯一的并在他人内被我牺牲的儿子，在每日和每个时刻，就在我们所居住的摩利亚，每个人都做了他人的牺牲。

这不仅仅是一种风格形象或修辞事实。历代志告诉我们，牺牲亚伯拉罕和以撒（被牺牲的是两个人，杀死他者也就意味着杀死了自己，意味着以给予死亡的方式将自己也置于死地，以作给上帝的牺牲）的地方，这个给予死亡之地，就是所罗门决定在耶路撒冷建立雅威圣殿的地方，也是在那里，上帝曾显现给了他的父亲大卫。耶路撒冷的大清真寺也坐落在那里，它也是所谓的石头教堂的地方，而埃尔亚克撒大清真寺则离此不远，那是当年牺牲易卜拉欣，穆罕默德死后骑马升天的地方：被毁的耶路撒冷圣殿和哭墙正好在它的下面，在不远处，便是十字架受难之路。这是一块圣地，同时也是一块（在根本上和疯狂地）引起所有一神教，引起作为唯一和超越的，作为绝对他者的上帝的所有宗教争吵不休的地方。这三种一神论的宗教互相争斗，对此事实，以和平为目的的合一运动也是否认不了的；他们进行着火与血的战争，一直以来都是这样，今天尤其如此，他们都想占有这个地方，都想独占对默西亚主义和牺牲以撒的原始的历史—政治的解释权。对牺牲以撒的解读，诠释和传统本身却成了以血的牺牲来做燔祭的地方。对以撒的牺牲每天都在进行着。进行不清点射杀的火箭弹开创了一场没有阵地的战争。在责任与非责任之间没有战壕可言，但这战壕却存在于对同一种牺牲的不同解释之间，存在于对责任的不同秩序中，存在于其他的不同秩序之间：宗教与伦理，宗教与伦理—政治，神学与政治，神学—政治，神政与伦理—政治，如此之类，还有秘密与公众，世俗与神圣，独特性与共通性，人与非人。牺牲的战争不但发生在公开追认以撒的牺牲，认同亚伯拉罕，易卜拉欣的所谓书的宗教和亚伯拉罕的诸民族内，也发生在他们与世界其他的处于战火状态的地方，这战争令大众和生物感到愤怒，且不说那些其他的人，死的还是非生的，死的还是要生的，他们不是亚伯拉罕或易卜拉欣的子民，对于他们来说，亚伯拉罕和易卜拉欣的名字没有任何意义，因为他们从来不曾从亚伯拉罕和易卜拉欣那里获得过什么回答。

　　我能够满足一个人（或那至一者），满足他人，代价是为了他而牺牲掉另一他者。我回答了一个（即他人），但同时我也就错过了对其他他人，对伦理或政治普遍性的责任。对此牺牲我没有任何借口，我无言以对。不管我愿意与否，我对我做出的选择或为了这个而牺牲另一个的做法总是无理可言。我只能沉默不语，把它作为秘密藏在心内，因为这里没有什么好说的。使我与这样或那样的人而不是其他的人产生联系的理由在根本上是说也说不清楚的（这就是亚伯拉罕的极端伦理的牺牲），同样，我每时每刻做下的无数的牺牲也是说不清道不明的。这些个体是一些他人，一个全然的他者构成了异他性：一个或一些他人，甚至一些场所，动物和语言。你如何能够说得出你为什么这些年来天天只喂养你家里的那只猫，而对世界上其他的猫不闻不问，让它们时常饿死街头？你又怎能说得清楚你恰恰生在这里并操法语而不是其他语言？然而我们如此这般也是在尽我们的义务。绝对的牺牲不是在责任的祭坛上将非责任性的东西作牺牲，它牺牲的是最具命令性的义务（即将我与作为个体的他人在普遍性内联系起来的东西），以之去满足将我们与全然他者联系起来的某种具有绝对命令的义务。

　　上帝决定中止牺牲的程序，他对向他应答"我在此"的亚伯拉罕开口说话了。"我在此"：对他者呼唤的唯一和原始的回应，这是责任的原始时刻，因为它将我展示在作为个体的向我发出呼唤的他人内。"我在此"是唯一使所有的责任成为可能的自我—介绍：我做好了回答的准备，我回答我做好准备的回答。当亚伯拉罕说"我在此"并向他儿子的喉咙举刀的时候，上帝对他说："你不可在这童子身上下手，一点不可害他，现在我知道你是敬畏神的了，因为你没有将你的儿子，就是你独生的儿子，留下不给我。"这个令人后怕的宣言似乎满足了所要求的恐惧。它以恐惧和发抖令人战栗，而它提到的唯一理由就是这恐惧和发抖（我看到了你在我面前战栗，这说明你已经偿还了，我不再追究你的义务）。但对此宣言也可以做出不同的解读：我知道你明白了什么是绝对的义务，并且回应了绝对的他者，回答了他的召唤，他的要求和他的命令。这些不同的解释其实在意义上是一样的：上帝令他牺牲他的儿子，杀死他的儿子并将之献给上帝，就这样，通过这种双重给予（给予死亡根本上就是操刀向着某人的杀死和把死亡当作牺牲的杀死），上帝让他自由地拒绝——这是试探。命令就像对上帝的祈祷一样，要求一种恳求着的爱的宣言：说你爱我，说你归向我，在一切之前，在一切之上，无条件地归向唯一的我，作为唯一的他者的我；为此当献出死亡，当杀死你唯一的儿子，并将这所要求的死献给我，我将这死给予你，为的是向你要求这死。上帝大体上对亚伯拉罕说：我在那时刻内看到了你明白了什么是面向唯一者的绝对义务，对此义务，即使无罪可言也要满足它；我看到了你不单心里明白了，而且，这便是责任的所在，做了，实施了，你已做好准备就在**那个时刻**动手（上帝制止了，**就在那个已没有了时间**，时间不再给出的时刻，就好像亚伯拉罕**已经杀死了**以撒：时刻的概念总是不可或缺的）：所以你已经做了，已经负了绝对的责任，你已经在世人面前，在第三者面前，在道德和政治面前，在大众的和代代相传的普遍性面前勇敢地做了杀人者。你甚至已经抛弃了希望。

亚伯拉罕因此既是最道德的又是最不道德的，对人既是最有责任的又是最没有责任的，他绝对地不负责任正是因为他绝对地负责任，他对人，对亲人，对伦理绝对地不负责任正是因为他绝对地对绝对义务负了责任，他没有计较任何个人得失，也不期待什么回报，他不知道这是为什么，一切都在秘密的暗中进行：在上帝内并在上帝跟前。他在人面前不负任何的债务和义务，因为他在与上帝的关系中——这是一种没有关系的关系，因为上帝是绝对的超越、隐藏和秘密，上帝没有给他任何可以分享的理由，在这样一种双重给予的死亡的交易中，处于不对称关系的上帝不分享任何东西。亚伯拉罕感到一身轻松。他的行为如同免除了一切对亲人、儿子和人的义务；然而他依然爱他们。他必须爱他们，欠他们的一切以便能够将他们作为牺牲。他觉得与存在不再有什么牵挂，感到已被豁免，他对身边的人，对人类，对伦理的普遍性不再有义务可负，这一切都是出于将他与独一上帝联系起来的唯一绝对义务。绝对义务使他超越了一切欠负，将他从所有的义务中解放出来。这就是绝对的开释。

这里的关键在于秘密和不可分享性，亚伯拉罕缄默不语。他没有讲什么，对身边人保守秘密。作为信仰的骑士，他是一见证人而非大师(170页)，毫无疑问，这是一种与绝对者之绝对关系的见证，但是，见证在此的意义并不是指向他人进行表明、教导、暗示、揭露，并不是指出我们可以加以验证的真相。亚伯拉罕是绝对信仰的见证人，这信仰不能也不应该向他人指证。他应对秘密沉默不语。但这种沉默非同寻常。我们能否在沉默中作见证？能否通过沉默来做见证？

而悲剧英雄则可以诉说、分享、痛哭和埋怨。他认识不到"处于孤独中的可怕责任"。阿伽门农可以对克利代尼斯特罗和伊菲热尼埋怨和痛哭。"眼泪和喊叫让人平静下来。"这是一种安慰。亚伯拉罕则既不能诉说、分享，也不能痛哭和埋怨。他对绝对的秘密所围浸。他心情澎湃，想去安慰所有的人，特别是撒拉，艾利埃策和以撒，他非常希望在事前拥抱他们。但他知道他们会对他说"为什么你要这样做？你可以不去做嘛"，可以找到其他办法嘛，可以和上帝商量商量嘛。他们也可能指责他虚伪，假正经。所以他什么也不能说。就是他对他们说了，也要像没有说那样。"他不说人话。即使他懂得所有世上的语言他不能说，他说的是神的话，他在语言内诉说。"如果他用一种共同的和可传译的语言说了话，如果他明白得可以给出不可辩驳的理由，那他也就向伦理的普遍性诱惑低下了他的头，陷入了不负责的境地。他也就不再是亚伯拉罕了，不再是与唯一上帝处于单独关系中唯一的亚伯拉罕了。他不能再献出死亡，牺牲他的所爱，于是不能再爱和再恨，不能再给予什么。

亚伯拉罕什么也没有说，但他还有最后一句话，他回答以撒的提问说："我儿，神必自己预备作燔祭的羊羔。"如果他说"哪里有羊羔，我有一个"，或说"我不知道，我不知道到哪里可以找到羊羔"，那他就是在撒谎，在说假话。他说了却又没有撒谎，回答了却又没有回答什么。这一奇异的责任既不带来回答也不是做回答。对我们用一种不能明白的语言，他者的语言所说的事，我们能负责吗？或者说，责任是不是应当表白在一种与团体已明白的，已烂熟于心的东西截然不同的语言上？"亚伯拉罕没有鼓吹撒谎，但他也没有说出什么东西，因为他说的是一种陌生的语言。"

《作家巴尔特莱比》一书的叙述者是位法律学家，他在书中说到了约伯（见"与国王和谋士们在一起"）。在无意中，巴尔特莱比的形象与约伯的形象产生了某些相似之处，这并不是因为他希望有朝一日能在死后与国王和谋士们重聚，而是因为他渴望着未曾出生过。在此，我们可以绕过上帝加在约伯身上的考验来思考亚伯拉罕。亚伯拉罕不再说人语，他在语言内说话，他说的是一种不同于所有人语的陌生语言，这样他就既回答了又什么也没回答，说了又没有说出真的和假的，所说的无法加以确定，既不能证实，也不是诺言或谎言，同样地，**说我宁愿不去**的巴尔特莱比负起了回答的责任而又没有回答什么。他指出了一种既不是预言也不是许诺的未来；他没有指出任何可以留下，可以确定，可以肯定或否定的东西。这句被不断重复的话什么也没有说，什么也没有许诺，既没有拒绝什么也没有答应什么，这句含义独特的陈述的时态让我们想到一种非语言或一种秘密的语言。巴尔特莱比难道不像是在"语言"内说话吗？

但巴尔特莱比没有说什么普遍的或可确定的东西并不等于他什么也没有说。我宁愿不去像一句不完整的句子。它的不确定产生了某种张力；它造成了一个由被留住的不完整所引起的出口；它宣布了一种暂时的留守或对暂时的留守。这难道不就是包含着对某种不可解读的神意或谨慎的假定性依赖的秘密吗？我们不知道它愿意或愿意说什么，也不知道它不愿做或说什么，但它让我们清楚地听到了他宁愿不。某种内容的侧影笼罩着这一回答。如果亚伯拉罕接受了杀死，接受将儿子的死献给上帝，如果他知道这样做而上帝又不制止，那么我们是不是可以说，他的境地正好就是"**他宁愿不去**"，而又无法当着众人说明这话的意思？因为他爱他的儿子，宁愿上帝不要求他这样。他宁愿上帝不让他干这事，止住他的手，宁愿他准备了燔祭的羊羔，他希望牺牲在被接受的当时，在疯狂决定的瞬间就脱离掉牺牲。他没有决定不（ne pas），他决定去——但他宁愿不。他不能再说些什么，不能再做些什么，如果上帝，如果他者继续将他推向死亡，推向给定的死的话。同样，巴尔特莱比的"我宁愿不去"也是一种牺牲的激情，这激情导向死亡，导向一种由法律给定的，由甚至不知道她为什么要这样做的社会给定的死亡。

在这两个令人毛骨悚然又令人耳熟的故事中，妇女的缺席怎能不令人注目？这是一个关于父与子，充满男性形象，涉及男性之间等级秩序的故事。如果女性决定性地进入到法律内，进入到她法律的铁面无私的普遍性中，牺牲的责任逻辑会不会导致异化、歪曲、弱化和错位呢？在牺牲的责任和双重的"给予死亡"之思想的深处，是不是包含着一种对妇女的排斥或牺牲呢？是不是对各式各样所有格意义下的妇女的牺牲？我们对此存而不论。就让它存在于两种所有格之间吧。在悲剧性英雄或牺牲的情形中，女人的在场是显而易见的，她占着一个中心的位置，在克尔恺郭尔提到的悲剧作品中，情况就是这样。

巴尔特莱比的无答之答既是背叛的、犬儒的，也是喜剧性的。既好极又妙极。这些回答制造出一种崇高反讽的出口。为了什么也不说而说，说一些异于人们所信的东西，以编造的方式，背叛的方式，质问的方式，让（律师）开口说话的方式来说，这就是以反讽的方式来说。反讽，特别是苏格拉底的反讽，它的用意在于什么也没说，什么知识也没宣称，以此来质问，来让人说话，让人思考。反讽（eirôneia）作为掩饰乃是一种为了假装无知的质问行为。**我宁愿不去**不能说没有反讽；它无法不产生出某种针对处境的反讽。反讽对于不合体例的喜剧来说并不陌生，但它不为叙述所熟悉。《反讽概念》的作者将演绎亚伯拉罕责任的不答之答与反讽联系起来。对于作为出口的反讽与诺言的分别他这样写道：

"然而，人们觉得亚伯拉罕最关键的话没有说，但我清楚这悖论所包含的苦衷，我明白亚伯拉罕之于这句话的全部意义。首先，他什么也没有说，正是以这种方式他说了他当说的。他对以撒的回答带有反讽的色彩，因为正是在反讽中，他说了话但又没说出任何真相。"

可以说，反讽就像一条线索贯穿了我们的问题——因为黑格尔在女人的问题上说过：女人是"团体的永远反讽"。

亚伯拉罕既不用形象、寓言、比喻、隐喻，也不用省语和谜语来说话。他的反讽属于一种元修辞。如果他知道将要发生的事情，例如，雅威派给他任务，命令他带以撒到上帝要降下闪电的山，那么他就有理去用谜一样的语言来说话。但事实上他什么也不知道。连犹豫都不行。无知不容许人们将自己尖锐的决定放置一边。信仰的骑士不容犹豫不定。责任令他在知识之外义无反顾地走向他者的绝对要求。他做出决定，但他的绝对决定不受知识的制约或引导。这就是所有决定在事实上的悖论条件：决定不应由知识导出，而只是知识的后果、结论或解释。决定在结构上与知识没有关系，所以倾向于不显现，最终作为一个秘密。决定存在于它本己的时刻内，但如何将决定的概念与时刻的形象分开来呢？与它在事实上的切入点分开来呢？

亚伯拉罕的决定绝对是负责任的，因为这决定从本身出发满足了绝对的他者。然而悖论地，这决定又是不负责任的，因为它既不为理性，也不为人人认可的或普遍法认为正当的伦理引导。这一切就好像是我们无法同时对他者，对他人们，对他者的他人们负责一样。如果上帝是全然的他者，是全然他者的形象或名字，那么，**所有的他者都是全然的他者**。这一表达与克尔恺郭尔的某些言论有出入，但却与他的深沉意旨合拍。这一表达想说的是，作为全然的他者，上帝存在于所有有他者的地方。就像我们中的每个人，每个他人，所有的他人就其绝对的个体性而言是完全他样的，这个体性不可把握，他是孤独的、超越的、非显现的，他根本上不会呈现给我的我[如同胡塞尔所说的那样，他人之我在原始的意义上从不呈现给我的意识，我只能以类比和非当下的方式来加以认识]，说亚伯拉罕与上帝有联系，就是说我与**作为绝对他者的所有他人**有着一种没有联系的联系，特别是与我的邻人或亲人有着一种没有联系的联系，这些人与雅威一样不可把握，因而处于秘密和超越之中。所有的他人（即每个他人）都是绝对的他者（即完全另样的）。因此说，描述以撒牺牲的《恐惧与战栗》说的是事实。以出色的叙事方式，它提示了日常生活的结构本身。它悖论地说出了我们每时每刻对所有的男人和女人所负有的责任。由于亚伯拉罕的悖论，伦理普遍性在顷刻间分崩离析了。在每个决定的时刻，在与**作为绝对他者的所有他人**的联系中，每个他人每时每刻都将我们领向信仰的骑士。这很可能让克尔恺郭尔言论的某种论域发生了转移：雅威的绝对至一性是类比无能为力的；我们并不都是亚伯拉罕、以撒，也不都是撒拉。我们也不是雅威。但使这一例外或异常似乎具有普遍意义和传播性并因此使伦理的普遍性变得复杂起来的，正是呈现在克尔恺郭尔文本内的增长性力量。它向我们说出了我们的责任以及我们在给予死亡的时刻内所处的悖论性事实。以增生的方式，文本同时向我们展示了它自身的身份，即使当它向我们以秘密的方式谈论秘密，谈论不可读解的东西，谈论绝对无法分析的东西的时候，它依然具有一种被大众解读的能力。它的写作对象是犹太人、基督徒、穆斯林，但它也为其他所有人而写，为与绝对他者联系着的所有他人而写。我们不再知道谁是亚伯拉罕，它甚至无法再告诉我们他是谁。

悲剧英雄伟大，令人钦佩，他们一代一代地被传诵，亚伯拉罕则不同，他始终不渝于对绝对他者的爱，人们并不把他当作英雄来看待。他不招人落泪，不为人所敬佩：所引起的不如说是一种令人吃惊的恐惧，一种秘密般的害怕。它向我们指出了一种绝对的秘密，一种以不可分有的方式而分享的秘密，这种秘密将某一他者，作为他者的亚伯拉罕，与另一个他者，作为他者的上帝（绝对他者）联系起来。亚伯拉罕本身处于秘密内，他既与人又与上帝处于中断中。

这可能就是我们能与他分享的东西了。然而什么是分享一个秘密呢？不是知道他人之所知，因为亚伯拉罕什么也不知道。也不是分享他的信仰，因为信仰是一种绝对个体性的运动。此外，克尔恺郭尔本人也没有就亚伯拉罕谈过和思考过某种获得担保的信仰运动。克尔恺郭尔对此加以反复强调，他告诉我们他不明白亚伯拉罕，也无法像亚伯拉罕那样去做。这种态度事实上似乎是唯一可能的，它甚至是在这样一种可怕的奇迹当前形成的，即使它同样是世上最能分享的东西。我们的信仰没有担保，因为信仰从来不是担保，它永远不是某种确定性。我们与亚伯拉罕分享的是那不可分享之物，一个既不为他也不为我们所知的秘密。分享一个秘密，并不是知道或者解除这一秘密，而是分享我们的不知：在其中没有我们所知的和所能确定的。秘密若不完全持守于自身，分享若不分享什么，那还是秘密和分享吗？

　　这就是作为绝对责任和绝对热情（克尔恺郭尔所谓的"最高热情"）的信仰之秘密真理；这种热情与秘密结盟，它不代代相传，因此它不属于历史。这种最高热情的不可转告性乃是信仰的正常条件，它联系着秘密却又向我们发话：它总要重新开始。我们能够传递某种秘密，但对一种作为持守于秘密之秘密的传递是不是传递呢？这是不是在制造一种历史呢？是又不是。《恐惧与战栗》的跋不断地重复说明，每个世代都得开始和重新开始担当这一最高的热情，这一信仰，前代人在此对我们没有任何帮助。就这样，不断地重复着自身的绝对开端被描写成了非历史的，而历史性本身在绝对开端的这样一种不断重复内以时刻重新发明的传统为条件。

　　通过《恐惧与战栗》，我们徘徊在所谓书的宗教所刻画过的世代之间：这些宗教围绕着旧约《圣经》和犹太教，围绕着一个根本事件或一种穆斯林以之作为标准的牺牲。就父亲将儿子献作牺牲而言，就儿子牺牲在人的手中但最终又被初看是抛弃了的，将他交给考验的上帝所救而言，我们怎么能不在类比的意义上想到另一出热情？作为基督教的思想家，克尔恺郭尔最终将亚伯拉罕的秘密至少在字面的意义上导入了福音性的空间内。虽然这并不必然排斥某种犹太式或穆斯林式的阅读，但主导克尔恺郭尔解释的却是某段福音书。尽管这段话没有被引出，但它就像巴尔特莱比的"国王和谋士们"那样（但这次没有加引号），令那些熟读福音书的人所一眼看穿。

　　"不曾有人明白亚伯拉罕。但他到底成了何事？他始终不渝于他的爱。爱上帝的人不需要眼泪和称赞；他因爱而忘记了痛苦，这忘记是如此地彻底，以至于如果不是上帝本身记起这痛苦，痛苦就不会在他身上留下任何痕迹：**因为他在秘密内看**，他知道悲痛，他在乎眼泪，他什么也忘不了。"

　　"所以，或者是存在着一种悖论，真实的个体因此悖论而处于与绝对的绝对关联内，或者是亚伯拉罕迷失了自己。"

　　　　选译自〔法〕雅克·德里达：《给予死亡，恩惠的伦理与恩惠的
思想》，Colloque de Royaumont（莱若蒙特会议，1990 年，12 月），
　　　　　　　　　　　　Métailié Transition，1992。谭立铸译。

# ［法］巴迪欧（Alain Badiou，1937—　）

## 《伦理学：论恶的理解》(1998)(节选)

# 《伦理学： 论恶的理解》（1998）（节选）

## 恶的问题

我已经强调指出，我们当代的伦理意识形态在多大程度上植根于对恶的一致同意的自明性之中。通过确定真理的认定过程是一个主体的可能构成的中心内核，即进入这一构成的"某个人"的内核，亦是一种以单数形式出现的**坚韧**伦理的中心内核，我们已经推翻这一判断。

这是否意味着我们必须拒绝恶概念的合法性，并将它完全归结于其显而易见的宗教性起源呢？

（一）生命、真理和善

有些人认为，存在着一种"自然法"，即，建立在对什么是有害于人的自明性之终极分析的基础上的自然法，对这些人，我不打算做丝毫的让步。

单单从其自然的属性考虑，人类动物必须被归属于生物同伴的范畴。在其所建构的巨大的蚁丘式社会中，这一系统化了的杀手所追逐的利益乃是生存和满足。在这一点上他无异于鼹鼠或老虎甲虫一类的追求。他已经证明自己是动物中最为狡猾、最为坚韧且最执拗地专注于其自身权力的残酷欲望之中。首先，他已经成功地笼络其独特的能力来服务其必死的生命，即能够在真理的进程中占有一席之地以便获得不朽。这就是柏拉图已经预言过的东西，当他指出，那些从其著名洞穴中逃出来的、为理念之阳光普照所眩晕的人们的责任，就是回归到暗处去帮助其被奴役中的同伴，使之能够受益于他们在这个黑暗世界的门槛被抓住的东西。只有在今天，我们才能充分评估这一回归的意义：它就像伽利略的物理学之于技术性机械，或原子理论之于原子弹和核武力工厂的回归。在由一些真理所造成的知识推力之下，无利益关涉回归到赤裸裸的利益。最终，人类动物已经成了其环境——其实终究不过是一个相当普通的星球——的绝对主人。

这样想来（而这是我们所知道的他），很清楚，人类动物就"其自身而言"不包含任何价值判断。当尼采根据人类的活力来评估人类时，他十分中肯地宣称，人类本质上是天真无邪的，是与善恶不相干的。他的幻想在于想象一个超人，这个超人保存了这一天真无邪的本性，从阴暗的、摧毁生命的宣道者之强有力的形象所引导的事业中被释放出来。① 不：没有什么生命，也没有什么自然的权力能够超越善恶之外，相反，我们应该说，每个生命，包括人类动物的生命都在善恶之中。

驱使善——及其单纯的后果，恶——发生的，只是涉及真理过程的罕见存在。由于被内在固有的中断所刺透，人类动物发现其生存原则——其利益——被瓦解。于是，我们就可以说，如果我们认为某人能够进入真理主体的构成之中，那么严格地说，善就是一种长期紊乱的生命的内在规范。

无论在任何一种情形中，每个人都知道，生存的常规对于任何一种你想提到的善来说都是中性的。每一种利益追求都以成功作为其合法性的唯一来源。反之，如果我"坠入爱河"（"坠"这个词表明生命之旅中的紊乱），或者，如果我被不眠的激烈思想所攫住，抑或，假如某一激进的政治约定被证明是与每一种关于利益的当下原则不相容的——那么我就会发现，自己被迫要去量度我的生命，即用生

---

① ［德］弗雷德里希·尼采：《论道德的谱系》。这是尼采最系统的著作，总结了他对价值的"致命"批判。

命以外的某种东西来衡量我作为一种社会化的人类动物的生命，尤其是当它变成了这样一个问题，即，撇开被攫住的快乐或热情的清晰度不谈，去找出我是否以及如何沿着生命攸关的乱途继续往前走，并因此赋予这一原始的紊乱以一种次要的和悖论性的次序，这正是我们称之为"伦理一致性"的那个次序。

如果存在恶，我们就必须从善的起点处来看它。如果不考虑善，因之也不考虑真理，就只剩下生命的赤裸裸的天真无邪，它在善**且在恶之中**。

结果，恶是真理的一个可能的面向，这是绝对具有根本重要性的一点，无论这一观点看起来是多么地奇怪。在这一点上，我们不可能满意于柏拉图式的过于轻易地解决办法：恶是真理的简单空缺，恶是对善的无知。因为，正是无知这一概念难于把握。真理对谁不在场呢？对全神贯注于其自身利益追求的人类动物来说，不存在什么真理，只存在意见，通过这些意见，他被社会化。至于主体，作为不朽的存在，他不能够亏缺真理，因为正是只有从作为可靠的轨道而被给定的真理当中，他才能够建构自己。

如果恶依旧可被看作是与多重存在相等同的话，那么必定因为它是作为善**自身发生作用的（可能）结果**而产生的。那就是说：只是由于存在着真理，只是由于存在着这些真理的主体，恶才存在。

或者再重复一遍：恶，如果它存在的话，是真理的力量发生作用的难以控制的结果。

然而，恶真的存在吗？

（二）论恶的存在

由于我们已经完全否定了对恶的同感性或先在性承认的观念，因此，我们所能有的唯一严格的思想路径，就是从我们自己的视域内部来界定恶，并因此作为一种真理—过程的可能向度来界定恶。只有这样，我们才应该考察在这一定义所被期待的各种后果，与历史上的恶或私人的恶的臭名昭著的例子（被意见所承认的例子）之间的重叠。

尽管如此，我将以更具归纳性的方式着手，因为本书的目的就在于把握这些问题的当前向度。

那些赞成"伦理"意识形态的人们很清楚地知道，对恶的确认不是一件无关紧要的事情，即便他们整个观点的建构最终建立在这样一个公理的基础之上，即，这个问题仍然是一个意见的自明性问题。因此，他们的策略与勒维纳斯之"承认他者"的策略是一样的：他们将其论题彻底化。正如勒维纳斯最终使对他者开放的创意依赖于全然他者的假设上，伦理学的支持者们也使得对恶的同意性确认依赖于对**极端**恶的假定。

虽然极端恶的观念至少可追溯到康德，但其当代版本却是系统建立于一个"例子"之上：纳粹对欧洲犹太人的灭绝。我不是在微弱的意义上使用"例子"一词的。一个通常的例子事实上是某种要被重复或模仿的东西。联系到纳粹灭绝犹太人的例子，它就是极端恶的例证，指出对其模仿或重复是必须不惜任何代价都要预防的东西，或更确切地说，不重复这个例子提供了对所有情形进行判断的标准。因此，犯罪的"例证化"是其负面的例证。然而，例子的规范性功能仍然持续发生作用：纳粹对犹太人的灭绝是极端恶，因为它为我们的时代提供了一个独特的、无可争议的——在这个意义上是超越的或不可言说的——纯粹和单纯恶的尺度。勒维纳斯的神是对他性的评估（全然—他者作为他者之不可通约的尺度），灭绝犹太人是对于历史处境的评估（全然—恶作为恶之不可通约的尺度）。

其结果是，灭绝犹太人和纳粹都被宣告为是不可思议、不可言说的，可谓空前绝后——因为它们定义了恶的绝对形式——然而它们还是经常被调用、被用来比较、被用于公式化地表达人们希望产生对恶的留意的效果之每一种情形——因为一般地说，通向恶的唯一道路正是在极端恶的历史条件之下。所以早在1956年，为了证明英、法入侵埃及是合理的，一些西方政治领导人和新闻界毫不犹豫地使用了"纳塞尔①即希特勒"的公式。在更近一些时候，我们又看到了同样的事情，只不过针对的是萨达姆·侯赛因及S.米洛舍维奇。然而与此同时，我们却被坚决地提醒，种族灭绝和纳粹是独一无二的，将它们与任何其他东西相提并论都是一种玷污。

---

①　Nasser，埃及前总统。

　　事实上，这个悖论只不过是极端恶自身的悖论而已(实际上，是每一个关于现实或概念的超越性悖论)。衡量尺度本身必须是不可量度的，然而它却必须被经常地量度。种族灭绝实际上必须既是我们时代所能够有的所有的恶的尺度，其自身是不能被量度的，但它却又是我们必须将其作为标准来量度每一样我们认为需要根据显而易见的恶的确定性来判断的东西的尺度(因此我们不断地衡量着它)。作为极度负面的例子，这一罪恶是不可模仿的，但每一种罪行又是对它的模仿。

　　我们想将恶的问题附属于一致同意的意见判断(这个判断又不得不由对极端恶的假设预先建构起来)，这一事实逼使我们陷入一个怪圈当中。为摆脱这个怪圈，我们显然必须抛弃极端恶的主题，抛弃无可量度之尺度的主题。这一主题，就像全然一他者一样，属于宗教。

　　诚然，毫无疑问，对欧洲犹太人的灭绝是一个骇人听闻的国家罪恶，其恐怖性不言而喻，无论从哪一个方面来看，我们都会清楚地知道——除非我们乐意屈服于令人厌恶的诡辩——我们所遇到的这个恶是无论如何都不能被平静地(黑格尔式地)划分到历史过程之暂时的必然性范畴之中的。

　　我还要进一步无保留地接受种族灭绝之单称性。"极权主义"这一乏味的范畴被伪造出来，是为了在一个单一的概念之下，将纳粹主义和斯大林主义政治、对欧洲犹太人的灭绝，以及在塞族的屠杀，都归为一组。这种合并丝毫没有澄清我们的思维，更没有使我们对恶的思考清晰起来。我们必须接受种族灭绝的不可化约性。

　　这样，所有的要点就在于如何定位这一单称性。基本上说，那些支持人权意识形态的人们都试图将它直接置于恶之中，将它与他们的纯粹意见目标保持一致。我们已经看到，这一试图把恶宗教绝对化的尝试是不连贯的，而且也很危险，就像在一个不可通行的"界限"下将思想卷起来一样。因为无法模仿的实际被经常模仿，到处都可以看见希特勒，因此，我们忘了他已经死了，在我们眼前发生的是对恶的新的单称性的创造。

　　事实上，思考种族灭绝的单称性，就是首先去思考纳粹主义作为一个政治序列的单称性，这是全部问题之所在。希特勒之所以能够将种族灭绝变成一次庞大的军事化运作，正是因为他取得了政权，而且在他夺取政权的政治名义中就有"犹太人"一词。

伦理意识形态的捍卫者们非常坚决地将种族灭绝的单称性直接置于恶的范畴之中，以至于他们普遍否定纳粹主义是一个政治序列范畴。但是，这一立场既无力，亦怯弱。之所以无力，是因为纳粹主义作为一个"群众的"主体性，它整合了犹太人一词作为其政治建构的一部分，使得种族灭绝成为可能、然后成为不可避免的原因正是这一构成；之所以说它怯弱，是因为，如果我们拒绝设想这样一种政治序列，即，其有机范畴和主观指示是罪恶的政治序列的可能性，那么我们就不可能透彻地思考政治。"人权民主制"的一伙人喜欢与汉娜·阿伦特一起将政治定义为"共处"的舞台。正是由于这个定义，附带地使他们把握不住纳粹主义的政治实质。然而，这一定义只是个神话故事，尤其是由于共处必须首先确定所涉及的集体，而这是整个问题的所在。没有比希特勒更希望德国人共处的了。透过建构一个可以被从内部进行监控的外部（专断的然而却是指令性的），纳粹的"犹太人"范畴是要为了命名德国人内部的、在一起共处的空间——就像"所有法国人在一起"的确定性，预设了我们迫害此时此地那些归入"非法移民"范畴之下的人们一样。

纳粹政治的单称性之一，是它对历史共同体的精确宣告，该共同体要被赋予一种征服性**主体**的特性，正是这一宣告促成其主体性的胜利，并将种族灭绝摆上了议事日程。

因此，在这个案例中，我们有资格说，政治与恶之间发生纠结，正是出于将"集体"（共同体的主题）与"共处"两者一起加以考虑。

然而重要的是，在其最终分析中，恶的单称性是从一政治序列的单称性中引申出来的。

这将我们带回到了恶的从属性——如果恶不是直接从属于善，至少也是从属于主张善的过程。纳粹政治不是一个真理—过程，但只有当它可被表达为这样一个真理过程时，它才能"抓住"德国人的境遇。因此，即使是在恶的这一案例中——我愿意称之为极端恶而不是根本恶，要理解其"主体性的"存在，即要理解有能力参与其令人恐怖的迫害，好像是在完成一种职责那样的"某个人"问题，就需要回去参考政治真理过程的内在向度。

我还想指出，最强烈的个人痛苦——那些能够真正突出"伤害某人"所涉及的东西以及经常导致自杀或谋杀的东西——也都以爱的过程的存在作为其限阈。

我将假定下列几个一般原则：

·恶存在。

·恶必须与人类动物用以坚定保持其存在、追求其利益的暴力——在善与恶**名**下的暴力区分开来。

·尽管如此，不存在极端之恶，不然就要澄清这一区分。

·只有当我们从善的视角来把握恶，并因此通过真理—过程来把握"某个人"时，恶才可以被看作是不同于老生常谈的掠夺行为。

·其结果是，恶并非人类动物的范畴，而是主体的范畴。

·只有当人有能力成为不朽的存在时，恶才存在。

·真理的伦理——作为忠诚之一致性的原则，或作为格言"继续往前走"——正是那个试图挡开恶的东西，这个恶是使得每一单称真理成为可能的东西。

我们还需要将这些命题连接在一起，使之与我们所知道的关于真理的一般形式一致起来。

(三)回归事件、忠诚和真理

记住真理—过程的三个主要向度如下：

·**事件**。事件带来了境遇、看法、制度化的知识以外的"某些其他东西"，事件是一个危险的、不可预知的补充，即现即消；

·**忠诚**。忠诚是过程的名字：它是在事件本身的命令之下对境遇的持久探查，它是一个内在固有的和持续的中断；

·**真理**。真理自身即多重的、内在于境遇的、由忠诚所一点点建构起来的东西；它是忠诚所收集在一起并产生的东西。

过程的这三个向度具有若干重要的"本体论"特征。

事件既是处境中的(situated)——它是此一或彼一处境的事件，又是**补充性**的(*supplementary*)；因此，与该处境的所有规则绝对分离，或曰没有任何关联。因此，随着海顿(或在这一"某个人"海顿的名下)出现的古典模式，关系到的是音乐处境而不是其他，当时，这一处境是由巴洛克模式占统治地位来管理的。它是这一处境中的一个事件。但在另一个意义上，该事件根据音乐形式所要权威化的东西，从巴洛克模式所获得的充足性内部是无法理解的；它实际上是关于**某些其他东西**的问题。

那么你可能会问：是什么东西造成了事件和"使之成为"事件这两者之间的关联？这一连接是更早期处境的空缺。这意味着什么？这意味着在每一个处境的核心，作为其存在的根基，存在着一个"处境中"的空缺，在其周围，该处境的充足性（或稳定的多重性）被组织起来。因此，在巴洛克模式的艺术饱和的核心，空缺（与未被注意到一样具有决定性）一种真正意义上的音乐建筑学观念。海顿—事件的出现是作为这一空缺的一种音乐上的"命名"。因为构成这一事件的正是一个全新的建筑学和主题学的原则，一种新的以一些可变的单位出发来发展编写音乐的方式——而这正是人们从巴洛克模式内部不能够感知到的东西（没有关于它的知识）。

我们可以说，既然一种处境是由运行于其内部的各种知识组成的，因为事件命名了该处境所不知道的东西，因此事件就命名了空缺。

举个众所周知的例子：马克思是政治思想的一个事件，因为他在"无产者"的名义下，指出了早期资产阶级社会的核心空缺。因为正是在无产者——完全无产且没有政治舞台——的周围，由那些拥有资本者的规则建立起来的自鸣得意的充足就组织了起来。

总结起来说：一事件的基本本体论特征就是它铭刻、命名处境中的空缺，正是因为这个原因，它才成为一个事件。

至于忠诚，我已经解释过重要的是什么东西。其根本之点，在于它永远不是不可避免的，亦不是必然的。只是还不能判定的是：无利益关涉，即它为了参与其中的"某个人"所假定的利益——即使只是自我的虚构性代表，是否算得上是纯粹和单纯的利益。因此，由于坚持不懈的唯一原则是利益原则，因此某个人在忠诚中的坚持——成为一个人类动物主体的连续性——还是不确定的。我们知道，正是由于这种不确定性，才有了真理伦理存在的空间。

关于所产生的真理，我们必须首先强调它的力量。我已经就柏拉图的洞穴中的囚徒"回归"——这是真理对知识的回归，特别唤起了人们对这一论题的关注。真理在知识上打了一个孔，对于后者来说，它是异类的，但它也是新知识的唯一已知的来源。我们应该说，真理**强制**知识。① 动词"**强制**"表明，由于真理的力量是一种中断的力量，正是通过破坏确定的和运行的知识，才使得真理回归到处境的直接性中，或改写了那种从意见、信息和社会性获得其意义的手提式百科全书。如果某一真理本身永远不可交流，那么从远处看，它仍然意味着对交流形式和对象的强有力的重塑。这不是说，这些修正"表达"了真理，或者表明各种意见中的"进步"。例如，整个音乐知识主体很快就在古典模式的伟大人物周围组织起来——但先前却形成不了这一知识。在这里，并不存在什么"进步"，因为古典的学院风气，对莫扎特的膜拜，在任何意义上都不比先前那些东西更为优越。但是，它标志着一种知识的强制力，一种对交流规范（或说是对人类动物在"音乐"上交换的意见）的非常强烈的修正。当然，这些修正后的意见是短暂的，而作为古典模式之伟大创造的真理本身，却将永远持续。

同样道理，大多数令人吃惊的数学发明的最终命运，就是终结学院的教科书，甚至通过高等学校的入学考试而有助于决定我们对"主导精英"的选择。从数学真理中产生的永恒性本身不是这里要讨

---

① 强制正产生于真理与知识"之间"；虽然只有真理"强制"，但"强制是可被知识证明的一个关系。在这本书更富技术性的部分，巴迪欧解释了"强制"是由真理的肯定而强加的过程，借此，在一个处境中的知识次序被改变，以便这一先前"不可认识的"肯定能够被弄成是属于该处境的。因为，如果它坚持的话，"一个真理将强制处境以这样的方式去安排自身：这一开始只被算作无名的［或一个系列的子系列］的真理，将最终被承认为一个术语［或一个系列中的要素］，并且内在于处境的。"（同上书，377 页）更准确地说，说处境（即事件中）的一个术语"强制对主体—语言的陈述的意思是，这一陈述在来临的处境中的可证明性，等于将这一术语属于从属程序中产生的不可识别的部分（或子系列）"。这一陈述的正面"联结"在改变了的、后事件的处境中将是可证明的、可知的。

在其更为严格的数学意义上，即在 1960 年首次由保罗·科亨（Paul Cohen）（在一次有点像是《存在与事件》背后的事件之方式的研究中）提出的意义上，"强制"是一个过程，通过这个过程，一个从属的子系列或"延伸"被加给一个系列并被从属于该系列。［在"强制中牵涉到的"］关键观念将是在普遍的数量词［A："对所有……"］与存在性的数量词［E："存在着"］中间偏好性地对待前者。［保罗·科亨：《系列故事与连续性假定》，112 页。］换言之，强制赋予一个最低限度的、具体化的普遍性，以超过任何确定的或有限的个性特权。这一过程的数学论证太过复杂，这里甚至没办法进行综述。

论的问题，但它们以这种方式**强制**了社会性安排所要求的知识，而这就是它们回归人类动物的利益的形式。

事件所召集的处境**空缺**；**忠诚**的不确定性；以及真理对知识的强有力的**强制**，真理过程的这三个向度，正是关于恶的思想所依赖的基础。

因为恶具备了三个名称：

· 相信一事件不是召集较早期处境的空缺，而是其充足，这是恶，是在**幻象**（simulacrum）或**恐怖**意义上的恶；

· 没能达到忠诚就是**背叛**，即在你自己所是的不朽中的背叛意义上的恶；

· 将真理等同于所有权力是在**灾难**意义上的恶。

恐怖、背叛和灾难正是真理伦理——与虚弱无力的人权道德相反——在它对进程中的真理的单独依赖中所试图排除的东西。但是，正如我们将会看到的那样，只有通过真理—过程自身，这些才成为真正的可能性。因此，肯定只有在善进行时才存在恶。

### （四）恶理论的大纲

#### 1. 背叛

我在第四章已经开始解释背叛问题。我们已经看到，一旦一个人类动物不再能够设法将下述两类利益，即鼓励人类动物成为主体的无偏涉的利益，与纯粹和单纯的利益以其自身统一可行的假定联合起来，那么就无法清楚地确定前者是否胜过后者。

我们在这里所处理的可被称为危机的时刻。真理—过程"就其自身来说"是未受危机影响的，它由一个事件启动，原则上延伸到无限。能够进入危机的是某一个或某几个"某人"，他们进入由这一过程所诱发的主体构成之中。每个人都很熟悉这样的危急时刻：情人面对的危机、研究人员受到的打击、战斗性的懈怠、艺术家的贫乏。或者某人在试图明白—道数学证明中的持续性失败，或者一首诗难以简约的晦涩，其美丽却能被微弱地觉知到等。

我已经解释了这样的经验来自何处：是在利益要求的压力之下——或相反，是由于在主体的持续忠诚的内部新的要求——我所习惯于维持的幻象作为自我形象的破灭，在我的日常利益与无偏涉利益之间、在人类动物与主体之间、在必死的和不朽之间的混淆。而在这一点上，我遭遇到的是在这一真理伦理所提议的"继续前进"，与我所是的仅仅必死的"坚持存在"的逻辑之间进行单纯的选择。

忠诚的危机总是随着一个形象的破灭之后，将一致性的格言（因此是将伦理学的格言）"继续前进"置于考验之中，即使是当你已经失去了线索，当你在过程中不再感到"被抓住"，当事件本身已经变得模糊，当其名字已经失落，或当它似乎命名了错误的（如果不是幻像）的东西，还是要继续前进。

因为，幻象的众所周知的存在对于将危机结晶化来说是一个强有力的动力。意见告诉我（因此我告诉我自己，因为我从来不在意见之外），我的忠诚很可能是施加给我自己的恐怖，因此，我所坚持的忠诚看起来非常像——简直太像——这个或那个被证明了的恶。这总是一种可能性，因为这一恶（作为幻象）的形式特征正是真理的那些特征。

这样，我就暴露在背叛真理的诱惑之中。背叛不仅仅是放弃，不幸的是，一个人不会简单地放弃真理。否定我自己之内的不朽完全不同于放弃，不同于妥协：我必须总是说服我自己，使自己相信，这里所讨论的不朽**从未存在过**，因而我的感觉会聚在对这一点的意见上的，而全部意见的目的，正在于通过为利益提供服务而否定这一点。因为如果我承认不朽的存在，它就会命令我继续前进；它具有真理所诱导的永恒力量。结果，我必须背叛正在成为主体的我自己，我必须成为那个真理的敌人，那个真理的主体正是我构成（或许是由他人陪同的）的"某个人"。

这就解释了为什么以前的革命一定要宣称它们曾经在错误和疯狂中失落，为什么旧情人不再理解他为何爱上了那个女人，为什么一个倦怠的科学家开始产生错误的理解，并且通过官僚常规使其自己的科学发展遭受挫折。由于真理的过程是一个内在固有的断裂，你只能通过断开与你被抓住的断裂之间的联系，才能"离开"它（也就是说，根据拉康强有力的术语，这就叫作回归"物品的服务"）。而与断裂的这一断开有其连续的动力。处境的连续性和意见的连续性：所有以前在"政治"或"爱"的名义下出现的东西，最多只是一个幻想，而最糟糕的则是一个幻象。

因此，正是真理伦理的失败，在危机难以决定的关键点上，使自己表现为背叛。

这是一种没有回归的恶；背叛在幻象之后，真理使之可能产生的恶的第二个名字。

### 2. 不可命名的

我说过，真理转换了信息交流的规范并改变了意见的范围——这就是它的“回归”效果。这倒不是说，这些意见变成了“真”（或假），而是它们没有真理的能力——真理在其永恒的多重存在上，仍然对意见没有影响。但它们成了**其他**。这意味着以前显而易见的判断不再成立，他者成了必要的，交流的手段改变了，如此等等。

我将这一对意见的改组称为真理的**力量**。

现在，我们必须自问的问题是：在追求其忠诚历程的处境中，真理的力量有潜力成为一切吗？

真理的**全部**力量之假设所暗含的是什么东西呢？为了理解这一点，我们必须牢记我们的本体论公理：一（客观的）处境，尤其是一（主观）真理“运行”期间的处境，永远是多重的、由无限要素（这些要素自身也是多重的）所构成的。那么，意见的一般形式又是什么？一种意见乃是运用于这一或那一客观处境中的要素的判断——“今天有暴风雨”；“我告诉你：所有的政治家都是腐败的”等。为了能够“讨论”处境的诸要素——就是所有属于这一处境中的要素——必须以某种方式来命名它们。“命名”仅仅意味着人类动物正适合于就这些要素进行沟通，将其存在社会化，并且根据其利益来管理它们。

让我们将“处境的语言”称之为命名构成处境的要素的实际可能性，因而也是交流关于它们的意见的实际可能性。

每一真理都这样涉及处境的要素，因为真理的过程都不过是**从事件的视角**对这些要素进行考察。在此意义上，真理—过程确定了这些要素，进入一真理的主体构成的某个人，将必定通过使用处境的语言——作为“某个人”，就像其他每一个人那样用这些语言——为确认这些要素做贡献。从这一立场上看，真理—过程穿过处境的语言，正如它穿过每一种要素的知识。

但是，根据真理而对一个要素进行的考察，同根据意见而进行的实用性评估完全不同。它不是将这一要素包容进人类动物的利益中的问题——人类动物的利益无论如何都是存在分歧的，因为意见是相互矛盾的。它只是按照固有的、事件之后的断裂而展开的对这一要素的评估。这一评估自身是客观的，它寻求赋予该要素以一种永恒性，以便同成为不朽的"某些个人"保持一致，这些个人参与了真理的主题，而该主题提供了评估的实际基础。

从这一点我们可以得出一个关键性的结论：真理最终**改变**了处境中的诸要素的**名字**。这意味着，它自身对要素的命名是实际命名之外的某种东西，在其出发点上（事件、忠诚）及在其终点上（一个永恒的真理）都是如此，即使是在真理—过程穿过处境语言的情形中也是如此。

这样，我们就必须承认，除了使意见的交流得以可能的客观处境的语言之外，还存在着一个使命名真理得以可能的主体—语言（主体处境的语言）。

事实上，这是一个不证自明的要点。科学的数学化语言绝对不是意见的语言，包括关于科学的意见语言。宣布爱的语言可能事实上是非常陈腐的（例如，"我爱你"），但它在处境中的**力量**却是完全不同于对同样这些词语的一般使用。诗人的语言不同于记者的语言，而政治语言是如此独特，以至于对意见的听众来说，它听起来像是难懂的行话。

重要的是，指向意见的真理的力量在与主体语言的接触中，迫使实际的命名（对客观处境的语言）屈服并改变形象。正是这一点且唯有这一点，才在真理的影响之下改变已确立的交流规范。

现在，我们可以界定真理的**全部**力量会是怎样的：它可能意味着从真理—过程的视角来对客观处境中的**所有**要素进行命名和评估的能力。尽管主体语言僵化而教条（或者"盲目"），但它却以自己的公理为基础来声称命名实际的全体，并因此改变世界的权力。

当然，处境语言自身的力量是不受限制的：每一个要素都可以从一个既定利益的视角来进行命名，并在人类动物之间的交流中得到判断。但是，由于这一语言在任何处境下都是不一致的，且委身于实用交流，因此，它的总体化使命没有太大的重要性。

相反，当我们面对主体语言（军人、研究人员、艺术家、爱人……的语言），作为真理—过程的结果，这里的全部力量的假设就具有了一种完全不同的秩序。

首先，我们因此假定，客观处境的总体性可以按照一个主观真理的具体一致性而组织起来。

接着，我们假定排除意见的可能性。因为如果主体语言覆盖的是与处境语言一样的范围，如果真理可以对每一个要素发言，那么某一真理的力量就将不只是通过歪曲实用的和交流性的含义来展现自己，而是通过真实命名的绝对权威来展现自己。那样，该真理就会推动单纯用一种主体语言来取代处境语言。这就是说，不朽将会进入存在，作为对承担不朽的人类动物的全盘否定。

……

因为事实上，每一个真理都在其所诱导的主体之构成中假定了"某个人"的坚持，即总是在真理中被抓住的人类动物的双面活动。即便是伦理的"一致性"，如我们所见，也只是在忠诚中对于坚持的无偏涉诺言，而坚持的起源还是利益。因此，任何试图给一个真理强加全部力量的尝试，都将摧毁这一真理的根基。

不朽只能在必死的动物中存在，并通过必死的动物而存在。真理只有通过意见的构造才能使自己实现单称化的渗透。我们所有人都需要沟通，我们都必须表达我们的意见。正是我们，作为我们自己，才将我们自己暴露给正在成为的主体。除了我们自己的历史以外，没有任何其他历史；没有什么真实的世界将要到来。世界之为世界是，也将仍然是在真与假的名下。任何世界都不可能成为善的一致性的俘虏，这个世界在，也将仍然在善与恶的名下。

只有当善不再立志要给世界涂上善的色彩时，善才会是善的，它的全部存在都在于一个单称真理在处境中的出现。因此，真理的力量也必定是无力量。

将某一真理的力量绝对化的所有企图，都会构成一种恶。这种恶不仅摧毁了处境（因为想要根除意见的意志，从根本上说与想要根除人类动物中的动物性，即人类动物的存在的意志，乃是一回事），也打断了真理—过程，正是在真理过程的名义下它才前进，因为它未能在其主体的构成内部坚持利益的二重性（无偏私的利益与纯粹单纯的利益）。

这就是为什么我将这一恶的形象称之为灾难，是被真理的力量的绝对化所诱导的真理的灾难。

真理不具有全部的力量，这意味着，在其终极分析中，主体—语言，真理—过程的生产，没有力量去命名处境中的所有要素。至少一个实际要素必须存在着，即在处境中的多重性存在，这一存在仍然难以达到真实的命名，且是只为意见保留着的，只留给处境的语言，至少真理不能强制的一点。

我将把这一要素称之为真理的不可命名。①

不可命名并非"其自身"不可命名：对于处境语言来说，它可能是可接近的，而且我们一定可以交换关于它的意见，因为交流不存在限制。不可命名是**就**主体—语言**而言的**不可命名。我们可以说，这个术语不能轻易变成永恒的或不朽的。在此意义上，它是关于处境的纯粹实际的象征，是其自身没有真理的生命的象征。

要决定一个具体类型的真理—过程的不可命名的点究竟在哪里，这对于（哲学）思想来说是个难题。在这里，问题不在于要做出这样的决定。因此，我只要说，就爱而言，可以确定的是，性的快感本身是不能通到真理（那是关于**两人**的真理）的力量的。对于代表了最卓越的无矛盾思想的数学来说，正是无矛盾这一点是不可命名的：我们知道，事实上是不可能从一个数学体系的内部来证明那个体系的无矛盾（这是哥德尔的著名定理）。② 最后，共同体和集体是政治真理的不可命名：每一个试图在政治的意义上命名一个共同体的努力，都诱导了一种灾难性的恶。

在此，重要的是一般的原则。在这个案例中，恶是想要以任何代价且在真理的条件下，去强制命名那不可命名的。这恰恰是灾难的原则。

（与事件联系在一起的）幻象、（与忠诚联系在一起的）背叛，以

---

① 阿兰·巴迪欧：《条件》，1992 年版。在这一著作集中，有两篇是关于不可命名的，即《关于减法的讲座》，以及《真理：强制和不可命名的》。

② 科特·哥德尔（Kurt Godel）：《论数学原理之不可正式命名的命题及相关体系》，载《全集》，第一集，145～195 页。很重要的是，要理解这一著名的定理确切地说了什么。

及（与真理的力量联系在一起的）对不可命名的强制命名：这些就是恶——这些恶只是由于我们承认唯一善（真理—过程）才产生的——的三种形象。

选译自［法］阿兰·巴迪欧：《伦理学：论恶的理解》，
皮特·哈沃德英译本，伦敦，Verso 出版公司，
2001。 王云萍译，梅立谦、 万俊人校。

**图书在版编目（CIP）数据**

20世纪西方伦理学经典 / 万俊人主编. —北京：北京
师范大学出版社，2021.8
ISBN 978-7-303-24033-3

Ⅰ.①2… Ⅱ.①万… Ⅲ.①伦理学－研究－西方国家
Ⅳ.①B82

中国版本图书馆 CIP 数据核字（2021）第 070135 号

营 销 中 心 电 话　010-58805385
北 京 师 范 大 学 出 版 社
主题出版与重大项目策划部　http://xueda.bnup.com

20 SHIJI XIFANG LUNLIXUE JINGDIAN
出版发行：北京师范大学出版社　www.bnup.com
　　　　　北京市西城区新街口外大街 12-3 号
　　　　　邮政编码：100088
印　　刷：北京盛通印刷股份有限公司
经　　销：全国新华书店
开　　本：787 mm×1 092 mm　1/16
印　　张：168
字　　数：2495 千字
版　　次：2021 年 8 月第 1 版
印　　次：2021 年 8 月第 1 次印刷
定　　价：798.00 元（全八册）

策划编辑：祁传华　　　　　责任编辑：陈佳宵　郭　瑜
美术编辑：王齐云　　　　　装帧设计：王齐云
责任校对：陈　民　　　　　责任印制：陈　涛